GUANGFU WENHUA

第 1 辑

纪德君　曾大兴◎主编

广府文化

中山大学出版社
SUN YAT-SEN UNIVERSITY PRESS
·广州·

版权所有　翻印必究

图书在版编目（CIP）数据

广府文化.第1辑/纪德君，曾大兴主编.—广州：中山大学出版社，2014.5
ISBN 978-7-306-04859-2

Ⅰ.①广…　Ⅱ.①纪…　②曾…　Ⅲ.①文化史—研究—广东省　Ⅳ.①K296.5

中国版本图书馆CIP数据核字（2014）第068796号

出 版 人：	徐　劲
策划编辑：	曾一达
责任编辑：	曾一达
封面设计：	林绵华
责任校对：	廖泽恩
责任技编：	黄少伟
出版发行：	中山大学出版社
电　　话：	编辑部 020-84111996，84113349，84111997，84110779
	发行部 020-84111998，84111981，84111160
地　　址：	广州市新港西路135号
邮　　编：	510275　传真：020-84036565
网　　址：	http://www.zsup.com.cn　E-mail：zdcbs@mail.sysu.edu.cn
印 刷 者：	虎彩印艺股份有限公司
规　　格：	787mm×1092mm　1/16　22.25印张　398千字
版次印次：	2014年5月第1版　2016年12月第5次印刷
定　　价：	48.00元

如发现本书因印装质量影响阅读，请与出版社发行部联系调换。

万兆泉泥塑作品选登

吮田螺

饮杯新媳妇敬的茶

过大秤

魏铁文拼贴作品（撕报画）选登

· 粤剧人物

· 鸡公榄

· 西关小姐

《广府文化》编辑委员会

主任
徐俊忠

副主任
顾涧清　　陈晓丹

编委（以姓氏笔画为序）
马　达　　李　黎　　纪德君
陈晓丹　　邹崎发　　汪晓曙
张其学　　杨长明　　顾涧清
徐俊忠　　徐　柳　　曾大兴

主编
纪德君　　曾大兴

编辑部主任
刘庆华

目　录

人文论坛

重要的是唤起广州人的文化自觉与自信 ……… 徐俊忠 / 2
关于研究、推广"广府文化"的基本构想 …… 纪德君 / 14
纠结的"广府人" ………………………………… 陈泽泓 / 24
为广州城市文化的内涵正名 ……………………… 梁凤莲 / 34
广大精神与广府文化 ……………………………… 张其学 / 37

学术广角

梁启超的小说理论及其创作 ……………………… 纪德君 / 50
论黄咏梅小说的创作方式 ………………………… 陈詠红 / 59
番禺潘氏文学家族研究 …………………………… 钟　惠 / 72
《广东新语》"土言"札记 ………………………… 曾昭聪 / 85
广府龙舟的人文价值及其教育传承 ……………… 曾应枫 / 95
基于产业链视角的表演类非物质文化遗产的传承与发展
　　——以粤剧为例 ……………………… 杨　黛　潘博成 / 102
世俗与超越
　　——论广东音乐的休闲文化特征与价值 …… 刘　瑾 / 112
感性享乐与理性变革
　　——广府民间工艺美术的文化特质 ………… 王　丹 / 120
道教南传与岭南文化 ……………………………… 王丽英 / 126
广府地区道教生态旅游初探
　　——以罗浮山为例 ……………………………… 蒋艳萍 / 141
广州民间信仰的地域性研究 ……………………… 刘庆华 / 147

史海钩沉

明清至民国时期广州府的文学家族之分布 …… 曾大兴 / 158
广州话口语词"岩巉"再议 ……………………… 黄小娅 / 183
岭南晚清民初小说家梁纪佩生平著作考 ………… 黄冬秀 / 187

文化随笔

那些心诚则灵的去处 ……………………………… 梁凤莲 / 200
民国广州之兰斋梦痕 ……………………………… 王美怡 / 204

广府民俗漫谈……………………………………黄小娅／214

调研报告

建设与京派文化、海派文化鼎足而三的岭南文化
　　——广州建设新岭南文化中心调研报告……曾大兴／222
南沙麒麟文化研究………………………………杜玉俭／257
广州地区非遗类传统音乐现状调研报告………潘妍娜／272
东莞地区民间音乐田野调查报告………………李　萍／293

研究生园地

教育生态学视野下的隐性咸水歌的课程开发
　　——以中山市胜龙小学为例…………………李小威／314
从西樵山诗看地理环境对文学创作的影响……叶　卉／322
裴铏的《传奇》与广府文化………………………唐慧婧／333
试论清代广州狱政………………………………熊雪花／340

人文论坛

重要的是唤起广州人的文化自觉与自信

徐俊忠

一

广州是一个充满魅力的大都市。近年来，随着改革开放的深入和城市建设水平的提高，广州越来越显得自信和大气，尤其以建设世界文化名城为目标的战略的提出，更体现了广州决策者们引领城市超越自身原有发展样态的宏大气魄。

自近代以来，人们都把广州标定为工商业发达的城市。这种标定是合乎实际的。广州确实由于工商业的发展而不断走向兴旺并为中国乃至世界创造了机会。但不论在世界还是在中国，要真正获得世人的尊重和敬重，仅有发达的工商业是不够的。历史上的犹太民族就是一个商业的民族，但没有因为犹太人的商业成功而使其获得世界的尊重。相反，正是犹太人的商业特性使其备受世人非议，莎士比亚笔下的犹太人形象几乎都是自私自利的奸诈财迷。马克思也认为，犹太人招惹嫉恨的根本原因在于他们的生活方式、思维方式与价值观念过于商业化和过于金钱化。他指出，"钱是以色列人的嫉妒之神；在它面前，一切神都要退位"。因此，犹太人的解放只有当社会消灭了做生意及其前提，才是可能的。这些年来，广州一方面在收获工商业发展所带来的繁荣与富裕，另一方面也不断地遭受所谓"文化沙漠"的冷嘲热讽。尽管我们可以理直气壮地批驳这种不公正的指责，但还是难以改变人们心底里的标定。其实，不论中国还是西方，发达的商业可以造就令人羡慕的繁荣与富裕，但仅有商业却难以唤起人们对于这种繁荣与富裕发自内心的敬重。究其原因，也许就在于"人是文化的存在物"。时下，广州在提出建设国际商都的同时，响亮地提出培育和建设世界文化名城，这是广州决心超越自身发展样态，重铸发展灵魂与气质，实现城市内涵的更新与提升的一种宏大气魄。

二

广州致力于建设世界文化名城,何以可能?一般而言,世界文化名城大致上可以分为三个不同的层次。

第一是对于世界文明,尤其是近现代世界文明的发展具有本源性意义的城市,如古希腊和古罗马等。近代欧洲的文学、艺术、宗教、建筑以及政治、法律制度和生活方式等等,实质上都是这种本源性文化的"复兴"和发展。古希腊和古罗马的建筑几乎成为欧洲在相当长时期里的样板,所谓的西方古典建筑就是指由古希腊和古罗马等地建筑所开创和形成的风格。古希腊的美术也成为西方美术发展之源和膜拜的对象。公元前776年在奥林匹亚举行的第一次奥林匹克运动会,成为现代规模最大的世界性体育运动赛事——奥林匹克运动会的源头。近代以来的西方民主政治思潮也是发端于雅典和古罗马的政治。古罗马时期所形成的法律体系也深深地影响了欧洲和世界。连欧美许多国家国徽上的鹰,也是来自于对罗马人的模仿。因此,恩格斯颇为感慨地指出:"没有希腊文化和罗马文化所奠定的基础,就没有现代的欧洲。"

第二类城市在近现代发生过具有世界性重大影响的历史文化事件,并产生和汇集了较多的具有世界影响的历史文化名人,如伦敦、巴黎等。当你走在伦敦的大街小巷,随处都可以看到具有世界性影响的艺术家、文学家、学者以及政治家居住过的房子。因为这些房子都悬挂着由大伦敦市政厅通过专家遴选而授予的蓝底白字圆牌子。它时刻提醒着人们,这里产生和汇集过大批历史名人。历史上最革命的和最反动的人物都曾在这个城市里生活和工作,因此,它被人们誉为"最不反动和最不革命的地方",因而它具有容纳多元观念的气度。伦敦也是曾经的"日不落帝国"的首都,如今仍然以英联邦国家首都的地位影响着世界的政治和文化。大不列颠博物馆是世界馆藏最丰富的博物馆,因此成为世界著名的艺术资源汇集地和学术朝圣地,也成为世界各国游客的目的地。尤其对于中国和那些前社会主义国家,由于伦敦是马克思创作《资本论》时期读书和理论研究的地方,而辗转着一个根本就是子虚乌有的所谓"马克思脚印"的传说,使它的圆形阅览室成为世界上许多左翼人士情感寄托的重要圣地。大不列颠图书馆有着来自世界各国的各种典籍、档案,亦成为世界学术研究的重要资料来源地。巴黎则是近代欧洲革命的重要中心。其"自由、平等、博爱"的口号,极大地鼓舞着世界各地资产阶级去冲击封建专制主义的统治。

"巴黎公社"的原则则展示出一种对新的政治文明的追求,成为激励世界无产阶级的重要思想。巴黎长期以来还以其新锐、浪漫、感性的文化性格,成为世界学术与艺术新思潮的发源地,成为引领世界的时尚之都。这类世界文化名城的共同特点是发迹于近代资本主义文明,其所在国家在不同时期都曾扮演过世界列强的角色,因此,多数具有殖民的历史。这一特点不仅使其拥有来自世界各地丰富多样的历史文物,也往往成为世界规则和世界组织的发起地。

第三类城市有着较为深厚的历史积淀,拥有丰厚的历史文化资源,其文化性格与鲜明特征,成为世界文化大观园里显示度较高的独具一格的文化样态。世界文化发展生生不息之奥秘在于多元性和多样性,正是这种多元性和多样性,才不断激发人们去探寻、去创造,世界文明也因此而色彩斑斓,魅力无穷。为世界文化发展保留其既有文明的独特性,是负责任的世界公民的应尽义务。位于意大利佩鲁贾省的阿西西(Assisi)绝对是个小城。虽然那里被誉为"基督第二"圣方济各的诞生地和他的灵柩安放地,也有着文艺复兴时期著名画家乔托的湿壁画原作,但它毕竟是一个袖珍小城,也没有诞生出其他具有世界性影响的事件和人物。它能够入选《世界遗产名录》的理由是:"它与它的文化景观和整个区域系统一起构成了城市历史延续性的一个独特范例。"走进这个小城,你能看到几乎完全保留着中世纪建城时所形成的格局和建筑风貌。它最大的魅力所在,就是以宁静和永不退去的古朴承载着十分独特的历史信息。在那里,不论教堂还是民居,几乎所有房子都用当地特有的粉白色石头砌成,在阳光下永远给人以熠熠生辉的清新与明亮的感受。可以说,成为世界文明发展独特样态的守护者和传承者,就是这类城市被誉为世界文化名城最重要的依据。

从严格的意义上说,广州不是也不可能是上述第一、第二层次意义上的世界文化名城。因为广州既不是影响世界历史与文化发展的原生性文化的发源地,也没有产生过对于世界近代历史进程具有重大影响的事件、思想与人物。然而,从广州的历史底蕴、所拥有的历史文化资源状况和文化特征与个性等方面看,广州是有可能成为第三层次意义上的世界文化名城的。

三

广州有着两千多年的建城历史和雄厚的文化积累。然而,调查广州历史的演变及其对于中国发展,广州独特的文化意义最主要来自于滨海与商贸，或者说来自于基于滨海的商贸。

广东在地理上偏处一隅，远离中原。由于远离政治中心，秦汉以前属于文化上的蛮荒之地。因此，当中原地带儒家文化礼制发展得相当完备的时候，这里还基本处于未开化或半开化状态，总体上属于文化发展的薄弱地区。然而，"魏晋南北朝以来，中原地区动乱不断，而岭南则相对稳定"①，大批中原人南迁，促进了广州地区经济的发展和商业的繁荣。与此同时，海上贸易急剧发展。不少海外商贾从海上来华贸易，宗教人士也乘通商之便来华传教。中国商品陆续通过水路销往海外，人员往来频密。广州开始成为中外商贾汇集地，扮演着中国与海外通商的所谓海上丝绸之路的始发港口角色，并带来了"广人"与"夷人"杂处的局面，成为中外多种文化交流、碰撞、融合的前沿地带。正是历史的这种变迁，使广州的地位开始变化，而且变得越来越重要。广州自身的文化发展也开始在本土文化与外来异质文化的交流、碰撞和融合中酝酿出新的特质。

首先，广州地位因滨海商贸的发展而持续提升。南海神庙地位的变化和后来独口通商地位的确立，就是它的突出表现。

中国自古以来就有祭祀四海，以祈福消灾的礼制。南海神本来仅为掌管四海之一的一位海神。其安放之所本来也仅为"扶胥之口，黄木之湾"的一处小庙。然而，自从"交广分治"以后，广州地位节节提升。随着海上交通、贸易的日趋频繁，南海成为沟通海外的最主要水域。不仅海外商人频繁来此贸易，而且中国船舶也经广州出行南海、印度洋与诸国贸易。广州由此成为中国海上连接世界的重要航线的出发港口和目的港口，这一航线甚至被称为"广州通海夷道"。因此，祈求海神保佑，期盼南海风平浪静、海不扬波，不仅成为民众和官府的强烈愿望，而且成为国计民生的重要利益之所在。因此，也就有594年隋文帝下诏修建南海神庙，以及后来不断有朝廷遣臣前来祭祀和对南海神的不断加封，使南海神庙的声名远播，成为四海神中地位最高的海神，也成为外国海商、来华朝贡使节，以及中国海商等出入广州都要祭拜和祈祷的神圣场所。显然，在被赋予各种各样的封号中，南海神被唐玄宗所册封的"广利王"应该是最切合官府和民间对其地位的意义认同的。所谓"广利王"，就是褒奖它通海以广集天下之利的荣耀。后来，历代皇帝基本上是以这一思路为主去褒奖南海神的，如"广利洪圣大王"、"广利昭顺王"、"广利灵孚王"等等。这种褒

---

① 黄淼章：《南海神庙与波罗诞》，6页，广州，暨南大学出版社，2011。

奖鲜明地揭示了南海神的世俗意义,实际上也是对广州滨海商贸城市特质的重要指称。

在后来的历史发展中,广州的地位正是凭借滨海商贸的发展而进一步得到彰显的。根据史家的意见,至少唐王朝在广州就专设"市舶使",以总管东南海路外贸外交。当时的记载是:广州"每岁有昆仑乘舶以珍物与中国交市"(《旧唐书·王方庆传》),"海外诸国,日以通商"(张九龄《开凿大庾岭序》)。于是,广州城内出现了外国商民聚居为主的所谓"蕃坊","广州通海夷道"也在唐代的《皇华四达记》中得到较详记载。唐王朝灭亡后,滨海通商事业继续发展。宋太祖开宝四年(971年)平定岭南之后,即在广州设置"市舶司",对海外贸易行使管理权。而杭州、明州(今宁波)、泉州等"市舶司"是随其后而设立的,足见广州市舶司的重要地位。对于市舶之利的重要性,宋高宗曾直言:"市舶之利最厚,若措置得当,所得动以百万计,岂不胜取于民"(《宋会要辑稿》职官四十四之二三)。后来,广州海外贸易的地位一度下降,被其他地方超越。但到了清代,官设洋货行制度使行商兴起,直至乾隆年间关闭福建、浙江、江苏等地海关,广州被确定为唯一对外通商口岸,出现了"十三行"独揽对外贸易的局面。那时,英国、美国、法国、丹麦、瑞典、荷兰、暹罗(今泰国)、巴西、俄罗斯、德国、西班牙、葡萄牙等国商船和商人云集广州,并建有供外国商人居住和商务的"十三夷馆"。一时间,广州帆樯如林,彩旗飞扬,熙熙攘攘,热闹非凡。屈大均的《广州竹枝词》对这种盛况做了描述:"洋船争出是官商,十字门开向两洋,五丝八丝广缎好,银钱堆满十三行"。虽然在鸦片战争后,五口通商取代了独口通商,结束了广州海外贸易一枝独秀的格局,但广州因滨海商贸而兴盛,甚至在短时期内扮演"东方的世贸中心"的角色,发挥了中国经济发展的重要枢纽和朝廷库银的重要来源的作用,也成为中外经济、文化交流交通最为直接和密集的区域。这是历史给予广州文化嬗变的重要机缘。

其次,广州的文化因滨海商贸而不断生发出崭新的特质。岭南地区由于远离中原,文化发展相对落后,可谓是中华文化的薄弱环节或落后地带。这一特点使得广州对于外来文化不具有过强的抵御和排斥力。或者说,正是这种文化的薄弱环节,使外来文化较易在此进入、落地与生存,因而使其成为包容多元之地。随着滨海外贸的发展,广州常有夷人来往,夷人得以与广人杂居,后来出现专供夷人居住的"蕃坊",行商风盛时期还有专门的"夷馆",等等。夷人的生活习俗以及种类繁多的宗教由此不断在这里落地。外国的科技、教育、医疗、建筑、艺术、工艺以及各种新奇器物等等也不断被引进来。后来由于国运的衰落，外来文化强行输入。这一切都造就了中外文化在这一地域的并存、碰撞、发酵和交融的局面。因此，这里成为中华文化与外国文化的交集地带，既成为外国文化，尤其是西方文化进入中国的重要通道，也成为中国文化对外展示的重要窗口。与此同时，生活在这片土地上的民众由于较早与异国人群交往、较多接触异国文化，因此更具包容和开放的文化气度，并不断发酵而催生出一种与中原文化不同的、以"折衷中西"为重要特征的亚种文化——岭南文化。这种文化及其所形成的氛围，不仅使这里成为结束中国封建统治的革命策源地，成为孕育近代民主革命的理论家和政治家的沃土，而且成为中国文化变革和文化创新的先导。可以说，中国历史的改写和中国社会发展的转向，都与这一文化息息相关。

四

"折衷中西"不一定是对广州文化特质的准确表达，但它也大体上传神地概括了广州文化具有基于滨海外贸而来的文化杂交特色与优势。

广州的建筑是广州文化这一特色的直观表现。任何地区的建筑，不论其建造方式、材料、结构体系和装饰造型等等，都是特定文化的对象化和载体。由于广州有过长时期对外通商的历史和属于"鸦片战争"后的条约城市，其建筑中的欧风西雨影响较重。部分建筑完全就是西式风格；更多的建筑是在中式形制下嫁接的大量西方元素，广州典型的西关大屋、番禺南村的余荫山房等都体现了这种特点。广州的陈家祠采用了当地最典型的祠堂建筑形制，并充分体现出岭南地区建筑的华丽和民间工艺的精细等优点，使其成为广府地区传统建筑的杰作。然而，在这座传统的建筑中也少不了西方建筑元素的引进和采用。例如，采用西方建筑中常用的铁铸构建，用西式生铁柱去支撑连廊，更加充分地体现了岭南建筑通透轻盈的风格，以铁铸通花表现民间题材，铁铸构件与石雕栏杆镶嵌等等，都体现了"折衷中西"的特点。

广州的骑楼建筑更是中西建筑文化交融的另一杰出体现。骑楼建筑究竟何时出现于广州，众说纷纭，但是骑楼这一建筑样式借助滨海外贸从海外引进，则属多数人的共识。它之所以在广州落地生根，最重要的原因是它适合于热带和亚热带地区的市井经商活动和市民步行，有利于城市化过程中的人车分流。因此，这一建筑样式还一度被纳入广州市政建设的规制。这充分体现了广州文化的开放和包容心态。

广州的音乐，特别是"粤剧"和"粤乐"（广东音乐）是体现广州文化这一特质的另一重要形式。音乐包括声乐和器乐。广州地区不论声乐还是器乐都携带着旺盛的包容、开放基因。

以被誉为"南国红豆"的粤剧为例，它是国内"大戏"之一，被联合国教科文组织列为"人类非物质文化遗产名录"。它吸取其他剧种和艺术形式的营养从不间断，包括采用西洋乐器做伴奏，吸收西洋歌剧的演唱技巧等等。尤其著名粤剧表演大师薛觉先提出的"技通南北，学贯中西"、"不独欲合南北剧为一家，尤欲综中西剧为全体"的主张，更加凸显其艺术的包容与开放。

"粤乐"作为一种器乐体类型，个性鲜明，别具一格。它不像西方音乐那样激昂刚健，厚重深沉，也不似中原音乐那样悠深空旷，怀古苍凉。它一扫庙堂的典雅庄重以及"士大夫"阶层的孤芳自赏和兀傲高深，以一种清脆、明亮、华美的音色和跳跃、活泼、亲切的旋律激起世俗众生的心灵共鸣，为普罗大众提供情感慰藉和心灵滋养。因此它成为一种最亲民、最生活、最乐生的"心灵鸡汤"而为百姓所喜闻乐见。它在发展和演进的过程中，一直秉承"折衷中西，融汇古今"的基本取向，坚持以广东民间曲调和粤剧音乐、牌子曲为基础，但不拘一格、不定一尊、不守一隅地引进和借鉴外来乐种，包括引进西方化曲目，探索西洋乐器与中式乐器的合奏，使得粤乐题材更加多样，音色更加丰富，具有更强的表现力。

在广州的文化谱系中，最能体现广州文化特质和说明广州文化对于中国文化发展意义的当属"岭南画派"。"岭南画派"实应称为"新国画派"。其新的意义，不仅在于它自觉地借鉴和吸收了西方作画的一系列新的技法，力图实现"把中外古今的长处来折衷地和革新地整理一过，使之合乎中庸之道，所谓集世界之大成"的伟大理想，而且在于它推动了中国传统艺术价值观和艺术教育观的现代变革。

中国传统国画擅长写意，追求"遗貌取神"，"不求形似"。它基本属于或抒发文人风雅，或娱悦皇室权贵的小众化范畴。这种艺术价值观与近代以来不断走向平民化和世俗化的历史发展不仅是格格不入的，更是背道而驰的。岭南画派的大师们自觉地顺应和推动中国美术的现代转型，强调艺术不是个人的、狭义的、封建思想的，是要普通的、大众化的；提倡艺术表现生活和艺术大众化；主张既以中国画的艺术美来改造中国，塑造民众的灵魂，也以艺术表现民间疾苦和民族的苦难，发挥艺术作为社会变革的武器功能。这一艺术价值观的变革，推动了中国文化走上现代性的发展道路，也与中国共产党开始于"延安文艺座谈会"的艺术思想从根本上高度契合，客观上为艺术开辟了一个十分广阔的潜在发展空间。

基于这一艺术价值观的革命性转变，岭南画派的大师一改传统美术教育中师傅带徒弟和一味强调临摹古画的做法，强调学生必须学习中外艺术史，引入写生、素描，平衡临摹古画与对现实生活对象的观察与刻画，尤其重视学生对于光色原理、形体塑造和透视法等科学内容的习得。这实际上是对中国传统艺术教育思想的一次根本性扬弃。其意义既在于推动中国艺术教育面向生活、社会与人生的转变，也为中国的艺术文化发展走向现代化道路奠定教育、思想和人才支撑。新中国成立以来的中国艺术教育实际上就是在这种转变所开辟的轨道上演进的。这足以说明"岭南画派"对于历史与现实的伟大贡献。

广州文化所固有的包容和开放特性还体现在许许多多方面。由于长期的滨海外贸的发展，广州拥有大量承载着中外交通历史信息的历史遗迹；广州包容了各色各样的宗教，几乎所有东方的和西方的宗教都可以在这里找到它的存在；广州几乎是中国最不排外的城市，各种不同生活方式的人群都可以在这里和谐相处；广州的方言也是"折衷中西，融汇古今"的典型，它不仅保留了大量古汉语词汇，也大量借用外来语种，尤其大量借用来自外国语言的语词；此外，广州还在长期的滨海商贸历史中，生长出许多颇具特色的民间工艺，它不同于内地其他地方之处，也在于其借鉴和融合了外来文化的元素。仔细调查广州的许多民间节庆、习俗与风情，也不难发现其与滨海商贸的关系和外来文化的痕迹。总之，广州的文化因滨海和商贸而转型、兴盛，滨海商贸造就了广州海纳百川的气度，也生成了广州包容、开放的文化基因。

五

广州基于滨海商贸而具有包容开放的文化基因，这是历史给予广州的特别眷顾。借助这一文化的发展机遇，广州从原来的蛮荒之地迅速崛起，地位日趋厚重。即使在1949年以后新中国面临着西方国家经济封锁的情况下，中央政府亦选择广州作为中国进出口商品交易会的常设地，广州再次发挥"独口通商"、打破封锁的重要作用。改革开放以来，广州肩负国家改革开放的先行先试重托，成为中国对外开放的领跑者。这些都与广州具有的基于滨海商贸的传统以及由这种传统所形成的文化息息相关。然而，基于滨海商贸而形成的文化客观上也有着不可忽视的消极性。

从积极的意义上看，基于滨海商贸而生的文化，具有包容和开放的特质。这种特质的重要表现就是，生活在这一地区的人群没有过强的偏执倾向和排外心理。任何外来人士，只要能够带来实际利益，这里的人都能与他共生相处。因此这里一直保有文化上的多元和多样的因素，成为文化创新、创造最富活力的地方。所以，这里曾经是中国油画、水彩、动漫、电影等的发祥地，也是中国流行音乐以及艺术设计等的领跑地。

然而，与特定历史背景下形成的包容开放气质相联系的是，广州缺乏某种对于义理的固守与坚持，评价事物多以实利主义标准对待之，机会主义心态成为处事和处世的主导性心态。这实质是商业逐利心态的延伸和折射。这也是为什么某种充满机会主义色彩的"灯论"在这里如鱼得水、备受欢迎的原因。

同时，广州文化嬗变的起始基础属于中华民族文化发展的欠发达地带，长期以来这个地方被当作"蛮荒之地"和"流放之所"。之所以这个地方具有很强的文化包容性，某种意义上正是得益于它是中华文化发展的薄弱环节。甚至可以说，正是广州文化发展上的不发达，为各种外来文化的进入提供了便利，成就了它的包容性和开放性。所以，当我们说广州文化具有很强的包容性时，你就要想到问题的另一个方面，即它自身的不发达，或者所具有的落后性。否则，我们就会在沾沾自喜中落后、落伍，甚至被无情地淘汰！

包容性与落后性同在，其实是广州文化这一特定对象的两个方面，属于客观存在。文化上的包容和开放的前提并不一定就是落后，因为古今中外存在着基于文化高度发达基础上的包容和开放。这种包容和开放是文化自觉和自信的表现。但就广州文化嬗变的基础和背景而言，它不属于这一类型。我们必须正视这种文化发展上的尴尬事实。

人们说，改革开放以来，广州先行先试，创造了许多好经验，但理论上的建树却几乎没有，于是就有所谓"广州人会生孩子，而不会起名字"的说法。这种说法是对广州缺乏理论思维能力及其抽象概括能力的批评。这正是文化内生力和创造力不足的表现。

广州曾经是中国流行音乐的发祥地。第一代中国流行音乐的词曲创作者和歌手大都发迹于广州。但是几年的工夫，他们都在广州"蒸发"了，"北漂"了。许多人对此耿耿于怀。但我们有没有想过，这是不是因为广州文化发展能力所导致的问题呢？究其原因，我们可以成为流行音乐这个新生儿的诞生地，但我们无力提供它成长与发展所需要的文化基础与条件。

当内地其他地区还处于较为严格的管控时，广州的广播电视业曾经以其清新活泼的面目得到国内观众和同行的称道。但一旦内地获得与广州相同的发展政策环境，广州的广播电视业就被迅速抛入二、三流的境地。这里缺的正是支持这一行业发展所需要的文化生产能力。

遐迩闻名的珠江电影制片厂（简称"珠影"），曾经承载着许多珠影人的荣耀，即使在改革开放初期，珠影也曾经为全国观众奉献出不少好的作品。但从电影行业新制实施、政策环境趋于一致以后，文化创造力就成为电影行业竞争力的最根本因素。珠影的落伍就是其文化创造力不足的必然结果。

我们必须高度重视一个突出的文化现象：为什么广州一直可以成为国家文化发展的报晓雄鸡，却始终无法成长为雄踞国内文化发展的劲旅？这里面广州文化所具有的包容性、开放性和这种文化所包含着的不发达或固有的落后性，应该是解释这一现象的一个思路。因为它的包容与开放，使它容易接纳各种各样新的文化思潮与现象，因为它的不发达和所固有的落后性，使它无力为这个新生的文化体提供足够的营养和成长的空间。这就是问题的症结。然而，长期以来我们都为广州文化所固有的包容性与开放性而称道，但我们对于其中所蕴含着的另一个方面的因素却缺乏应有的基本的自觉，或者没有认真地面对。因此，广州文化发展中的先天不足因素一直不能得到有效的弥补。前不久，我们作客广州某粤剧团，所见所闻加重了对这一方面的隐忧。时下广州的一些粤剧团体创作重大题材时的基本套路是：文学剧本请基本不懂方言和对广州文化不甚了解的外地作家创作，再让人把普通话剧本翻译为粤语，导演也请非粤剧出身的外地人出任。我们当时看到正在导戏的就是一位来自西北某省一个京剧团的一级演员。试问，这样生产出来的粤剧产品，除了用粤语演唱外，究竟还能有多少粤剧的独特韵味？粤剧出现危机，原因一定是复杂的，但缺乏熟谙广州方言、精通广州文化、能以广州人的方式讲好故事、具有强大创作能力的粤剧编创队伍，一定是重要的因素。因此，如果不能在这一关键性因素有明显改进，不管政府如何重视和支持粤剧事业的发展，它的再度雄起和辉煌几乎都是不可能的。

当前粤剧的危机并非粤剧界存在的孤立现象。广州有一个表演水准不俗的芭蕾舞团，也有一个自觉担当起讲述广州故事的歌舞剧院，但编创力量不足是他们共同的瓶颈。尤其以讲述广州故事为自觉担当的院团，缺乏对广州文化，包括广州历史、生活方式、思维习惯、民风习俗、语言特点、职业行当、市井风情、城市景观，以及本土的音乐与舞蹈等的深入了解和理解，要创作出地道地体现广州文化特色与风格的作品几乎是不可能的。因此，发展广州的文化事业，改善广州在全国乃至世界上的文化定位状况，除了要继续保存和呵护广州文化中的包容、开放品格外，还要努力持续地改良这里的文化土壤，切实改善全民的文化素养与能力，尤其要千方百计地培植一支热爱和精通本土文化的具有旺盛文化创造力的英才队伍。

六

基于上述对广州文化的理解和对广州的文化定位的判断，我们在坚信广州成为世界文化名城的光明前景的同时，也体会到这一培育过程的艰巨性、复杂性和长期性。对于如何将广州培育成为世界文化名城的问题，虽然本书的作者分别从不同的专业背景作出了不同角度和程度的探讨，但我始终认为，某些意见可能纯属书生之见，有些囿于对实际情况掌握的局限而可能成为某种片面之谈或肤浅之谈。因此，它们只能表明我们的参与而不能代表主张的正确。不过在我看来，培育广州成为世界文化名城的事业，是全体广州人民的事业。这一事业的成功首先必须诉诸全体广州人民对于广州文化的自觉和自信。没有这一种自觉和自信，就不会有行动和目的性结果，也就不会有培育广州成为世界文化名城的成功。然而，许多情况反复表明，我们实际上并不拥有这种自觉和自信。而这种状况的造成，既有历史的也有现实的复杂原因。

正如前文所述，广州文化得益于滨海商贸的发展，拥有包容与开放的品格，但广州文化自身并不是一个强势的文化。尤其是改革开放以来，为配合对外开放的大势发展，社会上长期的主导性的倡导是解放思想和学习他国他人的先进文化。所谓解放思想，则意味着冲破既有东西的束缚，这容易使人们把历史当作包袱和负担；所谓学习他国他人先进文化，则意味着需要不断"拿来"和引进。这两者相互作用的客观后果，就是使我们从外面"拿来"不少新东西和好东西的同时，弥漫出一股淡忘、模糊甚至菲薄自己文化的历史虚无主义气味。这也许是历史发展中难以避免的代价，但这对于我们致力于培育世界文化名城显然是不利的因素。时下，我们究竟有多少人能够真正深入地认知本土文化的意蕴和样态？我们的建筑缺失本土的文化元素而与其他城市趋于雷同。我们置身于近年来新建的大公园中，基本上找不到岭南园林应有的文化感觉，目光所及与外国公园没有什么太大的不同。在经过治理后的荔枝湾边，我们可以看到崭新的整洁，但就是看不到岭南涌边扶栏的秀美、轻盈与灵动。许多传统历史街区和地标的修建，越来越染上现代式建筑缺失细节审美价值的毛病。文化认知的缺失，正在使我们的城市失去表征城市特性与个性的文化标志。最令人担忧的是，在广州提出培育世界文化名城的目标以后，有的地方前不久还通过媒体表达建设"欧陆小镇"的理想。其实，即使你真的能在广州建立起很多"欧陆小镇"，那也仅仅是复制"欧陆小镇"，而不可能是世界文化名城。正是鉴于人们对于广州文化的淡忘、模糊，甚至妄自菲薄，我们认为，培育广州成为世界文化名城的最为基础性的"作业"应该是，以切实有效的方式去提高人们，包括普通市民、学生和官员对于广州文化的认知，从而提升文化的自觉，重塑文化的自信。我们必须记住并弄清楚"越是民族的越是世界的"这一观点的全部意义！如果我们广州的普通市民，我们广州的青少年学生，我们那些亲近广州这块土地的朋友，尤其是我们广州市的政府官员，都能够习得许多有关广州文化的知识，知晓广州文化的独特样态，进而理解广州文化的独特内涵，欣赏广州文化的独特美感，我们就一定能够拒绝城市建筑中的雷同化，一定能够以灵气十足的柱石支撑起风情秀美的临涌扶栏，一定能够在广州的新年音乐会上听到诸如"广州的阳光"而不是《柏林的空气》之类的乐曲，至少能够避免牌坊斗拱上的张冠李戴般的错位和移植。我想，如果我们能够做到这一点，广州就一定能够绽放独特的文化魅力，成为世界文化大观园中的灿烂奇葩。这样的广州，一定是距离世界文化名城最近的广州！

（徐俊忠　广州大学副校长，教授，博士生导师）

关于研究、推广"广府文化"的基本构想

纪德君

《2011年广州市政府工作报告》明确提出要"擦亮广府文化品牌,打造文化精品,繁荣文化事业"。《广州建设文化强市培育世界文化名城规划纲要(2011—2020年)》也强调要大力研究与弘扬广府文化,以期在未来的10年内把广州建设成为世界文化名城。《广东省建设文化强省规划纲要(2011—2020年)》则不仅突出了广府文化在岭南文化中的首要地位,更要求把广府文化打造成国家级的文化生态保护区。可见,省市政府对广府文化的重视达到了前所未有的高度。那么,什么是广府文化呢?广府文化的主要内涵是什么?我们可以在哪些方面有效地展开广府文化研究?广府文化研究的目标与意义何在?本文试对这些问题进行初步探讨,希望对广府文化的研究略有助益。

一、广府文化研究的必要性与迫切性

广府文化是指以广州为核心、以珠江三角洲为通行范围的粤语文化。广府文化是在南越土著文化的基础上融汇中原文化乃至西方文化,逐渐形成、发展起来的。广府文化从属于岭南文化,在岭南文化中居主导地位,它以水为底色,以商贸为核心,以开放、创新、兼容为动力,在中外贸易、革命维新、文化辐射、改革开放等方面展现了鲜明的地域特征、时代色彩和优秀的文化品质,发挥着辐射岭南乃至全中国的极重要作用。

广府文化虽然在岭南文化中占有主导地位,但其生存与发展的现状却不容乐观。目前,社会上已出现了一股"广府文化正在流失"和"拯救广府"的舆论,认为:第一,粤语在衰落,广府文化将逐渐变为一种文化遗产;第二,广府风华已如明日黄花,亟须"拯救广府文化"。

而就岭南三大民系文化的研究状况来看,客家文化和潮汕文化都有专门的研究机构,有所谓的"潮学"、"客家学"之说。相形之下,广府文化研究则明显滞后,目前还停留在零散、无序的表层上,尚缺乏广泛、扎实

的田野调查和系统、深入的理论研究,更未能形成一个比较科学的"广府学"学术体系。这与广府文化在岭南文化中的主导地位是很不相称的。由于目前对广府文化的调查、研究未能全面、系统、深入地展开,因而有关广府文化资源的发掘、传承、创新与推广也就很难取得令人满意的效果。

所以,大力加强广府文化研究,建立系统、科学的"广府学",擦亮广府文化品牌,繁荣广府文化事业,对于广州市建设世界文化名城、广东省建设文化强省,不仅很有必要性和迫切性,而且有相当重要的文化战略意义。

二、广府文化研究的主要内容与研究方向

广府文化的内涵虽然丰富多彩,但最能凸显广府文化特色的是广府民间民俗艺术、广府文学、广府宗教文化与民间信仰、广府商贸文化、广府饮食文化、广府方言、广府历史文化名人等。因此,可以围绕这些主要内容,凝聚研究力量,形成下述特色鲜明的研究方向。

(一) 广府民间民俗艺术研究

民间民俗艺术,是民间习俗与民间艺术相互作用而形成的民间艺术形态。广府的民间民俗艺术历史悠久,资源相当丰厚。例如,粤剧、粤曲就堪称广府文化的瑰宝,粤剧更有"南国红豆"之美誉。而与广府民俗相映生辉的民间艺术,诸如:市桥水色、沙湾飘色、麻车舞火狗、醒狮、鳌鱼舞、醉龙舞、麒麟舞、木鱼书、龙舟说唱……以及各种民间工艺,诸如广绣、广彩、牙(骨)雕、玉雕、木雕、宫灯、剪纸等,可谓异彩纷呈。

广府的民俗艺术虽然历史悠久,资源丰厚,但研究者对原生态的民俗艺术挖掘、整理与研究明显不足。目前,有关广府民俗艺术的论著甚少,较有代表性者如叶春生《广府民俗源流及其特征》(《广东民俗》1998年第3期)、《广府民俗的特征》(《广东民俗》1998年第10期)、《广府文化习俗刍议》(《岭南春秋》1999年第2卷)等。左鹏军主编的《岭南学》,也只有少量文章论及广府的民俗艺术。但总的来说,广府民俗艺术的研究零星而不成系统。

因此,如何认识和理解广府民俗艺术丰富的文化内涵,挖掘、保护、弘扬广府的民间民俗艺术,打造民间民俗艺术品牌,彰显广府地区城市的文化底蕴与个性魅力,无疑是广府文化研究的一个重要课题。

广府民俗民艺包括下述几大类,这几大类也是需要研究的主要内容:

(1) 民间绘画：模板年画、扑灰画、灶头画、农民画等；
(2) 民间雕塑：石雕、木雕、牙雕、骨雕、竹刻、泥塑等；
(3) 民间建筑：民居、小庙、桥等；
(4) 民间工艺：广彩、广绣、抽纱、编织、装潢、木工、剪纸等；
(5) 民乐舞蹈：粤剧、粤曲、醒狮、鳌鱼舞、木鱼书、龙舟说唱等；
(6) 民间书艺：组合字、花鸟字等；
(7) 民间杂艺：游艺、竞技、根艺、盆景、插花等。

在具体的应用上包括与民间艺术有关的各类活动，诸如岁时节令，包括春节、元宵节、清明节、端午节、乞巧节、重阳节、中秋节等；人生仪礼，包括婚丧嫁娶、生育、寿诞等；还有祀神祭祖和日常的文化娱乐等。

研究广府民间民俗艺术，就是要把广府的民俗和民艺结合起来，着眼于民俗与民艺互动、影响，重点调查广府的风俗习惯如何与民间艺术相结合，如何利用民间艺术的形式以成风俗，并探讨从广府"民俗"中体现的广府文化风情以及从"民艺"中体现的广府文化特色。

具体可实现的目标是：

(1) 通过田野调查、文献梳理，结合节日民俗活动，挖掘、承传、弘扬广府民俗艺术，彰显广府地区城市的文化底蕴与个性魅力；
(2) 建立广府民间民俗艺术资料库；
(3) 建造一批不同种类、内容的广府民俗艺术博物馆；
(4) 依托高校，培养广府民间民俗艺术承传方面的优秀人才；
(5) 打造一批广府民间民俗艺术品牌。

（二）广府文学研究

文学是文化的形象体现，文学的文化内涵是相当丰富可感的。文学所涉及的内容，包括天文、地理、环境、气候、生物、交通、建筑、农业、工业、商业、政治、军事、民族、宗教、法律、伦理、民俗、饮食、服饰、音乐、绘画、体育、旅游等50多个学科门类，它的涵盖面是最宽的。从文学的角度进行研究，有助于深切、具体地认识一个地区文化的精神风貌。

在过去的2000多年中，广府地区产生了1400多位有文集行世的文学家，产生了许多既有广府文化特色又有岭南地域风格的优秀作品。此外，广府地区还有许多有关地名起源、名胜、人物、风物等方面的神话、传说、故事、歌谣、竹枝词、谜语、谚语、笑话等，它们也积淀了深厚、多趣的文化信息。研究广府文学，对于挖掘广府优秀传统文化的丰富底蕴，提高广府人的文化素质，繁荣当代广府的文学创作，具有多方面的重要意义。

广府文学研究是以广府文学为对象，以中国其他地域文学包括客家文学、潮汕文学为参照，用文学史和文学地理学的理论和方法所进行的一种地域文学研究。广府文学研究既是中国文学地理研究的重要组成部分，同时也是广府文化研究的重要组成部分。

广府文学研究，包括各个不同的层面：从作者层面来讲，有广府作家文学研究和广府民间文学研究；从文体层面来讲，有广府诗词研究、广府小说研究、广府散文研究和广府戏曲研究；从文学史层面来讲，有广府古代文学研究、广府近代文学研究、广府现代文学研究和广府当代文学研究；从文学地理的层面来讲，有广府文学家族研究、广府文学流派研究、广府文学与地理环境之关系研究、广府文学的地域特征研究、广府文学与其他地域文学的比较研究；等等。

广府文学研究，要做到"五个结合"，凸显其"广味"：一是把作家文学研究和民间文学研究结合起来；二是把古代文学和近代、现代、当代文学结合起来；三是把文学史的研究与文学地理的研究结合起来；四是把文学研究与文学创作结合起来；五是把文学研究和文化研究结合起来。

广府文学研究可以达到的目标是：

（1）通过对大量的文学家、文学家族、文学流派（社团）和文学作品的研究，还原广府文学的真相，看看广府文学究竟是一种什么样的文学；

（2）总结广府文学的发展历史、地域特点和成长规律；

（3）通过对广府文学的研究，探讨它的成功经验，指出它的不足之处，从而为当代的广府文学创作提供借鉴；

（4）通过对广府文学的研究，了解这种文学所赖以产生的土壤，即广府文化的丰厚底蕴及其鲜明特点，从而为今天的广府文化建设提供借鉴；

（5）通过广府文学的研究，更好地传播广府文化，进而为广东建设文化强省、广州建设文化强市提供丰富的信息资源和咨询服务。

（三）广府宗教文化与民间信仰研究

宗教文化和民间信仰是广府文化的重要组成部分。广府地处岭南之腹地，宗教历史和民间信仰源远流长，有着浓厚的宗教文化底蕴和广泛的民间信仰习俗，对当地文化品格和民众心理有着深刻的影响，成为支配广府民众风俗习惯、行为禁忌等的重要思想基础。

广府的宗教文化和民间信仰虽然在广府民众中影响深远，但从研究状况来看，已有的论著多集中在对岭南的宗教作历史源流的探讨，个别论文涉及广州宗教信仰的现状。然而，至今还没有一部专论广府宗教文化与民间信仰的著作，并且对当今广府宗教与民间信仰状况的调查与实证研究也明显不足，对广府宗教与民间信仰关系的研究则基本阙如。

因此，广府宗教文化和民间信仰的研究，需要依托历史，立足现实，重点探讨宗教文化和民间信仰对广府文化品格和民众心理、生活的影响以及对当前广府文化建设的重要意义。其主要内容涉及下述7个方面：

（1）广府宗教及民间信仰的产生、发展与变迁史研究；
（2）广府宗教及民间信仰的社会功能研究；
（3）广府宗教及民间信仰的文艺传播研究；
（4）广府宗教及民间信仰与区域社会的环境、资源之关系研究；
（5）广府宗教与民间信仰的人文景观与文化旅游价值研究；
（6）广府宗教及民间信仰与非物资文化遗产的保护与利用研究；
（7）广府宗教及民间信仰与现代社会伦理道德、和谐社会之关系研究。

广府宗教文化与民间信仰研究可以达到的目标，一是可从学理上深入探讨广府宗教和民间信仰的思想渊源、地域特色，为广府文化研究增添历史厚重感；二是可充分挖掘宗教和民间信仰的社会功能，对广府民众现有的信仰进行规范和引导，使之更好地适应和谐社会建设的需要；三是可以为现行体制下管理者和思想文化工作者如何正确看待和处理民众生活中的宗教和信仰提出具体可行的操作建议；四是可以结合本地区的民俗节日与宗教活动，打造一些宗教文化品牌，如禅宗文化、庙会文化等，以增强城市文化的魅力。

（四）广府商贸文化

广府自古以来就是中国南方最大、历史最悠久的商贸中心区域，是古代"海上丝绸之路"的发祥地，也是改革开放的前沿。广府人在上千年的商贸实践中逐渐形成了兼收并蓄、博采众长的开放精神，诚信为本、以义取利的商业精神，仗义疏财、广施济众的博爱精神，团结协作、同舟共济的团队精神，敢为人先、奋发有为的创新精神。可以说，商贸最能体现广府文化的个性、特质。

为了凸显广府商贸文化的活力和魅力，急需加大力度研究几千年以来积淀的商业文化遗产，阐发广府人的商业文化理念，使其与时俱进，发扬光大。此外，还应该致力于保护、恢复、开发、利用一些带有标志性的古老的商业文化遗址,有效地彰显广府商业的文化底色。

广府商贸文化研究,与以往学者侧重从经济或历史的角度研究广东的商业贸易不同,它立足于"广府",主要从文化的角度,深入挖掘广府商贸的历史文化内涵,凸显其商贸的地域特征和文化精神特质,以期为广府加快建设国际商贸中心提供不竭的精神动力。

广府商贸文化研究的主要内容是:

(1) 广府商贸的历史变迁研究;

(2) 广府商贸与城市发展研究;

(3) 广府商贸与东西文化的交流、传播研究;

(4) 广府商贸业态与发展理念研究;

(5) 广府商贸文化精神的挖掘、丰富与发展研究;

(6) 广府商贸文化遗产的保护与利用研究;

(7) 广府商贸与国际商贸中心的建设研究。

广府商贸文化研究要达到的目标是:

(1) 挖掘广府商贸的历史文化内涵,丰富当代广府商业发展理念;

(2) 保护、利用"千年商都"的文化资源,塑造别具一格的商业文化景观(如黄埔古港、南海神庙、波罗诞、镇海楼、十三行等),将广府文化商贸区(如北京路、上下九路等)打造成广州岭南文化的新地标;

(3) 落实文化兴商战略,将"千年商都"的历史和文化资源转化为商业资源,以适应建设国际商贸中心的时代要求。

(五) 广府饮食文化研究

由于具备优厚的自然条件、奇异的物产和独特的人文环境,以及浓厚的商业文化气息,广府饮食文化独具一格,有着鲜明的地域色彩。广府饮食文化历史悠久,文化内涵丰厚,它植根于广府人的生活方式,表现在广府人的饮食习惯、饮食观念、饮食制度、节日习俗等方方面面,形象地体现了广府文化乃至岭南文化的精神风貌。

虽然广府饮食文化源远流长,历代文献对广州饮食文化的载录不绝如缕,但很少有人对之进行专门、系统、细致的整理和研究。当今,广府饮食行业虽然发展态势良好,但饮食的传统文化资源却未能得到很好的发掘与利用,个性特色正在逐渐流失。

因此,如何传承、保护和利用广府饮食文化,重新擦亮"食在广州"品牌,建设"世界美食之都",也就成了迫在眉睫的任务。

广府饮食文化研究,主要涉及以下内容:

（1）广府饮食文化的成因研究（包括独特的地理气候环境、奇异的物产、古朴的民俗、人口迁移的影响、商业文化的影响等）；

（2）广府饮食文化的内涵研究（包括食材选料、制作艺术、饮食观念、饮食保健、饮食交际、节日习俗等）；

（3）广府饮食文化的特征研究（包括开放性、兼容性、创新性、享受性、务实性、挑战性等）；

（4）广府饮食文化的现状研究（包括广府饮食文化逐渐变味、粤菜逐渐失去优势地位、老字号食肆不断走下坡路等）；

（5）广府饮食文化的发展策略研究（包括如何挖掘、利用传统的广府饮食文化资源，保护、开发、丰富、推广具有广府文化特色的美食品种，打造特色鲜明的广府饮食文化品牌，举办丰富多彩的美食活动等）。

广府饮食文化研究可以达到的目标是：

（1）探讨广府饮食的渊源、流变，阐发广府饮食的文化内涵、特征与成因，建立和完善既有地域特色又有时代精神的广府饮食文化体系，为广州建设"世界美食之都"做好理论文化方面的准备；

（2）挖掘、利用广府饮食文化资源，凸显广府饮食文化的特色与亮点，重新擦亮"食在广州"品牌，扩大广府饮食文化的社会影响；

（3）揭示广府饮食文化存在的问题，提出切实可行的对策和发展方案。

（六）广府方言研究

广府方言，主要指粤语，粤语是中国最独特的方言，通行区域广，使用人口多。不仅广东、广西的许多县（市）通行粤语，香港、澳门两个特别行政区也以粤语作为社会通用的交际语。在海外，如南北美洲、大洋洲、欧洲、亚洲的许多华人社区，粤语是其主要交际用语之一，维系着海外华人与本土文化的联系。

粤语是广府文化最重要的载体，广府地区的各种传播媒介以及丰富多彩的文艺形式与文化品牌等多是借粤语来展现的。深入研究粤语，可以更清楚、深刻地认识广府文化。特别是当前要把广州建设成为世界文化名城，研究粤语并发展一个以粤语为认同核心的广府文化生态圈，就显得尤为重要。从语言研究的角度看，深入研究广府方言，不但对汉语研究有重要的意义，而且对研究近代以来中国社会的变化。同时，对于研究广府地区尤其是珠三角地区社会生活的变化，也有相当重要的参考价值。

对语言本体的研究，主要包括语音、词汇、语法三大系统，广府方言的研究也不例外。相对而言，学界对广府方言的研究成果主要集中在语音和语法上，这两个系统的研究基础比较好，但词汇研究则十分薄弱。

《广州方言研究》（1995）辟有专章《广州话词汇》，是迄今为止比较深入系统研究广州话词汇的优秀成果，但主要还是共时层面上的分析，词汇系统的承传关系还研究得很不充分。从整体上看，学术研究仍主要是词典编纂、对某个方言词的语源考证或对个别具体的词义的诠释，但缺乏对整个词汇系统的深入探讨，仍有许多问题尚未涉及，而且对于那些已经涉及的问题的研究还需要进一步深入。

因而，今后研究广府方言，既要对广府方言的语音、词汇和语法各个语言要素作共时描写，还要着重对广府方言作历时的研究。这种研究，既有整个方言形成和发展的探讨，也包括语音方面古、今音的对比研究及语音发展情况的描述，还包括词汇、语法方面古今语言特征承传关系的探索。此外，针对学界研究的薄弱之处，还要对广府方言词汇系统作更深入的研究。

广府方言研究要达到的目标，主要有如下两项：一是为相关的语言学科和人文学科服务。广府方言已有上千年的历史，保存了大量古汉语的成分，这些方言材料对于古代汉语、汉语史的研究极为重要。无论是语音史、词汇史和语法史都必须把古代文献的材料和现实的方言材料结合起来相互论证，才能获得科学的认识。粤语地区流行着不少俗字、简字，对于研究汉字的发展史也很有参考价值。二是为广府文化的研究、地方文艺的研究、地名的研究、地方习俗的研究提供重要帮助。由于广府方言是广府文化的载体，地方文艺的形式、绝大多数旧地名都是用方言来称说的，因此，所有的习俗都必须借助方言才能有明确的观念，才能具备可操作性，才能得到传承。

（七）广府历史文化名人研究

文化是人的创造产物，而文化名人在创造文化中起决定性的作用。研究广府文化，必然要研究广府文化名人及其文化贡献，因为广府文化名人既是广府人的文化精神与价值系统的代表，同时又是这个文化精神与价值系统的继承者与发展者。广府文化从秦汉以来（截至1949年）共孕育了1400多位文化名人，他们在文学、史学、经学、科学、艺术等文化领域创造了许多先进的成果，取得了举世瞩目的学术成就。特别是在近代，广府文化名人不仅在传统学术上赶上并超越了中原地区，而且在引进和传播西学中更是开风气之先，走在全国的前列，为世人所瞩目。广府文化名人研究,就是研究历史上广府文化名人在创造和发展广府文化中的贡献,在创造和发展中国文化中的贡献,特别是在中西文化交流中对引进西方文化的贡献。

然而,目前还没有专门的研究机构和研究人员对广府文化名人的文化成果(特别是学术成就)进行系统全面的整理、研究、挖掘与弘扬。针对这个缺憾,今后我们要着重研究历史上广府文化名人的文化成就(特别是学术成就)及其对中国文化(尤其是学术)的贡献等,以期更好地挖掘博大精深的广府文化,为当前广东建设文化大省的战略服务。

广府文化名人代不乏人,在近代史上更是独领风骚。唐代的高僧慧能认为人心即佛,奠定了禅宗在佛教中的地位。明代的陈献章及其弟子创立独具一格的心学,与王阳明遥相呼应,影响深远。在近代则出现了陈澧、朱次琦这样的大儒,他们精通经史,调和汉宋,提倡经世致用,创立了各具特色的东塾学派与九江学派。稍后的康有为、梁启超在中国学术上更是异军突起。高剑父的岭南画派在中国也是独领风骚。这些广府文化名人的生平、事迹、为人处事、文化成就、学术思想以及对中国乃至世界文化的贡献,就是我们要研究的主要内容,具体来说包括中国古代(1840年前)广府文化名人研究概说;近现代(1840—1949年)广府文化名人研究概说;东塾学派名人研究;九江学派名人研究;岭南画派名人研究;康(有为)梁(启超)研究;白沙学派名人研究;阮元与广府文化研究;张之洞与广府文化研究;香山文化名人研究;等等。

广府文化名人研究应该达到的目标是:
(1)完成一份关于广府文化名人的调查清单,并确定重点研究对象;
(2)撰写一批广府文化名人传记;
(3)出版一批研究广府文化名人的学术专著;
(4)建立广府文化名人资料库;
(5)建立广府文化名人博物馆;
(6)把该研究方向打造成广府文化名人研究的主要阵地。

三、广府文化研究中心的主要使命

如前所述,广府文化融入了古越人遗俗、中原文化和西方文化因子,它立足于商业贸易,形成了特色鲜明的水文化、稻作文化和商业文化,历史文化底蕴相当丰厚。广府文化的中心地是广州,其核心区域是珠三角。广府文化研究要立足于广州,面向珠三角,辐射全中国,走向全世界。

广府文化研究，除了要实现前文所说的一些具体目标外，其主要使命就是：

1. 系统、深入地研究、弘扬广府文化，凝聚形形色色的广府文化要素，打造特色鲜明的各种广府文化品牌，突出特色文化的引领作用，优化广府地区文化产业发展环境，深入挖掘、激活广府文化产业的资源潜力，多渠道、多层次、及时、有效地推广广府文化研究成果。

2. 与市、区政府有关部门合作，着力打造"广府文化博物馆"，共建"广府文献资源中心"和"广府文化大观网站"，为研究和推广广府文化构筑最为宽广、坚实的文献信息资源共享平台。

3. 以多种形式培养、培训广府文化调查、研究、传播、应用和推广方面的专门人才。

4. 通过研究广府民系所在区域的历史人文地理特点，建立新人文地理网络，发掘广府文化区域特色，建立国家级的广府文化生态保护区。

5. 在对广府文化进行全面、深入的田野调查、理论研究与实践运用的基础上，逐步建立一门系统、科学的"广府学"，将广府文化发扬光大。

（纪德君　广州大学广府文化研究中心主任，博士，教授）

纠结的"广府人"

陈泽泓

最近，在广州热热闹闹举行的首届世界广府人恳亲大会刚刚落下了帷幕，此前及此后，关于"广府人"的讨论、宣传，如波浪起伏，涛声不断。由于组织社会活动的需要，主办方对"广府人"怎么诠释有其理由与权利，但是，从学术的角度，静下来想想，什么是"广府人"，真的是个令人纠结的问题。

在潮汕人、客家人世界恳亲大会已经召开了十几届甚至二十几届，幕起幕落的热闹中，不甘寂寞的广府人，终于为了摆脱因未能正名而有碍造热的窘境，也热闹起来了。一时之间，众多以"广府"为名的研究机构纷纷成立，召开以"广府文化"冠名的研讨会，举办以"广府文化"冠名的各类活动，推出各种各样以"广府文化"冠名的著述成果，精明的经济人从中看到了商机，绕开瓶颈，各捧成自圆其说的"理论研究新局面"，从广义说、狭义说到泛文化说的"广府人"概念应运而生。

窃以为社会活动尽可以对"广府人"作出各种诠释，只要参加者有认同感就可以了，但作为学者，不顾学术立场而去硬讲、巧讲，就好像说相声那样，把水牛掉到茶杯里说圆了，那就变成了说话的艺术，但它不是治学的学术。总而言之，"广府人"、"广府文化"还会在热热闹闹中纠结下去，只望不要把学术纠结进来就是了。

一、相对于潮汕人、客家人的尴尬

在岭南的汉民族有三大民系，这已经是公认的观点。以潮汕人的文化、客家人的文化为题的研究，在20世纪已渐成气候，形成了"潮学"、"客家学"等一系列研究成果，而对广府人的文化研究，进入21世纪之后才升温，造成这种状况的一个极为关键的原因，就是"广府人"的概念一直说不清，并影响到何谓广府人的文化也无从说清了。

本来，提及广府人，是在区别于潮汕人、客家人的语境中而言的，当然是指民系意义上的广府人，也就是说，广府人肯定是在潮汕人、客家人之外的广府民系的人，但偏偏在"广府人"的定义上，并不完全按此范畴，让概念处于游移的语境状态，这才出现了争论不休的所谓"广府人"的定义。

"我是潮汕人"、"我是客家人"，这样的话出自于某一个人口中是自然而然的，那么，旁观"我是广府人"的说法，却有一个有趣的现象。中山大学的邱捷教授是一位地地道道的广府人，6年前，他给拙作《广府文化》撰序中有这样的描述："我的祖上在清朝道光年间从福建宦游来粤，从此在广州城定居，到我已经是第六代；家母姓梁，以往世居榨粉街，梁鼎芬就出自这个家族。至少在明代，这支梁氏已在广州定居。如今我年过耳顺，唯一能讲得标准的语言就是广州话。这样说来，我今天大概可以自称地地道道的'广府人'了。但是我快到而立之年，与一位客家女子结婚后，才知道自己属于'广府人'。在我幼年和青年时期，邱、梁两家的长辈，无论是有科举功名及受过高等教育的，还是'引车卖浆者'流，都只会说'我们广州人'，我从未从他们口中听到过'我们是广府人'的说法。我请教过一些广州、佛山、东莞、中山、新会的朋友，他们也有与我相同的感觉，就是幼年时长辈会说自己是'广东人'以及'佛山人'、'东莞人'、'中山人'、'新会人'，却不会说自己是'广府人'。所以，我颇怀疑'广府人'是一种'他称'而不是一种'自称'。我请教过多位讲石岐白话的中山人：在讲闽语系方言的南蓢人、隆都人和讲客家话的五桂山人以及讲白话的东莞人之间，你们觉得对什么人更有认同感？他们无一例外的回答是，对前者会认为是中山小同乡，但对后者只有'广东同乡'的认同，并无'广府同乡'的认同。当然，我和我的朋友的经验未必有代表性。居住在珠江三角洲、说广州白话的人是否有'广府人'的认同，以及这种认同何时产生、影响如何等，是必须做广泛细致的人类学调查研究方可得出结论的问题。但是，我和我的朋友的经验，至少可以说明目前'广府'的认同，较之'客家'认同与'潮汕'认同要淡薄得多。"[①] 我之所以如此大篇幅地引述邱先生的话语，是因为这是出自一位地道的广府人而又以十分严肃的态度对待学术的学者之口，来评述"广府人"的状况及认同，特别是为拙作作序，并不因文而作随意的附会诠释。我对此表示赞同之外，还十分敬佩其学者的心意。为避免断章取义之嫌，在此不惮引文之长，而且，我认为这段话对今天不断升温的广府人研究热来说，也是值得

---

① 陈泽泓：《广府文化》，1～2页，广州，广东人民出版社，2007。

深思的良言。

还可以举出一个很能说明上述观点的例子。列入中山大学丛书出版于2007年的《珠江流域的族群与区域文化研究》一书（此书为教育部人文社会科学重点研究基地重大课题"珠江流域的族群与区域文化"成果之一），全书只有一次提及广府人，是在述及珠江流域是一个多民族、多族群的文化区域时说到："在汉族中，既有人们耳熟能详的客家人、广府人、潮汕人，也有不太为人们所知的平话人、疍民、讲标人等等。"① 还提及：珠江流域内除了少数民族，"也有广府、客家、福佬（潮汕）以及'疍民'等汉族民系"。② 书中专门设有"珠江流域的客家人"一章，却不对在珠江流域占大多数的"广府人"作专门记述。可想而知，研究者对这一"耳熟能详"的概念的知难而退或者不甚了了而不触及。同书在论述"民工流动与族群互动"时，以东莞为典型例子提出："东莞本地人是一个族群边界很明显的群体，这个主要以他们的强烈的家乡认同感为标准。本地土生土长的东莞人有着相当强的优越感，对东莞的发展尤其是改革开放后所取得的经济上的成功感到十分自豪。但后来取得东莞户籍的人却很少有这种感受，有不少即使在东莞生活了十几年以上的人，能流利地用东莞话交流的人，在他们自己和土生土长的东莞人看来仍然无法完全将之作为东莞人来看待，而可能仍然是外省人。"③ 在此处，书中使用了"东莞人"、"本地人"的概念，而不是使用广府人作为族群的概念。值得注意的是还提及了认同感的问题。

适应时风之需要，最近有学者提出了"广府文化概念不断延伸"的命题，提出了广府文化"应是'泛'广府的文化"、"应是泛文化的文化"、"应是泛时代的文化"、"广府文化泛语言、泛地域"等一系列的泛化论，还提出了"与客家、潮汕文化不同，广府文化的地域、方言概念越来越淡化，边际外延也越来越模糊"。"广府文化泛语言、泛地域的优势凸显，这有利于冲破原本固化或封闭的藩篱，形铸多元、包容、融合与进取的文化性格。"④ 我认为，在迄今为止的讨论中，"广府文化"的概念本来就未

---

① 周大鸣，吕俊彪：《珠江流域的族群与区域文化研究》，234页，广州，中山大学出版社，2007。

② 周大鸣，吕俊彪：《珠江流域的族群与区域文化研究》，8页，广州，中山大学出版社，2007。

③ 周大鸣，吕俊彪：《珠江流域的族群与区域文化研究》，253页，广州，中山大学出版社，2007。

④ 王杰：《广府文化概念不断延伸》，中国社会科学报，2013-09-27。

"固化或封闭"过。相反,对"广府文化"虽然可以列举出诸多的现象,而从定义上却仍然说不清,又何以确定地域、方言的边际外延?民系文化与地域文化是既有联系而又不相同的概念,广府文化到底是民系文化还是地域文化,这是对这一概念开展讨论之前必须明确的命题,奇怪的是,每每为下笔万里的讨论者所讳言。代之以民系文化还是地域文化的定性,在讨论和使用"广府"这个概念时,由于概念的不一致,使用了"广义"与"狭义"的极具容纳性的和不须深究的说法,论者认为这还不够,还要来一番"冲破"和"包容",又出现了一连串"泛文化"的概念。这就把本来尚无法认同的概念范畴扩大得更加宽泛无边了。

之所以出现这样的状况,是因为广府文化与潮汕文化、客家文化这两个概念相比之下的尴尬。据笔者所知,无论时代有多大的变化,显然未见有人提出"潮汕文化"与"客家文化"的概念"不断延伸"的命题。这是因为,这两个文化概念范畴明确,不须采用"延伸"来解脱无法定义的窘境。

作为客家人的文化,所说的客家人无疑指的是客家民系的人,紧紧抓住以语言特征为民系最主要的特征(所谓"宁卖祖宗田,不忘祖宗言"),这就把在南中国居住分布甚广的客家民系清晰地区分出来,这也是客家文化认同的基本点。自20世纪的客家人、客家文化研究以来,除了对客家人何时形成认识不同之外,没有听到对客家人的概念范畴的争议,或动摇客家人认同理念的情况。尽管客家人的分布广至江西、福建、湖南、四川和两广等地,乃至漂洋过海,定居海外,但是认定使用客家话这一特征就足够了。

作为潮汕人的文化,除了方言特征之外,与作为行政区划的潮州的沿革有着重要的关系。潮汕人更早的称谓是"潮州人",其冠称的变化,反映了行政区划概念以及地区中心的演变。粤东地区最早的行政建置是揭阳县,揭阳建县至迟在西汉初,然而为何称"潮州民系"、"潮州文化",而未见称"揭阳民系"、"揭阳文化"呢?说明在这一民系及文化的形成过程中建置潮州是一个重要阶段。潮州之名始于隋朝,由东晋设立的义安郡改称,时辖领6县:海阳(治今潮安县东北)、潮阳(治今汕头市潮阳区)、义招(治今大埔县)、程乡(治今梅州)、海宁(治今惠来县西)、绥安(治今福建漳浦县西南),大致包括今粤东的汕头、潮州、揭阳、梅州、汕尾等市以及福建的东南部。此后迭有变化,明代改潮州路(元代)为潮州府,领11县,基本形成现代各县的区划格局,清代潮州府领9县及南澳1厅。"潮州人"的概念是在明清时期形成的,其聚居范围也在此境域,并成为一个延续至今还具有相当生命力的概念,尤其是在更多延续着传统文化的海外,"潮州菜"、"潮州音乐"更维系着浓浓的乡情。必须说明,在上述地域范围内,还聚居有客家民系,因此,在这一地域辨认潮州民系的基本特征就是使用潮州方言为母语。在内涵与基本特征没有太大变化的前提下,潮州文化的冠称随着时代发展而发生了变化。汕头在开埠后,崭露头角,清同治六年(1867年)在汕头设"惠潮嘉兵备道行署"。汕头在20世纪作为粤东地区新兴城市中心崛起之后,传统与现实平衡的地名——"潮汕"取代了潮州之称,"潮汕地区"、"潮汕人"、"潮汕话"的概念也应运而生。随着汕头越来越强势的经济、文化辐射中心作用,以"汕头地区"作为粤东地区行政区划之称,"汕头话"、"汕头人"的称谓也顺势而生了。时至今日,在粤东,汕头、揭阳、潮州三市,在政治上已是平起平坐的地级市,潮州、揭阳二市的经济也有着长足发展,"潮汕"之称仍在延续其影响。在揭阳市的职业学院称潮汕学院,在揭阳建的机场称潮汕机场。在这些概念的使用上发生了一些微妙变化,如潮州人与潮汕人、潮州话与潮汕话的通称,潮州菜、潮州戏的专称,从名称上反映了区划的历史演变、文化底蕴与现实变化,但都没有涉及对潮州人、汕头人、潮汕人理解范畴的影响;只涉及使用什么概念,不存在原有概念范畴的"延伸"。其实,对于"潮"的概念,不会有任何误会与争议,原来作为潮州缩写的"潮"字,也成为接受度最广的冠称,"潮人"、"潮菜"、"潮剧"、"潮学"……广为采用。不管冠称如何变化,文化的内涵没有引起歧义与异议。这是因为"潮人"有着明确的范畴,就是在历史上的潮州府之内,包括今汕头、潮州、揭阳、汕尾四市使用潮方言为母语者乃至梅州市、惠州市以及其他地方(如中山市)的潮方言岛居民。至于流迁外地(包括海外)的潮人之称,则是在此前提上而成立的。在一些地区还存在使用双方言(即既讲潮方言又使用客家话)的人群,其心理认同就成为至关重要的因素了,但这绝对是以特定的方言使用和地域范围为前提,而不是随心所欲地扩大的。

20世纪30年代,顺德人黄节所撰的《广东历史乡土教材》中关于客家人的不当之称,曾引起在粤政界、学界的客家头面人物的抗议,而饶宗颐在倡导"潮学"时,提出了"研究雍正以前的潮州历史,梅州、大埔都应该包括在内,这说明客家学根本是潮州学内涵的一部分,不容加以分割"① 的论断,尽管此论无视客家人并非只定居于梅州、大埔,却没有引起客家人任何的不安与研究客家学者的任何议论,恐怕这是因为没有人会介意这种将潮人与客家人视为一体的论断,由于这两者之间的区别,已经无须辩驳了。

既然客家文化、潮汕文化的概念都未见有不断延伸之论,为何广府文化是不断延伸的呢?这只能说明论者无法根据相对固定的前提对"广府人"的概念进行定义,而不得不以"延伸"来解脱无法自圆其说的概念窘境。

二、解读"广府人"

解读族群的共同途径,无非是语言、地域。然而,不提"广府民系"而提"广府人",细究起来,不管是从哪个路径入手解读,都可能陷入一些窘境。

从地域方面说。如果把"广府人"的概念理解为广府地区的人,那么,所谓"广府地区"的范围如何界定,这又不可避免地涉及如何理解"广府"一词。"广府"是一个历史地名,有论者望文生义,把历史上与"广"、"府"二字有关的地名都纳入了研究的视野,因而持论不一:有上推至南北朝时的广州都督府,有说源于隋唐的广州总管府,有说指明清时期的广州府。上述各时期的"府"未必都与今人所说的"广府"有着直接的关系,何况其地域范围大小悬殊,如果不设定讨论的前提,就会各说各话,说来说去也说不拢。仅此而言,"广府"遂成为多解的悬案。认真地分析广府文化形成的过程,这个问题本来不是太难解决,但一旦渗入了太多功利的问题,就会成为认真讨论"广府人"概念无法绕过的一个拦路虎,使讨论无法进行下去。

现在,再来讨论如何解读"广府人"这一词组的问题。传统的说法,说某人是某地人,是说他的籍贯。随着时代发展,人口流动加剧,对这种说法的理解已趋复杂多样。再加上以"广府人"为名的各种文化活动的组织者,有着尽可能集拢最大范围人群的愿望,更喜欢解读的灵活性,使解读不断"延伸"。林林总总的各种解读,归纳起来,对"广府人"的解读,有广、狭之分。狭而言之,就是籍贯(包括祖籍)是"广府地区"的

---

① 饶宗颐:《潮州学在中国文化史上的重要性——何以要建立"潮州学"》,见《饶宗颐潮汕地方史论集》,572页,汕头,汕头大学出版社,1996。

人；广而言之，则是生活在"广府地区"的人。此外，竟生发出"新迁入广府地区者，或者在粤语地区曾经生活过又到其他地方发展者，只要他对广府有认同感，那就应该算是广府人"①。且不推测此段论述中为何要使用"广府地区"、"粤语地区"两个地区概念，其主旨意思是说来过广府地区者，"只要他对广府有认同感，那就应该算是广府人"。

但是，问题并没有那么简单。上述各种提法的"广府人"，在与潮汕人、客家人等概念并用时，都应该是以民系认同为前提的（不知上述引论的"有认同感"是否属于这一范围，如若不然，又该作何解？），因此都会产生难以绕过的难题。

按广义，笼统地说"生活在'广府地区'的人"，就应包括定居乃至曾生活在这一地区的潮州人、客家人，甚至回族人、满族人，这些人或多或少受广府地区文化风俗的浸染，但是，他们也存有独立于广府民系之外的重要文化特征，如回族人信仰的伊斯兰教，客家人使用的客家话（包括唱客家山歌），才会有回族人、客家人等称谓，将具有这些称谓的人群认定为"广府人"，就会有广府人包括广府民系人、客家人、回族人的结论。如果这一范围再扩大到新时期蜂拥而来的外来人口，包括来过这一地区者，那就更加宽泛了。这与广府民系的概念是不在一个范畴的。爱上茶楼，有机会逛花市，并不能视为"认同感"。道理显而易见，到了北京，吃了一餐全聚德烤鸭，游了一趟故宫，不能因此就标榜（或认同）自己是北京人了。如果这样讨论问题，就失去地域文化研究的学术意义了。

按狭义，即使只承认广府人是籍贯为"广府地区"的人，同样会遇到上述问题。聚居于广州的回族人、满族人，都属世居广州的少数民族，籍贯当然在"广府地区"，但他们肯定不能等同于作为汉族的广府民系的成员。还有大量因工作调动、毕业分配而户口进入了广府地区的人员，有不少并不使用广州方言（如机关工作人员），未必会有广府人的认同感。即如许氏家族先祖当年由潮州迁入广州，今时的许氏后裔，从生活习惯到观念可以说他们是广府人，先祖是潮汕人，但不会兼称"我是潮州人，也是广府人"。在客家人的心目中，福建石壁类同广府人心目中的珠玑巷。李嘉诚的祖上是客家人，其祖先可追溯到福建石壁李火德的族系，但现在无论是公认还是本人自称，都说他是潮州人（就定居地而言，他是香港人，但恐怕没有人会说他是广府人）。这也是近期讨论广府人者闭口不言广府

---

① 王杰：《广府文化概念不断延伸》，中国社会科学报，2013-09-27。

民系的原因，然而既述及民系文化，却又不说"民系"只说"人"是绕不过去的，绕过了这一概念之后的"广府人"，与在民系范畴内确认的"潮汕人"、"客家人"并列，那该如何理解？这正是"广府人"概念的尴尬，讨论者不敢公开说明他所论的"广府人"与"广府民系"是不同的概念，只能在只字不提广府民系的情况下含糊其词地诠释广府人，这正是这一概念永远说不清的根本原因。

绕开地域来讨论"广府人"概念的另一个途径，就是使用粤方言来界定"广府人"，提出所谓"广府文化就是粤语带的文化"。这一说法为一些组织广府文化活动者所青睐，殊不知这一命题内涵同样暧昧。这句话可以理解为所有讲粤语的人的文化都属于广府文化，也可以理解成广府文化是粤语文化中的一部分。

对此解说也遇到了一个概念的难题，那就是粤语的定义。为了自圆其说，有的论者喜欢在表述方言时讲混话，例如说"粤语"，或说"白话"，还有说"广州话"，不管如何变换形式，其实质都是想将粤语、白话、广州话三者之间划上等号。但是稍为认真地分辨起来，粤语亦称白话，却并不等同于广州话，只看广东各地志书对方言的记述就清楚，不须更多的论辩。广州话（或称广州方言）只是粤语的一部分，语言学称广州语音是粤方言的标准音，广州话成为粤方言的代表方言。这说明粤语包括广州话，它们之间的关系是整体与局部的关系。

由于粤语与广州话（且不说广州不等于广府）的关系，使得划分广府人的问题变得复杂化。与使用客家话的人是客家人，使用潮汕话的人是潮汕人的简明相比，使用粤语的不等于广府人（可惜又没有"广府话"的说法）。如果说使用粤语为方言的就是广府人，那么，就不必费尽心思地在广州话与粤语之间划等号。划等号之举，只是因为不得不采取这一牵强说法来过渡，以自圆其说。

不管是潮汕人、客家人，由于他们所持的方言和生活习俗，在因各种原因移徙到海内外各地之后，仍认同自己是潮汕人、客家人，这正是民系文化形成之后定型的表现。相比之下，在无法单纯就方言说清广府人概念的情况下，不得不转向地域求解。然而，至今对广府地域又未有一个公认的答案。有珠江三角洲说，有因"广州府"说而带来的各种历史地域范围，还有将粤方言分布区都视为广府地区，也即小至珠江三角洲地区（又有行政意义上的珠江三角洲九市与自然地理意义上的珠江三角洲之分，一般指的是后者），大至两广地区。这只能说明，以前对"广府人"的称法并不在意，或者说没有这种认同。例如，在内地，有"广州会馆"。在海外,有"广肇会馆",那是指广州府和肇庆府两府人的团体,却未听说有称为"广府会馆"的说法。历史上,宋代已有肇庆府,明代才有广州府,两府在明清时期是并存的。行政区划对地域文化及观念形态的影响由此可见。在广府文化的定义尚争议不定的时候,香山文化、五邑文化等已各树其帜,不屑囿于广府文化之议了。而在肇庆,对"广府文化发源地"的称谓表现出极大的热情;在佛山的文化研究中,研究者对论证文化中心、表现及发源地上有更多的研究成果。即使在广州市的城区,越秀和荔湾各自以提出广府文化的发源地、中心之口号而忙得不可开交。而在客家、潮汕文化的研究中,并未出现如此强烈的板块化剥离(应该说,时风卷及,也有各类说法的现象出现,但还未至于如此激烈,"客都梅州"、"潮州古城"的提法是没有什么争议的)。

那么,一个人生活在广州,能使用广州方言,就一定是广府人吗?这个答案是否定的。这是因为,仅地域、语言还未能完成决定"广府人"的概念,还应该有第三个重要因素,那就是认同。诸如一个人,在出生地的童年生活时间不长,在他的一生中所占的时间比例并不大,但是"少小离家老大回,乡音未改鬓毛衰",乡音不改,生活习俗、思维理念等也深深刻下了家乡的烙印。这就是认同的心理。由此引发出,有的客家人在广州虽然定居下来,客家话、广州话都能讲,他虽然也上茶楼、行花街,但他一定说他是客家人而不会说他是广府人,年纪较大的还有不少喜欢唱客家山歌,这就是心理认同。一般情况下,一个人从民系认同意识上是不会说他既是客家人又是广府人的,只可能在不同的语境中,自称是客家人、广州人、广州的客家人。认同是非常重要的,即如获公认也是自认的潮州人饶宗颐、李嘉诚先生,他们的祖上却曾属于客家人。人的籍贯、居住地是可以演变的,不然的话,潮州人、客家人、广府人都可能说他的祖上是中原人,那是历史概念而不能用于代替对现时的"我"的民系定位。在省会广州,为何有潮州会馆?那就是生活在广州的潮州人对自己是潮州人的认同,他们不会说自己是广府人。而认同自己是广府人的人们,也不会说这些潮州人是广府人。潮州人中的陈姓,有说是祖上来自河南光州固始的南下移民后裔,但不会自称是河南人,只说是潮州人。广府人有说祖上由南雄珠玑巷入粤,或在珠玑巷居留过,但不会说他们是珠玑巷人,珠玑巷只是一个中转站。今天的珠玑巷居民使用的是客家方言,应该是客家民系的客家人。在这些复杂的移民路线中,分布着不同的民系,确定自己属于何系,心理认同是很重要的。作为同一个人,对于民系的认同,有着自觉坚持的意识。例如,出生于台湾的丘逢甲,较长时间生活在广州及汕头,晚年入籍汕头，但其所属民系，明确是客家人。现时有的领导说他在某地任职时间长了，就是某地的人，那是一种与群众打成一片的话语，作为籍贯，他还是深深地铭刻在心的，填表也不会改变的，即使当了中央领导，也会在退下来之后返乡认祖溯宗，这已是不待分说的事实了。说某人来过广州或在广州生活过一段时间，就认同自己是广州人（此处不使用"广府人"这个词，有偷换概念之嫌）的说法，那是不能作为学术上的、历史上的广府人来对待的。正如苏东坡有较长时间贬居岭南，他也说过"不辞长作岭南人"这样的话，但不会因此就被认定为岭南人。这样的道理，也是浅显而不须论证的。

本文如有幸获看君读完的时候，也许会有提问，那么，你主张对广府人的概念作何解？莎士比亚笔下只有一个哈姆雷特，可是一万个观众心目中就有一万个哈姆雷特。之所以有那么多的"广府人"之解，其实是解者心目中已有自己认定的"广府人"，论由心出。我想说的是，我原本只想从做学问的角度去研究"广府人"的概念，但是"广府人"不是一个只在课堂与讲义中的历史概念，在现实生活中还有很多用场，现在还要从民俗学、社会学的角度去研究"广府人"这一概念。因此，我认为"广府人"至少有二解：一是世界上使用粤方言为母语的从心理上认同自己是"广府人"的人，二是籍贯为历史上广州府地域范围的使用广州话的汉族人群。需要说明的是，这两个定义并不互相包容，只能说是就不同语境因使用人不同而言，不允许在一篇文章中随心所欲地调用。如果要说广府民系的广府人，就只有后者才能对得上。

（陈泽泓　广州市人民政府文史研究馆馆员，文史学术委员会主任，研究员）

为广州城市文化的内涵正名

梁凤莲

"十二五"计划开局后,广州再度处在发展与转型的大变革时期,尤其需要建构社会共识,而思想的洗礼与观念的新变将影响整个社会的转型与建构。面对全新的发展阶段与城市目标,在时代的变化脉络中体察观念与文化的本质,就显得尤为重要。就城市的发展须以观念的建构为先导这个角度而言,我们必然要在观念上为社会的大发展做好充分准备,而观念建构的第一步则是对文化内涵的确立。

一、认清广州文化成熟于近代的真相

要把握好广州的城市发展方向,首要前提是认清广州的城市文化真相,重视这座城市的特质,而非一味渲染一些溢美的虚衔。

广州作为一座具有两千多年历史的城市,所侧重的,是指其发展有这样一个相当长的历史阶段,着重点并非落在广州的历史地位以及古代文化遗产的积累上,广州在民国之前一直不是中国的政治、文化中心。

广州真正实现城市的价值是在近代,对全国产生深远影响也是始于近代,"一口通商"打开了广州与世界经贸往来的大门,康梁维新唤起了中国思想界变革的浪潮,而辛亥革命在政治上把中国彻底地从封建帝制的泥沼中解救出来。近代在经济、思想、政治三方面的重大意义使广州这座千年古城到了20世纪初真正地成熟起来,并且使广州这座城市重商、务实、变革的气质与品位基本固定下来。

近代广州开创的变革文化借百日维新、辛亥革命等政治运动将民主与科学的理念深入人心,不仅对过去产生过深远的影响,而且对现在与未来也将发挥重要作用。就此而言,这座城市可谓得天独厚,现代文明率先抵达广州,这是一种优势,也是一种传统。

民主与科学所开创的文化传统,促成了广州改革开放三十多年来保持着创新发展的锐利势头,更促成了广州新一轮城市发展的转型升级,近代文化的历史特征正是辨识广州城市文化的标志。

二、确立广州"岭南文化中心"地位

对于广州文化精神及城市特征的归纳总结，认可度最大、概括最准确的一种权威表述，就是"四地说"。千百年来，广州这座城市在发展中产生了凝聚力、感召力，以城市的价值观为核心，形成了广泛的文化认同与文化共识，这是作为文化中心所必备的条件。

作为岭南文化的中心，焦点在于指认广州文化的精神气质，是岭南文化的典范与代表，着重强调的是广州在文化引领、文化影响与文化辐射方面所发挥的中心效应及作用。自古以来，广州便是华南地区无可置疑的政治、经济、文化中心。广州是岭南文化中心，所强调的是其国家中心城市的定位，并非侧重指广州的文化形态和文化内容囊括了岭南文化的其他分支。

作为文化高度的一种证明，广州的影响力早已超出了广府的地域范围。

从历史角度而言，广州是岭南文化的中心，意指广州作为岭南文化的重镇所具有的旗帜与引领作用。无论是在政治、经济上，还是在文化上，其号召力、影响力和辐射力都是由来已久的客观存在。无论是潮汕地区、客家地区，还是粤西地区，在与广州的交往中，都不可避免地受到广州的文化影响和渗透。在岭南文化多元化的体系框架里，广州的辐射力、影响力都已超越广府、珠三角和岭南范围，并随着移民潮的散播而扎根四海。

从现实需要来看，广州文化中心地位的确立，应该成为广东新一轮文化建设发展战略的重点。作为岭南文化的中心地，广州的新力量和新思想将带动广东其他地区的飞速发展。充分认识广州作为岭南文化中心的地位，无论是从现状还是从长远发展来讲，都有利于推动广州的城市文化大发展，进而带动岭南文化的整体创新和繁荣。

文化是人类的共同财富，正视广州是岭南文化中心的地位，并不意味着要排斥与贬低其他地域文化。作为一个广义的概念，岭南文化在应用上有着广泛的外延应包括古今岭南的一切文化，有着较大的包容性，由此亦可反映岭南文化兼容并蓄、流变发展的特点。正如英国著名社会学家马修·阿诺德所言："惟有各种思想达成和谐，开放的时代才有出路。"

三、强化广州从商城递进为商都的价值

城市文化的发展形态不是空前绝后,而是承前启后,是沿着传统的路径走下来的。广州一直以独树一帜的商贸风格彰显着自身的发展优势,作为新的目标定位,广州要成为国际商贸中心城市,无疑需要在商贸传统与历史积淀的基础上进一步推陈出新。百年前的广州以商闻名,百年后的广州同样肩负着以商扬名的使命,而且范围更加广泛、影响更加深远。

总结、归纳、提升、弘扬广州的城市文化,其重心就落在商贸文化上,这是广州30年前引领改革开放的动力之源,也是30年来广州经济实力强盛不衰的核心所在,更是广州建设国际商贸中心的原动力。

第一方面,要把握好广州的商贸文化与传统儒家文化、岭南文化的关联及相互作用。广州的商贸文化既具有岭南特色,又与儒家"仁、义、礼、智、信"的文化核心价值相互交融,只有将二者有机地结合起来,才是岭南文化重实共赢精神的实质演绎,才能吸引天下宾客共汇羊城。

第二方面,要把握好广州的商贸文化与现代文化的关系。商贸文化并非固步自封或急功近利,它必须有与时俱进的社会担当,其商业伦理与现代文化的诚信与道义是一脉相通的,发扬光大与推陈出新,正是发展的秘诀所在。

第三方面,要把握好商贸文化对社会意识、社会生态的优化作用。广州城市文化所形成的独特的生存哲学、社会风气、社会氛围,都在催化着商贸文化在生活中的蔓延以及渗透,才使得这座城市有着不一样的生存空间和环境,使人们有着不一样的心态与行为。在此基础上,建立起一种与"建设双名城"相一致的文化价值观,才能使广州在新的发展阶段中发挥持续领先的优势。

(梁凤莲　广州市社科院研究员,一级作家)

广大精神与广府文化

张其学

广大（广州大学）精神是一种大学精神，广府文化是一种地域文化。广大精神是广府文化的校园呈现，广府文化是广大精神的乡土渊源。广大精神与广府文化之间是有内在联系的。本报告之目的，在于揭示广大精神与广府文化的基本内涵，探讨二者之间的联系与应有的区别，以便进一步丰富广大精神的内涵，提升广大精神的品质，继承广府文化的优良传统，促进广府文化的创新。

一、广府文化的基本内涵

广府文化是影响广泛而深远的地域文化，内涵十分丰富。为了弄清楚广府文化与广大精神之间的联系与区别，有必要对广府文化的内涵作出简明的阐述。

（一）广府文化的定义

广府文化是由广府人所创造的一种地域文化。广府人属于广东三大民系之一（另外两大民系为潮汕人和客家人），操汉语粤方言（属壮侗语族，是一种以古越族语为主、融汇了中原古汉语成分的方言）。在广东三大民系中，广府人的分布最广。据统计，全世界的广府人大约7000万，分布在岭南的广府人大约5100万，集中于广东中部、西南部、北部以及广西东南一带，其中广东约3800万人。广府文化，正是以广州为核心、涵盖广东中部、西南部、北部以及广西东南一带的粤语文化。

（二）广府文化的三大来源

广府文化有三大来源：一是岭南本土文化，二是中原儒家文化，三是海外工商文化。广府人属于先秦"百越"的一支。先秦时期的越人广泛分布于今中国江苏、浙江、江西、安徽、湖南、广东、广西、福建、台湾诸省和越南北部，因部落众多，故称百越。《汉书·地理志》注云："自交趾至会稽七八千里,百越杂处,各有种姓。"见于史籍的有南越、句吴、于越、扬越、东越、闽越、瓯越、西瓯、骆越、山越、夷越、夔越等,其中南越、骆越、西瓯分布于岭南地区,南越分布于今两广一带。百越有自己的语言,特点是发音轻利急速,不像现代汉语那样一字一音,而是一字数音。有的词与现代汉语不同,名词类的音节缀有复辅音和连音成分,词序倒置,形容词或副词置于名词或动词之后。百越有自己的图像文字;崇信巫鬼,行鸡卜;以龙、蛇、鸟等为图腾;从事渔猎和农耕,农业以稻作为主,兼及粱、黍、赤豆、粟、麦、大豆、蔬菜等作物,驯养牛、羊、鸭等家禽家畜;善使舟楫;手工业较发达,可纺织丝麻织物,有古玉器制造、青铜冶炼、陶瓷烧制、竹木器编造等制造业。越人习惯断发文身,错臂左衽,椎髻箕踞,喜黑齿或凿齿。岭南人则穿筒裙,项髻徒跣,着贯头衣,住干栏建筑,行悬棺葬,流行铜鼓。宋代以后,文献中不再有百越的记载,这是由于秦汉以后,百越部分与汉人融合,部分则独立发展,形成中国南部、西南部的壮、黎、布依、侗、水、仫佬、毛南等少数民族。我们所讲的岭南本土文化,即是由先秦时期的百越文化发展而来。今天的广府人仍以稻米为主食,喜食鸡、鸭、鹅、海鲜及蔬菜,喜饮早茶,喜穿拖鞋,一般不住楼房的首层,等等,即是岭南本土文化的具体体现,而其源头则是先秦百越文化。

"广府"一词始见于《明史·地理志》,但是广府文化的形成时间却可以追溯到秦汉时期。秦始皇统一岭南后,有100多个姓氏的汉族人先后进入岭南地区,与当地古越族融合为今天的广府人。《汉书·西南夷两粤朝鲜传》:"秦并天下,略定扬粤,置桂林、南海、象郡,以适徙民与粤杂处。"①南海郡下辖番禺、龙川、四会、傅罗(博罗)、揭阳五县,治番禺(今广州)。从秦置岭南三郡开始,番禺一带就有了中原移民,他们与本土居民逐渐融合,开创了最早的广府文化。汉武帝平定南越之后,岭南与内地的经济与文化交流更为频繁。尤其是西晋末年的"永嘉之乱"、唐代中期的"安史之乱"和北宋末年的"靖康之乱",这三次大的动乱造成了中国历史上由北向南的三次大移民。这三次大移民的目的地主要是今天的江、浙一带,但也包括岭南。尤其是"安史之乱"和"靖康之乱"所造成的两次大移民,有不少人就是以岭南为目的地的。南雄珠玑巷是中原移民进入岭南的重要中转站,今广府人各姓氏大多认为其祖先来自珠玑巷。在

---

① 班固:《汉书》,1151 页,杭州,浙江古籍出版社,2000。

移民岭南的中原人士当中，有许多是有文化的世家大族，还有不少是遭贬谪的朝廷官员。正是他们这些人，把中原儒家文化带到了岭南，带到了广府。另外，在岭南尤其在广府，也有许多读书人去中原求学、应考、做官，他们也是把中原儒家文化带到岭南、带到广府的一支重要力量。明清以后，去中原求学、应考、做官的岭南读书人特别多，他们对功名的热衷程度并不亚于内地人，有的甚至比内地人还要强烈。今天的广府人也是这样，他们对重点小学、重点中学、重点大学的追捧程度，对公务员考试、行政事业编制、行政级别、政府奖励等等的热衷程度，并不亚于内地人。这种追捧和热衷，从本质上讲，就是受了中原儒家文化的影响，把社会地位看得很重，把功名看得很重。所以，我们讲广府文化，一定不能忽略它所受到的中原儒家文化的深刻影响。

广府文化的另一个重要来源就是海外工商文化。广府文化有两个鲜明的特点，一是滨海，一是重商。正是因为滨海和重商，使得它容易接受海外工商文化的影响。据史料记载，早在南越国时，这里就开始向西方输出丝织品、漆器、陶器和青铜器，以换取外国的珠玑、犀牛、玳瑁、果子、布料等各种物资，并且还聘请希腊工匠参与南越王宫的建造。也就是从那个时候开始，广府文化与海外文化有了接触和交流。汉武帝以后，番禺成为国内九大都会之一，而且以对外贸易遐迩闻名。此后历朝历代，这里都是全国重要的有时甚至是唯一的对外通商口岸。所以广府文化接受海外工商文化的影响，有着得天独厚的条件。广府文化的各个方面，包括服饰、饮食、建筑、交通、音乐、美术、文学、语言、宗教民俗等等，都有着浓厚的海外文化色彩，这是一个无须争辩的事实，不用多谈。

（三）广府文化的通行范围

任何一种真正意义上的地域文化，都必须具备三个基本要素：一是方言，一是风俗习惯，一是价值观。其中方言又是最重要的。一种方言的通行范围有多大，以这种方言为载体的地域文化的通行范围就有多大。广府文化所使用的方言就是粤语，又称"广府话"或"白话"。粤语的通行范围有多大，广府文化的通行范围就有多大。现在许多人讲：广府文化是以广州为核心、以珠江三角洲为通行范围的一种粤语文化。我们认为，这个界定是不准确的。因为广府文化的通行范围并不限于珠江三角洲，一个显著的例子就是，粤语的通行范围并不限于珠江三角洲。

粤语是汉语七大方言（北方方言、吴方言、湘方言、粤方言、闽方言、赣方言、客家方言）之一，它是在古代百越族语言基础上，长期吸收楚方言和中原汉语的影响而形成的,至宋元时期基本定型。粤语保留了较多的古语音,声母20个,韵母53个,声调8个,平、上、去、入各分阴阳(一说声调9个,另一说声调11个);保留了较多的古词汇,如"睇"(看)、"企"(站)、"颈"(脖子)、"渠"(他)等;有较多富于特色的土语,如"马蹄"(荸荠)、"冲凉"(洗澡)、"拍拖"(谈恋爱)、"跳槽"(调动工作)、"炒更"(兼职)、"雪柜"(冰箱)等;有许多复合词的词序颠倒,如"人客"(客人)、"挤拥"(拥挤)、"菜干"(干菜)、"齐整"(整齐)、"猪公"(公猪)等;吸收外来词也较多,如"摩登"(时髦)、"波"(球)、"泡打粉"(发酵粉)、"打吔"(结领带)、"的士"(出租小汽车)、"冷衫"(毛线衣)等;在语法上也有特色,副词、状语往往置于动词谓语后,如"你先走"说成"你走先"等。[①]

粤语的通行范围比较广,今广东中部、西部、北部60多个市、县以及广西的部分地区,香港、澳门和东南亚、澳洲、美洲的广府籍华侨均讲粤语,在海南省也有人使用粤语。学术界认为,儋州话接近粤语,可以归于粤语系统。粤语的使用人口约7000万,是广东三大方言中使用人口最多的方言。

粤语包括广州话(主要流行于今广州市区)、四邑话(主要流行于今江门市和珠海市)、石岐话(主要流行于今中山市)、莞城话(主要流行于今东莞市)、阳江话(主要流行于今阳江市)、南宁话(主要流行于今广西南宁市)、玉林话(主要流行于今广西玉林和梧州)和廉州话(主要流行于今广西钦州、北海和防城港市),就其流行范围来看,珠三角地区固然占了一半以上,但是绝不止于珠三角地区。

(四)广府文化的基本品质

广府文化以岭南土著文化为原始基因,一方面继承了中原儒家文化的某些传统,一方面又吸收了海外工商文化的某些精神,从而形成了自己既重商又重德、既开放又务实的品质。正是这些品质,构成了广府文化之魂:多元性与包容性。

开放与重商,是广府文化的基本特点,但是它的开放又是有条件的,重商也是有原则的。第一,它不是无限度、无选择、无理性的开放,而是必须符合自身的历史传统和现实需要,是与务实结合在一起的开放。第

[①] 《岭南文化百科全书》,133页,北京,中国大百科全书出版社,2006。

二，它重商，在商言商，但并非唯利是图，更非见利忘义。它对商业利润的追求，既不以牺牲人与环境之间的和谐关系为代价，更不以牺牲人与人之间的和谐关系为代价，它的重商是与重德相统一的。

关于广府文化的这些品质，如果仅仅从理论上去概括，则未免过于枯燥，未免把一种生动活泼的文化说得一点趣味都没有。如何认识广府文化的这些品质？我们不妨从广府人的风俗习惯、宗教信仰方面来看。广府人普遍信奉财神，每一个家庭、每一个店铺甚至每一个公司都供奉财神，都摆着供品，燃着香烛，随时礼拜。这是广府人重商的一个突出表现。由于广府人的许多商业活动与海外贸易和海上运输有关，为了祈求海上行船的安全，人们又普遍地信奉海神妈祖。由于商业行为需要良好的人际关系，需要讲诚信，讲道德，所以人们在信奉财神和海神妈祖的同时，又信奉关公。广府人的信仰是多元的，但是这多元的信仰又是出于现实生活的需要，所以又是很务实的。

广府文化开放与务实相结合的品质，使它乐于借鉴和吸收古今中外一切有利于自身发展的先进文化，从而构成了广府文化的多元性；广府文化重商与重德相统一的品质，则使它对古今中外的一切文化传统、文化观念和文化样式，包括某些自身存在缺陷的传统、观念和样式，均采取理性的态度，既不全盘吸收，也不一味苛求，从而铸成了广州文化的包容性。

多样性与包容性，在广府文化的通行范围内是随处可见的。例如，在广府文化中心——广州，自古以来就活跃着世界上各大宗教人士的身影，这里既有他们从事各种宗教活动的寺庙、宫观和教堂，也有作为他们最后安息之地的各式墓园。在广州从事贸易、旅游、学习和工作的国外人士几乎来自全球五大洲的每一个国家，不同的语言、服饰、饮食和宗教习俗，构成城市的斑斓色彩。广州的大小园林和新旧民居，既有中国北派建筑的精华，也有西洋建筑的元素，最后呈现为独具特色的岭南建筑。发源于广州及珠江三角洲一带，并流行于广东、港澳及海外广府华侨聚居区的广东音乐，更是中国南北音乐和中西音乐有机结合的艺术典范。在广州，无论是作为物质文化遗产的古文化遗址如古墓葬、古建筑和石窟寺，还是作为非物质文化遗产的民间文学、传统音乐、传统舞蹈、传统美术、传统技艺、传统医药和民风民俗，都体现了滨海文化与商贸文化的基本特点，以及中国南北文化与中西文化的交融互摄、文化的多元性与包容性，从而铸就出广府文化之魂。

关于广府文化的品质，也许还可以归纳出若干。但是重商、重德、开放、务实、多元与包容这六点，无疑是它最基本的品质。这是多数研究广府文化的学者所共同认可的品质,虽然大家的表述不尽一样。

二、大学精神的基本内涵

所谓大学精神,乃是某所大学在长期的发展过程中形成的具有独特气质与丰富内涵的文明成果,是人文精神与科学精神的统一,是共性与个性的统一,是时代思想的标杆与社会文明的高级形式。每一所成功的、有特色的大学都有自己的大学精神。建设大学精神不仅是大学自身发展的需要,也是社会进步的需要。综观国内外学术界关于大学精神的研究成果,可以将大学精神的基本内涵概括为三点:一是创新精神,二是批判精神,三是社会关怀精神。

(一) 创新精神

创新精神是大学之所以为大学的根本价值之所在。大学的创新精神体现在两个方面,一是创新知识,一是创新人才。过去有人把大学定义为传播知识的场所或阵地,这个定义还不够准确。大学固然要传播知识,但是更重要的,应该是创造知识。如果大学不创造知识而只是传播知识,那么它就失去了大学的根本价值之所在。我们知道,传播知识的媒介和载体是很多的,网络、电视、报纸、杂志、图书、博物馆等等都可以传播知识,但是载体本身不一定能够创造知识,而大学是可以创造知识的,因为大学拥有创造知识的学者,拥有创造知识的条件、环境、氛围和机制。

一所大学如果不能创新知识,如果不能为创造知识营造相应的条件、环境、氛围和机制,那么它充其量也就是一个低层次的职业培训机构,而不是一所真正的大学;一个大学教师如果只能传播知识而不能创造知识,那么他充其量也就是一个以教书为生的教书匠,而不是一个真正的学者。事实上,这样的教书匠即便再勤勉,再忠于职守,也难以培养出具有创造精神与能力的人才,因为他并不具备这样的素质。在任何一所大学,具有创新精神与能力的教师总是少数,多数人只能教书,甚至只能照本宣科。因此大学应该特别珍惜和鼓励那些具有创造精神和能力的教师。任何一所成熟的大学都会把学术研究放在很重要的位置,因为只有通过学术研究才能创新知识,只有通过学术研究才能培养和锻炼具有创造精神与能力的人才。

大学的另一个创新职能就是培养具有创新精神与能力的高质量人才。这样的人才需要具有创造精神与能力的教师来培养,需要相应的大学精神来熏陶。一所大学如果不能向社会输送具有创新精神与能力的人才，那么这所大学在公众心目中的地位就不可能提高。现在许多大学把自己每年有多少毕业生作为评价指标，甚至作为宣传内容，这是没有多少说服力的。因为毕业生并不一定就是人才，即使是人才，也不一定就是具有创新精神与能力的人才。大学真正可以引以为荣的，是学校历史上曾经为社会贡献了多少具有创新精神与能力的人才。

具有创新精神的大学不仅可以为社会贡献新的知识，不仅可以为社会输送具有创新精神与能力的人才，还可以引导和启发社会的创新热情与创造活动。如果大学没有了创造精神，整个社会的创造热情和创造活动就会受到很大的影响，甚至处于消歇或停滞状态。如果是这样，公众或纳税人就有理由来质问大学：你的价值在哪里？

大学不仅创新知识，创新人才，还创新理想的人格，创新理想的社会蓝图。

具有创造精神的大学一定是充满活力的大学，一定是具有个性的大学。这就要求大学的主管部门不再按照统一的模式来"打造"所有的大学，大学自身也不要盲目攀比和跟风，要有自己的作为和风格，要走自己的路。

（二）批判精神

批判精神是大学的优势之所在。大学的批判精神主要针对三个方面：一是针对人类既有的知识，二是针对反科学、反文化的行为，三是针对不合理的社会现象。人类的知识是对人类实践活动的总结和升华，人类的实践活动没有止境，人类对新知识的需求也没有止境。如何创造新的知识？首先必须具备质疑与批判的精神，能够对既有的知识进行检视。如果发现某些知识过时了，或者存在缺陷甚至错误，就要予以指出，甚至予以更新、补充和纠谬。批判是理性的批判，是科学的扬弃，不是简单轻率的否定。对人类既有知识的批判，要求学者具备相应的独立精神和独立判断，不唯书，不唯上，不唯权威，只唯真理。学者如果没有独立精神和独立判断，对人类既有知识的批判就无从谈起。学者对人类既有知识的批判，也有赖于相应的大学氛围。如果大学本身是因循守旧的，那么学者对人类既有知识的批判就很难实现，至少很难在大学里实现。

无论是在大学里还是在社会上，都会时不时地冒出一些反科学、反文化的东西，例如李洪志的法轮功、张悟本的养生术、王林的气功等等，这些东西最容易迷惑普通大众，也容易迷惑某些教师、工程师、企业老板、文艺体育明星和领导干部,他们中的不少人也曾经是李洪志、张悟本和王林等人的弟子、"粉丝"和吹鼓手。面对这种反科学、反文化的东西,大学教授不能失语,不能围观,而应该利用自己的知识优势勇敢地站出来,揭露这些东西的欺骗性和虚伪性,正确引导社会大众。但是我们发现,大学教授在这方面做得不够好。人们所熟知的反伪斗士如何祚庥、司马南、方舟子等人,都不是大学教授(何祚庥是中国科学院物理研究所研究员)。面对一波又一波反科学与反文化的东西之泛滥,大学教授不仅普遍失语,个别教授甚至还对何祚庥、司马南、方舟子等人吹毛求疵,客观上做了反科学与反文化者的"帮凶"。应该说,在这些问题上,大学教授的表现让社会大众深感失望。大学教授之所以普遍失语,与大学批判精神的严重缺失是有关系的。

从某种意义上讲,批判精神就是一种责任意识。大学教授作为知识分子,代表着社会的良知。他的责任不仅仅是教书,也不仅仅是做学问,他同时应该利用自己的专业知识,就社会上的某些不合理现象提出批评。例如:贫富悬殊,教育不公,房价疯涨,看病难,官吏贪腐,垄断企业大肆攫取和挥霍公共资源,许多人不讲公德,等等,都属于社会不合理现象。面对这些不合理现象,大学教授也应该勇敢地站出来,提出严厉的批评。但是我们发现,多数大学教授只是在私下里发发议论,很少有人公开站出来发表文章和演讲予以批评,少数教授甚至还做了这些不合理现象的辩护人。大学教授面对社会不合理现象的失语状、明哲保身状、苟且偷安状,也让社会大众深感失望。大学教授之所以普遍缺乏社会批判精神,与大学精神的缺失有着直接的关系。大学不能在社会批判这个问题上为自己的教授提供保护,有些大学甚至认为自己的教授批判社会现实是多事,是得罪人,是给学校惹麻烦。在这个问题上,大学表现得很世俗,或者说很庸俗。

(三)社会关怀精神

社会关怀精神是大学的责任之所在。为什么不提社会服务精神而要提社会关怀精神?因为大学对于社会不只是服务,不只是社会需要什么人才大学就培养什么人才,社会需要什么知识大学就提供什么知识,也不只是被动地服务社会。它还应具有引导社会的功能。任何社会都不可能是完美的,总会存在这样或那样的问题。也不是所有的社会需要都是合理的,它有许多畸形的需求。面对总是存在这样或那样问题的社会,大学必须永远保持理性。一方面,它必须热情地为社会服务,必须履行这个责任和义务。它服务社会，既是回报社会，也是为了获得社会一如既往的支持。同时，大学还有正确地引导社会的职能，尤其是当社会出现某些问题、某些偏差的时候，大学必须凭借自己的科学理性与人文精神来协助解决这些社会问题，纠正这些社会偏差。大学不能媚俗，不能讨好社会。现在许多大学只提服务社会，甚至把服务社会作为自己的办学宗旨之一，而绝口不提引导社会。如果这是一个话语策略，那还可以理解。问题是在许多大学领导者那里，根本就没有引导社会这一意识。多年以来，社会需要什么人才，大学就培养和输送什么人才，一直被社会牵着鼻子走。一旦社会的需要变了，大学就措手不及。

研究型的或者教学研究型的大学不同于一般的职业技术学院，它应该与社会保持一个合理的距离。一方面，它不能不理会社会，当然事实上也做不到。另一方面，它也没有必要追赶社会时髦。作为研究型的或者教学研究型的大学，可以适度保守一点。适度保守是理性的体现，权威的体现，也是独立性的体现。

一方面服务社会，一方面理性地引导社会，这两者结合起来，就是大学的社会关怀精神。

关于大学精神，似乎还可以讲一些。但是创新精神、批判精神和社会关怀精神这三点是其基本内涵，其他的则是技术层面的东西，而且每所大学都应该有自己的运作模式，不必强求一致，也无须他人多言。

三、广大精神与广府文化之关系

在分别讨论了广府文化与大学精神的基本内涵之后，我们再来讨论广大精神与广府文化之关系。

（一）广大精神

什么是"广大精神"？《广州大学校园文化发展规划（2011—2020年）》指出：

"广大精神"随着办学实践不断得以升华，其内涵包括敢想会干、务实包容、追求卓越的精神，识大体、顾大局、讲奉献、创一流的境界和克难求进、'跳起来摘桃子'的气概等，成为全校师生众志成城，干事创业，乘势而上的不竭动力源泉。这一精神，是学校在长期办学实践中，特别是学校合并组建十余年来，校党委团结带领全校师生，抢抓机遇，锐意进取，不断超越的进程中逐步凝练和形成的，是学校的宝贵精神财富，是激励广大人勇创一流的精神动力,其内涵将随着学校的改革和发展不断获得丰富和提升。

可见"广大精神"的基本内涵,就是"敢想会干、务实包容、追求卓越的精神,识大体、顾大局、讲奉献、创一流的境界和克难求进、'跳起来摘桃子'的气概等"。联系我们上面对广府文化的基本内涵的阐述,可知广大精神在开放、务实、包容这三个层面上与作为乡土文化资源的广府文化是相通的。甚至可以说,广大精神得广府文化之精髓。再联系我们上面对大学精神的基本内涵的阐述,可知广大精神在创新精神这一层面上与具有某种普遍意义的大学精神也是相通的。

《广州大学校园文化发展规划(2011—2020年)》强调指出,广大精神的"内涵将随着学校的改革和发展不断获得丰富和提升"。这句话表明:广大精神还有丰富和提升的空间。既然如此,我们愿意结合广府文化与大学精神的基本内涵,谈谈广大精神内涵的丰富与提升这个问题。

(二)广府文化的局限性

在广府文化的"重商、重德、开放、务实、多元、包容"这六个品质中,最基本的品质是什么?是务实。因为务实,所以重商,所以重德;因为务实,所以开放,所以多元;因为务实,所以包容。谈广府文化,如果撇开务实这一点,那是没法谈下去的。广府文化的所有品质、所有特点、所有样态和表现,都与"务实"二字有密切关系。说广府文化是一种务实的文化,广府人是一群务实的人,天下不会有异议。务实当然是一种好的品质。如果不务实,什么事情也干不成。需要指出的是,如果太务实,有些事情也未必干得好。最高的境界应该是实中有虚,虚中有实,虚虚实实,虚实结合。有人讲:广府文化的特点在务实,缺点在太务实。这话是有道理的。知名哲学家、广州大学副校长徐俊忠教授在讲到广州文化的特点时,说过这样一段话:

从积极的意义上看,基于滨海商贸而生的文化,具有包容和开放的特质,这种特质的重要表现就是,生活在这一地区的人群没有过强的偏执倾向和排外心理。任何外来人士,只要能够带来实际利益,这里的人都能与他共生共处。因此这里一直保有文化上的多元与多样的因素,成为文化创新、创造最富活力的地方。所以,这里曾经是中国油画、水彩、动漫、电影等的发祥地,也是中国流行音乐以及艺术设计等的领跑地。

然而,与特定历史背景下形成的包容开放气质相联系的是,广州缺乏某种对于义理的固守与坚持,评价事物多以实利主义标准对待之,机会主义心态成为处事和处世的主导性心态。这实质是商业逐利心态的延伸和折射。这也是为什么某种充满机会主义色彩的"灯论"在这里如鱼得水、备受欢迎的原因。

同时,广州文化嬗变的起始基础属于中华民族文化发展中的欠发达地带,长期以来这个地方被当作"蛮荒之地"和"流放之所"。之所以这个地方具有很强的文化包容性,某种意义上正是得益于它是中华文化发展的薄弱环节。甚至可以说,正是广州文化发展上的不发达,为各种外来文化的进入提供了便利,成就了它的包容性和开放性。所以,当我们说广州文化具有很强的包容性时,你就要想到问题的另一个方面,即它自身的不发达,或者所具有的落后性。否则,我们就会在沾沾自喜中落后、落伍,甚至被无情地淘汰![1]

徐教授这里所讲的广州文化,其实就是广府文化。他非常辩证地阐述了广府文化的得与失、长与短、先进与落后,尤其是一针见血地指出了这种文化的实用主义性质及其弊端。他说:"缺乏某种对于义理的固守与坚持,评价事物多以实利主义标准对待之,机会主义心态成为处事和处世的主导性心态。这实质是商业逐利心态的延伸和折射。"

(三)广大精神的表述需要补充

今天我们讨论广大精神与广府文化的关系,倡导务实包容的品质,最好能够就徐俊忠教授的这篇文章展开讨论,尤其是要细心领会他的上述表达。务实固然好,但是过于务实,处处务实,时时务实,就容易流于实用主义。而实用主义的最大弊端,就是"缺乏某种对于义理的固守与坚持",就是"评价事物多以实利主义标准对待之",就是"机会主义心态成为处事和处世的主导性心态",就是不讲是非,不讲原则,不讲真理,只讲功利,只讲现实的利益,甚至只讲眼前的利益。包容固然好,但是也要分是非曲直,也要分好人坏人,也要分好事坏事,不能无原则、无是非地一切都包容。比如对于违法乱纪、学术造假、败坏学风与校风的行为,对于各种投机取巧的行为,对于各种短视的行为,就没有理由去包容。

总之,务实、包容,是广府文化的两个基本品质。这两个基本品质有积极的一面,也有消极的一面。今天我们讨论广大精神与广府文化之间的关系,应该注意到务实包容的两面性,既要继承和发扬积极的一面,也要

---

[1] 徐俊忠:《广州培育世界文化名城探索》,13~14页,广州出版社,2013。

注意避免和防范消极的一面。事实上，任何传统文化、任何地域文化都有两面性，如何正确对待它的两面性？如何从中汲取有价值的东西？马克思主义的辩证唯物主义可以作为我们的榜样。

广大精神所包含的"敢想会干、务实包容、追求卓越的精神，识大体、顾大局、讲奉献、创一流的境界和克难求进、'跳起来摘桃子'的气概等"，可圈可点之处很多，这一点应该予以肯定。从某种意义上讲，广大精神乃是上述具有某种普遍意义的大学精神的一种个性表达。因为是个性表达，所以没有必要强求一致，也没有必要面面俱到。但是我们应注意到，在广州大学的办学宗旨当中，还有"服务荣校"这四个字。而在多年的办学实践中，广州大学一直都很重视服务于地方的经济、文化与社会发展。为此，我们建议在广大精神的表述当中，最好能把这一点考虑进去。除了热情地服务社会，还要理性地引导社会，真正体现大学的社会关怀精神。

另外，批判精神乃是大学精神的一个重要组成部分，它是创新精神的前提，也是社会关怀精神的体现。一所力图"创一流"的大学是不能没有批判精神的，批判精神的缺失会导致大学精神的缺失，大学精神的缺失则难以培养出真正具有创新精神与能力的人才，难以赢得公众的发自内心的认可与尊重。建议在广大精神的表述中，能够适度地考虑这一点。

（张其学　广州大学社科处处长，博士，教授）

学术广角

梁启超的小说理论及其创作

纪德君

清末民初,中国小说无论在观念上还是创作实践中都发生了划时代的变革,而导致这一变革的第一人与关键人物,乃是资产阶级改良派的代表人物梁启超。梁启超(1873—1929年),字卓如,号任公,别号饮冰室主人等,广东新会人。他是晚清戊戌变法领袖之一,著名的思想家、文学家和史学家。他对中国小说近代化的贡献,主要表现在:一是在理论上倡导"小说界革命";二是通过创办报刊、译介外国小说、创作新小说,全面推进"小说界革命"。通过这两方面的努力,他有力地开辟了中国小说发展的新道路与新天地。

一、梁启超与"小说界革命"

早在戊戌运动之前,康有为、梁启超等就在比较中外社会思想文化中意识到了小说的重要功用,并开始将小说作为宣传维新变法的重要手段。如康有为在其编著的《日本书目志》卷十中谈到"幼学小说"时即说:"启童蒙之知识,引之以正道,俾其欢饮乐读,莫小说若也。"并在卷十四中慨叹:"泰西尤隆小说学哉!""今日急务,其小说乎!……六经不能教,当以小说教之;正史不能入,当以小说入之;语录不能喻,当以小说喻之;律例不能治,当以小说治之。今中国识字人寡,深通文学之人尤寡,经义史故,亟宜译小说而讲通之。"[1] 这种认识随即得到了梁启超的认同与发扬。梁启超在《变法通议·论幼学·说部书》[2] 中即认为小说可以阐扬孔教,杂述史事,激发国耻,了解外国情况,改变恶劣的社会风气,因此主张把小说列入幼学教科书。1897年,在为《蒙学报》、《演义报》作序时,他又指出:"西国教科之书最盛,而出以游戏小说者尤夥。故日本之

---

[1] 陈平原,夏晓虹:《二十世纪中国小说理论资料》,第1卷,13~14页,北京大学出版社,1989年。

[2] 梁启超:《饮冰室文集点校》,53页,昆明,云南教育出版社,2001。

变法，赖俚歌与小说之力，盖以悦童子以导愚氓，未有善于是者也。"①

戊戌变法失败后，梁启超流亡日本，受到了外来思潮的濡染，深感国人若不觉悟，"变法"、"新政"，就难以推行，因此他认为"新民为今日中国第一急务"，而要"新民"，最有效的办法莫过于利用报刊、小说来进行舆论宣传②。于是，他便通过创办报刊，译介欧美、日本小说，从理论上输入新观念，于实践中注入新血液，在小说界大张旗鼓地发动了一场革新运动。

1898年，梁启超在日本和上海创办了《清议报》，专门开设了"政治小说"栏目，先后连载了他本人翻译的日本政治小说《佳人奇遇》、《经国美谈》，及其所撰的《译印政治小说序》，以期从政治小说入手，改变小说家的创作意识和小说创作的内容。1902年春，他又创办了《新民丛报》，发表了《劫灰梦传奇》、《新罗马传奇》两剧，表达了创作小说戏曲的目的，务在"振国民精神"，"把一国的人从睡梦中唤醒"。该报第十四号，还登载了《中国唯一之文学报〈新小说〉》即将问世的广告。1902年11月，《新小说》在日本横滨出刊，在创刊号上，梁启超发表了《论小说与群治之关系》、《〈新中国未来记〉绪言》、《〈新小说〉第一号》等文章，明确提出了"小说界革命"的口号，鼓吹"小说为国民之魂"，极力强调小说的政治教化功用，在当时造成了很大影响。

综观他发表的这些论文，可见其所谓的"小说界革命"，主要包括小说的社会教育功能与小说的艺术感染力两个方面的内容。

其一，关于小说的社会教育功能。梁启超是根据政治维新的需要，从"新民"的角度，来重新审视小说的社会作用的。他一方面通过小说与其他文学体裁的比较，认识到小说"浅而易解"、"乐而多趣"，"易入人"、"易感人"，"有不可思议之力支配人道"③，故其读者面最广，最适合充当开启民智的利器；另一方面，又从域外对小说的高度重视尤其是从日本明治维新后新派人士喜以小说宣传政治观念的做法中深受启发，认为完全可以利用小说来为政治改良服务。

---

① 梁启超：《〈蒙学报〉、〈演义报〉合叙》，见《饮冰室文集点校》，161页，昆明，云南教育出版社，2001。
② 梁启超：《新民说》，见《饮冰室文集点校》，547页，昆明，云南教育出版社，2001。
③ 梁启超：《论小说与群治之关系》，见陈平原，夏晓虹：《二十世纪中国小说理论资料》，33页，北京大学出版社，1989。

他说:"于日本维新之运有大功者,小说亦其一端也。"① 而在各类题材的小说中政治小说的功效又最为突出。所以,他又说:"彼美、英、德、法、奥、意、日本各国政界之日进,则政治小说为功最高焉。"② 为此,他不仅翻译了日本政治小说《佳人奇遇》、《经国美谈》,以之作为中国"小说界革命"的范本,还亲自创作了《新中国未来记》,"专欲发表区区政见"③。

既然小说可以用来发表政见,为政治改良服务,由此推演开来,小说自然也可用来传播新道德、新宗教、新风俗、新学艺,并最终发挥其革新人心、人格的作用。所以,在《论小说与群治之关系》中,他又畅言:"欲新一国之民,不可不先新一国之小说。故欲新道德,必新小说;欲新宗教,必新小说;欲新政治,必新小说;欲新风俗,必新小说;欲新学艺,必新小说;乃至欲新人心,欲新人格,必新小说。"他还在文章结尾呼吁:"今日欲改良群治,必自小说界革命始;欲新民,必自新小说始。"从而将小说的社会功能夸大到了无以复加的地步。

至于为什么要对小说进行革新呢?在梁启超看来,这是因为旧小说存在严重问题,不能承担"新民"的使命。早在《变法通议》中,他就指出,旧小说"诲盗诲淫,不出二者,故天下之风气,鱼烂于此间而或知"④。在《译印政治小说序》中,他又再次抨击旧小说:"述英雄则规画《水浒》,道男女则步武《红楼》。综其大较,不出诲盗诲淫两端。"发表《论小说与群治之关系》时,他更把旧小说视为"吾中国群治腐败之总根源"。这显然是矫枉过正的不实之论。但是,不破不立,只有片面地夸大旧小说恶劣的社会作用,才能为其倡导的"小说界革命"张本。后来,他本人就这样说:"平心论之,以20年前思想界之闭塞委靡,非用此种卤莽疏阔手段,不能烈山泽以辟新局。"⑤

事实上,梁启超的这种做法,在当时"闭塞委靡"的思想界,也的确产生了振聋发聩的社会效果。在他的大力倡导下,小说所具有的巨大社会

---

① 梁启超:《饮冰室自由书(一则)》,见陈平原,夏晓虹:《二十世纪中国小说理论资料》,23页,北京大学出版社,1989。
② 梁启超:《译印政治小说序》,见陈平原,夏晓虹:《二十世纪中国小说理论资料》,22页,北京大学出版社,1989。
③ 梁启超:《〈新中国未来记〉绪言》,见陈平原,夏晓虹:《二十世纪中国小说理论资料》,37页,北京大学出版,1989。
④ 梁启超:《变法通议·论幼学》,见《饮冰室文集点校》,53页。
⑤ 梁启超:《清代学术概论》,81页,北京,东方出版社,1996。

作用，小说界革命的必要性，由此为多数人所认识，小说的社会地位因而大大提高，由原来不登大雅之堂的小道、末技，一跃而为"文学之最上乘"。

如果从当时开启民智以变法图强的社会局势来看，如此强调小说的政治功利性，是无可厚非的，也是完全必要的。这对于扭转几千年来普遍鄙视小说的传统看法，增强作家的社会责任感，使之以严肃的态度从事小说创作，更加重视小说的社会功用，也是颇有积极意义的。但是，过分夸大小说的社会功能，也容易使小说沦为政治的附庸和宣传的工具，导致小说文体独立性的丧失和艺术感染力的削弱，从而也就不能有效地发挥其改良社会政治的作用了。例如，梁启超本人创作的政治小说《新中国未来记》，就是以政治性取代艺术性，致使小说丧失了艺术感染力的一个典型的例证（详见下文所述）。

其二，关于小说的艺术感染力。梁启超虽然一再强调小说要为社会政治的改良服务，但这并不意味着他对小说的艺术性没有体认。实际上，他之所以选中小说作为改良社会政治的利器，也正是因为他看到了"小说有不可思议之力支配人道"。在《译印政治小说序》中，他指出小说之受欢迎是因为"凡人之情，莫不惮庄严而喜谐谑"。后来，经过深入思考，他在《论小说与群治之关系》中进一步指出，单从"以其浅而易解故，以其乐而多趣故"来解释人们"嗜小说"的问题，是"有所未尽"的。于是他便从剖析读者的接受心理入手，揭示其奥秘，认为："凡人之性，常非能以现境界而自满足者也。""人之恒情，于其所怀抱之想象，所经阅之境界，往往有行之不知、习矣不察者；无论为哀为乐，为怨为怒，为恋为骇，为忧为惭，常若知其然而不知其所以然；欲摹写其情状，而心不能自喻，口不能自宣，笔不能自传。"而小说恰恰能弥补读者的这两种缺憾。"小说者，常导人游于他境界，而变换其常触常受之空气者也"；小说又可以把人们习焉未察、难以言喻的情境，"和盘托出，彻底而发露之"。也即小说既能表现人们对理想世界的憧憬，又能满足人们认识生活与再现生活的需要，故而为人所喜闻乐见。在此基础上，他将小说划分为"理想派小说"与"写实派小说"两大类。

不管是"理想派"小说，还是"写实派"小说，之所以能得到读者喜爱，也是因其多少具有"支配人道"的四种艺术感染力：一曰"熏"，"熏也者，如入云烟中而为其所烘，如近墨朱处而为其所染"，即小说能使读者在不知不觉中受到感染与熏陶；二曰"浸"，"浸也者，入而与之俱化者也"，即小说能使读者身历其境，感同身受；三曰"刺"，即"刺激之义也","刺之力在使感受者骤觉","能使人于一刹那顷,忽起异感而不能自制";四曰"提","提之力自内而脱之使出",即读者进入忘我之境,以主人翁自拟,产生思想情感的升华。

梁启超对小说艺术感染力的具体阐释,虽未必精确,却是发前人所未发,在一定程度上揭开了小说所以感人的部分奥秘,在当时便大受重视。而利用小说的艺术感化力,以收移易人心、改造社会之效,才是梁启超的最终目的。经过他的鼓吹,这已成为不少新小说家自觉的创作追求。

二、梁启超的小说创作

梁启超不仅在理论上大力倡导"小说界革命",还率先垂范,创作了一部政治小说《新中国未来记》①。在《中国唯一之文学报〈新小说〉》中,他指出所谓"政治小说",就是"著者欲借以吐露其所怀抱之政治思想也。其立论皆以中国为主,事实全由于幻想。"② 这实际上是对《新中国未来记》创作旨趣的阐发。并且,他还对《新中国未来记》的情节梗概,预先广而告之:

> 其结构,先于南方有一省独立,举国豪杰同心协助之,建设共和立宪完全之政府,与全球各国结平等之约,通商修好。数年之后,各省皆应之,群起独立为共和政府者四五。复以诸豪杰之尽瘁,合为一联邦大共和国。东三省亦改为一立宪君主国,未几亦加入联邦。举国国民,戮力一心,从事于殖产兴业,文学之盛,国力之富,冠绝全球。寻以西藏、蒙古主权问题与俄罗斯开战端,用外交手段联结英、美、日三国,大破俄军。复有民间志士,以私人资格暗助俄罗斯虚无党,覆其专制政府。最后因英、美、荷兰诸国殖民地虐待黄人问题,几酿成人种战争,欧美各国合纵以谋我,黄种诸国连横以应之。中国为主盟,协同日本、菲律宾等国,互整军备。战端将破裂,匈牙利人出而调停,其事乃解。卒在中国京师开一万国和平会议,中国宰相为议长,议定黄白两种人权利平等、互相亲睦种种条款,而此书亦以结局焉。

由此段介绍不难窥见该小说规模之庞大、气势之恢弘。遗憾的是,作

---

① 梁启超:《新中国未来记》,见《饮冰室文集点校》第6集,3868~3910页,昆明,云南教育出版社,2001。
② 陈平原,夏晓虹:《二十世纪中国小说理论资料》,44页,北京大学出版社,1989。

者后来仅完成了小说的前五回，先后刊发在《新小说》第1、2、3、7号的"政治小说"栏中。这五回写1962年中国维新成功，举行五十年大祝典，孔子旁支裔孙、教育会长孔觉民，在上海博览会上，以演讲的方式，追叙自1902年以来中国六十年的发展史。但是，只讲到维新志士黄克强、李去病游学欧洲归来，围绕革命与改良展开辩论，联络同道中人，便再无下文。

尽管有此缺憾，但《新中国未来记》"在中国小说史上毕竟是空前之作，是'新小说'的首批产品。在它身上，既反映了新小说的种种不成熟和弊病，也反映了新小说作者自觉的求新意识与探索勇气"①。

先看作者对于中国政治变革走向所做的探索。在该小说《绪言》中，作者宣称："兹编之作，专欲发表区区政见，以就正于爱国达识之君子。"那么，他在小说中发表了什么样的政见呢？让我们从小说中的主要人物说起。

小说中的主要人物有两个，一个名叫黄克强，另一个名叫李去病，前者主张君主立宪，后者提倡法兰西式革命，由此产生了激烈的论辩。实际上，这两个人物分别代表了当时国内两种不同的改革动向和梁启超思想中同时并存的两个方面。梁本人在戊戌政变后，于其固有的改良思想之外，萌生了暴力革命的倾向，因此李黄之间的论争，不过是其内心思想斗争的外化。黄主张改良，认为中国的改革只能取法英国和日本，采用君主立宪，循序渐进地推行；而李则倡导革命，强调"破坏"是进化的必经阶段，并以黄最羡慕的英国和日本为例，说明所谓"无血革命"，"其实那里是无血，不过比法国少流几滴罢了"。争论到最后，李承认黄说得有理，但也未完全放弃自己的主张，认为"今日做革命或者不能，讲革命也是必要的"。因此，究竟是革命抑或改良，仍是个悬而未决的问题。

不过，从根本上讲，梁启超所谓的"革命"，与当时孙中山等革命派提倡的，还是不能混为一谈。如革命派的代表人物冯自由在评论《新中国未来记》时，即一针见血地指出："任公虽假托小说中人物宣泄其政见，然既称为急激派议论，而仍声声歌颂光绪圣明（亦假托李去病语），可谓自相矛盾，吾人不可被其瞒过。"② 也就是说，梁所谓的"革命"，并未超

---

① 夏晓虹：《觉世与传世——梁启超的文学道路》，42页，北京，中华书局，2006。

② 冯自由：《未入国民党前之胡汉民》，见《革命逸史》初集，186页，北京，中华书局，1981。

出改良派的立场。

值得一提的是，不管是改良也好，革命也罢，李、黄都痛感中国自古缺乏自治习惯与国家观念，急需改造民性与民德，不然永无希望可言。而这一点，对于后来新文化运动提出的改造国民性，无疑也是有启发的。

在小说文体的革新上，梁启超自然也做了一定的尝试。在该小说的《绪言》中，他说："既欲发表政见，商榷国计，则其体自不能不与寻常说部稍殊。"那么，"殊"在什么地方呢？他明确指出："编中往往多载法律、章程、演说、论文等，连篇累牍。"由于在小说中载入了太多不合小说体例的东西，结果搞得"似说部非说部，似稗史非稗史，似论著非论著，不知成何种文体"。如小说第二回即将宪政党党章及治事条略背诵一通，第三回则把黄克强与李去病的长篇辩论辞详细记录下来，第四回又将美国旧金山的《益三文拿》报上登载的《满洲归客谈》一文全部译出，第五回还干脆把一大篇同志名单开列出来。如此这般，他便以诸体混杂的形式打破了小说自成一体的格局。

这样做，自然是为了把他对于政治变革的新见解、新知识等灌输到读者中去。但其效果呢？连他本人也清楚，这样写"毫无趣味，知无以餍读者之望矣"，"其有不喜政谈者乎，则以兹覆瓿焉可也"。① 也就是说，他这部小说主要是写给"喜政谈者"看的。可这样一来，小说在开通民智方面所起的作用也就有限了。他本人曾说："小说之作，以感人为主。若用著书演说窠臼，则虽有精理名言，使人厌厌欲睡，曾何足贵？"② 可惜他还是明知故犯了。而当时受其影响而创作的一批政治小说，也多蹈袭此弊。1904年，余佩兰在《女狱花·叙》中即说："近时之小说，思想可谓有进步矣，然议论多而事实少，不合小说体裁，文人学士鄙之夷之。"③ 这也是以小说作为政治宣传工具而导致的必然结果。

梁启超不仅在小说文体上有所突破，在小说叙述方法上也有革新。《新中国未来记》写的是"未来"，然而是站在假定的"未来"，回叙中国自1902年以来60年的发展史。这种开篇倒叙的手法，不见于旧小说，主

---

① 梁启超：《〈新中国未来记〉绪言》，陈平原，夏晓虹：《二十世纪中国小说理论资料》，38页，北京大学出版社，1989。
② 梁启超：《〈新小说〉第一号》，陈平原，夏晓虹：《二十世纪中国小说理论资料》，39页，北京大学出版社，1989。
③ 陈平原，夏晓虹：《二十世纪中国小说理论资料》，121页，北京大学出版社，1989。

要是受日本小说《雪中梅》等的启发。《雪中梅》开头即写日本举行国会150周年庆典,两位老者极口称颂日本国力之强盛,然后才抚今思昔,引出对日本历史的回顾。当然,梁启超之所以采用倒叙,主要是考虑:"盖从今日讲起,景况易涉颓丧,不足以提挈全书也。此回乃作为以六十年以后之人,追讲六十年间事。起手便叙进化全国之中国,虽寥寥不过千言,而其气象万千,已有凌驾欧美数倍之观。"也就是说,采用倒叙,先展示新中国无比强盛、万国朝贺的气象,可以振奋人心,"提挈全书"。读者看了这个开头,自然会想:一个旧中国是如何变得如此强盛的呢?这样就产生了一窥究竟的阅读欲望。而从现实层面着想,这样写也可以用未来的美好图景,激励更多的人们投身维新改革的事业。因此,《新中国未来记》所采用的倒叙结构,不仅是对新叙事方式的尝试,弥补了中国传统叙事方法的不足,而且也产生了较好的叙事效果,具有不可忽视的审美价值与现实意义。

另外,值得一提的是,按作者的构思,《新中国未来记》所写内容,以广东为主。在《绪言》中,作者就特意说明:"此编于广东特详者,非有所私于广东也。……顾尔尔者,吾本粤人,知粤事较悉,言其条理,可以讹谬较少,故凡语及地方自治等事,悉偏趋此点。因此之故,故书中人物亦不免多派以粤籍,相因之势使然也。"如小说中主要人物黄克强、李去病等就是广东人。作者拟从八国联军攻破北京写到广东独立自治,然后再写各省皆起而效之,到1912年国会开设,实现共和制,国名叫"大中华民主国"。其预言之准确,真令人匪夷所思!书中的重要人物"黄克强"本为取"炎黄子孙能自强"之意,不料也恰中后来辛亥功臣黄兴的字,黄的字就是"克强"。后来,梁本人也觉得有点不可思议:"今事实竟多相应,乃至与革命伟人姓字暗合,若符谶然,岂不异哉!"[①] 实际上,其预想得到应验的还不止这些,如小说开头浓墨重彩渲染的"上海世博会",百年以后就梦想成真了。而这也使《新中国未来记》带上了浓厚的时代气息和地域政治文化色彩,体现了非同寻常的想象力与预见力。

综上所述,梁启超倡导的"小说界革命"及其从事的小说创作实践,使其在中国小说近代化的进程中发挥了道夫先路的重要作用,他不仅是晚清小说革新运动的倡导者、小说理论的奠基者,而且是晚清新小说的开拓

---

① 梁启超:《鄙人对于言论界之过去及将来》,见《饮冰室文集点校》,2761页,昆明,云南教育出版社,2001。

者，其在中国近现代小说史上的影响是巨大而深远的。诚如吴趼人所说："吾感夫饮冰子《小说与群治之关系》之说出，提倡改良小说，不数年而吾国之新著新译之小说，几于汗万牛、充万栋，犹复日出不已而未有穷期也。"①

（纪德君　广州大学广府文化研究中心主任，博士，教授）

---

① 吴趼人：《〈月月小说〉序》，陈平原，夏晓虹：《二十世纪中国小说理论资料》，169页，北京大学出版社，1989。

论黄咏梅小说的创作方式

陈詠红

20世纪90年代以来,岭南小说出现向"人本"方向逼近和回归的迹象。所谓"人本",是指人的文化学意义上的本质特征。这种回归现象的代表小说家就是黄咏梅。[①]黄咏梅摆脱了以作家主体的私密体验为依托的"极端个人化"的叙事倾向,以独特的视角和悲天悯人的情怀,用冷静、深入的笔触,来表现处于多重价值和生活方式的剧烈碰撞中的普通人物,特别是城市中下层女性人物的生活、价值危机及内心冲突。

一、黄咏梅的小说观念及创作意图

黄咏梅回归"人本"的特征,在小说观念上表现为重建文学与生活的健康关系,即力求使创作与自我经验相关,但又有虚构成分以重构生活,保持形而上性。

本来,黄咏梅属于新生代[②]小说家,也曾说过个人经验的重要性:"写作者必须在每一个经验的呈现中。他蹚过经验的河流,一次、两次、三次,他像疯子似的在做一些重复而乏味的动作;然而,每种经验因为有了他身涉其中,将变得丰饶多味。"[③]但是,黄咏梅所说的经验与个人化"生活经验"略有不同。黄咏梅的独特"经验"是日常生活的普通经验。

---

① 黄咏梅(1974—),女,广西梧州市人。10岁开始发表诗作,是当时著名的校园诗人。1991—1998年在广西师范大学中文系攻读本科和硕士研究生(现当代文学专业)。毕业后就职于《羊城晚报》。2002年开始小说创作,其小说《负一层》、《单双》分别成为2005年和2006年"中国小说学会年度小说排行榜"上榜作品,至今已出版有长篇小说《一本正经》和中短篇小说集《把梦想喂肥》和《隐身登录》。

② 从文学与时代的关系来说,"新生代"对应的是20世纪90年代以来的中国文学;从作家的代际关系来说,"新生代"指称的是涵盖20世纪50～80年代出生的四个年龄段的年轻作家的创作。吴义勤:《自由与局限——中国"新生代"小说家论》,载《文学评论》,2007(5),51～57页。

③ 黄咏梅:《把梦想喂肥·序》,3页,济南,山东文艺出版社,2007。

新生代小说家是以反抗的立场和对价值质疑的态度开始文学创作的。虽然他们对政治意识形态话语、20世纪80年代话语和西方话语的反抗都具有批判现实的文学意义，但他们对个人话语的建构是以极端化的方式实现的。这些极端化的方式主要包括：①热衷描写吸毒、犯罪、性放纵等领域的行为。① ②书写女性对男性的激烈对抗。③多数作品描写占人口极少数的美女的生活。这种经验的个人独特性是非日常性的，是"变调"和"变声"；而且，这种对于私人经验的迷恋可能挤压想象的空间和现实重构能力，造成个人经验的堆砌、重复和雷同。对于文学来说，在日常正常层面上呈现的个人风格较能体现自己的风度、文学能力和文学自信心。而黄咏梅小说的主人公与她有较大距离，她的小说阻止了作者个体"经验"对小说的大面积入侵，没有通过极端化的方式来显示人性，没有对男性经济权力的遏制、生命的亵渎及对男性优势心理的僭越，而是以平淡、坦然的心态超越女性对男性价值体系的深度反抗，探寻平凡女性真正独立的途径。由此，黄咏梅的普通"日常生活"具有"形而上"的人性内涵，是人性最本质的呈现或抽象。黄咏梅将女性本质抽象为健全的人格意识和自觉的生命意识。黄咏梅认为，女性不仅要追求社会地位和经济独立，而且要摆脱传统文化中女性对男性的依附心理。女性的发展与进步，已更多地取决于女性自己。

　　黄咏梅的小说观念与她的自身境遇相结合，演变为她的小说创作意图。黄咏梅拥有三重"边缘者"的身份。一是粤文化的边缘者。她的家乡梧州市处于广东与广西的接壤位置，跟广州的语言、文化并无多大差别；当她来到邻近的大都市广州市落脚时，被广州人称为"新客家人"。二是现代大都市边缘者。她渴望得到现代大都市认同，但实际上又面临精神流放与价值观惶惑的困境。三是小说创作的边缘者。她原本是一个诗人，但她却选择小说写作。于是，她的作品具有复杂的三重视角：对家乡温情的回望，对大都市生存的直面，她还需要研究怎样在小说中灌注她永不放弃的诗意。

　　在她的创作意图中，主题的设定是重要的内涵。在面对各种市井化的

---

① 朱文在《我爱美元》中说："性与身体无关。一个男人即使被阉割了，他也需要性。性并不是简单的夫妻生活，也不是通奸乱伦，它要广阔得多，它是无时不在的，有时是个眼神，有时是一个动作。一个不正视性的人，是一个不诚实的人。"有人认为朱文"写性的目的不在于刺激人的感官，而在于使受到压抑的人格在性爱的抚慰下得到某种疗治。它所涵盖的是文化意识，而不是道德意识。"徐志伟：《简论九十年代小说创作倾向》，载《文学评论》，2001（5）。

现实叙事时,黄咏梅逐渐形成自己的主题。她多写过去的遗失和都市的惶惑,即边缘人的心态。黄咏梅说:"广州是一个消费的城市,一个物质化、欲望化的城市,它很平和、理性、务实,同时扫荡人的梦想和内心的诗意,让人安居乐业,变得实在。这样诗歌就没有太多的生存空间,但这个城市滋生了很多故事,并且也让我们这些外来人滋生了那种对家园(不仅仅是生长的故乡,更是精神的归宿)的缱绻和失却的疼痛。这些更能让人真实地感到存在。我就发现目前所写的小说里,基本上都围绕着一个母题:一种无力挽回的遗失和一种陌生拾到的惶惑。"[①]黄咏梅发现了这种边缘人生对创作的"好处",即"这些更能让人真实地感到存在"。

接着,她又完成了对主题从观念性到体验性的转化。她以个体生命经验为基础,代入人物,从而切入对于存在的哲学追问,赋予了主题以强烈的生命感性,使小说充满一种有血有肉的生存痛感。这无疑需要异常丰沛的艺术想像力。黄咏梅把写小说看作心脏偷停的过程。她说:"我用偷停出来的时间,将自己当作不同的人,进入一个与自己的肉身没有任何关系的另外一个世界里,得以跟一些隐匿的东西团聚,与一些隐秘的内心活动私语。"[②]她以自己的体悟感觉,平视视角直接触及人物的内心世界,对远离自身经验的生活有着相当精确的感悟能力和捕捉能力。黄咏梅要求自己:一是小说要"让人真实地感到存在",要写出人物的种种矛盾和生存本相,表现小人物无法逃脱的宿命感和悲剧性人生归宿;二是在庸常生活中发现平凡人物骨子里的生命意识或生命信仰。这样,黄咏梅以一种宽容、同情、超越的心态和温和的反叛性姿态确立自我价值立场,让人性追求在小说的想像空间里安营扎寨。

二、黄咏梅小说的四个特征

黄咏梅小说观念和写作意图最终在自己的小说中呈现为四个特征:

(1)以有信仰的普通女性生活为主要题材。这些普通女性在消费社会里,没有男性形象眼中可资消费的交换物或资本,即青春和美貌;她们渴望财富却没有失去自我,并不为高阶层的生活而出卖自我和自尊,而是为了将日子延续下去而做着卑微却坚韧的努力,贫乏却又自足,具有诗性气

---

① 黄咏梅:《广州不是一个适合诗意生长的地方》,《南方都市报》,2002-11-08。
② 黄咏梅:《把梦想喂肥·序》,3页,济南,山东文艺出版社,2007。

质。这种题材大致可分成两类：一是都市平凡人的生活，二是都市偏执人的生活。

黄咏梅在2002—2004年推出的《路过春天》①、《一本正经》②、《骑楼》③、《多宝路的风》④、《勾肩搭背》、《草暖》等小说属于平凡人的生活类型。黄咏梅努力发掘平凡人物在岁月的流逝中内心的坚守与转变，寄托自己的批判与肯定。处女作中篇小说《路过春天》和长篇小说《一本正经》描写移民型知识女性的都市边缘人生活。在《路过春天》里，有着"新客家人"身份的知识女性每每在广州一家报社当编辑，与另一家强势报社编辑、有妇之夫柳其一见钟情，每每成为了他的情人。扭曲的生活成了这座城市无法医治的症候。《一本正经》里的女主人公陈夕研究生毕业后到广州做报纸编辑。小说主要表现了大都市移民知识女性生活中的性爱与婚姻、权力与腐败、商业化写作、住房的压力等内容。生活环境的改变成为陈夕反思自己生活的契机。在陈夕心目中，李平是一个忠贞于爱情的中年女性。随着报社老总东窗事发，李平与老总的秘密关系曝光。李平事件使陈夕对爱情、信仰产生了怀疑。

《草暖》和《勾肩搭背》主要写平凡市民型女性的生活。《草暖》里的广州家庭主妇陈草暖长相平凡，生活追求简单，只是希望留住丈夫的心，对生活抱着"是但"（随便）态度。《勾肩搭背》女主人公樊花吃苦能干，但婚姻受挫，内心创伤，从此不敢接受小生意人刘嘉诚的爱情。樊花等小商贩们带着各自的利益需要，在打情骂俏、勾肩搭背的世俗快乐中，打发庸常而充满生存烦扰的岁月。叙述者对在现实社会金钱的强势挤压下"真爱"难觅的现象感到无比悲凉。

黄咏梅有些小说曾写到故乡的女性。中篇小说《骑楼》以黄咏梅的故乡梧州为背景写一位小城平凡女性追求平常幸福的梦想。"我"与曾是校园诗人的小军是高中同学，高考落榜后两人很快就恋爱了。"我"做了茶楼服务员，小军做了空调安装维修员。"我"住那种叫骑楼的老房子，小军经常与"我"在阁楼约会。小军装空调时认识了名叫"简单"的漂亮高三女生，简单准备考上海交大。因为简单，小军重新开始写诗。他为了向

---

① 2001年发表于《花城》，署名"每每"，即黄咏梅。
② 黄咏梅：《一本正经》，载《钟山》2004年长篇小说增刊A卷，后由广州，花城出版社出版。
③ 黄咏梅：《骑楼》，载《收获》，2003（4）。
④ 载《天涯》，82～94页。

往一个有书香味的高中女生,从 23 楼简单家的窗外飘飞而去,以青春生命作了祭品。"我"是小军意外保险的受益人,但因小军的死可能是有预谋的自杀,索赔一直未果。故事写出了中国当下不同社会阶层无法弥合的人生,而小说的诗性笔触更传达出无法圆满的人生况味。

短篇《多宝路的风》描写了传统市民生活面临的巨大挑战,又有一种对传统市民生活的莫名的迷恋。多宝路是广州旧城区西部一条曾经非常繁荣的商业老街,如今繁华不再。像陈乐宜这样世居广州西关多宝路的原住民的生活方式、生活节奏以及社会地位都受到了冲击。《多宝路的风》大部分篇幅都聚焦于都市白领、广州原住民陈乐宜的情感生活。她并非天生丽质,却爱上了一个有家室的男人、自己的上司耿锵。耿锵做了她的情人。叙述者还描写了乐宜身边的人物,如乐宜的妈妈、情人耿锵、茶楼花痴女人的生存境遇以及精神心理。过着凡庸的家庭生活的耿锵只是从家里暂时游出来寻找新欢的男人,乐宜在他身上得不到任何承诺。乐宜在茶楼里看到因爱不得而凄凉度日的花痴女人后、在受到他妈妈"人有我有"生存哲学的启发后,毅然与耿锵分手,嫁给了一个普通海员,重新寻找生活方向。几年后,海员中风不能出海了。乐宜将结婚时的新房卖掉,搬回了多宝路。也像她母亲一样,她喜欢坐公共汽车从西关到东山喝茶。西关小姐陈乐宜淡定、优雅,对命运有一种不惊不乍的安分。回归多宝路后,乐宜第一次有一种归属感。小说的结尾,乐宜伫立在多宝路的胡同口:"她听到了一阵窸窸窣窣的声音,好像是风吹动些什么发出的声音。听了一会儿,她将信将疑地断定,那是风吹响的香云纱的声音,是多宝路的穿堂风弄响的。"①对生存理想的坚持使这个平凡女性怀着一种坚韧的精神,即使面对困境也淡定而行。《多宝路的风》凝聚了作者对生命和人生的沧桑之感。

中篇小说《档案》呈现了都市与乡村、体制内与体制外的对比。叙述人"我"大学毕业后被分配到广州人才交流中心档案科。"我"有一个堂哥李振声在广州某房地产公司担任副总经理。李振声从小就被"我"大伯送给了一位李姓人家,但恰恰是这个送给别人的孩子最后有了出息。有一天,"我"接到了李振声的电话。原来,李振声得到了一个到政府部门任职的机会。而李振声大学时代曾因为爬进女生浴室看女生洗澡而受过处分,他找到"我",希望我帮他删除这个"不良记录"。"我"父亲也希望"我"帮助李振声做个"人情","我"大伯则想通过这事让李振声认祖归

---

① 黄咏梅:《把梦想喂肥》,64 页,济南,山东文艺出版社,2007 年。

宗。终于,"我"冒着违反纪律的风险取出李振声的档案,打算销毁其中的"不良记录",没想到档案里根本没有这个记录。尽管如此,"我"还是跟李振声表示自己完成了他交待的任务,做了个人情。然而,李振声从此消失在"我"的视野范围之内。《档案》以接触过农业文明和都市文明的叙述者"我"的视角,表现了对现代社会与传统社会巨大差异的感喟。在农业文明规范的社会,血缘是人与生俱来的自然存在,人们通过"走人情"获得身份认同。而在中国现代社会,体制对体制内的人有巨大的制约力量,人们可以看淡血缘,但不能不在乎档案。而档案、命运和血缘这些本来不可改变的东西,到了现代都可以通过利益交换的方式任意改变。

黄咏梅 2005 年以来推出的《负一层》[①]、《单双》[②]、《把梦想喂肥》以及《暖死亡》等小说多描写偏执型人物,表现都市小人物面对窘迫生存环境的扭曲心态。例如,短篇《负一层》中的阿甘是年近四十的大龄未婚女人,在大酒店负一层停车场做管理员,下班时与母亲相依为命。阿甘总是"慢一拍",与现实格格不入,总是生活在自己的疑问与幻想中。在现实生活中,阿甘几乎没有一个欲望能得到满足:工作被辞,挂张国荣的画像也常常被妈妈骂,在现实中她找不到像死去的张国荣一样的爱人。她每天到酒店三十层高的地方向天空挂问号,执著于自己的念想,后来跟随她的那些问号,她从空中坠落。黄咏梅的中篇小说《单双》以冷峻的笔调塑造了一个偏执疯狂的女性李小多,描写了边缘人的偏执心境。李小多来自一个暴虐家庭,在承受不幸的同时也制造不幸。她对数字十分敏感,有一种通过预知数字的单双而控制输赢的信念。对这种信念的沉迷让她变得更加偏执、决绝。她赢了不少赌局。在最后与自己的赌局中,李小多赔上了性命。小说的主要人物几乎都置身于现实或人生的赌局之中,赌注可以是金钱或身体或亲人或生命。通过李小多这个执拗人物,小说展现了生命的无常和脆弱,展现了现实挤压下信念的扭曲。《把梦想喂肥》的主角"我妈"虽然瘸腿,却身残志坚,是小城残疾人的民间领袖。她想靠自己的能力,改变自己的生活状况。于是,她去了广州,决心要在这儿将自己的财富梦想像喂小鱼一样喂肥。后来她果然从一个小城开电动车的"大家姐"成为一个大都市的成功推销员。虽然因金钱被骗的沮丧而失足死亡,但"我妈"在追梦的过程中表现出极度的坚韧和顽强。《暖死亡》则以较长篇幅表现了高速运转的现实生活里现代人疲于奔命,心情抑郁,往往通过诸如

---

① 黄咏梅:《负一层》,载《钟山》,2005(4)。
② 黄咏梅:《单双》,载《钟山》,2006(1)。

"过度地吃"这些极端方式来缓解重压的现象。他们因为不停地"吃"而平和地走向死亡。

"黄咏梅的小说虽然叙述的都是那些柔弱的人,卑微的人,沉默的人,他们被强悍的都市秩序遮蔽,以至于常常成为一种被忽略的存在,但是,黄咏梅却从他们的精神深处,缓缓地打开了许多细腻而又丰实的心灵镜像,并让我们于蓦然回首之间,看到了作者的某种悲悯情怀。"①这使黄咏梅小说的伤感表现为生命本身的伤感。

黄咏梅小说的素材来源于家乡和广州。黄咏梅希望小说"让人真实地感到存在",而小说中的逼真的存在肯定带有岭南地域性风采。

黄咏梅小说的地域性素材与年少时的经验和存在感相关。黄咏梅出生在广西梧州,一脉珠江,使梧州与广州文化血脉相连,在民情风俗、语言、技艺等方面都有粤文化求实尚变的特点。梧州小城是作家"永远的坐标系",大都市是在小山城的参照下进行书写的。在《路过春天》里,黄咏梅开篇就写及小城:"没想到,那个夏天,我来到了燕塘牛奶的产地。然后,我有了这个城市的身份证,有了这个城市的一把钥匙。很小的时候,母亲就给我每天订燕塘牛奶,这是广州一种老牌的牛奶,名噪一时。因为广州离我生活的小城是一衣带水的近,这里的人一直有着'广州情结',他们会得意地对其他城市的人说'我们讲的话跟广州是同一语系',以形容文化上的嫡系。"②黄咏梅逼真地写出小城人的一种先天的文化优越感。但当黄咏梅真正来到广州市落脚时,才发觉"在这个城市里定居的我已经不是喝燕塘牛奶的那个我了,我的真实姓名湮没在这有着两百万外来人口的城市里,城市关怀地称我们这群人为'新客家人'"③。

黄咏梅常常缅怀过去的生活,有留恋,也有哀伤。如中篇小说《骑楼》④的开篇:"要知道,我生长的这个小山城,在六十年代曾经是多么的辉煌,有'小香港'之称。"⑤"改革开放说实在的对这里并没有太大的作用,更多的港口开放了,更多的海湾以更丰富更顺畅的航道夺走了这里的优势。"⑥"那个百舸争流的时代过去了,留给这个城市的,是一些美人迟

---

① 洪治纲:《卑微而丰实的心灵镜像——黄咏梅小说论》,载《文学界》,2005(10)。
② 黄咏梅:《把梦想喂肥》,99页,济南,山东文艺出版社,2007。
③ 黄咏梅:《把梦想喂肥》,101页,济南,山东文艺出版社,2007。
④ 黄咏梅:《骑楼》,载《收获》,2003(4)。
⑤ 黄咏梅:《把梦想喂肥》,65页,济南,山东文艺出版社,2007。
⑥ 黄咏梅:《把梦想喂肥》,66页,济南,山东文艺出版社,2007。

暮的伤害。重山包围下的小城，爬起山坡来就比同时期的城市都呆滞和缓慢，就像一个打惯水战的老兵要在陆战上取胜的困难。港口的地盘很多被租了出去……陆地拥挤了，河道像一个妇人松弛的发肤，流淌是多余的运动。"① 黄咏梅留恋这座小城历史上的航运发达带来的经济繁荣和辉煌；对如今梧州发展的迟缓，流露出淡淡的哀伤情怀。而吃田螺、喝汤、饮茶是岭南特有的饮食文化。黄咏梅在《骑楼》第二章里描写小城晚上吃田螺的风情："要是晚上，随便走进哪一条骑楼，都能够看到一撮一撮的人，或坐或蹲在煤炉边的小矮桌周围，在小碗里用手捏出一颗颗拇指大的田螺，撅起嘴，先往螺屁股使劲一吮，接着在螺口一吸一拉。"《骑楼》中也写到梧州人"最紧要那啖汤"。《骑楼》里的茶市描写也富有岭南特色，主角"我"就在茶楼工作。黄咏梅通过对"我"的描写，展示了梧州的茶文化和梧州人知足常乐的文化心态。《契爷》②借描写梧州的地理环境表现小城年轻人向往到外面世界去看看的心态："从我们这个小城，只要沿着浔江出发，漂流整整一天一夜，据说一直可以流到香港，脚都不用沾地，所以我们这里的年轻人，都喜欢到江边看水，浔江过往的渔船，都不会引起他们的注视，因为他们知道，这些船走不远，到了系龙洲，就折返了。"③这里提到的系龙洲是矗立在浔江中心、枯水期时露出的一大片沙滩，梧州人喜欢到那里游玩。

黄咏梅小说的素材有些来自广州。她的小说在语言和风俗表现方面，深得广府传统韵味。如《多宝路的风》，描绘了"玉器街"的风情：

踩着妈子的声音，乐宜一步一步，从相通的另外一条巷子走出了玉器街。那些青石板路从没如此光滑地让她不得不留心脚下，直到走出这一段，一出去，就是车水马龙的大街。站定了，如释重负地呼了口气，身后的巷子就剩下了一个孔，窄小的幽暗的，像从一个刻成"田"字形的玉坠看进去一样，所有的声音、光线、生活诸如此类的东西，就像魔术一般地变成了一个玉坠，贴身地挂在乐宜身上。

《多宝路的风》写到广州人喜欢在煲汤时放一小把薏米，因为薏米有去湿的功用，而广州这个城市湿气太重。她还进一步专门阐释了"去湿"这个词在广府文化中的多重词义。在提到吃在广州时，作者不忘借主人公之口辨析"一碟菜"（饭桌上的菜）和"一条菜"（床上的女人）的不同含义。乐宜是"西关小姐"，她的行动中有西关小姐的"浅淡"韵味：

---

① 黄咏梅：《把梦想喂肥》，68页，济南，山东文艺出版社，2007。
②③ 黄咏梅：《契爷》，载《小说月报》，2008，9页。

疼痛和欢愉对于乐宜的表达，还是像她的五官一样浅淡，耿锵就趴在她青白的脸上，看不到一丝变化。这个女人，也许真的是任何的开端和结局都不能影响到她，她品味生活是她自己的品味，她咀嚼痛苦也是她自己的咀嚼。

《草暖》主人公草暖的口头禅是白话方言"是但啦"（"随便"的意思）。作者将这个方言与草暖那种"随便"的性格融为一体。再如《负一层》："我那些死党，都是天兵天将来的。""阿甘的母亲很习惯这个老女儿的愚蠢，从小到大总是一副'脑笋'没长合的样子，书到高中就念不下了，说话做事慢人半拍。"在这里，"死党"为最要好的朋友；"脑笋"是囟门。黄咏梅从人物塑造、情节发展需要出发运用方言俗语，语言符合人物的个性、身份。

（2）多以较为纯粹的背景凸显平凡女性人物的本质生存问题。女性作家20世纪90年代的都市小说所塑造的女性形象几乎都是美女。她们婀娜多姿，光彩照人，构成一幅都市丽人图。在消费社会中，自然存在的美貌被赋予了畸形的商业价值，但必须通过与男性的利益交换才能实现。作为有着青春和美貌的女人本身，既满足男性审美消费的需要，也成为男性性欲望的对象。在消费主义文化的影响下，女性身体的交换价值得到了男性的"重视"，当女性对他们有所求时，他们把女性的身体直接作为交换的条件。随着某些女性对消费社会中自身商品交换价值的无奈接受，交换就发生了。一方面，男性把女性所代表的"性"、女性肉体、容貌当作一种奢侈品、交换物；另一方面，女性利用男性对女性的"购买"欲、消费欲获取自己的利益。她们也就无法摆脱被人消费的命运。女作家们着重表现美女生活，则是关注消费社会里的女性的危机和命运。而黄咏梅则着重表现占女性人口大多数的长相平凡的女性形象，摒弃权色、物色交换发生的可能，并以女性为主体，男性为配角，凸显女性的生存状态和内在的精神特质，以较为纯粹的背景探讨女性的本质生存问题，包括对男女两性平等关系的诉求问题和处于社会底层女性的独立可能性问题。

纯化的背景突出了女性生存的困境。黄咏梅小说中的女性大多数是社会底层的没有美貌和高智商的平凡人物，男性中心社会没有给予她们额外的帮助。她们只能靠自己的努力改变自己的命运，因而具有奋发向上、顽强、坚韧、勇于承担的阳刚品格。女性要获得与男性同等的地位，首先就是要获得社会地位与经济地位，这是女性解放的重要前提条件。这些女性对经济权利、话语权利等诉求都非常强烈。然而她们大多都是奋斗、挣扎，最后在无奈中失败。"我妈"、阿甘、夏凌云等无不以失败而告终。

由于淡化了女性的本能、欲望等自然性方面的书写，因此黄咏梅小说更能反映大多数女性的主体性状况和精神高度。例如，《契爷》中男性角色契爷卢本这个四体不勤的旺族少爷，恰好与小说中的两个女性形象夏凌云和赵想想（"我"）形成鲜明对比。夏凌云主体意识觉醒较早，她为走出小城曾两次与外省男性交往，想通过婚姻去实现走出去的梦想。小说出现的男性都反衬出夏凌云的不安于现状、勇敢承担和自强自立的倔强个性。而小说中另一个女性形象赵想想则靠自己的努力走出了小城。两个女性形象展现了在男性中心社会中女性独立自主精神诉求的艰难历程。黄咏梅的女性形象的精神高度更体现在对男性的宽容和理解的态度上，因为她们本来对男性就没有依赖的心理。如：《多宝路的风》中的陈乐宜与情人耿锵、海员丈夫的关系，《勾肩搭背》里的樊花与刘嘉诚既是生意的搭档关系又是情人关系，《草暖》里的陈草暖与王明白的关系，都是互助互利的平等关系。又如，《把梦想喂肥》的主角"我妈"的坚韧与"我爸"的退隐形成反差。"我妈"对平庸、无能的"我爸"没有半点的怨言。"我妈"把自己当作是一个独立的与男性平等的人来看待，没有传统女性的依附心理，因此，她认为自食其力、自立自强是天经地义的事。可见，当女性欲望化写作策略为女性争得一份话语权后，黄咏梅在她的小说里，用独特的视角在书写女性的天然、合理的欲望的同时，力求获得理性与诗意的完美烘托，使小说最终跳出"性别"的拘囿。

黄咏梅还以偏执来表现都市独立普通女性的精神高度。黄咏梅善于描绘这些普通小人物与生存本身的硬度、质感和重量碰撞时的内心世界及反抗方式。在《负一层》中，阿甘有自己美好的遐想与情感追求。小说以两个平庸、委琐的男性角色反衬阿甘的爱情追求的圣洁。但在强大的功利化现实面前，柔弱的阿甘不仅失去了心中的"哥哥"摩托仔，更因对酒店经理的要求不顺从而被解雇。社会地位与经济地位的双重被剥夺，令她万念俱灰。最后，她只好选择楼顶上的天空作为自己的人生之路，在飞翔中告别了尘世的羁绊。阿甘为何跳楼，有很多原因可以指认，失业、情感受挫、模仿明星等，但她的母亲只认定："迷张国荣迷得神神化化"而跳楼的。黄咏梅将死亡的社会责任虚化处理了。河北作家陈冲说："阿甘的悲剧，恰在于这种浅思维与精神深度之间的巨大落差！"[①]阿甘（《负一层》）、"我妈"（《把梦想喂肥》）等的悲剧性结局是因为生存理想与现实的冲突造成的，当她们不得

---

① 《2005 中国小说排行榜》，421 页，北京，作家出版社，2006。

不用极端方式对抗绝望时,生命的尊严得以突现出来。

黄咏梅不断深入他们的内心,展示她们的生存理想以及她们为理想而苦苦探寻的顽强毅力,赋予它们以合情合理的理想气质,这种诗性的灌注,改变了作者笔下人物的审美价值,使她们在世俗的层面上获得了很多灵性的审美空间。

(3)摒弃单纯的完整流畅的故事,削弱戏剧性和动作性,淡化情节,集中笔力刻画人物的内心世界。由于单纯梦想是她们在困苦现实中顽强生活下去的理由和精神支柱,因而黄咏梅用丰富的想像力和灵动的带现代意味的结构,强化人物的内心追求,使作品更为简洁而富于张力,以简驭繁地解决了细腻与宏大、写实与虚构等小说的常见难题。例如,《负一层》在近乎封闭的环境中凸现阿甘的心灵际遇。叙述者首先借其母亲的嘴道出了阿甘的特点:说话做事慢人半拍。叙述者透视阿甘隐秘的内心活动:她的心里充满了疑问,于是到酒店顶层将内心的疑问化为问号挂到天上去;管理车库时听到小车之间的"窃窃细语";与满墙的张国荣照片的交流……对阿甘内心活动的透视使我们感受到了这个在外界看来是"精神有病"的人是一个有梦想与情感需求的人,她在负一层这个幽暗的车库里建立起一个非常自足的生活空间。但反应迟钝,不懂人情世故,在节奏紧凑、强调反应迅速的社会中是低能、智障的表现,于是阿甘失业、失恋,最后选择了朝天空飞翔的方式告别了这个无情的沉重的尘世。显然,阿甘既无法理解社会,也无法被社会理解。这篇小说基本上没有安排情节冲突,而是集中笔力将人物内心深处那些难以言说的精神状态以及许多难以构成外在化戏剧化冲突的现实生存窘境进行了放大与扩张。

这些底层女性具有双重边缘(社会边缘、女性边缘)的身份,她们没有美貌、智力等优势,无法与男性、与社会进行交换以获得援助。黄咏梅的小说表现了这类占社会大多数的女性的社会独立、经济独立的困难,理想的可望而不可及。于是,小说中怀着生存理想的都市底层女性在与现实的对抗中走向悲剧性结局,对她们心理的描写成为结局的有效铺垫。

(4)把现代性的叙述建构在返璞归真的叙事形态上,既有中国传统文学的情景寓意,又有现代小说的内心探究。黄咏梅的文本叙事不仅技术地将欧化痕迹消退,克服了20世纪80年代先锋小说对西方叙事技术生硬复制所带来的局限,而且已经本土化和个人化了。

一是运用意识流手法,将人物心理的展示作为小说主线。《多宝路的风》不少地方采用"意识流"手法,例如:

乐宜没有试衣服的心思,站在一个被脱光了衣服的假模特面前,高高的胸脯，细细的腰，滑得发亮的"皮肤"，让她产生一种想伸手抚摩的冲动。接着她的身体就有了一种被抚摩的感觉，一双细心的手钻进了她的皮肤上。

商场放着轻柔的 BLUES，香水已经到了尾声，乐宜有逃离的迫切，逃到另外一种肌肤里边去，逃到另外一种温度里边去。

薏米在汤里翻腾，白色的没有止境地翻滚着，然后使劲地要沉到底，沉到看不到空气，看不到水分的底部。

"小姐，要看 MODLE 刚才穿的衣服？"

差点窒息的薏米，被一个大勺子打捞了上来。（89 页）

在商场，乐宜的思绪以触觉、听觉、嗅觉为媒介在几个场景中徘徊。此外，《勾肩搭背》、《多宝路的风》、《文艺女青年杨念真》、《负一层》、《对折》、《草暖》、《暖死亡》等也局部采用了意识流手法。

二是采用比喻、暗示、象征等修辞手法传达自己的诗性思维方式。黄咏梅喜欢使用比喻的修辞手法，其小说中明喻随处可见。如《骑楼》里有一段充满诗意的比喻："她最喜欢'打捞'把船篷掀开，他们在荡漾的船上露天做爱，然后躺在天空下喝啤酒。遇到晴天，满天的星星让她仿佛回到了老家萤火虫满天飞的田野。'打捞'问，你知道那些天上的星星都是什么？她说不知道。'打捞'说，那是他每天晚上扔上去的啤酒瓶盖儿。她笑死了。"又如《多宝路的风》用比喻表达乐宜对自己与耿锵的关系的反思："乐宜对耿锵也是那样，每个周四晚上，在家里摆多双筷，留个位子给耿锵，消磨掉一个追本港台粤语长片的夜晚。习惯和感情就像是上唇和下唇，不动的时候声色全无，稍微一动，谁也离不了谁。"又通过比喻暗示乐宜准备与情人分手、转变生活航向的过程："她经过客厅的鞋柜前，看到了两对色彩鲜艳的鸳鸯，旖旎地交颈婆娑着，甜蜜蜜。第一次发现，耿锵的皮鞋里装着鞋垫，手工纳好的，上面还绣着鸳鸯，俪影双双，泛游在鞋肚里。这是一个好妻子手下料理出来的男人。乐宜心里一阵酸涩，少见的眼泪就溢了出来。里边睡着的男人，原来是从鞋肚里游出来，偶尔在这里停泊而已。"

在许多地方，黄咏梅的小说还隐藏着不少暗喻。比如，《负一层》中的主人公阿甘做的是在酒店负一层管理泊车的工作，一个月收入不到一千元，这个负一层既是她的工作环境，也可以理解为是她的生存环境的暗喻。《骑楼》中的骑楼既是岭南的传统建筑，也暗喻主人公小军空调安装工的职业，进而暗喻小军的人生理想：身处底层，却向往着那个他不可企及的世界。《路过春天》写"我"与有妇之夫柳其缠绵时，黄咏梅插进了一段故乡的描写："在我喝燕塘牛奶长大的那个地方，有一条江，叫鸳鸯江。实际上是两条江,一条黄的叫抚河,一条绿的叫浔江,两江从东西流来,交界处是一条绝对清晰的黄绿界限,不包容也不侵犯,相安无事。人们称交界处为'鸳江春泛'。夏天的时候,人们喜欢到这个地方游泳,从绿里穿到黄里,从黄里插入绿里。大多数本地人都知道,这是个危险之地,表面上平静地交接,底下却有很多因碰撞形成的漩涡、暗流。游泳的人,要有平衡的定力,才可以在'鸳江春泛'嬉戏,泛一泛,浪一浪。"[①]黄咏梅在写到两人的情感高潮时,宕开一笔,用家乡的鸳鸯江隐喻"我"和柳其的关系,意蕴丰厚:两人有绝对清晰的黄绿界限,不包容也不侵犯,相安无事;充当第三者是在玩危险游戏,必须要有很好的定力去平衡他们之间的关系,才能"鸳江春泛"。

作者还喜欢使用暗示和象征手法。如《多宝路的风》写到女主人公乐宜对情人耿锵的情感变化,是从乐宜发现她送给耿锵的衬衣被文胸扣钩出丝后开始的,这个细节暗示了耿锵妻子的存在,这个存在使乐宜的情感受到了伤害,最后导致乐宜主动与耿锵分手。这种暗示的修辞手法使小说韵味深远。有时候,象征成为黄咏梅小说的整体构思方式。如《档案》中的档案本身既象征着现实的体制,也具有命运的象征意味。《骑楼》中的骑楼既是实体性质的岭南特色建筑,又是主人公职业的暗喻,更重要的,它还构成了整个小说的整体象征,象征着主人公悬空的、不着边际、危机四伏的人生状态。事实上,《隐身登录》、《负一层》、《单双》这些小说的标题本身就充满象征意蕴,它们与小说的内容构成了一个象征的整体。黄咏梅小说修辞特有的诗意象征,传达了黄咏梅对人生、命运的悲悯情怀和理性认识。

综之,黄咏梅小说虽然具有较强的"实体性",但又追求超越、灵动,力图逼近人性本质,显示出向"人本"方向逼近和回归的明显迹象。

(陈詠红 广州大学广府文化研究中心副教授,博士)

[①] 黄咏梅:《把梦想喂肥》,105 页,济南,山东文艺出版社,2007。

番禺潘氏文学家族研究

钟 惠

潘氏是清代番禺商贾大家,还是一个文学家族,以潘飞声为中心,周围辅以潘有为、潘有度、潘正亨、潘正衡、潘恕、潘定桂等,女性成员如潘丽娴、潘慧娴以及潘飞声的妻室梁蔼等也参与到创作中来,使得潘氏文学家族闪耀岭南。

本文试图运用文学地理学、家谱学、心理学、社会学、民俗学和宗教学等学科的知识,运用现地研究法、比较研究法和文献逻辑推证法等方法,通过研究清代广州番禺的自然地理环境和人文地理环境,研究番禺潘氏文学家族的形成、发展、壮大及衰落过程,研究潘氏文学家族成员及其作品,探讨番禺地理环境与潘氏文学家族之间的联系。文章包括"番禺潘氏文学家族与家族文学"、"地理环境对潘氏文学家族之影响"和"潘氏家族文学之地域特征"三个主要部分。

一、番禺潘氏文学家族与家族文学

文学家族是指以文学著名的家族。一个家族以血缘或亲缘为纽带,以一定的地理环境为背景,一代数人或者两代、三代以上多人均以文学著称于世,这个家族就可以称之为文学家族,其作品可称之为家族文学。家族文学是中国文学史上较为独特的一种现象,几千年来,不同时代,不同地域,可以称作文学家族的很多,如汉代阳夏的司马氏家族(司马谈、司马迁)、宋代眉州的苏氏家族(苏洵、苏轼、苏辙、苏过)等等。清代至民国时期的番禺潘飞声家族就属于这样的文学家族(见图一)。

清代番禺龙溪(今广州市海珠区)潘氏,财雄势大,科举鼎盛,人才辈出。乾隆年间,广州为全国对外开放贸易的唯一港口,朝廷又授权广州十三行商号专管对外贸易,有同文行潘振承、广利行卢观恒、怡和行伍崇曜和广义行叶上林四家,资财最为雄厚,故以"潘、卢、伍、叶"四巨富扬名。潘氏历受官府要员和乡曲绅士倚重,因而位列四巨富之首。

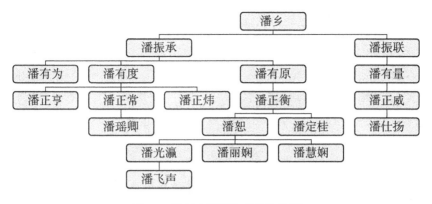

图一　潘氏文学家族成员结构图

潘振承来粤经商,为潘姓入粤之始祖。跟着潘振承到广州十三行经商的还有三弟潘振联一系,其后代在几十年间形成一个大家族。潘氏后代科举人才辈出,潘有为中进士,参与修订《四库全书》,正常、宝镠、宝琳三人成为翰林学士,正绵、正琛、正昌、宝珩、博泉五人考取举人,潘飞声等人成为著名学者。潘氏家族成为一支飘逸书香的名门望族,才子盈门,各人所长亦有所不同。有为、正亨、正玙、瑶卿、师稷、师徵、恕、丽娴、慧娴、宝镠、飞声等善丹青,有为、正亨、正炜、宝镠、飞声等善书法,有为、有度、有原、正常、正亨、正衡、恕、定桂、丽娴、光瀛、飞声等工于诗,有为、正亨、正衡、正炜、仕扬等善鉴藏。有著作者达二十多人,其中文学著作有潘有为的《古泉目录》和《南雪巢诗钞》、潘有度的《义松堂遗稿》、潘有原的《常荫堂遗诗》、潘正亨的《万松山房诗钞》、潘正常的《丽泽轩诗钞》、潘瑶卿的《巨笔屠龙》、潘恕的《梅花集古诗》、潘飞声的《海山词》和《说剑堂集》等等。

二、地理环境对潘氏文学家族之影响

一方水土养一方人。凭借这一方水土,番禺的花草树木生机勃勃、葱郁葱茏,番禺的人民才得以生存繁衍、生生不息,番禺的社会才繁荣昌盛、欣欣向荣,继而才有了番禺独特的文化、别致的乡风和醇厚的民俗。

自然地理环境是人类社会存在和发展的基础,也是文化存在和发展的必备条件。由于人与自然的依存关系,任何文化都在一定的自然环境中产生、发展并受其制约和影响。潘氏文学家族的形成、发展与繁荣,就深受番禺地区的地理环境和人文环境的制约和影响。

（一）番禺的地理优势

潘振承由闽入粤。闽、粤两地虽然都处于南方，但是它们的自然环境和人文环境仍有较大的差异。福建山区土地贫瘠，交通不便，潘振承前几代几乎没有族人当过官，也没有族人参加过科举考试①。入粤后，由于交通便利，依水而居，潘氏家族最终成为百年外贸世家，也成为一支飘逸书香的名门望族。

潘振承的远祖潘节为河南省光州固始县人，唐凤仪二年（677 年）入闽，遂居漳州龙溪乡。②龙溪乡位于福建南部沿海，社会动乱和安定局面相互交错，至清代康熙十七年（1678 年）后，龙溪乡元气尽失，成为荒芜废墟。后朝廷松弛海禁，遂使出洋谋生者日益增多。潘振承出生于福建省同安县。同安境内地形复杂多样，地势西北高、东南低，有山地、丘陵、平原和海岛，其中山地面积 422 平方公里，耕地面积约 71 平方公里（10.63 万亩），浅海滩涂面积约 80 平方公里（12 万亩），海岸线迂回曲折，长达 11 公里。潘振承家在"海拔 422 米的文圃山下，离海不远"；③常年冬无严寒，夏无酷暑，春暖晴雨多变，秋凉气爽宜人；年平均气温 21℃，最冷月一月平均气温 12.8℃，最热月七月平均气温 28.4℃，年平均降水量 1467.7 毫米；年均日照时数 2031 小时。但是该处土地贫瘠，交通不便。

广州，古称番禺，地处亚热带季风气候区，雨量充沛，地下水位高，水源充足，河流纵横，水力资源丰富。年平均气温 21.9℃，年降水量 1696.5 毫米，终年无雪。由于海洋性气候的调剂，每年十月至次年二月吹北风，其余月份刮东南风及南风。中国四大港口之一的广州港，位于珠江三角洲北缘，往东可抵粤东潮汕、福建等地；往西溯流珠江，能深入广西、贵州、云南等省；北部有北江直通南雄的大庾岭，越岭即抵江西赣州一带；南部是珠江的出海口，与东南亚国家遥遥相对。同时，该地河网密布，水丰沙少，四季常青，气候宜人。广州有中国的第三大河——珠江从市区穿流而过，是西江、北江、东江的汇合处，又与香港、澳门隔海相望。作为中国的"南大门"和古代海上丝绸之路的起点之一，广州的海岸线曲折，是珠江三角洲以及华南地区的主要物资集散地和最大的国际贸易中枢港。这样优越的地理位置，非常有利于本地区以及周边地区的社会、经济和文化的发展。

---

①②③ 潘刚儿，黄启臣，陈国栋：《广州十三行之一：潘同文（孚）行》，2 页，广州，华南理工大学出版社，2006。

福建同安土地贫瘠，交通不便；广东番禺交通便利，风物宜人。潘振承由闽入粤，凭借番禺优越的地理环境，开创了潘氏家族百年外贸、著名文学世家的基业。

（二）清廷的特殊政策

正因为广州的地理位置优越，向来实行闭关锁国政策的清廷规定，对外贸易仅限于广州一地。得益于优越的地理位置与清廷的特殊政策，广州十三行的生意十分兴隆。

潘振承约在乾隆九年（1744年）入粤[①]，后成为十三行商家中的显赫者。他在广州开了一家同文行，代理英国东印度公司的业务，曾是当时广州的首富，拥有财产达一亿法郎以上；在珠江南岸购置了大片土地兴建豪华的住宅和潘氏宗祠，依水而居。为了表示富贵以后仍不忘本，他把住宅和宗祠所在地命名为"龙溪乡"。龙溪乡，在今海幢公园不远处的龙溪首约和龙溪南首约两条街道一带。

潘氏家族由商业起家，获得了丰厚的经济回报和显赫的名声，为日后潘氏家族文学的发展提供了条件。

（三）多种文化的滋养

1. 岭南本土文化的滋养。广州文化的基因是岭南本土文化。"岭南位于中国最南部，地处我国南疆边陲，北枕南岭，南临南海，西连云贵，东接福建。南岭，即大庾岭、骑田岭、越城岭、萌渚岭、都庞岭（一说揭阳岭）"[②]，万山阻隔，使广州处于与中原隔绝的状态。相对于中原内陆文化，广州文化有自己的特点，例如保持着接近古音的粤方言，有着独特风味的"疍家"文化，等等。潘振承一族由闽入粤之后，深受岭南本土文化的影响。

2. 中原封建文化的滋养。潘振承多妻室，多子女，其后代均自成体系，几十年间成为一个大家族，反映出封建社会富人的一种时尚和习俗，这种时尚和习俗源自中原封建文化中的家族文化与孝文化。中原封建文化中的家族文化与孝文化，是封建社会容易形成文学家族的原因之一。当今社会难以形成文学家族的一个重要原因是子嗣少，大大降低了家族成员在

[①] 潘刚儿，黄启臣，陈国栋：《广州十三行之一：潘同文（孚）行》，2页，广州，华南理工大学出版社，2006。

[②] 李权时等：《岭南文化》，4页，广州，广东人民出版社，1993。

文学上有所建树的几率。

中原封建文化推崇小农经济，鄙视商业经济，商人的社会地位低下。中原封建文化中的这种落后观念和某些旧习俗，给商人及其家人蒙上浓厚的阴影。富并不等于贵，商人的政治地位与经济地位并不相称。几千年来的重农抑商的思想很难改变，若想在封建的以小农经济为主导的社会环境中扎根、生存和发展，还得靠政治权力，即登科入仕。在"万般皆下品，唯有读书高"的社会思潮中，凡富家子弟必着力于习文，争夺那顶戴花翎。潘氏家族正是如此，努力在科举上寻求发展。当然，潘氏子弟崇尚文学，也有个人喜好等方面的原因。

3. 西方文化的滋养。潘家历代商人堪称儒商的典范，由于所接受的多是传统经学教育，他们的思想有着浓厚的"经世致用"的儒家色彩，但他们毕竟生活在新旧历史交替时期，又较长时间居住在西方文化较早传入的广州，受到西方商贸文化的影响。此外，外贸活动对本地商人提出了更高的文化要求，需要有处理外事的能力和写作的能力，必须具备外语、天文、地理、航运、交通、造船、公关交际等方面的知识，以适应日益激烈的竞争和复杂的商业环境。因此，他们接纳了儒家仁者爱人的思想，却没有固守儒家教条，而承认个人的尊严与价值，眼界开阔，关心时务。潘振承努力拓展自己及其后代的学识，以增长文化涵养，最终使潘氏家族走上了一条贾而好儒、推崇实学、对西方文化抱以求知和宽容之态度的新型商人之路。

多种文化的滋养，使潘氏文学家族得到了发展。

（四）良师益友的启发

从潘振承起，潘氏历代族人努力培养科举人才。为了培养这方面的人才，潘氏族人聘请名师在家任教，例如：金菁莪，曾设馆于南墅，后中进士，师从纪晓岚；谢兰生（1760—1831年）嘉庆七年（1802年）进士，设馆于河南潘氏书舍，任教三年；张炳文（1753—1827年），携儿子张维屏（1780—1859年）于1791—1800年在潘园执教，张维屏于嘉庆九年（1804年）中举人，道光二年（1822年）中进士；清代词坛"粤东三家"之一的叶衍兰（1823—1898年），潘飞声曾授业于他。潘氏的社交圈子里多是各界的精英。例如：表亲陈昙（1784—1821年）是一位传世诗人、史家；吴荣光（1773—1843年），嘉庆进士；许祥光（1799—1854年），道光进士；陈澧（1810—1882年），道光举人；杨永衍，工于诗词。潘氏族人也多与名人联姻，如潘正炜四儿师徵与许祥光家族结亲、潘正炜妹妹与陈澧结亲。这些人都是潘氏家族的良师益友。正是得益于这些良师益友的启发，潘氏文学家族不断成长、壮大。

（五）多种力量的摧残

在清末那个风雨飘摇的历史时期，潘氏文学家族见证着中外文化的交流，也见证着古老帝国的没落。他们在思想上得到了一定程度的升华，其文学作品也更加深沉，层次更高。

1840年，第一次鸦片战争爆发，英国的炮舰轰开了清朝闭关锁国的大门，广州的一口通商和十三行的垄断特权都被取消了。1842年，五口通商之后，潘家继"同文行"之后重新建立的"同孚行"主动停业。1856年第二次鸦片战争爆发，广州商民请求团练自卫，不被允许，结果造成水路陆路毫无准备，在滚滚硝烟中，十三行被大火化为灰烬。然而，这一群富甲天下的商人最后却因受到各方的压力而纷纷破产。两次鸦片战争的爆发，潘氏文学家族身临其境，思想上得到了一定程度的升华。可惜广州十三行衰落之后，潘氏家族就风雨飘摇，逐渐被湮没。潘氏后裔潘飞声，在潘家的破落声中深研国学，曾应邀赴柏林讲学，归国后以卖文为生，于1935年病故于上海。潘氏祠堂等建筑在"文革"期间被毁，长期无人打理，破旧不堪。潘氏文学家族就这样在多种力量的摧残下衰落了。

三、潘氏家族文学之地域特征

我国地域辽阔，地貌、水文、气候等自然地理环境多种多样，各地的政治、经济、文化发展水平不尽相同，因此，产生于不同地域的文学作品，往往具有鲜明的地域特征。由于地域不同，文学创作也会有差异。下面通过岭南气候、罗浮山、水松和南海这四个地理要素来探讨潘氏家族文学的地域特征。

（一）岭南气候

气候是某地区气温与降水等气象状态的总体情况。"气候影响文学家的分布和迁徙，影响文学家气质的构成，影响文学家的审美感知与生命意识，也影响文学的主题、题材、体裁、人物、意象、景观、语言和风格等等的地域差异。"① 一个地方的气候影响着文学家的性格，进而影响文学作品的风格。广州是岭南的一部分，地处亚热带季风气候区，雨量充沛，地下水位高，水源充足，河流纵横，年降水量1696.5毫米，终年无雪，气候宜人。这样一个风光秀美、四季如春的地方，养育出来的也多是温文尔雅、多愁善感的人。

潘氏居住的番禺，因受海洋影响，年平均气温在20℃至22℃之间，降雨量"春季约占32%、夏季约占46%、秋季约占14%、冬季约占8%"。② 潘氏文学家族成员多写"雨"，如潘正衡（字仲平，一字钧石）就是这样。《茶村诗话》说："钧石工愁善怨，喜为骚屑之音。"③ 其《春愁》诗曰："春雨酿春愁，春云湿不流。"春风春雨徒增忧愁，其《二月十二日》诗曰："漠漠庭阴生绿苔，年光如梦漫相猜。水杨柳暗江初涨，山鹧鸪啼雨又来。灯影半窗忍病酒，春心二月客登台。棠梨花谢玫瑰放，廿四翻风故故催。"二月十二日，正值春季，降雨量多而且连续时间长。"江初涨"、"雨又来"，写的正是春雨绵绵、水面初平的景象，"绿苔"写出了番禺的潮湿。百花争妍竞放，正是春暖花开，字里行间又透露出哀伤之情。潘正衡多愁善感，其作品多借景抒情，寄托浓浓的情思。又如潘有为，"性落落，不事权贵"，"多种藕花"④，有"出淤泥而不染"的风范，其《听雨》诗云："四周凉透一灯孤，兀坐如禅亦易枯。"即使是一个"性落落"的人，在岭南这个地方，在雨声中，心静如禅，也有愁思。又如潘定桂，"喜清淡"⑤，少负异才，观察细腻，过目能诵，年三十竟卒，"所谓忧能伤人者也"⑥。其《冬柳》诗云："荣落不同关地气，飘零以后待天恩。"⑦ 其注解写道，小寒后，柳树仍有叶，大寒过后，则旧叶辞退，新叶生长，这正是岭南一带气候下的独特景观。从中可以看出潘定桂心思细腻，对万事万物皆有感触。

---

① 曾大兴：《中外学者谈气候与文学之关系》，载《广州大学学报（社会科学版）》，2010（12）。

② 罗国雄，郭彦汪：《海上明珠集》，1页，广州市海珠区人民政府编印，1990。

③ 潘增仪，潘飞声：《番禺潘氏诗略》，清光绪十九年点注本，二十八页。

④ 潘增仪，潘飞声：《番禺潘氏诗略》，清光绪十九年点注本，一页。

⑤ 潘增仪，潘飞声：《番禺潘氏诗略》，清光绪十九年点注本，五十一页。

⑥⑦ 潘增仪，潘飞声：《番禺潘氏诗略》，清光绪十九年点注本，五十八页。

（二）罗浮山

潘振承出生在"海拔422米的文圃山下，离海不远"①，三十年间每日出门可以见到挺拔的大山，也可以见到宽广的大海。因此，潘振承养成了沉着稳重而又灵活变通的性格，为其日后入粤经商、发展潘氏文学家族奠定了基础。可见，自然环境对人的影响是很大的。山水是富有灵气的，岭南的山水更是一绝。

广东有四大名山：粤东罗浮山、粤南西樵山、粤西鼎湖山和粤北丹霞山。清代广州海珠区属番禺县。广州北有越秀山，"城跨其上，耸拔二十余丈。"② 城东北十五里有白云山，"上多白云，高三百余丈，盘踞百余里。"城西南二里有凤凰岗，城南隔江岸上二十里有漱珠岗，城南隔江岸上有万松山。广州城内有珠江流过，珠江干、支流数十条，珠江水系流经虎门水道，河宽水深，出狮子洋。广州也是一座著名的水城，所谓"千家密密排珠海，一水盈盈护广州。"有瑶溪二十四景，有闻名遐迩的漱珠桥……在这些山水的陶冶下，潘氏文学家族形成了富有个性的性格特征，其文学作品的风格也深受这些山水的影响。

罗浮山是广东的名山之一，潘飞声游历之后得《罗浮纪游》诗文一卷，请黄公度（黄遵宪）题词，黄以《双双燕·题潘兰史罗浮纪游图》为报。潘飞声得词后，大为激赏，即作《双双燕·和黄公度韵》：

罗浮睡了，看上界沉沉，万峰未醒。唤起霜娥，照得山河尽冷。白遍梅田千井，见玉女、青青两鬓。恰当天上呼船，倒卧飞云绝顶。

仙洞有人赋隐。羡蝴蝶双栖，翠屏安稳。烟肩拟叩，还隔花深松暝。谁揭瑶台明镜。应画我、高寒瘦影。指他东海火轮，只是蓬莱尘境。

词的上片描绘出月下罗浮山澄澈静穆、幽寂空明、清绝冷绝的境界。实亦以"上界沉沉，万峰未醒"喻指朝廷之昏聩、民智之未开。下片曲笔写出拟欲归隐，而花深松暝，不得叩肩的无奈。罗浮山中至今名胜古迹众多，自然风景秀丽，又是我国道教十大名山之一。词引陈澧"罗浮睡了"一语，把罗浮山拟人化、情感化、仙化，赋予罗浮山以生命，写得空灵蕴藉，富于浪漫主义色彩。张尔田在《近代词人逸事附录》中，谓其"词笔自是一代作手，求诸近代中，于纳兰公子性德（纳兰性德，清初著名词

---

① 潘刚儿，黄启臣，陈国栋：《广州十三行之一：潘同文（孚）行》，2页，广州，华南理工大学出版社，2006。
② 邓光礼：《同治番禺县志》，广州，广东人民出版社点注本。

人）为近。"陈璞称其："绮艳中时露奇矫之气。"①

又如潘定桂，人称其"七古师太白"②。其《梦游罗浮歌》云："翩翩乘长风，栩栩天上迎"，"风来山动云气浮，云行似以山为舟"等③，清新、飘逸，亦颇有"魏晋人风致"④。

除了诗咏罗浮山，潘氏文学家族成员还有不少描写广州山水的作品。例如，潘有为作有《河南杂诗》三十二首，其中有云"杨子宅边松柏尽，居人犹自说河南"，写杨孚故宅之松柏；"漱珠桥畔青帘影"，写漱珠桥边酒楼。潘有原作有《虎门观潮行》"顺流直到珠江去，我亦乘舟弄月归"，写潮水之快。潘正亨作有《登大庾岭》："晓雾欲成雨，春云多恋山。"写岭上雾气之重……

可见，番禺潘氏文学家族多以附近的山水为背景，咏成诗词作品，借山水之美抒发自己心中独特的情感。

（三）水松

"水松"是潘氏家族文学作品中的一个重要意象。"水松"既有地理的特殊性，又是时代的见证，也是诗人情感的寄托。

"珠江之南，河曲而西，水松夹岸十余里。送尽得村，曰：瑶溪。溪又多桃花，时红霞照天，与松翠荡为云彩，上下异色，最称烟波胜赏。"⑤广州文献中很多关于清代番禺多水松的记载。水松生于低潮带或低潮线下岩石上和泥沙滩的石砾中，广东沿海分布较多。因此，我们认为，番禺地区人们所写的"松"，应为"水松"。"水松"与普通的"松"是有区别的。（见表一）

表一　"松"与"水松"对比

名称	分类	形象	特性	
松	松科	高大挺拔	耐旱	耐寒
水松	杉科	高大挺拔	耐水	耐热

松属松科，水松属杉科，两者皆高大挺拔。两者最大的不同就是，松

---

① 张新民：《中国文化世家·岭南卷》，388页，武汉，湖北教育出版社，2003。
② 潘增仪，潘飞声：《番禺潘氏诗略》，清光绪十九年点注本，五十二页。
③ 潘增仪，潘飞声：《番禺潘氏诗略》，清光绪十九年点注本，五十七页。
④ 潘增仪，潘飞声：《番禺潘氏诗略》，清光绪十九年点注本，五十一页。
⑤ 罗国雄，郭彦汪：《海上明珠集》，17页，广州市海珠区人民政府编印，1990。

树耐旱、耐寒,而水松耐水、耐热。这样的特性,使两者所需的地理环境也不同。水松,枝干挺拔,喜温暖潮湿的环境,要求年降雨量1500—2000毫米,雨量越充沛对其生长越有利;能耐40℃高温和10℃以下低温;极耐水湿,多生于河流两岸、堤围及田埂上。广东番禺这种温暖多水的地方,正适合水松生长,而且水松材质轻软,耐水湿,可为建筑用材,根的木质轻松,浮力大,可做救生圈及软木用具等。这些特点使水松适合降雨丰富、航运发达的沿海地区种植。再者,番禺属亚热带季风气候,夏季有酷暑。《海藻学》中记载:"水松,可供食用,广东人民常用它煮水,作为清凉饮料。"事实上,水松也有"利水消肿"、医治"中暑"[1]等功效。

水松生长在番禺这个独特的地理环境中,见证着潘氏文学家族的兴衰。潘氏文学家族自潘振承起入粤积累了一定财富之后,开始在番禺购地置房,依水而居;直至近现代潘氏文学家族在动乱中风雨飘摇,衰败破产。在此间,或交游赋诗,或饮酒夜游,或抵御外敌,水边的水松都见证了这些重要的历史时刻。

东汉时南海郡番禺(今广州市海珠区下渡村)人杨孚,曾把一种叫五针松的树苗从洛阳带回番禺种植。通常气候暖和的广州,有一年冬天竟漫天大雪,杨宅门前的五针松"竟致隆冬雪"[2],人们说这是瑞雪。这可能就是番禺地区的人们常用"松"来寄托情感的始因了。再加上古人科学知识不足,难免不自觉地将对松树的感情寄托于水松。后来河南(今广州市海珠区,因杨孚祖籍洛阳而称河南,所以番禺又称河南)地区的园林、书斋的命名也喜欢用松,如松雪堂、万松山房(潘正亨建)、六松园(潘有为建)等等。也有不少咏松的诗词,如清代陈昙的《杨孚宅》诗云:"议郎宅畔栽松柏,带得嵩阳雪意酣。今日万松山下过,不知南雪是河南。"万松山房,潘正亨所建。又有听涛楼,即枕万松园。文献记载:"枕涛屋,在瑶溪之西,屋以外皆水松,乃茶寮别室也。"[3]进一步说明了万松山的"松"应是"水松"。水松很多,可以"一路松阴到画堂"[4]。当然,也有直接道出"松"是"水松"的诗句,如潘飞声《天山草堂消夏》诗曰:"劳人畏酷热,逭署寻吾乡。水松远招客,数数涵秋光。"

---

[1] "水松",http://baike.baidu.com/view/45390.htm(2012/5/1)。
[2] 《杨孚古井记沧桑》,www.tvtour.com.cn/travel/html/guangd。
[3] 罗国雄、郭彦汪:《海上明珠集》,广州市海珠区人民政府1990年编印,第88页。
[4] 黄玉阶:《粤东三子诗钞·三》,1842年刻本。

自古文人雅士对松情有独钟，他们歌以赞松，诗以咏松，文以记松，画以绘松。放入文学作品中，则体现作者对某些美好品质的寄托。根据清代番禺人对于"松"和"水松"不分这一情况，综合两者的共性，可以得出：他们喜爱水松不畏困境、坚韧不拔、向往美好、无私奉献的美好品质。

第一，不畏困境，坚韧不拔。松树耐旱、耐寒，而水松耐水、耐热。从字形上看，"松"就是树中的公子，在酷暑，在严冬，本色不改。没有花的妩媚，没有果的诱惑，始终如一，显示出君子风骨。《荀子·大略》云"岁不寒，无以知松柏。事不难，无以知君子"，将松柏与君子并列。潘有度在河南龙溪乡南墅内建义松堂，种水松数十株，有两松交干而生，因名其堂曰"义松"。潘正亨诗曰："冰雪精神鹤性情，从来傲骨只孤撑。风琴三弄春相和，水月双圆夜倍明。入世胶投偏崛强，异时途荫共勋名。昂霄忽并拿龙势，散作松涛万派情。"[①] 诗人正是以松柏形象、松柏精神象征民族精神，以这种"昂霄忽并拿龙势"的顽强生命形象感动读者，并以这种不畏困境的生命所显示出来的理性力量震撼世人，在任何利益和威迫面前，都要有坚定的信念，要不畏强暴，保持一颗君子之心。

第二，向往美好，无私奉献。古人常将松与风联系在一起。因为古人"不爱松色奇，只听松声好"，皆称赞松声为天籁之美。在参天古松的掩映下，松涛阵阵，形成一个寂静安谧的小环境，多么美好。潘飞声在《晓过汇津桥泊松下》中有："短棹沿溪得暂停，松风吹梦鹤初醒。"在《枕涛屋洗梦》中也有"摊饭藤床角枕欹，松风寒带竹风吹。梦中似见松庐叟，洗笔溪流索和诗"[②] 的诗句。潘飞声回国后，长期居住在河南龙溪花语楼，对河南的风土人情、珠水潋涌和香花绿树都有深厚的感情，因此，他的诗词极富乡土味，把河南的风土描绘得清新明了，又有民间歌谣气息。"松"和"风"的游戏吵醒了"梦鹤"，也让更多的事物加入了它们的游戏，如与"竹"的三重唱，和"我"的溪中沉醉、午后小憩等。这是水松赋予诗人的一种悠然自得、惬意无比的状态，颇有东晋陶渊明"采菊东篱下，悠然见南山"的逍遥。也有伍有庸的《题春岚听涛楼图》描写万松园旁的听涛楼，"河南之松本奇绝，孝元旧宅飞残雪。层楼枕近万松园，涛声入耳顿愉悦。"[③] "松风"使人身心愉悦。由此可见松风是一种美好的象征。

---

① 潘增仪、潘飞声：《番禺潘氏诗略》，清光绪十九年点注本。
② 转引自杨永衍《瑶溪二十四景杂咏》，1884年刻本。
③ 伍有庸：《闻香馆学吟·四》，1827—1837年刻本。

松无私地奉献着她的全部，供游人遮阴、欣赏，给人们造船、治病提供材料。水松无私奉献的精神也让潘氏子孙延续了乐善好施的优良传统，大力发展家学，捐资地方善举，兴办文化事业，保护历史遗迹。如乾隆《番禺县志·义行传》就记载了潘振承修路、铺桥、建学校的事迹。"漱珠、还珠、跃龙三桥皆其手筑。其他，建书院以招来学，俱不惜重资焉。""潘振承，候选指挥，乾隆庚寅修造漱珠桥，捐千金。"在置桥、建庭院等的同时，也继续繁衍水松、保护水松，使水松得到了更好的生长。再如，潘有度集资筹建的文澜书院，冠于粤东，使羊城文风为之一振。习文之风又让爱松之人更多，颂松、画松等所表现出来的内涵更深刻。

（四）南海

南海位于中国南部，总面积356万平方公里，是世界上最繁忙的交通要道，战略地位非常重要。广州面临南海，海在人们心中象征着困境，必须经历磨砺，有着冒险进取的精神和包容宽广的胸襟，事业才能成功。梁启超说："海也者，能发人进取之雄心者也。"这在一定程度上可以看作是从地理环境的角度对沿海商人冒险精神形成因由的一种解释。林语堂论及广东人时，也曾评价："复南下而至广东，则人民又别具一种风格，那里种族意识之浓郁，显而易见，其人民饮食不愧为一男子，工作亦不愧为一男子；富事业精神，少虑虑，豪爽好斗，不顾情面，挥金如土，冒险而进取。"两人皆指出了广东沿海人们冒险进取的精神。潘有原的《海船行》中写道："乘长风，破巨浪。一叶中流任奔放……险中觅利休轻视，海国茫茫一身寄。"出海谋生困难重重，需要乘风破浪，勇往直前。潘正衡的《七月六日过狮子洋》也写道"星沉北斗月痕黄，天底水立西风狂"，描绘了狮子洋的险恶。但是，人类就是要乘风破浪，敢闯敢冲。十三行行商们在营商活动中所表现出来的冒险创新精神、大无畏的气度，正是海的这种精神。另外，商人善于变通、不拘一格的性情也蕴含着海的包容性和变通性。十三行是"海上丝路"延展的基点，亦是清末中西文化经纬交叉的交融点。他们把西方的文化带进了中国人的视野。《易传》强调"易穷则变，变则通，通则久"。十三行后人弃商从文，其实也是一种改变，一种变通。这就是广东人，既勇敢又包容，既坚定又变通。潘氏文学家族的成员就是典型的广东人性格。

小　结

在清代的番禺，这个拥有得天独厚的自然、人文地理环境的地方，潘氏文学家族成长、发展壮大起来，而后由于多方力量的侵袭，最终衰落。番禺的地域文化影响着潘氏家族的文学创作，使家族文学作品体现出由岭南气候、罗浮山、水松和南海等地理元素所构成的地域性特征，充满了浓郁的地域色彩。

（钟　惠　广州大学人文学院中文专业2012届毕业生　指导教师为曾大兴）

《广东新语》"土言"札记

曾昭聪

《广东新语》是清代广东番禺人屈大均所撰的一部笔记,全书二十八卷,每卷述事物一类,凡广东之天文地理、经济物产、人物风俗、方言俗语,均在其采撷范围之内。据《广东新语》自序,屈大均撰此书之目的有二:其一,"予尝游于四方,阅览博物之君子,多就予而问焉,予举广东十郡所见所闻,平昔识之于己者,悉与之语,语既多,茫无端绪,因诠次之而成书也",是出于总结归纳往日所见所闻之目的。其二,"吾于《广东通志》,略其旧而新是详,旧十三而新十七,故曰'新语'。……是书则广东之外志也",乃为补《广东通志》之不足。其书卷十一为《文语》,其中有"土言"条,记述、考证广东方言词甚多(以广州话为主,兼及周边其他地区)。本文拟先转录《广东新语》"土言"的全部内容,然后讨论其与明清方言俗语辞书的关系、与《广东通志》诸版本中的相关材料的关系,并简略论述其研究价值。[①]

一、《广东新语》"土言"的内容

"土言"是《广东新语》卷十一《文语》中的一条,兹转述于下。原文不分行,不分类。下面的分类是笔者所加。

(一) 称谓词

广州谓平人曰佬,亦曰獠,贱称也。《北史》:周文帝讨诸獠,以其生口为贱隶,谓之压獠。威压之也。谓平人之妻曰夫娘。夫娘之称颇古,刘宋、萧齐,崇尚佛法,阁内夫娘令持戒,夫娘谓夫人娘子也。广州则以为有夫之娘也。东莞女子,未字者称曰大娘,已字称小娘,众中有已字、未字,则合称曰大小娘。广州谓新妇曰心抱。谓妇人娠者曰有欢喜,娩后而

---

① 本文所引《广东新语》"土言"内容据中华书局《清代史料笔记丛刊》1985年断句排印本。

未弥月曰坐月，亦曰受月。谓子曰崽。《水经注》"弱年崽子"是也。谓云孙曰籹，玄孙曰塞。息讹为塞也。谓父曰爸，曰爹。《南史》："湘东王，人之爹。"是也。阳春谓外祖父曰翁爹，外祖母曰婆爹。自称则曰侬。高明谓外祖父曰公低，外祖母曰婆低。东莞谓曾祖曰白公，曾祖母曰白婆，或止称曰阿白。广州谓母曰奶，亦曰妈。妈者，母之转声，即母也。亦曰䖋。凡雌物皆曰䖋，谓西北风亦曰䖋，盖飓与瘴皆名母，故西北风亦曰䖋也。妇谓舅姑曰大人公、大人婆，亦曰家公、家婆。贾谊曰"与公併倨"，《列子》曰"家公执席"。是也。子女谓其祖父曰亚公，祖母曰亚婆；母之父曰外公，母之母曰外婆；母之兄弟曰舅父；母之兄弟妻曰妗母；母之叔伯父母曰叔公，曰叔婆。孙谓祖母之兄弟及妻曰舅公，曰妗婆；谓从嫁老妇曰大妗。醮子之夕，其亲戚送花于新郎房中者，男曰花公，女曰花婆。子初生者曰大孙头，子女末生者多名曰薀。新会则曰长仔，或曰厎。奴仆曰种仔。惠州曰赖子，言主人所赖者也。广州凡物小者皆曰仔，良家子曰亚官仔，耕庸曰耕仔，小贩曰贩仔，游手者曰散仔，船中司爨者曰火仔，无赖曰打仔。大奴曰大獠，岭北人曰外江獠。小奴曰细仔，小婢媵曰妹仔，奴之子曰家生仔。蜑蛉子曰养仔，盟好之子曰契仔。姻娅之使役曰亲家郎。东莞称无赖者曰趣子。又多以屎为儿女乳名，贱之所以贵之。男曰屎哥，女曰屎妹。谓赁田者曰佃丁，曰田客。赁地者曰地丁，曰地客。儌屋曰房客。巫曰师公、师婆。觋之夫曰觋公。琼女卖槟榔者曰山子，瑶之峯者亦曰山子。广州谓横恣者曰蛮，又曰蛮澄锓。锓，刘锓。澄，龚澄枢也。言其不循法度，若此二人也。谓外省人曰蛮果，兴宁、长乐人曰哎子，海外诸夷曰番鬼。司柁者曰柁公、梢公，在船头者曰头公。二人为舟司命，故公之，即三老也。摇橹者曰事头，《宋书》："萧惠开有舫十余，事力二三百人。"事头者，事力之首也。立桅斗者曰班首，司篙者曰驾长，打牵曰牵夫。香山谓佃而服役者曰入倩，谓田主曰使头，其后反以佃户之首为使头。

（二）形容词、动词

广州谓美曰靓，颠者曰废，鲠直曰硬颈，迂腐曰古气，壮健曰筋节，轻捷曰辘力，言其力如车之辘也。角胜曰斗，转曰翻，饮食曰噢，游戏曰则剧。杂剧也，讹杂为则也。谓淫曰姣，姣音豪。又曰嫪毐。谓聪明曰乖。谓不曰吾。问何如曰点样。来曰釐。溺人曰碇。走曰趯。取《诗》"趯趯阜螽"之义。攻治金铁之器曰打。为醮事曰打醮。取事物曰逻。骂人曰闹。挈曰扱起。东莞谓事讫曰効。游戏曰瞭。顺德曰仙，曰欣。新会曰流。指何处曰蓬蓬。顺德谓欺曰到。《史记》:"张仪曰:不如出兵以到之。"《索隐》曰:"到,欺也。"犹俗云张到,诀谓张纲得禽兽也。到,得也。张仪善欺,故谓欺人者曰张到也。以言托人曰诀,一作咉。谓猥猿者曰魁摧,出贾谊《哀时命》篇,即《诗》之"虺隤"也。缝衣曰敉。《书》曰"敉乃甲胄"。凡细者曰缝,粗曰敉。著里曰缝,著边曰敉也。东莞谓光曰皎,皎音効。美好曰洒,持物曰的,肥曰凹,肉熟曰肟。《礼记》曰"腥肆爓腍祭"。注曰:"腍,熟也。"爓,或为腊也。广州谓烹物曰腊,亦曰炍也。

(三) 名词

谓港曰涌。涌,衝也,音冲。凡池沼皆曰塘,其在江中者亦曰塘,若白蚬塘、蟮塘、菱角塘是也,犹合浦海中之珠池也。凡水皆曰海,所见无非海也。出洋谓之下海,入江谓之上海也。出洋口开洋,亦口飘洋。谓潮曰水,潮起则曰水大,潮落则曰水干。廉、钦州谓潮以朔望而大者曰老水,日止一潮者曰子水。谓水通舟筏者曰江,不通舟筏者曰水,二水相通处曰滘。称山之有林木曰山,无者曰岭。广州谓门横关曰闩。谓帆曰桱。绁索曰繵。旁出者曰缆枝。小舟曰艇。泅水曰游。《南州异物志·赞》:"合浦之人,习水善游"。苃草曰薅草,亦曰劳。谚曰:"耕而不劳,不如作暴。"树罾水中以挂罾曰罾戚,亦曰罾门。西宁谓鱼种曰鱼口,小猪曰猪口。广州谓卵曰春,曰鱼春,曰虾春,曰鹅春,曰鸡春、鸭春。

(四) 数量词

数食笋曰几头,晋元帝《谢赐功德净馔一头》是也。数槟榔曰几口,陆倕谢安成王赐槟榔一千口是也。亦曰几子。陈少主尝敕施僧智顗槟榔二千子是也。数蕉子曰几梳。苏轼诗:"西邻蕉子熟,时致一梳黄"。谓衣一套曰一沓。沓,袭也,讹袭为沓也。楮钱一片曰一佰。线缕一绺曰一子。一家曰一主。一熟曰一造。掷骰子者一掷曰一手。禽之窠曰鬮,雌鸡伏卵曰哺鬮。石湖云:"雌雄曰一鬮,十鸡併种,当得六鬮。"是也。琼州数尚六,禾六束曰一把,钱六百孔曰一贯,物六十勋曰一担。万州则以禾十二把为一担,潮阳以钱八十为一佰,曰东钱。筑墙纵横一丈曰一井。

(五) 民族语言地名用字

化州石城间,贫者欲避火,门于野外,构茅以栖,名曰苧。雷州有苧村,有蒲苧,有新苧岛,吴川有芷苧镇,琼有芒苧,儋有郎苧墟,定安有坡芋市，万有黎芋都，乐会有薄芋㘣陂，会同有李芋塘，文昌有罟芋墩，黎峒有岑芋、黑芋、居芋、陈婆芋。自阳春至高、雷、廉、琼地名，多曰那某、罗某、多某、扶某、过某、牙某、峩某、陀某、打某。黎岐人姓名，亦多曰那某、抱某、扶某。地名多曰那某、滴某、婆某、可某、曹某、爹某、落某、番某。其近汉者多曰㚢某，㚢音不。

（六）方言俗语、语音

香山中秋夕，剧饮月下曰餪中秋。发引之日，役夫踢路歌以娱尸，曰踏鹧鸪。海丰方言，其滨海者，大约与潮相近，如鬐曰庄，鼻曰鄙，耳曰系，须曰秋，鸭曰哑，牛曰悟之类。其属于山者，语又不同，谓无曰冒，我曰碍，溪曰阶，岭曰谅。其疍人则谓饭曰迈，箸曰梯，碗曰爱瓦，盆曰把浪，拿网曰今网。

（七）民族语言

狼人谓父曰扶，我曰留，彼曰往。女谓男曰友友，又曰友二。男谓女曰有助，谓娶曰换。野郎曰苦郎，那家曰扶间，有心有意曰眉心眉意。扁担曰闲，木曰肺，以榕木担相赠曰送条闲肺榕。头曰图。有歌曰："三十六图羊，四十双图鸡。"僮谓花瓣曰花脉，花朵曰花桃。傜谓鱼曰牛，不曰陷。有歌曰："牛大陷到石头边。"谓兄曰表，来曰大。有歌曰："表大便到木横底，娘大便到木横枝。"崋人谓火曰桃花溜溜，谓饭曰拐烍。琼语有数种，曰东语，又曰客语，似闽音。有西江黎语，有土军语，地黎语。地黎称峒名有三字者，如那父爹、陀横大、陀横小之类。有四字者，如曹奴那纽、曹奴那劝、曹奴那累之类。有六字者，如从加重伯那针、从加重伯那六、从加重伯那之类。有七字者，如从加重伯那白吾之类。其山多曰鹧鸪啼，村多曰荔枝。

（八）方言语音、俗语

广州语多与吴趋相近，如鬚同苏，逃同徒，豪同涂，酒同走，毛同无，早同祖，皆有字有音。潮州或无字有音，德庆亦然。新会音多以平仄相易，如通作痛，痛作通。东莞则谓东曰冻，以平为去，谓莞曰官，以上为平。香山谓人曰能，番愚谓人曰寅，东莞之南头谓刀曰多，增城谓屋曰窜，广州谓父又曰爸，母曰嬭，或以阿先之，亦曰亚。儿女排行亦先之以亚。谓视不正曰乜斜，乜音咩。射覆曰估。以刀削物曰剕，音批。细切物曰剢，音速。削去物曰劈，音撒。食饱曰匔，音救。以鼻审物曰嗅，许用切。谓多曰够，少曰不够，音遭。谓无尾曰屈，音掘。谓人无情义者亦曰屈。谓腿曰䯒，音彼，髀也。以手搓物曰挪，音傩。以手按物曰捺，难入声。以拳加物曰摅，音钗。以手覆物曰揞，庵上声。以指爬物曰㧅，乌寡切。搬运曰搋，连上声。积腐秽曰擸𢶍，漱口曰敕口，敕音朔。谓人愚曰㝩㝗。怒目视人曰瞵，音利。谓田多少曰几畛。肉动曰胴，音彻。疮肿起曰睾，兴去声。以足移物曰蹴，裸体曰䞘䞗，音赤历。不谨事曰邋遢。鼻塞曰鼻齆，音瓮。露大齿曰龅牙。新妇入门，使亲属老妇迎之曰㩐步。是夕夫妇同牢食，曰暖房饭。次早见舅姑亲属，献币、帛、帨、履，曰荷惠。冬至围炉而食，曰打边炉。元夕黏诗藏谜，以示博物通微，曰打灯。以鸽翎贯皮钱踢之，曰踢毽，毽亦曰燕。谓云脚疏直曰风路。不知人之来历，曰不知风路。龙门谓娶妇时置酒延宾以迎之，曰接路。高要人谓壻曰郎家，女巫曰鬼魁。

通过以上"土言"全部内容的引述可以看出：其一，《广东新语》"土言"的先后次序基本上是按这样的顺序：称谓词、形容词、动词、名词、数量词、民族语言地名用字、方言俗语、语音、民族语言、方言语音、俗语。分类的标准不是从同一个角度出发的，且其中的形容词、动词交错出现，方言语音、俗语亦与民族语言的词语交错出现。其二，作者将民族语言视同汉语方言，而实际上其中地名、称谓用字肠管是民族语言的汉字记音。当然，将民族语言视同汉语方言的看法在古人的笔下是很常见的。

二、《广东新语》"土言"与明清方言俗语辞书

中国古代有编纂方言俗语辞书的优良传统。这里有两个问题需要讨论。其一，"方言辞书"与"俗语辞书"的区别。在语言研究中，"方言"与"俗语"经常连用且互有交叉，但"方言辞书"与"俗语辞书"有必要区分。由《中国大百科全书·语言文字》中的论述出发，我们可以认为，古人"调查、辑录和考证方言俗语的著作"中"以某个地点方言或区域方言的方言俗语作为调查考证对象"的，即是方言辞书；"以比较通行的一般性的方言俗语作为调查、辑录和考证对象"即是所谓俗语辞书。[①]其二，辞书的界定。古人的辞书不完全能用我们今天的"辞书"去界定。

---

① 见《中国大百科全书·语言文字》，北京，中国大百科全书出版社，1988。

正规的语文辞书需具备词目、释义、书证，但根据我们的研究，明清方言辞书、俗语辞书中虽然也有一部分符合我们今天的"辞书"标准，但更多的往往没有明确的释义，或释义比较随意，有时书证也欠缺。这类著作我们过去习惯称为笔记，从辞书学的角度来说，称为"笔记体辞书"更为恰当。事实上，不少辞书我们不好判定究竟是"辞书"还是"笔记体辞书"。正如长泽规矩也在《明清俗语辞书·序》中所说："尽管题为'辞书'，但也包括了从书籍体制而言应当称之为随笔的著作"①。上海古籍出版社的"出版说明"也说："《集成》中所辑的有些著作，按类别不属于字书（引者按，当称"辞书"），但它们也提供了不少民俗谣谚、成语典故、风俗习尚、名物制度等的释义和源流，有些不仅是阅读文史的参考书，而且是研究汉唐以来语言、民俗、名物制度发展的难得资料。"② 因此，遵从古人的著书习惯和学界已有的习惯称呼，古人也有"方言辞书"、"俗语辞书"。

西汉扬雄的《方言》是最早记录方言词的著作，相传东汉服虔所撰《通俗文》则是第一部记录并佺释俗语的著作。受其影响，历代研究者不绝。明清时期，尤其是清代，编纂方言辞书、俗语辞书蔚然成风。但是，在当今学术全面发展的时代，学界对明清方言辞书、俗语辞书总体上来说还是不够全面，研究也还是欠深入的，甚至以为"从汉代到清代一千多年间专门收集民间方言俗语的著作传世者极少。到清代中叶，才出现了《通俗编》等几部专著"，这不是事实，也有欠公允。

明清时期的方言辞书中，据《中国大百科全书·语言文字》，比较著名的有孙锦标的《南通方言疏证》、李实的《蜀语》、张慎仪的《蜀方言》、胡韫玉的《泾县方言》、胡文英的《吴下方言考》、范寅的《越谚》、毛奇龄的《越语肯綮录》、茹敦和的《越言释》、刘家谋的《操风琐录》、詹宪慈的《广州语本字》、杨恭恒的《客话本字》等。

明清时期的俗语辞书也很多，日本已故著名汉学家长泽规矩也曾辑集二十种为《明清俗语辞书集成》（以下简称《集成》）并于1974年由日本汲古书院影印出版。除收入《集成》者外，明清俗语辞书还有不少。例如，在《集成》于1974年在日本出版之前，北京商务印书馆已先后排印出版了《恒言录 恒言广证》（1958年）、《通俗编（附直语补证）》(1958年)、《〈迩言〉等五种》（1959年），而此后中华书局亦排印出版了《称谓录 亲属记》（1996年）、《通俗常言疏证》（2000年）、《通俗编（附

---

① 长泽规矩也：《明清俗语辞书集成·序》，序第2页，上海古籍出版社，1989。
② 见《明清俗语辞书集成》，出版说明第1页，上海古籍出版社，1989。

直语补证)》（2013年）等著作。

  《广东新语》以广东（以广州为主）地方历史文化史料为主要内容，是一部反映广府文化的笔记。该书从总体上来说是一部学术笔记，其中的"土言"则与我们上面说到的明清方言俗语辞书性质一致。因其主要解释广东（以广州为主）方言俗语，故其性质是方言辞书。这是因为：其一，如上所述，《广东新语》"土言"的编纂与明清方言俗语辞书的编纂的学术风气是一致的。其二，从编纂体例上来看，"土言"的内容都是有明确的被释词词目与释义，体例上也是与明清方言俗语辞书一致的。

  当然，不可否认，《广东新语》"土言"的释义非常简单，也仅有极少数条目有书证，但这并不能否认其方言辞书的性质。中国传统的辞书是"释义中心论"与"原则中心论"并重的。如果说中国传统的辞书编纂是仅注重"释义中心论"，那是不公允的说法。因为中国古代《说文》、《释名》等辞书对词的释义非常重视，解释准确，可以说是"释义中心论"的体现；但中国古代也有《史籀篇》、《苍颉篇》之类的识字课本[①]，其主要工作是编排常用字，较少释义。"从辞书编撰体例来看，《史籀篇》对后世的辞典学启示主要集中在编排上"[②]，是"原则中心论"的体现。《广东新语》"土言"注重选取"土言"为收录对象，而对释义和书证不是太重视，也是辞书编纂中的"原则中心论"的体现，在辞书编纂史与编纂理论上有其积极而重要的意义。

  总之，《广东新语》"土言"部分的内容，其性质是与明清时期的方言辞书一致的。

三、《广东新语》"土言"与《广东通志》

  《广东新语》自序说："吾于《广东通志》，略其旧而新是详，旧十三而新十七，故曰'新语'。……是书则广东之外志也"，其撰书目的之一是为补《广东通志》之不足。

  《广东通志》在明清两代共有八次纂修。最早是戴璟于明嘉靖十四年（1535年）所撰《广东通志初稿》，四十卷，内容包括了分野、山川、政纪、行次、疆域等五十多门。第二次纂修是黄佐主持、在明嘉靖三十六年

---

  ① 识字课本是辞书正式形成之前的早期发展形式。参见雍和明：《中国辞典史论》，124～125页，北京，中华书局，2006。
  ② 雍和明：《中国辞典史论》，132页，北京，中华书局，2006。

(1557年)到四十年(1561年)完成的,七十卷,内容分为十一门六十九类。第三次纂修是由郭棐、王学曾、袁昌祚等人负责,在明万历二十七年(1599年)到三十年(1602年)完成的,七十二卷,内容分为三十五门。第四次纂修是由金光祖负责,在清康熙十四年(1675年)至三十六年(1697年)完成的,三十卷,共三十门。第五次纂修由郝玉麟负责,在清雍正八年(1730年)至次年完成的,分六十四卷,共三十五门。第六次纂修由黄佐负责,是在清乾隆二十三年(1730年)至次年完成的,全书分二十四卷,共四十七门。第七次纂修由阮元负责,在清嘉庆二十三年(1818年)至道光二年(1822年)完成的,三百三十四卷,共十九门六十八目。第八次纂修由戴肇辰负责,是在清同治八年(1869年)至光绪五年(1879年)完成的,全书共一百六十三卷,分十七门。

关于屈大均《广东新语》的写定时间,学界尚有争议。近人有推测康熙十七年者,此说欠当。据学界研究,或以为其成书时间不早于康熙十九年①,或以为其成书当在康熙二十六年之后②,后一说证据确凿,可以信从。因屈大均卒于康熙三十五年(1696年),因此可以认为《广东新语》当是略早于《广东通志》第四次纂修完成之时(康熙三十六年)刊刻成书。因此,屈大均所说的《广东通志》应当是指前三次纂修的版本。

最早成书的《广东通志初稿》卷十八《风俗》中即有"方言"条(明嘉靖刊本):

《广东通志初稿》中所录方言词条目不是太多。第二次纂修之书尚有待调查。第三次纂修之书,即明代由郭棐、王学曾、袁昌祚等人负责纂修的《广东通志》中则完全没有方言俗语等相关内容。故屈大均在序中说:"吾于《广东通志》,略其旧而新是详,旧十三而新十七,故曰'新语'。……是书则广东之外志也",所谓"旧十三而新十七"是其书中有十分之三是明代三次纂修的《广东通志》中已有的内容,而十分之七是新增的内容。从戴璟《广东通志初稿》的相关内容来看,确实如此。

《广东新语》刊刻之后,清代纂修的《广东通志》则对《广东新语》有一些借鉴。需要说明的是,金光祖负责的《广东通志》是在屈大均去世之后一年才完成的,据《中国地方志集成》据康熙三十六年刻本影印的《康熙广东通志》其中没有方言俗语类的内容(见图1)。

---

① 南炳文:《〈广东新语〉成书时间考辨》,载《西南大学学报》,2007(6)。
② 杨皑:《关于〈广东新语〉中两篇非屈大均写的文章》,载《华南师范大学学报》,2005(2)。

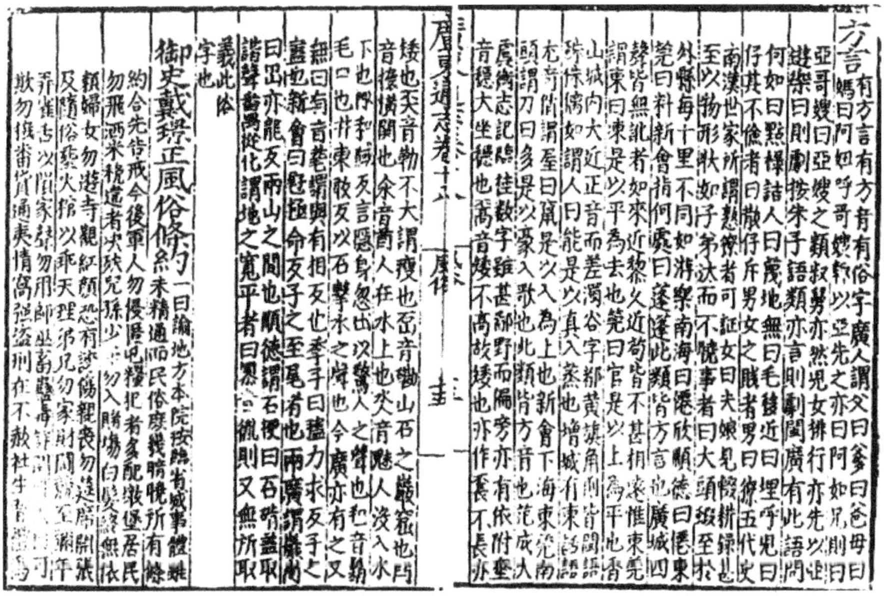

图1 《康熙广东通志》影印图

郝玉麟主持纂修的雍正《广东通志》卷五十一《风俗志》中的相关内容虽然也有，但不是太多。篇幅所限，不附书影。①

阮元主修的道光本《广东通志》卷九二《舆地略十·风俗一》中的相关内容较多，篇幅所限，不附书影。②

可以看出，上述两次纂修的《广东通志》中关于方言俗语的记载大致相同，其中约有相当多的内容借鉴自《广东新语》"土言"。如果不是因屈大均著作于乾隆三十九年遭焚毁的话，相信借鉴的内容会更多。

四、《广东新语》"土言"的研究价值

《广东新语》"土言"的研究价值体现在多个方面。

（1）《广东新语》"土言"有助于广东方言与地方文化的研究。从上面第三部分的讨论可以看出，《广东新语》"土言"所收词语及其释义，确实可以补《广东通志》之足。明代或清代纂修的《广东通志》或无方言俗语材料，或所收方言俗语与《广东新语》"土言"有所交叉而总体上数量不如《广东新语》"土言"之丰富。因此，据《广东新语》"土言"可以

---

① 《景印文渊阁四库全书》第564册，400～402页。
② 《续修四库全书》第671册，144页。

更为广泛地了解清代广东地区的方言俗语与民族语言。

（2）《广东新语》"土言"有助于汉语词汇史的研究。汉语词汇史的研究对象是我们今天所能看到的古籍文献（包括传世文献和出土文献）所记录的词汇。从历时研究的角度来说，汉语词汇史就是要对汉语词汇的历史发展进行研究。汉语词汇史的内容比较广泛，其中最基础的工作是明确每一个词的产生时代。《广东新语》"土言"中几百个广东方言与民族语言的书面记录，对于汉语词汇史的研究是有作用的。

（3）《广东新语》"土言"有助于今天的方言词研究与方言词典编纂。《汉语方言大词典》中的某些词目所举书证或有过晚的情况，如果能举目前所见最早的用例，对于研究方言词的产生时代还是有一定帮助的。

（4）《广东新语》："谓妇人娠者曰有欢喜，免伤（分娩之后）而未弥月曰坐月，亦曰受月。"（336页）按，此记广州话称怀孕称"有欢喜"，生育而未满月称"坐月"、"受月"。"有欢喜"即"有喜"，《汉语方言大词典》"有欢喜"条："〈动〉怀孕。"见于粤语。书证有二：清咸丰年间《顺德县志》："谓妇人曰娠有欢喜。"清张慎仪《方言别录》卷上之一引《番禺记》："广州谓妇人娠曰有欢喜。""坐月"，《汉语方言大词典》："〈动〉坐月子，指妇女生孩子和产后一个月里调养身体。"见于中原官话、西南官话、吴语、赣语、粤语。粤语举当代用例：刘于斯《幸福家庭》："我坐月的时候，是不洗衣服的。""受月"，《汉语方言大词典》该条："〈动〉坐月子。"书证举清同治甲子年《广东通志》："广州谓新女娩身而未弥月曰受月。"

《汉语方言大词典》所举清咸丰年间《顺德县志》、清同治甲子年《广东通志》乃至现当代作品语料与《广东新语》"土言"中的词目、词义都相同，从时间的早晚来说，若举《广东新语》"土言"作为例子应该更好一些。

（曾昭聪　暨南大学文学院中文系教授，博士生导师）

广府龙舟的人文价值及其教育传承

曾应枫

广州府（古称百越、南越）水乡河网密布，河涌纵横，居民依河而居，生活在江河水浒的百越人"习于水斗，便于用舟"[①]，"善于造舟"。舟楫是人们生产和交通的主要工具。据考古学和民族学者提供的证据，南越人是以独木舟穿梭于河川海浪间。其人"身御灵风"，"习海竞渡角旺"[②]。江河水滋润了这里的人民，繁荣了当地的经济，丰富了水乡的民俗文化。每年农历五月初五，是中华民族的传统节日——端午节，又称端阳节，广府人俗称"五月节"。扒龙船、趁景、赛龙、斗标、吃龙船饭、吃龙船饼、饮午时茶、藏龙、散标等系列活动成为以广州为中心的珠江三角洲（广府地区）过端午节的主要内容，成为岭南文化最具特色的民间风俗。本文就广府地区龙舟文化的人文价值及其在当今青少年中的传承作探讨。

当今人们也许不大清楚何谓广府，此概念源出何处。广府即广州府，最早出现此名称应是唐武德四年（621年）设广州总管府。真正设置广州府则是明洪武元年（1368年），辖1州15县，包括南海、番禺、顺德、东莞、宝安、三水、增城、龙门、香山（今中山）、新会、新宁（今台山）、从化、清远、阳山、连山等县及连州，[③] 治所广州。千百年来，在发展过程中以广州为中心的珠江三角洲地区形成了广阔而肥沃的土地与滩涂资源，丰富的河网和河口湾水域资源，多姿多彩的自然景观以及丰富的民情风俗。以最能代表广府文化的龙舟文化来说，从古时的百越人为祈求生命得到安全保障所举行的龙图腾祭节日，于端午产生的龙舟竞渡风俗，沿革至今数千年，从祭神驱邪发展到娱神又娱己，连续数日的端午划龙舟（俗称扒龙船）节庆成为当地水乡民众最盛大的节日。1994年，广州市人民政府正式把"广州端午节"定为"广州龙舟节"。此后，由各地政府牵头，

---

① 《汉书》卷64，严助传。
② 胡朴安：《中华全国风俗志》上篇，卷8，郑州，中州古籍出版社。
③ 《广东政区演变》，广州，广东省地图出版社，1991。

在广东、香港、澳门等地,分别举办"国际龙舟节"。来自广东及全国各地,乃至美国、澳大利亚、新加坡、加拿大等国家和地区的几十条龙舟,在珠江上荡舟参赛。龙舟竞渡逐渐从地方民间习俗演变成专业竞技活动,形成有章法、有规范的龙舟体育文化,并传播到世界多个国家和地区,在浩瀚的体育大观园中占有一席之地。广州市政府每年举办珠江河段的广州国际龙舟邀请赛,已成为广州市民欢度民间节庆的一个新热点。但不可忽视的现实是,这一长盛不衰的民俗节庆蕴藏的人文价值正在被淡忘和忽略,在这个众所周知的龙舟节庆中,缺少关注民间传统的"俗民群体"。2006年,端午节被列入国家非物质文化遗产名录,2008年至2010年广东扒龙舟(包括广州黄埔区、萝岗区、海珠区、荔湾区、东莞中堂镇)分别被列入广东省非物质文化遗产名录,番禺化龙镇沙亭龙船被列入广州市非物质文化遗产名录,广府凡有扒龙舟的区域也分别被列入各区的非物质文化遗产名录。就广州一带的乡间传统龙舟文化现象,本文试从以下几方面谈谈龙舟文化的传承。

一、礼仪周详、和睦四乡的欢乐节

广州地区端午扒龙舟有祭龙驱邪的性质,具有强烈的宗族色彩,有一整套龙船礼仪,大致分为起龙、采青、装饰、投标、招景、趁景、赛龙、藏龙和散龙等。①

中国是礼仪之邦,传统的广府龙舟礼节贯穿全过程,欢乐"龙船景"更有一整套礼数。正是这种传统的礼教,形成了千百年生生不息、牢固不破的氏族纽带。乡间流传这么一句话,大意是,平常是冤家,龙船节吃个饼笑哈哈。以前邻乡隔村为争水种田,总有些摩擦,有时免不了骂架打斗。但在龙船节期间,大家都遵循一个规则,凡见有龙船来探亲,不论亲疏,都招呼过来吃龙船饼。在这个时候,吃个饼,喝口水,往日的仇怨随一嬉一笑伴江风而去,和气一团。

在端午龙船节的十多天中,江河上常有龙船相遇,相互会行见面礼,俗话叫"擂锣",即双方的锣鼓手密密地打击锣鼓,这就是龙船之间打招呼的特定语言。互相"擂锣"后,不约而同地互相来往划两三个来回,才分道扬镳。这种龙船招呼的礼仪在典籍中没有记载,但珠江三角洲的水乡

---

① 曾应枫:《龙舟竞渡——端午赛龙舟》,广州,广东教育出版社,2013。

人就这样代代相传,并演变成村民间友好来往打招呼的用词。比如,番禺人会说:"你和某某擂不擂锣呀?"就是问"你和某某打招呼了吗?"正是民间的这种纯朴的民风,使龙船节作为交往场合,维系着四方乡亲的和睦相处,并得以长期地流传下来。

广府人生于水边,长于江岸,"水"同时也浸润在广府人的内心深处,"水任器而方圆",划龙舟是广府人习水性格的最好诠释。

二、团结奋进、拼搏争先的龙舟精神

广府龙舟节是传统民族节庆,祭神娱神也娱己。龙舟节中,最激动人心的莫过于龙舟竞赛,即赛龙船夺锦标,俗称"斗标"。这也是村落、宗族之间的交流与竞争,数十条龙船的大聚会,斗靓斗威斗生猛,一条条龙船齐刷刷,龙精虎猛,怎能不想争第一!斗标,是一种拼搏,也是一种团结与奋进,这需要高超的划龙船技术,更需要鼓手、锣手、舵手、桨手、标手及整条龙船五六十人的团结奋斗。斗标比赛最重要的是齐心协力,俗话说要"齐桡",才能夺取胜利。

端午节也是一个男人节,是阳刚气质表现得最充分的节日,也是一个氏族人丁兴旺的历史见证。参与端午龙船节的村民说,这个节日对于他们来说,比春节还要热闹。它表现出族群的团结、拼搏和友爱等中华民族的传统美德。

近代的广府,在培育生猛奋进的龙舟文化的同时,也孕育了像康有为、梁启超、孙中山等革命的先行者,广州之所以成为近代革命的策源地,当代改革开放的前沿,与龙舟传统文化精神浸润其中不无关系。龙舟文化精神在当今仍然没有过时。

广府龙舟文化伴随着广府水乡人的繁衍与成长,见证了广府地区的变迁。它不仅反映了广府人以水为神、以水为荣、以水为生命的一种文化信仰,也是广府水乡人追忆近代从前的渔耕生活,乡民和坊间情感得以维系的一个文化空间。

三、教育传承,当代人的文化自觉

随着经济一体化的发展,广府地区农村的城市化使很多河涌被填塞成平地,原来一些相连的河道被堵塞了,龙舟活动的空间在减小。对比起自然环境的恶化,更令人担忧的是龙舟文化的传承人问题。笔者曾经采访过广州城乡结合部的一些乡村,所问到的本村年轻人扒过龙船没,他们几乎都是摇头。怪不得他们不会扒龙船,如今的孩子们吃得饱(不用像以往那样等着节日才有龙船饭吃),玩得饱(玩电脑游戏),他们的兴趣早不在过去乡村男子汉下河扒龙船的水上游戏上了。事实上,在广府好些乡村,延续了千年的龙船文化面临后继无人的尴尬局面。龙船节上,众多桡手当中,中年人占了半数,年轻人似乎对这一项本应属于男性、充满竞争的民俗活动淡漠了许多。

怎样在现代化进程中让传统的民间文化重放光芒,使年青一代认识本土的文化传统绝不是社会经济发展的包袱,而是我们受用不尽的物质财富和精神财富?从2001年始,我和广州市民间文艺家协会的同仁多方努力,共同参与,不断地探索民间文化进入课堂的方式,分别在一些学校开展传统节日文化传承的教育实践。下面着重就广州番禺沙滘中学的端午龙舟文化的传承教育的个案,谈谈传统文化的教育传承的意义。

"文化自觉"是我国著名社会学家、人类学家费孝通提出的一个概念,是指生活在一定文化中的人对其文化有"自知之明",明白它的来历、形成的过程、具有的特色和发展的趋势,自知之明是为了加强文化转型的自主能力,取得适应新环境、新时代文化选择的自主地位。[①] 要在校园传承龙舟文化,首先必须有校长等领导层对本土龙舟文化的感知和领悟,否则传承文化就无从谈起。

广州番禺沙滘中学是一所公办的区镇(农村)初级中学,坐落在番禺区北部的洛浦街沙滘岛(原属于大石镇),岛内河网密布,河涌纵横。居民依河而居,"开门见水,举步登舟",居民自小就与水打上交道。这里的上漖村龙舟厂以龙船工艺闻名粤、港、澳,现有龙船厂14间,富有"龙窝"之称。每年的端午龙舟活动是岛上的一大盛事,以龙舟为媒,探亲访友,男女老幼共吃龙船饭,龙舟竞赛成绩骄人。沙溪村曾两度夺得广州市龙舟赛"传统龙冠军"。该校校长范德智出生于当地的龙船世家,从小就喜欢扒龙船,16岁时想当龙船头,硬要参加龙船竞渡,几度被老桡手戏弄抛下水,不断挣扎跃起。少年时划龙舟的经历塑造了范校长争强好胜的性格,使他考上大学,当了教师,当了中学校长。他身体力行,把龙舟文化所体现出来的拼搏进取、奋勇争先的龙舟精神溶入到教育教学之中。该校的建设充满龙舟文化元素,设有龙舟文化室及各种龙船文化课程。"同舟

---

① 费孝通:《经济全球化和中国"三级两跳"中的文化思考》,载《中国文化研究》,2001(1)。

共济，击水中流"是该校的办学理念，一座醒目的龙舟雕塑的文化标识高高地耸立在校园中央，龙舟传承教育的品牌深入人心。操场边树立着中国历代治水先贤的塑像，学校的楼层指示牌、路灯设计成船桨形状，楼梯围栏有繁体龙字雕花。该校申报的省级课题《"龙舟文化"校本课程开发与实施的研究》于2011年4月成功结题，出版课题成果《沙滘龙舟文化》。最令人震撼的是，学校龙舟博物馆收藏了一条拿过多次金奖的39米长的传统龙船，这条见证过当地赛龙夺锦威震四方的传统龙舟退役后被静静地安放在那里，成为沙滘中学最为珍贵的物质与非物质财富。

龙舟文化是该校的办学特色，每年都要举办校园龙舟节，开展以龙舟为主题的系列校园活动，如有"龙腾虎跃跳绳比赛"、"龙舟模型制作"、"龙舟争渡"（田径活动）、"龙舟服装设计"、"粽出巧手"，连校歌都是校长范德智写的《龙舟赋》。这一切都是为了传承龙舟文化而创设的。

由此可见，以校长为首的文化自觉和身份认同是传统节日义化教育传承的关键所在，他们凭此想方设法地把传统文化引进校园。联合国教科文组织《保护非物质文化遗产公约》指出，认同是确立和保护非物质文化遗产的一个关键。认同的关键是身份认同，意指一个人对自己行为模式、价值观的认同。学校的校长、教师和学生把龙舟文化这一非物质文化视作自己或与自己息息相关的精神财富，而加大力度给以传承与保护。

四、共同参与，感受传统文化的魅力

中国民间文艺家协会冯骥才先生一再强调："我们必须清醒地认识到，民众才是文化遗产的真正主人。"这里说的"民众参与"与"自主参与"有三个要素："人"，指社区居民对需求的满足、人际关系的经营和生活福祉之创造；"文"，指社区共同历史文化之延续，艺文活动之经营以及终身学习等；"地"，指地理环境的保育与特色发扬，在地性[①]的延续。

这里所说的共同参与的层面有：学生、教职员工、家长、社区有关人士，专家学者、工艺师等。参与传统节日的活动内容有：讲座、研讨、展览、各种相关民俗活动。

---

① 在地性（Site-specific）是指事物置于一个特定的地域空间，通常是具有历史延续或者通常所说的"文脉"，从而使得该事物具有"非此地不可"的意义。也就是说，如果一个事物放在另一个社区或者另一个场景之中，原有意义可能缺失，并产生一种全新的意义。

看看这三年番禺沙滘中学举办的龙舟文化节，该校的龙舟文化节既保留了在地性又有独立自创，内容十分丰富。首先在中学的阶梯礼堂举办龙舟文化研讨会，连续三年由我市民协协助，组织有关专家、学者前来参与，每年就一个专题"龙舟文化"进行演讲，学生与家长和嘉宾全程参与。民俗专家的精彩演讲使全场爆发阵阵热烈掌声。一个半小时会议结束后，专家、嘉宾、村民和学生家长一起到龙舟文化广场观看沙滘学子们为本届文化节准备已久的活动：有集体表演以划龙舟为主题的大课间操"游龙争渡"和跳绳比赛"龙腾虎跃"，有龙舟模型制作比赛，有龙舟文化艺术展示，如龙舟剪纸、知识猜谜、龙舟摄影、"龙"字书法比赛、以"龙飞凤舞"为主题的风筝制作，还有"蛟龙出海"水果拼盘大赛。更有意思的是包粽子比赛，学生们把一家人都动员起来，亲手包粽，并拿出自家包的粽争相请大家品尝，然后请嘉宾评比，那种好玩的有趣的气氛令人笑逐颜开。学校的操场、田径场上都是学生，分门别类的各种龙舟活动，玩得不亦乐乎。民俗专家和其他嘉宾也没闲着，要参与评比，还要接受学生记者的采访。多姿多彩的龙舟文化节活动让专家、学者和家长们体悟到，这班初中学生们演绎龙舟文化的创意可谓层出不穷。市民协趁此机会邀请广州各区相关人士和学校负责人前去该校参加龙舟文化节，让他们大开眼界，回去就在本校推广传统民间文化教育。近年，作为广州市民间文化传承基地的中小学校就增加了 8 个。增城市民间文艺家协会副会长湛汝松回去就发微博，写上在沙滘中学过龙舟文化节的所见所闻。他说："令我振奋，令我欣慰，因为我看到民间文化传承和弘扬的希望。"

事实上，如果每个学校都能够起到传承传统、培育文化的作用，让年青一代接触传统节日文化，感受传统文化的魅力，那么，就会使学生对传统节日产生温情和敬意，从而培育他们对传统文化的自觉意识。

五、课题研究，提升传统龙舟文化的传播

从 20 世纪中期起，我们的学校教育有着明显淡化经典和摈弃传统节日文化的倾向。近三十年来，西方节日文化乘虚而入，在青少年中逐渐抹去了对中华传统节日的文化记忆，因此学校完全有责任担负起对青少年进行传统教育的重任。

传统龙舟文化节日不仅能够增强人们之间的相互交流和沟通，而且能够增加民族凝聚力和民族文化的认同感。作为传统节日，应在教育传承实践中赋予端午龙舟节庆丰富的文化价值。面对民族的活态文化，对于传统

节日民俗文化发展的事业来说，做好课题研究，出版区域性的乡土教材是迫在眉睫的事。特色需要理论作支撑，课程需要教材来呈现。

民间文化的教育传承是一项十分艰巨而又要求很高的科研项目，要有专门的民间艺术教材，要有专门的民间艺术教师，要有专门的实习基地，还要有长远的目标和计划。番禺沙滘中学对龙舟文化的课题研究做得扎实而有成效。据范德智校长介绍，番禺沙滘中学从2004年开始，就在学校组织开展"龙舟文化"主题活动，着力挖掘本土的龙舟文化资源；2005年学校将"龙舟文化"主题活动列入综合实践活动课程；2008年申报《"龙舟文化"校本课程开发与实施的研究》，获得广东省教育科学规划领导小组办公室批准，被列入广东教育科学"十一五"规划立项课题；2009年确立以"龙舟文化"为学校文化基因的"龙舟精神"这一办学理念，即："同舟共济，击水中流"的学校精神，"知行合一，德才兼修"的学校校训，"龙舟雕塑"的学校标志等。2010年12月成功结题，并将此课题研究成果编成《沙滘龙舟文化》一书出版。该书分上、下部，上部是风俗篇，介绍了沙滘本土龙舟风俗、龙舟制作、龙舟文化和龙舟纪实等内容；下部是课程篇，分为调查活动、制作活动、体验活动等内容。实践调查是此课题研究的基础，在校学生的家长大都经历过龙舟活动，家庭教育和学校教育相结合对提高学生的龙舟文化素养大有益处。

目前，省级课题的研究虽然已经结题，但该校的龙舟文化传承仍在继续，2011年至2013年端午龙舟节期间举办的三届校园龙舟文化节内容有"龙腾虎跃跳绳比赛"、"龙舟模型制作"、"龙舟争渡"（田径活动）、"龙舟服装设计"、"粽出巧手"等。该校校歌的首句是："我的家乡是一艘船，守望着母亲珠江。"更难得的是，校方每年都要请省市和本地区传统龙舟文化的学者和传承人，让他们给学生言传身教，让他们讲述龙舟文化，传承龙舟文化。

将传统节日中的民间文化素质教育课列入教育科研课题，任重而道远，需要我们一步接一步的努力，"传承龙舟文化，弘扬龙舟精神"的沙滘中学，承诺一定会在教育领域中探索出一片崭新的天地。事实上，只要青少年能够从小熟悉传统端午龙舟文化的历史渊源和精神内涵，以传统节日为代表的中华传统文化的传承和发展就大有希望。

（曾应枫　广东省民间文艺家协会副主席，广东省非物质文化遗产专家委员会委员）

基于产业链视角的表演类非物质
文化遗产的传承与发展
——以粤剧为例[①]

杨 黛 潘博成

随着昆曲和粤剧等多项中国非物质文化遗产被列入人类非物质文化遗产代表作名录,以及《中华人民共和国非物质文化遗产法》的颁布施行,非物质文化遗产日渐成为学界瞩目的学术概念。根据联合国《保护非物质文化遗产公约》规定,非物质文化遗产是指被各社区、群体,有时是个人,视为其文化遗产组成部分的各种社会实践、观念表述、表现形式、知识、技能以及相关的工具、实物、手工艺品和文化场所[②]。表演类非物质文化遗产是其重要组成部分,自2001年昆曲入选人类口头和非物质遗产代表作名录以来,包括粤剧、昆曲、各地山歌和民歌等表演类非物质文化遗产的传承与发展问题日渐受到关注,面对全球化和市场化所带来的机遇和挑战,人们纷纷探索表演类非物质文化遗产的传承与发展方式。成功的案例表明,通过打造完整的产业链而进行的产业化经营是传承与发展表演类非物质文化遗产的有效途径,本文将结合相关案例对此途径进行探讨。

一、概念界定与研究综述

(一)相关概念界定

以产业链视角研究表演类非物质文化遗产传承与发展问题,因而本文必须对包括产业链和表演类非物质文化遗产等在内的学术概念进行必要的界定和分析。

结合联合国教科文组织《保护非物质文化遗产公约》和我国《非物质文化遗产》对于非物质文化遗产的定义,本文将表演类非物质文化遗产的

---

① 基金项目:广东省哲学社会科学规划项目:GD13CYJO6
② 文化部:《联合国教科文组织保护世界文化公约选编》,22页,北京,法律出版社,2006。

概念界定为：以综合性表演技艺为主体，通过语言、动作和表情等媒介，在艺术表演中传递文化、思想、情感和观念的一种非物质文化遗产事象。其范畴为国务院第一到第三批《国家级非物质文化遗产名录》中的传统（民间）音乐，传统（民间）舞蹈，传统（民间）戏剧，曲艺，传统体育、游艺和竞技中符合上述定义的项目，合计692项，占所有目录项目的56.77%。

关于产业链的定义，我们借鉴迈克尔·波特的解释："所谓产业链，是指围绕一个关键的最终产品，从其形成到最终消费所涉及的各个不同产业部门之间的关系。"[1]对于表演类非物质文化遗产而言，需着重关注的是文化产业链概念。迄今我国学术界对文化产业链较为权威的定义是："文化产业链，是一个关于文化产业中围绕文化产品而展开的各环节之间，以及文化产业与其他产业之间所存在的相互依存关系的概念。"[2]

（二）相关研究综述

表演类非物质文化遗产的研究成果最为丰富的视角是：基于案例研究等方法，对表演类非物质文化遗产性质、技艺和历史等方面的研究。例如，针对粤剧唱词修辞的系统研究[3]；从历史角度探索客家山歌的创新[4]；从精神文化探讨布依族古歌[5]；关于戏剧演出、创作和戏剧艺术作品的关系论述[6]等。

传承方式和途径的研究是表演类非物质文化遗产的重要研究方向。学界通过实证等研究方法，提出了高校规范的教学模式是民间艺术传承发展最有效的载体[7]，从民间收藏角度探索非物质文化遗产的传承[8]，非物质文

---

[1] Porter M. E. *Competitive Advantage: Creating and Sustaining Superior Performance*, p3～5, The Free Press, 1985.

[2] 何群：《文化生产及产品分析》，2页，北京，高等教育出版社，2006。

[3] 刘晓云：《粤剧唱词修辞研究》，暨南大学硕士学位论文，2000。

[4] 祁开龙：《客家山歌的传承与创新》，载《濮阳职业技术学院学报》，58页，2011（2）。

[5] 杨晓燕：《布依族古歌中的精神文化研究》，贵州师范大学硕士学位论文，9页，2009。

[6] 何群：《文化生产及产品分析》，356页，北京，高等教育出版社，2006。

[7] 王培喜：《表演类非物质文化遗产的学校传承问题探究——以湖北地方戏曲、曲艺等为例》，载《湖北社会科学》，188页，2010（4）。

[8] Marsha MacDowell，陈熙：《美国创建和利用民间生活收藏的新方向》，104页，载《文化遗产》，2010（17）。

化遗产进试卷将推动青少年的学习①等重要学术观点。

表演类非物质文化遗产的产业化则是学界近年非常关注的研究角度。学术界已提出将孵化理论应用于壮剧开发②,探索中国戏剧开发可否借鉴百老汇等西方成熟模式③,从互联网视角讨论非物质文化遗产开发和传承的实现可能④,从文化产业概念、教学等视角分析戏剧产业前景⑤,从产业体制改革研究产业化可能性⑥等重要观点,为表演类非物质文化遗产的产业化提供了重要的理论支撑,但是基于产业链角度的表演类非物质文化遗产产业化研究仍较少见。本文将从产业链的视角,借鉴中外成功案例的经验,以粤剧为例,在分析表演类非物质文化遗产性质、传承和发展困境及其原因的基础上,探讨更适合表演类非物质文化遗产产业化传承与发展的产业链模式。本文的研究对象——粤剧拥有广泛的受众基础和悠久的发展历史,已于 2009 年被列入联合国人类非物质文化遗产代表作名录,是表演类非物质文化遗产中极具代表性的项目,因而对于它的理论研究可推广至其他表演类非物质文化遗产。

二、我国表演类非物质文化遗产传承和发展的困境及其原因

(一) 存在问题

1. 产业链尚不成熟

这是粤剧等表演类非物质文化遗产产业链最为显著的缺陷,其直接后果是导致相关文化遗产资源的价值无法充分发挥。

当前国内表演类非物质文化遗产基本上未形成完整的产业链,前向和

---

① 王海冬:《上海非物质文化遗产传承中的青少年作用》,载《当代青年研究》,65 页,2008 (7)。

② 赵巧艳,陈炜:《非物质文化遗产开发式保护中孵化理论应用的必要性与可行性》,载《青海民族研究》,58 页,2011 (4)。

③ 刁冰冰:《百老汇音乐剧与中国戏曲的比较》,载《北方音乐》,27 页,2011 (2)。

④ 王真慧等:《全球网络时代的非物质文化遗产保护困境与对策》,载《探索》,117 页,2011 (2)。

⑤ 刘平:《戏剧产业忧思录》,载《上海戏剧》,4 页,2001 (1)。

⑥ 戴义德:《遵循两个规律,建立戏剧的产业型体制》,载《艺文论丛》,23 页,1995 (4)。

后向关联的价值并未充分发挥。其产业化过程往往是以单一的演出业作为发展产业,并通过演出实现市场收益,并未就前向和后向产业链进行深入设计,从而造成产业链偏短偏窄,无法使国内表演类非物质文化遗产本身所拥有的文化、经济和社会等价值得到最大化地发挥,更无法将一个地区优秀的非物质文化遗产全面呈现出来。

2. 对表演类非物质文化遗产的特性认知不足

作为非物质文化遗产的重要组成部分,表演类非物质文化遗产除具有非物质文化遗产的共同特征即独特性、活态性、流变性、传承性和民族性等[1]之外,亦有着自身的特殊性,这些特性对建构和完善表演类非物质文化遗产产业链发挥着重要作用。首先,表演类非物质文化遗产往往具有强烈的区域性和地方特色,这在地方戏剧和戏曲中表现得尤为突出。其次,艺术品性是表演类非物质文化遗产最本质的文化属性和文化价值,也是在传承和开发过程中务必重视的内容。再者,程式化在表演类非物质文化遗产中体现得尤为突出。表演类非物质文化遗产在演出剧目、结构和规范等方面必须对传统进行良好继承和发扬。最后,综合性是决定表演类非物质文化遗产表演水平的根本因素之一。表演类非物质文化遗产往往融合了文学、曲艺、舞蹈和杂技等技艺,在表现手法和表达方式等方面均具有综合性特征。

正确认识表演类非物质文化遗产的上述特性是成功设计产业链的先决条件,否则极有可能导致产业链建构失败。然而,在表演类非物质文化遗产产业化的实践过程中,上述特性并未受到足够重视。例如,"东北二人转"是一种综合了说唱、弹奏、舞功和做功四项技艺的综合性艺术,展现了东北地区的文化特色,然而,近年来"东北二人转"的产业化却未能充分重视其上述特性,片面追求舞功等视觉效果,甚至出现了低俗化、庸俗化的趋势,以至对"东北二人转"的传承和发展造成了负面影响。纵观国内类似的失败案例,在一定程度上均与对表演类非物质文化遗产的特性认识不清有关。

此外,表演类非物质文化遗产还存在着内容创作和表现形式滞后、难以满足受众合理需求、缺少营销思想、产业发展和传承保护之间的失衡性严重等问题。上述缺陷一方面阻碍了产业链的建构和完善,另一方面也不

---

[1] 王文章:《非物质文化遗产概论》,51～57 页,北京,教育科学出版社,2008。

利于实现表演类非物质文化遗产的传承和发展。

（二）成因分析

1. 体制转型尚未完成

绝大部分表演类非物质文化遗产的表演组织在过去都是事业编制单位，基本上依靠政府所提供的人、财、物而生存，表演事业等活动也基本依照政府安排展开，故不存在生存问题和竞争压力，由此产生了无须竞争和市场观念淡薄等思想意识。

但近年来，全球化趋势使文化供给和需求的多元化发展，包括国内外的各种文化在抢占表演业等文化市场中的竞争日益激烈。而文化体制改革的相对滞后，致使诸如粤剧剧团、弹唱社等无法适应市场经济环境下的剧烈竞争，最终造成剧团等组织生存困难、人才流失，文化遗产面临消逝的严重危机。

2. 缺乏人才，创作乏力

《保护非物质文化遗产公约》明确指出："原著居民、各群体，有时是个人，……在非物质文化遗产的生产、保护、延续和在创造方面发挥着重要作用。"表演类非物质文化遗产亦是如此，人才流失对其传承发展具有重大影响。

在市场经济环境下，不仅需要传统概念中诸如编剧和演员等人才，而且需要既能设计产业链又较为了解表演类非物质文化遗产特性的复合型人才。以粤剧为例，当前不仅极度缺乏编剧和演出等人才，而且在粤剧产业链研究、设计和开发环节，同样严重匮乏专业人才。

3. 外来文化、现代文化的冲击

外来文化和现代文化往往会对非物质文化遗产和传统文化产生剧烈甚至致命的冲击。国内表演类非物质文化遗产在历史上大致经历了三轮剧烈冲击：第一轮是20世纪中叶大量西方电影涌入，导致话剧、戏曲衰微；第二轮是20世纪80年代末期国内电视剧蓬勃兴起，导致戏剧式微；第三轮则是21世纪初互联网等高科技发展对表演类非物质文化遗产带来巨大的冲击。在上述文化的冲击下，包括粤剧在内的表演类非物质文化遗产在文化生态、受众群体和演出艺人处境等方面都发生了剧烈变化，其传统表演模式、传播途径等均已难以满足传承要求和市场发展，因此，运用产业链等经济手段以实现文化传承和经济效益势在必行。

三、基于产业链视角的表演类非物质文化遗产传承与发展途径

如何设计表演类非物质文化遗产产业链是本文关注的重点内容。表演始终是实现表演类非物质文化遗产文化传扬和社会经济效益的核心。按照产业链理论,以表演业为中心,可分别延伸出前向关联和后向关联产业,从而在分工和协作的基础上形成较完整的产业链。(见图1)。

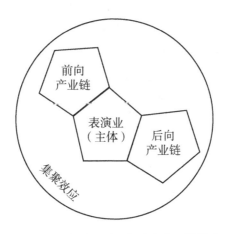

图1 表演类非物质文化遗产产业链模式

(一) 以产业集聚园模式形成产业链

产业集聚园模式,是当前国内外实现产业集聚效应、充分发挥产业链价值的主要途径。以产业集聚园模式为平台,构建完整的表演类非物质文化遗产产业链能够产生重要的文化价值和经济效益。意大利西西里岛木偶戏文化集聚园即是一个成功的范例。在开发过程中,该地区以木偶戏表演为核心,通过地理集聚,将相关产业融入表演剧场周围,如在表演剧场周围兴建旅舍、餐饮场所、纪念品商店,以及通过开设工厂生产木偶玩具、纪念品,设立人才培养学校等。经过五十余年的发展,以表演业为中心,通过青年木偶艺人培训、西西里木偶节等项目,将产业链延伸至民间文学、传统技艺和地方饮食等领域的格局已经形成,从而使产业链网络在实现木偶戏传扬保护、促进当地经济发展等方面均发挥了积极有效的作用。上述关联产业均地处西西里岛核心区域,可以与表演剧场等中心区域相互促进,相互影响,从而带动旅游业,由此形成集聚效应。

粤剧可以参考上述模式，并结合国内较为成功的产业集聚园案例进行综合设计，为建构粤剧产业链搭建完整的平台。

广州市等地方政府可在具备良好粤剧传统的地区，或参照太古仓等本地成功案例，以废旧工厂为平台兴建粤剧产业集聚园。该园以粤剧文化作为核心竞争特色，以粤剧表演作为园区的中心环节，以粤剧剧本创作、展演策划、人才教育、剧场建设和粤剧特色产品生产等作为前向关联，以旅游产业、特色产品营销、主题沙龙会所和餐饮住宿业等作为后向关联，从而系统全面地建构粤剧文化产业链。

此产业链一方面可以吸引粤剧创作、演出和策划等方面的优秀人才入驻园区，以人才"集聚—分工—协作"的模式，充分激发粤剧工作者的创作和策划灵感，形成人才集聚效应，从而极大地降低人员沟通和交流的时空成本；另一方面，可以产生受众聚集效应，广泛地吸引粤剧迷和观光游客，从而形成良性循环，带动经济发展。

（二）以表演业为主体

表演类非物质文化遗产产业链的核心竞争力和中心环节无疑都聚焦在表演业。我国传统文化产业化经营的著名成功案例《映象云南》的产业链核心产品即为演出。尽管《映象云南》的产业链进行了多项上下延伸，开发了诸如映象普洱茶、主题文化社区、旅游商品城、主题楼盘等关联项目，但演出始终是其产业链的核心价值所在而被精心地设计和运作，在表演策划环节确定了以原生态艺术表演为核心竞争力，整个表演环节运作均以市场需求作为标准，并重视对其演出项目的推广营销。

表演也是粤剧等表演类非物质文化遗产生存和发展的根本所在，更是传承和发展的中心节点。因而在产业链设计中必须以表演为基础，带动各项关联产业的振兴。

粤剧的表演，首先必须关注时代和市场的合理需求。粤剧等表演类非物质文化遗产之所以可以历时千年而不衰，究其根本就是因为它可以不断满足观众的需求，这也是其流变性的集中体现。当代粤剧不仅要继承传统，亦要注入时代特色，将受众需求作为粤剧发展的重要参考因素。

其次，粤剧表演应引入专业化制作模式。粤剧是一项综合性的艺术，而传统剧团模式已不再适应市场经济环境。粤剧剧团可通过引入专业化制作模式和戏剧制作人制度，整体提升剧目、剧本、舞台和演绎等环节的竞争力，在满足受众需求的同时，促进粤剧文化在新时期的传承。

总而言之，粤剧表演应在时代需求和传统继承两个维度间寻求平衡点。作为产业链的中心环节,表演对前向和后向关联产业发挥着关键的导引作用。只有既注重传统继承,又关注传统文化的现代化,并努力在两者间寻求平衡点,才能真正实现以表演类非物质文化遗产为产业链的传承和发展。

(三) 前向关联产业开发

表演技艺始终是粤剧等表演类非物质文化遗产前向关联的发端。在文化产业链研究中,相对于后向关联,前向关联产业较少受到重视。但由于表演始终是表演类非物质文化遗产的核心所在,因此前向关联产业对表演的影响不可小觑。以西西里岛木偶戏为例,其在前向关联中设置了青年木偶艺人培训学校、木偶剧场等产业组织,为表演业和后向关联积累了大量人才和设施资源,极大地促进了文化遗产的保护与传承。粤剧的前向关联主要包含人才教育培养、剧目剧本创作、剧场等基础设施建设等项目。

人才是产业链中不可多得的关键资源,人才短缺是制约粤剧传承和产业链发展的瓶颈之一,人才培养是粤剧等表演类非物质文化遗产产业链的首要需求。解决人才困境,实现产业链前向关联的关键在于教育培训。粤剧产业集聚园可通过吸引高校戏曲戏剧专业、专业培训机构和非物质文化遗产传承人进驻园区,发挥各自所长,开展粤剧人才的教育和培训活动。教育者和培训者可通过集聚效应和地理优势减少成本投入,优化分工协作,从而大大提升教育培训效果。

其次,剧本剧目创新是提升产业链整体竞争力和文化价值的重要环节。一方面市场不断需要优秀的时代剧目,另一方面限于思维模式陈旧、剧目创作人才短缺等主客观因素,粤剧等表演类非物质文化遗产难以产生符合时代诉求的剧本剧目。以粤剧为例,尽管已被列入人类非物质文化遗产代表作名录,国家和广东省对其传承和发展投入了大量人力物力,但真正符合时代要求的粤剧新剧本实际上仅有红豆粤剧团的《刑场上的婚礼》和区文凤的《疗妒羹》等极少数作品。

因而,创作者应以粤剧产业集聚园为平台,通过广泛调研,不断在粤剧中融入时代元素,创新剧本剧目,促使表演创新。诸如杂技、武术等表演类非物质文化遗产亦是如此,应使表演不断适应时代要求和受众的合理需求,将产业化作为推动创作革新的重要途径。

最后,产业链的发展离不开剧场等基础设施。粤剧等表演类非物质文化遗产往往有诸如实验剧场和小剧场等特殊要求,而当前剧场建设仍然存在较大差距。上述基础设施建设投入周期较长,可通过 BOT 等模式进行融资。此外，在剧场设计时，应充分考虑创作、表演和会务等多元化需求，确保剧场处于产业集聚园的核心地位。

（四）后向关联产业开发

后向关联是粤剧等表演类非物质文化遗产产业链中心环节的衍生，也是强化文化传播效应和扩大经济效应的关键节点。

《映象云南》和西西里岛木偶戏在后向关联中都进行了大量的研究和设计，从而极大地延伸了产业链。《映象云南》在注重表演的同时，通过后向关联开发更多产业，拓展收益空间，亦为其提供了更多有效载体和传播平台，其中较为成功的环节有主题文化社区、品牌普洱茶、DVD出版物和旅游商品城等。西西里岛木偶戏则将后向关联延伸至民间文学、餐饮住宿、技艺体验和木偶纪念品等方面。

粤剧等表演类非物质文化遗产的后向开发空间和资源亦是相当丰富的。具体而言，有如下两个层面可促成产业链进一步完善：

首先是物质消费层面。尽管粤剧等属于表演类非物质文化遗产范畴，但在传承和发展过程中始终离不开物质载体。因此，在后向关联中，从物质消费这一维度思考，可产生较多消费空间。例如，以粤剧作为文化品牌符号，设计微缩粤剧服饰和道具，供游客选购；可以在粤剧产业集聚园开设纪念品商店，专门销售形式多样、游客欢迎的粤剧主题纪念品。

其次是精神消费层面。在表演这一产业链的中心环节，受众实质上进行的是精神消费。就后向关联而言，其依然具有通过精神消费实现文化传扬和经济效益的空间，基本途径是体验式参与。例如，水袖是粤剧中非常经典的动作，但许多观众往往深感兴趣却无法体验，在后向关联中，粤剧产业集聚园可开设体验馆等场所，供游客和观众在专业工作人员的指导下体验水袖等表演。

实际上，对于绝大部分表演类非物质文化遗产而言，可体验的环节都是非常丰富的，而且通过体验等情境兴趣可有助于文化的传扬。

粤剧是表演类非物质文化遗产的典型代表，充分体现了表演类非物质文化遗产与生俱来的（包括综合性、程式化和艺术性等）内在共性，因而粤剧的产业链设计对于其他地方戏剧和戏曲等表演类非物质文化遗产产业链设计也具有较好的启迪意义。

作为中华文明的重要内容，表演类非物质文化遗产对于传承和发展中华文明具有无可替代的作用，与其他地方文化遗产有着密切关联和一以贯之的脉络。但是，由于表演类非物质文化遗产的固有特性，因此，在产业链设计的过程中必须进行更多专门性规划、研究和设计,才能全面系统地传扬和发展表演类非物质文化遗产。

(杨　黛　广东财经大学公共管理学院文化产业管理系教授,博士;潘博成　中山大学人文学院研究生)

世俗与超越

——论广东音乐的休闲文化特征与价值

刘　瑾

有学者将广东音乐称为"小家碧玉",并认为"由于她少女般的靓丽和清新,她几乎适应了城市市民阶层的一切心理需要……整个20世纪,不管中华大地上的政治风云和经济大潮如何波翻浪卷,广东音乐都摆出一副'事不关己'的样子……"[①] 虽然广东音乐中也有《醒狮》、《恨东皇》等明确体现爱国奋进的作品,但毕竟,《步步高》、《小桃红》、《雨打芭蕉》等悠扬婉转、轻松愉悦的作品才更能展现广东音乐的独特魅力之所在。实际上,从休闲文化理论的视角,我们似乎可以对广东音乐有一种更为合理的解释,而且也能更为深刻地认识到广东音乐独特的文化特征与价值。

著名未来学家格雷厄姆·莫利托在《全球经济将出现五大浪潮》中指出,到2015年,人类将走过信息时代的高峰期而进入休闲时代。[②] 之后,为数众多的学者将目光投向了休闲文化。在我国,休闲文化也正日益受到广泛的关注。1983年,于光远先生最早对休闲文化进行了研究,之后,在这一领域出现了较多的文论。目前,学界普遍认为,"休闲是一个国家生产力水平高低的标志,是衡量社会文明的尺度,是人类物质文明与精神文明的结晶,是人的一种崭新的生活方式、生活态度,是与每个人的生存息息相关的领域"。[③] 可见,休闲文化的繁荣程度所折射出的是社会与文明的发达程度,而笔者认为,广东音乐恰恰具有鲜明的休闲文化特征,应当在社会发展的进程中受到更多的重视。

---

① 田青:《再谈民族音乐的"第三种模式"》,载《中国音乐》,1997(3)。
② 陈来成:《休闲学》,267页,广州,中山大学出版社,2009。
③ 马惠娣:《休闲:人类美丽的精神家园》,66页,北京,中国经济出版社,2004。

一、世俗：广东音乐的休闲文化特征

广东音乐与宗教音乐、仪式性音乐相比而言，具有鲜明的世俗性特征，这也正是休闲文化所应具备的主要特征。相对于传播精神文明火种的"诗性"而言，具有世俗性特征的休闲文化强调的是满足普通人日常生活中的基本欲望和要求，不是明确地努力追求生活的深度价值，而是寻求直接满足当下的内容与形式，并由此形成世俗的价值观，这也是休闲文化建构的基本目标之一。休闲文化的世俗性具体体现为物质性、直觉体验性与自由性等特征。

（一）广东音乐的物质性特征

物质性是促进休闲文化快速发展的持续动力。历史的发展表明，休闲文化的发展与经济的繁荣与发展息息相关，而休闲时代的来临则是以物质财富的极大丰富为前提的。

回顾广东音乐之肇始，我们便可以清晰地看到，物质与经济条件所发挥的重要作用。对广东音乐的形成与发展作出了卓越贡献的"广东音乐何氏三杰"（何柳堂、何与年、何少霞）虽然生活在政局动荡不安的清末民初，先是英、美、法入侵，人民饱受战争之苦，后又经历军阀割据的混战局面，但是，在广东音乐发源地沙湾，何氏三杰所属的何氏宗族有族田数万亩，拥有雄厚的经济基础而富甲一方。许多何氏家族的知识分子考取功名后，便托言侍奉双亲或以"仕途凶险"为由，隐憩家园，凭着祖荫所得，过着宽裕悠闲的生活。他们既不从政为官，又不用从事生产劳动，便以其深厚的文化素养，三五成群地聚集一起，或吟诗作对，或绘画挥毫，或棋坛对垒，尤其喜欢吹拉弹唱。[1] 他们常自由组合演奏音乐和演唱粤曲，称为"八音班"、"锣鼓柜"，最盛时有三四十组之多，休闲生活非常丰富。比如著名广东音乐家何博众，"少时曾在私塾读书……赖父祖余商养家。其父高尧，约有十间大屋和百几亩田"。[2]

物质条件的丰足成为休闲文化发展的基础与动力，广东音乐正是在这

---

[1] 司徒彤：《略论沙湾成为广东音乐发源地之历史成因》，载《南国红豆》，2005（2）。

[2] 何灼颖口述，黎普泽撰文：《何博众这一家子》，见中国人民政治协商会议番禺县委员会文史资料研究委员会《番禺文史资料第3辑》，86页，1985。

样的条件下产生并发展起来的。

20世纪二三十年代,广东音乐得到了更大的发展,进入成熟期,这与广东城市经济的发展也有着密切的关系。20世纪初期,由于海外华侨的大量投资,广州市的经济水平得到了快速的提升。据统计,仅1933年度,广州侨汇就达澳币25383万元,占全国侨汇额的84.2%。① 伴随着物质条件的提升,广东音乐得到了显著的发展,主要标志为名家辈出、创作繁荣、唱片大量发行、社团如云、社会基础广泛。

改革开放后,我国整体经济水平不断提升,广东省更是站在了经济发展的前列。近年来,广东省的GDP始终居于全国首位,2010年GDP达到45472亿元,比排名第二的江苏省超出了5000多亿元。② 随着经济的发展,广东省市民群众的休闲生活得到了极大的丰富,各地区的民间乐社如雨后春笋般发展起来,大大小小的民间乐社遍布城乡。

休闲文化在一定的物质条件基础上方可得以发展,广东音乐作为个案,很好地体现了这一规律。

(二)广东音乐的直觉体验性特征

休闲文化具有直觉体验性特征。其原因是:"休闲属于本能域,或者说,起码属于我们所定义的直觉领域。当人们认为休闲属于这个领域时,它直接与内心的、自然的、本能的、不可压抑的和非理性的爱结合在一起。我们爱做这件事,而这种爱最终是不可解释的,而这种不可解释的原因是因为它是非理性的。"③ 正是由于休闲文化具有直觉体验性特征,因此休闲行为往往并不是受理性思辨的明确指引而进行的,而是满足人追求直觉的需要,这种需要不是反理性的,而是属于理性之外而存在的非理性范畴。

20世纪末,田青认为广东音乐似"小家碧玉",面对中华大地的政治风云与经济大潮均摆出"事不关己"的样子,④ 这很大程度上正是由于广东音乐所具有的直觉体验性特征。

---

① 陈炳:《二十世纪华侨对广州城市建设的投资》,载《岭南文史》,1988(2)。
② 参见2011广东省政府工作报告(黄华华在省人大第十一届四次会议上的政府工作报告),2011江苏省政府工作报告(李学勇在省人大十一届四次会议上的政府工作报告)。
③ 托马斯·古德尔、杰弗瑞戈比著,成素梅、马惠娣等译:《人类思想史中的休闲》,260~261页,昆明,云南人民出版社,2000。
④ 田青:《再谈民族音乐的"第三种模式"》,载《中国音乐》,1997(3)。

笔者认为,广东音乐的"小家碧玉"特征恰恰是由其休闲文化的性质所决定的,这同时也是其魅力之所在。虽然广东音乐中也有《醒狮》、《恨东皇》等表达民族革命情怀的作品,但这些作品所体现的毕竟不是广东音乐的主流特征。广东音乐更多的是风花雪月、鸟语花香,或是借景抒怀的类型。其音乐也多具清新明快、婉约动听的风格。实际上,这正印证了托马斯·古德尔对休闲的直觉体验性所带来的快乐性特征的论述:"休闲概念在很大程度上是建立在个人主义的基础上并被视为快乐的同一物。"[1] 由于直觉体验性明确肯定了感性价值在世俗生活中的作用与地位,因此广东音乐不会将建立生活的崇高意义的理性思辨作为追求的意义与目的,而是凸显了凭借直觉体验而获得的世俗感性之美的价值。传统的广东音乐艺术中也有中和平稳之处,但主要倾向是华美、流畅与活泼。它以短小精炼的体裁,通俗易懂的音乐语言,表达了人民的喜怒哀乐,反映出广州这一新兴都市中平民百姓的生活风貌。正如广东音乐名家余其伟所述:"传统的广东音乐较少深沉的人生喟叹与哲理深思,较少士大夫的典雅习气,也没有类似中原古曲那悠深旷远的历史苍凉感。"[2]

(三) 广东音乐的自由性特征

当我们要给休闲下定义时,必然要面对自由的概念。因为,休闲既然是从文化环境和物质环境的外在压力中摆脱出来的一种相对自由的生活,那么自由便不仅仅是环境状态的需求,也是对休闲客体与休闲主体的双重要求,自由性是休闲文化的一个重要特征。因为,闲暇时间只是休闲行为产生的一个必要条件,有了闲暇的时间,并不能就说我们具备了休闲。只有当一个拥有闲暇时间的人,通过某种休闲(这里的休闲可理解为游戏或娱乐)行为,获得一种自由的状态,我们把这种状态称之为休闲。

广东音乐的自由性特征在创作与表演的过程中都有淋漓尽致的体现。

首先,作为中华民族民间的一个乐种,自由地吸纳西方的作曲技法、乐器,这在我国的其他乐种中是不多见的。在作曲技法上,广东音乐吸收了西方的转调、模进、移位、主题发展手法,并运用得自然流畅、恰到好处。在乐器使用上,西方的小提琴、萨克斯、木管、小号、吉他等乐器都被引入广东音乐,不仅成为广东音乐的有机组成部分,甚至借此形成了广

---

[1] 托马斯·古德尔,杰弗瑞戈比著,成素梅,马惠娣等译:《人类思想史中的休闲》,253页,昆明,云南人民出版社,2000。

[2] 余其伟:《谈广东音乐》,载《广东艺术》,2002(1)。

东音乐的一种特殊魅力。比如从尹自重开始的以小提琴演奏广东音乐,已形成一种广受认可的、具有独特韵味的广东音乐风格。20世纪60年代,指挥家杨桦将广东音乐名曲《凯旋》改编成小提琴协奏曲,并由杨桦指挥,骆津演奏小提琴,该曲曾名噪一时,受到广泛好评。广东音乐可以自由吸纳异质因素,并完全吸收融合的自由特性由此可见一斑。

另外,演奏过程中的自由性与即兴性也是广东音乐的一大特色。有人对广东音乐中比比皆是的加花感到不解:"(广东音乐)就是爱加花、滑音,各人不一样,同一个人前后演奏也不一样,不知道是说什么的。"[①] 其实,加花演奏几乎是广东音乐发展的最重要的手法之一,也是展现广东音乐的特色与魅力的重要途径之一。换言之,不同演奏者所呈现出的不同加花演绎,正体现了广东音乐的独特魅力,同时也凸显了广东音乐所具有的休闲文化特质。

二、从世俗到超越:广东音乐的休闲文化价值

对于音乐的价值,古今中外有众多的学者对此进行了探讨。从根本上讲,音乐的存在是出于人类交流与表达的需要。而人类对音乐的需要,则或与情感表达及交流相关,或与宗教信仰相关,或与典礼仪式等实际需要相关。我们也可以说人类对音乐的需要正体现出了音乐的功能所在。而音乐的价值便体现在人类对音乐不同层面的需要及音乐所具备的功能上,诸如情感表达与交流、宗教信仰、典礼仪式等实际需要等。

而具有休闲文化特征的广东音乐,其价值与宗教信仰、典礼仪式等皆不相关。这也是广东音乐有别于其他许多音乐类型的特征之一。因此,从休闲文化的角度对广东音乐的价值进行剖析,无疑有助于我们更为深入地认识其价值所在。

(一)消除疲劳、慰藉精神:广东音乐的一般价值

休闲文化的一般价值包括两个层面:一是消除体力的疲劳;二是获得精神上的慰藉。人们普遍认为广东音乐亲切清新,具有鲜明的平民性特征,其审美价值往往体现为茶余饭后的欣赏层面。

的确如此,广东音乐诞生之初,其主要功用便与祭祖仪式、宗教信仰

---

① 黄日进:《论广东音乐的曲名、意境和韵味》,载《星海音乐学院学报》,2003(1)。

等活动不甚相关,而是体现着茶余饭后自娱自乐的功能。梁谋先生谈及"何氏三杰"中的何与年时,这样描述:"生活较浪漫……爱音乐,爱大自然的美景。每天夕阳西下,云彩缤纷之际,他便独自坐在家中的花园中,弹一曲《晚霞织锦》。每逢秋夜月白风清,更阑人静之时,他乐在花园里的石桥边,对着奇花异草,手抱琵琶,弹出婉转幽怨的《长空鹤唳》和《塞外琵琶云外月》之类的乐曲。"①

休闲可以带给人们幸福与宁静,音乐使人们的闲暇时光得以丰富,疲惫得以消除,精神得以慰藉。早在公元前4世纪,亚里士多德就曾这样说:"休闲可以使我们获得更多的幸福感,可以保持内心的安宁。"② 就像日前广东省首届粤曲私伙局大赛,"有来自广东省各地的100多个私伙局参赛,参加家庭组比赛的队伍有的是妯娌、姐妹搭档,有的是夫妻配对,有的是三代同台;参加社区组比赛的私伙局队伍,大都是社区或农村常年活跃的'明星'队伍,在当地拥有一定的知名度,旌旗锣鼓配置齐全,唱念做打有板有眼"。③ 此项活动调动了群众的积极性,满足了群众自娱自乐、自我表现的需要,丰富了群众的闲暇时光与精神生活。

(二)人文精神:广东音乐的超越性特征之一

由于休闲文化具有世俗性的特征,因此,但凡休闲文化往往都回避对深度意义的直接追索。正如于光远、马惠娣在论及休闲对个人的影响时所述,对个体而言,其实质是"关注和关怀个体生命的存在质量,休闲能使人在精神的自由中历经审美的、道德的、创造的、超越的生活方式,丰富个体的文化修养和精神气质"。④

在众多针对广东音乐之价值的评价中,叶林指出,广东音乐体现了鲜明的人文精神,并认为对人文精神的重视是衡量艺术的审美价值的重要标准。⑤ 陶诚也认为,广东音乐"借物言志的人格意识和强调'礼乐教化'、

---

① 梁谋:《广东音乐名家——何与年》,见中国人民政治协商会议番禺县委员会文史资料研究委员会《番禺县文史资料第9辑》,62页,1991。
② 约瑟夫·皮珀著,刘森尧译:《闲暇:文化的基础》,7页,北京,新星出版社,2005。
③ 首届广东省粤曲私伙局大赛27号开锣,南方网,7月24日。网址:http://news.southcn.com
④ 于光远,马惠娣:《休闲游戏麻将》,34~35页,北京,文化艺术出版社,2006。
⑤ 叶林:《论广东音乐的人文精神》,载《人民音乐》,2007(6)。

'文以载道'的以人为本的追求,符合现实生活中中国平民精神生活的需求"。① 的确,广东音乐多表现的是人的世俗生活与情趣,但它绝不是客观事物的模拟式的简单重现,而是表现人的胸臆和寄托,并因此而充盈着人文精神。

(三)使人"成为人":广东音乐的超越性特征之二

然而,没有对深度意义进行直接地、有目的地追索并不意味着深度意义的必然缺失,因为休闲文化在具有显见世俗性的同时,并没有停留在单纯的享受快乐的表层之上,而是折射出了生命的终极目的。

我们必须认识到,世俗与深度意义之间绝对不是相互排斥的关系。比如,生命的存在本身便是一种世俗的存在,而人们正是依托这种世俗的存在来追求深度的价值,体验生命的意义。若要判断某种休闲文化是否体现了真正的休闲文化的深度本质,要看该文化是否拥有了这种意义,而并不是仅仅得到了一时的世俗享乐。因此,有学者郑重指出:"休闲不仅是在寻找快乐,也是在寻找生命的意义。"②

所以,休闲绝不是一种简单的、浅层的自我释放与放纵,而是一种追求深度并实现自我超越的状态。正是在休闲中,主体体验并超越了浅层的生理快乐,进而引导自身寻找深度的意义,乃至走向精神的升华与自我的完善,使人类的终极目的得以实现。从对休闲的界定来看,真正意义上的休闲一定蕴含主体对意义的诉求,因为"休闲如果真要其成为休闲的话,那么,它将人的目的体现于其中"③。所以我们在对休闲文化的意义进行考量的时候,不能无视其深度价值与目的追索,"我们应该相信休闲,因为唯有在休闲之中,人类的目的方能得以展现"。④

这样,休闲文化便以世俗的特征与途径作为基本起点,并以对生命意义的展现作为追索的目标,从而勾勒出休闲文化价值的层次构架。

《走向自由——休闲社会学新论》的作者约翰·凯利提出了一个重要的观点:休闲应被理解为一种"成为人"的过程,是人的一生中一个持久的、重要的发展舞台。⑤ 林语堂谈及休闲时这样说:"他们认为这个问题可

---

① 陶诚:《"广东音乐"文化研究》,福建师范大学博士学位论文,2003。
② 马惠娣,刘耳:《西方休闲学研究述评》,载《自然辩证法研究》,2001 (5)。
③④ 托马斯·古德尔,杰弗瑞戈比著,成素梅,马惠娣等译:《人类思想史中的休闲》,282 页,昆明,云南人民出版社,2000。
⑤ 约翰·凯利著,赵冉译:《走向自由——休闲社会学新论》,昆明,云南人民出版社,2000。

以思考、可以讨论；他们这么做，一半是认真的，一半是开玩笑。——这样，他们跨过了所有艺术的门槛，进入了人生艺术的殿堂，艺术和生活融为一体。他们达到了中国文化的顶峰——生活的艺术。这也是人类智慧的最终目的。"[1] 林语堂把休闲上升到一种"人生艺术"，这是一种境界，一种艺术化生存的境界。

可以说，休闲文化最终极的意义在于实现我们对生命意义的追索。因此，休闲可以成为我们进入"人的世界"的一条通道，是一种面对我们内在的生命困惑与家园意识的"人学"。休闲文化的诗性对世俗的超越，集中体现在对人的生命主体意识的高扬，以及由之而来的人与外在世界关系格局的改变。

广东音乐便是这样一个美好的理想——体现着人类生存的终极价值，是人类的精神家园，是一种使人"成为人"的过程。在此意义上，广东音乐显然具有诗性文化的特质。当然我们不要忘记，当我们虔诚地向广东音乐的诗性品格献上礼赞的时候，我们还需正视：作为休闲文化，广东音乐必定是一种世俗存在，其世俗性如影随形，始终相伴着诗性而存在。我们所要做的，是正视其世俗性特征，并以之为基础，努力进行诗性品格的超越。

（刘　瑾　广州大学音乐舞蹈学院副院长，博士，教授）

---

[1] 林语堂：《吾国吾民·八十自叙》，见《林语堂文集第八卷》，8页，北京，作家出版社，1995。

感性享乐与理性变革
——广府民间工艺美术的文化特质

王 丹

作为地域文化形态的岭南文化从区域文化的角度来划分，主要包括广府文化、潮汕文化、客家文化、桂系文化和海南文化。近代以来广府文化、潮汕文化和客家文化成为岭南文化的主体，其中尤以广府文化为典型代表，在广东民系文化中地位突出，常被作为粤文化的代称。学术界普遍认为，珠江三角洲是最具代表性的广府民系地区，主要包括肇庆、佛山、顺德、东莞、中山、江门等地，其中心在广州，广府文化的特征和内涵也主要体现于此。广府民系的民间工艺美术品类丰富，工艺独特，在全国民间工艺美术领域占有重要地位。其中，佛山陶塑和剪纸、肇庆端砚、广州的三雕一彩一塑一绣等更是蜚声海内外。它们的艺术风格除了反映岭南文化共有的基本精神和特点外，还具有鲜明的区域文化特质，尤其是感性的享乐主义与理性的变革精神相融并汇，已成为广府民间工艺美术最为突出的特质。

一、重视感性自然的享乐性文化特质

世俗享乐的人性和情趣是广府民间工艺美术所热衷追求和表现的目的，这种享乐性的文化特质与其商业性和平民性的文化特质紧密相连。

（一）商业性的文化特质

广府地区是岭南商贸活动最为活跃的地区，重商作为一种文化精神渗透于人们生活的各个领域，形成务实、追求感官享受的世俗性商业文化。强烈的商品意识和广府地区长期作为全国对外贸易中心的地位，使广府民间工艺美术呈现出与其他地区不同的特色，主要表现为许多民间工艺美术门类商品化生产的特点，而商业化的生产也反过来促进了工艺美术的发展。

佛山剪纸一直以商品生产为主,并因其商业性而兴旺繁荣。商品性是佛山剪纸区别于其他地区民间剪纸(如以自娱性为主的潮汕剪纸)的一大特性,其剪纸艺术风格、材料和工艺手段的多样性,也与市场需求的多元化有关。出于商业目的,从业者会花费更多的人力和物力去研究和开发材料、工艺,并且紧随时代和市场的需求去开发产品。佛山剪纸多以金、银、铜、锡等金属制箔为材料,还把绒片和玻璃片镶衬在剪纸中,显得富丽堂皇而且耐久性强,更受人们的喜爱。他们用含有汞的银朱染色,让鲜艳的红色有更强的耐久性,使得作为商品的剪纸在市场上更受欢迎、更富竞争力。

广州织金彩瓷简称广彩,它的出现,可以说就是商业化的产物。广彩是因外销的需要而产生和发展起来的,它的风格特色亦是为了适应外销的需要而逐渐形成的。从纹饰造型来看,清代出口的外销广彩许多是仿西洋画法,有仿油画的西方风景、人物和故事,还有一些不但图案是西洋的,器物样式也是西洋的,显然是为适应西方人的审美习惯而设计的,当然更加符合外销的商业需要。明代广州刺绣就已经开始成为出口的主要手工艺品。清代,英国商人带服饰图样到广州绣坊加工刺绣。英国图样具有西洋画的艺术风格,色调丰富,并且强调透视和光线,这对广绣的影响十分深远。广州刺绣艺人为了满足外国客户的要求,积极改进技术,增加绣线种类,改革绣法,从而丰富了绣画的表现力。当然,过度商业化的生产也带来一些负面因素。20世纪初,为适应绣画外销的需要,设计的图稿大都是复制而成,并且被批量地卖给绣庄、绣坊,绣画因此趋向规格化和商品化,工艺虽精,却缺乏生活气息和创新精神,在艺术上成就不高。

(二)平民性的文化特质

广府地区经济的多元化和发达的商业贸易,形成了以工商手工业者为主体的市民阶层及其文化,使得平民性成为广府文化的突出特征之一。平民性是相对于传统的贵族性而言的,在近现代社会,平民化运动是平等、民主等现代意识的基础。平民性的文化特质表现在人们比较追求人性的自由,以及世俗生活的享乐与情趣。无论是在观念上还是在具体的艺术形态上,广府民间工艺美术都表现出浓厚的平民意识和大众化风格,追求世俗性。创作者注意以写实的技巧和富有趣味性、情节性的内容来吸引观众,尤其喜爱带有吉祥寓意的内容和形式。题材内容多选择老百姓喜闻乐见的地方戏曲故事和岭南风物,以现实主义创作方法,表现当地的生活、风俗等。广府民间工艺美术的平民性还表现在对现实生活的直接关注,在许多作品中都有紧随时代的内容，表现技法上力求与时俱进，很多题材新颖、感情真挚的作品，都富有生活气息。在具体的描绘内容上，除了当代人物、事件外，艺人们还常常描绘一些具有岭南地方特色的植物和动物，如木棉、椰子、荔枝、木瓜、虾蟹、海鱼等。作品追求生机勃勃、喜气满堂、吉祥富贵的气氛，具有浓厚的世俗趣味和南国民间艺术特色。

（三）感性享乐的文化特质

市民阶层的生产生活方式、价值观念、审美意识使广府文化充满了世俗享乐的情调。享乐并非无节制地追求物质享受，而是与禁欲主义相对的一种伦理道德。这种享乐性文化的主导方面是积极的，它催人上进、开拓，追求幸福的生活。享乐性的文化往往偏好直观性的认识方法，具有重视感性自然的特点，热衷追求趣味性、猎奇性、情节性和形象性的表现方式。这一文化特点在广府民间工艺美术中也表现得较为明显，与其平民化、大众化的特点是一致的。

佛山秋色赛会中的纸扑工艺，主要由各种纸张、泥土、白蜡等廉价材料制成，它仿制金属器、名窑瓷器、动物鸟兽、日常用具、水果饭菜等，特点是力求视觉上的逼真酷似，追求以假乱真，工艺精良的纸扑作品往往使人无法辨别真假。这类民间工艺较为典型的直观性追求，可以满足大众对作品的趣味性、猎奇性需求。广绣、广彩等借鉴西画的写实性手法，使得作品的形象性突出，而且写实的手法更便于进行情节性的描绘。逼真的形体和色彩，富有情节性的内容，使作品的趣味性大增，视觉的直观性较强。广府民间工艺美术中的技艺，不少是全国独一无二的创举，如镂空雕刻运用高难度镂空技艺，在一定形态物体内再雕琢出一件或数件藏物。镂通雕的广州象牙球、木雕、玉雕等工艺美术品类技艺奇特，在一定程度上满足了人们的猎奇心理。但是过于重视感性自然的直观性和享乐性，也使得广府民间工艺美术有时显得比较单一，甚至肤浅，使作品缺乏深刻的艺术理念和创新精神。

二、追求理性变革的文化特质

在重视感性自然的直观性和享乐性的同时，广府民间工艺美术还兼具理性的主动变革精神，产品不断推陈出新，主要表现为开放兼容和追求创新的文化特质。

（一）开放兼容的文化特质

自古以来，岭南文化就是在开放交融中不断建构起来的。它由许多不同特质的文化融汇而成，开放兼容是其重要的文化特质。在岭南三大民系中广府民系最具开放性，比较易于接受外来新事物，并将传统文化与之相互融合。以广州为中心的广府文化具有两千多年的对外经贸往来的历史传统，开放性是其基本特点，也是广府民间工艺美术发展的文化背景和心理基础。在这样的文化背景下，人们较易更新观念，全面广泛地接受外来文化的优秀之处，形成兼容并蓄的特点。广府民间工艺美术普遍具有开放兼容的文化特质，最突出的是对中西文化艺术的主动融合，在长期的对外贸易中，根据西方市场的需求，在造型、纹饰、工艺和材料等方面进行革新，出现了许多中西合璧的式样。

广州红木家具就融合了西式家具的造型结构、装饰纹样与我国传统家具形态。清代西式建筑风格及西式家具传入，对广州红木家具的发展影响很大。为适应外销以及本地仿西洋建筑的盛行，与西式建筑室内陈设配套的家具样式应时而生，在造型结构、装饰纹样上出现了中西合璧式样，既有传统的龙凤呈祥、吉祥如意、福禄寿等题材，也融合了西方文化的虎爪脚、洋花、洋狮、几何图案、法国式花纹等。从简单的线角图案雕刻发展到半立体多层次的浮雕、通雕，甚至立体雕，广式家具形成了注重雕工、繁复豪华的独特风格，具有鲜明的地方文化特色。广彩也是中西合璧的典型代表，广彩艺人继承明代彩瓷的艺术特色，吸收西洋画法，描绘具有地方特色的图案，逐渐形成独特的岭南艺术风格。在色彩运用方面，现代广彩更吸收了油画技法，并且在原有的广彩颜色基础上，加入西洋彩和粉彩颜色，表现更加丰富多彩。

广府民间工艺美术开放兼容的文化特质还表现在对不同门类的工艺美术主动进行吸纳、借鉴和融合等方面。广州玉雕、木雕就是借鉴了广州牙雕、牙球的制作工艺和特色，镂雕出多层套叠的精美木球、玉球。尤其是玉雕，汲取中国各地玉雕技术之长，发展出独特的技法，在品种、雕工、用料等方面都有自己的特色。镂雕多层玉球是广州玉雕的精品，玉球层层重叠，每层都能转动自如，上面雕有精美的花纹，工艺精湛，后又发展出子母球、异形球等多种产品。广彩也是融合了我国织锦的图案手法，利用各种颜色和金银水进行钩、描、织、填，宛如金银彩丝织就，形成色彩艳丽、富丽堂皇的风格。总之，广府民间工艺美术兼容并蓄的特质与广府文化开放性和兼容性的特点是一致的，这种广纳兼收的文化融合精神使其不断更新，不断发展。

（二）追求创新的文化特质

广府文化的兼容开放造就了人们勇于变革创新的精神气质。在民间工艺美术领域，常常出现敢于超越传统、超越常规的发明和创造，在形式、题材、材料、工艺和观念等方面主动创新，形成新的风格样式。广绣以构图饱满、形象传神、纹理清晰、针法多样、善于变化的艺术特色闻名于海内外。19世纪的绣画，具有浓郁的民间特色，多采用寓意吉祥的百鸟朝阳、寿星八仙等题材。20世纪50年代至90年代，广州刺绣艺人不满足于传统工艺，认识到艺术要反映时代、代表时代，应随时代演进而变革，在作品题材的内容和形式上积极创新，对绣画的针法和表现手法进行研究，创作了不少技艺精湛、富有传统特色和鲜明的时代气息的优秀广式绣画。现代广绣从设计入手，在作品中融合国画和油画的造型与色彩观念，将书画创作融入刺绣中，使其成为能够满足现代人审美需要的艺术品。

广府民间工艺美术家注重工艺美术材料技法和题材的创新。广州刺绣艺人不仅使用绒线绣，而且创造性地使用孔雀毛、马尾做线缕、勒线。工艺大师陈少芳独创了"丝线色彩构成法"[①]，结合西方绘画的透视、解剖、光色等表现方法，远看仿如油画般细腻。而现代广彩也随着科学技术的更新而向前发展，并创造性地结合多种手法，新题材、新技法不断产生，表现形式多样，题材内容丰富多彩，更加贴近现代人的文化和生活。现代广彩的人物画法也趋向写实表现方式，人体比例精准，相貌动态优美而多变。画面注重构图布局，前后、深远、虚实有度，既保留了广彩的传统特色又融合了现代美术的多种元素，既延续了传统的织锦图案风格又十分注意画面的结构和空间透视，使作品从立意、题材到表现形式皆出现许多新意。

三、感性享乐与理性变革相融并汇

广府民间工艺美术是带有地方色彩的一种民间工艺美术类型，以其独具特色的形式和技艺，展现出鲜明的区域文化特质。感性的享乐主义与理性的变革精神相融并汇是广府民间工艺美术的特点，二者其实有着深刻的

---

① 黄柏莉著《锦绣岭南——广东刺绣》，139页，广州，广东教育出版社，2009。

内在联系。"大凡享乐文化都属于注重直观的感性自然的原生型文化",①这种文化较少抽象的概念和思辨,而且人的感觉具有的不稳定性和易变性,使得注重感性自然的享乐文化从内容到形式上都带有动态求变的特征,"它能刺激文化的生命机体,使之不断推陈出新,以满足人们的需求"。②同时,广府民间工艺美术的变革创新还是一种主动的、理性的追求。近代以来,广东得海外风气之先,广府人以一种开放的心态吸纳国内外的优秀文化,民间工艺美术中呈现出中西合璧的开放兼容的文化特质。出于商品销售的目的,广府民间工艺美术在题材和形式上要迎合不同消费者的审美时尚,紧随时代,不断创新。外销工艺美术品主要呈现为融合中西方文化特质,侧重写实,注重形式革新。

整体而言,广府民间工艺美术以满足市民阶层的享乐性审美时尚为主,喜欢绚丽的色彩,偏好直观性的表现手法,追求趣味性、猎奇性、情节性和形象性,尤重吉祥寓意。广府民间工艺美术技艺独特、色彩鲜艳、构图饱满、丰富热烈,充满热闹欢乐的气氛;常以百鸟朝凰、孔雀开屏、虾蟹海鱼、南国瓜果以及地方戏曲故事等为题材,具有浓郁的地方特色。

(王 丹 广州大学美术与设计学院副院长,博士,教授)

---

①② 李权时等主编:《岭南文化》,24 页,广州,广东人民出版社,2010。

道教南传与岭南文化[①]

王丽英

道教是我国本土宗教，始创于东汉后期的岭北，但在岭南大有市场。每逢节庆，尤其初一、十五，大小宫观熙熙攘攘，香客众多，影响颇大。究竟道教是怎样传入岭南？又如何与岭南文化产生"互化"效应？本文试从历史学、宗教学、文化传播学的角度，就道教传播的方式、南传的原因以及道教与岭南文化的互化作一考证，以就正于方家。

一、道教的形成与传播方式

道教形成于何时，以什么为标志？目前，学术界是有分歧的。一般认为，道教最早形成于东汉末年的蜀地和河北，它的标志是"五斗米道"和"太平道"两个有组织实体的道教派别的出现。"五斗米道"为东汉顺帝年间（126—144年）由张陵在蜀地创立，《后汉书·刘焉列传》云："（张）陵，顺帝时客于蜀，学道鹤鸣山中，造作符书，以惑百姓。受其道者辄出五斗米，故谓之'米贼'。"因为入道要收取信米五斗，故俗称"五斗米道"。"太平道"为东汉灵帝时期（168—189年）由张角在河北创立，《后汉书·皇甫嵩列传》载："初，巨鹿张角自称'大贤良师'，奉事黄老道，畜养弟子。……遂置三十六方。"因为信奉太平经，所以称为"太平道"，由于张陵和张角在创教时已有明确的教理、教规及组织，故标志中国道教正式形成。

道教形成以后得到迅速传播，六朝时期已经流行各地。唐宋时期，由于李唐皇室和赵氏皇室的崇尚，道教遂盛行起来，成为道教史上最为迅速的发展时期。到了明清时，道教呈现出新的态势，出现了扩渗现象。近代以来，道教走向式微。然而到了当代，道教又兴盛起来。

道教之所以发展迅速，与其以多种途径和各种方式进行传播不无

[①] 本文为广东省民族宗教研究院2013年度公开招标课题"弘扬宗教优秀文化与新型城市化发展研究——以广州市为例"（项目编号：YJY201307）的阶段性成果。

关系。

（一）以符水药物治病传道

生老病死是人之常情，能无病不死是最好不过的事情。道教很能把握人的这种心态，从人们最切身的问题入手，以治病救人为己任，在治病的同时进行传道，一举两得。首先，以符水治病传道。所谓符水治病，是道术符法的一种，其做法是在水中画符或烧符箓灰溶于水中，然后让病人饮服，如此做法，据说"不但疾愈，兼而度世"①。道教的这种符水治病方式，在科学不发达的过去颇得民心，它使受尽疾病折磨的民众得到一种虚假的满足和精神上的寄托以及心理上的平衡，所以信众很多。其次，以药物治病传道。道教还广泛运用民间医术为民治病，比如使用各种本草、汤药、针刺和熨烙等方法治病救人，效果不错。葛洪《神仙传》称："（张）陵语诸人曰：'叩得服食草木数百岁之方'。"②广州三元宫的前身是越冈书院，为东晋女道鲍姑行医修道之所，《南海百咏》曰："鲍姑即靓女，葛仙翁妻也，与洪偕隐罗浮山，行灸于南海，有神艾，……疗疾有奇效。"③鲍姑擅长灸法，尤以治赘疣出名。她利用白云山的特产——红脚艾，配以院中井水，为人灸疗，活人无数。再次，道教还有送医赠药的举措。《后汉书》云："建武十四年，会稽大疫，死者万数，意独身自隐亲，经给医药，所部多蒙全济。"④在灾疫降临之际，道士钟离意为人送医赠药，其医德是何等高尚和感人。正是由于道教在创教和传道过程中采取符水、药物治病以及送医赠药的方式，最大限度地迎合了广大民众的生理和心理的需要，也多少解除了他们的疾患和病痛，这无疑为饱受疾病苦痛的人们输进了一股暖流，注入了一支强心剂，人们自然感激它，崇拜它，信服它，于是纷纷入道。

（二）以善道教化天下

道教认为，人之所以生病患疾，多是由于患者犯错引起，治愈的关键在于令患者静心思过，因此道教"以善道教化天下"⑤。首先，道教教人思

---

① 王明：《太平经合校》，744页，北京，中华书局，1985。
② 葛洪：《神仙传》卷四，《张道陵》。
③ 方信孺：《南海百咏·鲍姑井》。
④ 范晔：《后汉书·钟离意列传》。
⑤ 范晔：《后汉书·皇甫嵩列传》。

过，无论是太平道或是五斗米道都以"跪拜首过"、"叩头思过"等善道施教于民，如太平道"（张角）蓄养弟子，跪拜首过"。① 据葛洪《神仙传》说，人首过后，"一则得愈，二使羞惭，不敢重犯"。② 不做坏事，只做好事。其次，道教教人自修，"内修慈孝，外行敬让"③。再次，道教教人抗争，面对黑暗统治和社会不平，道教教人起来摆脱现实苦难，为实现社会平等而斗争，如太平道倡导太平，"太者，大也，乃言其积大行如天。……平者，乃言其治太平均"。④ 历史上，由道教徒组织发动的反抗斗争是不少的，像东汉末年的黄巾起义、东晋的孙恩卢循起义等等。由于道教有同情和拯救民众苦难以及抨击时弊和宣扬变易的言行，反映了广大民众的愿望和要求，因此赢得了民心，争取了民众，"以善道教化天下"成为道教传道播道的一种有效方式。

（三）以壮大神威布道

道教到处收集神灵，扩充其神灵体系，以壮大神威布道。据《太上三五正一盟威箓》卷五称："东方夷老君除逆部伏卫兵，南方越老君扁鹊伏卫兵，西方氐老君官死伏卫兵，北方羌老君及甲错鳞兵，中央秦老君将领黄兵。"⑤ 道教的护卫神卒皆来自周边少数民族的神灵，包括东方夷老君、南方越老君、西方氐老君、北方羌老君和中央秦老君等各方神灵，统统变成了道教的护卫神卒。这些神灵，有道术威力，能劾鬼制魔，也有地方色彩，容易为各地各族民众所接受，因而信徒不断增多。

据上所述，道教以种种传播方式和活动，解决了民众的疾患痛苦，唤起了民众的宗教热情，这为各地各族接受和信仰道教创造了条件，也便利了道教与各地各族的宗教文化接轨。岭南紧邻道教创始地，自然成为道教传播之重要目标。

二、道教南传的缘由与途径

道教之所以迅速传入岭南，与岭南的自然环境和人文环境密不可分。

---

① 范晔：《后汉书·皇甫嵩列传》。
② 葛洪：《神仙传》卷四，《张道陵》。
③ 陆修静：《陆先生道门科略》，见《道藏》第24册，779页，文物出版社、上海书店、天津古籍出版社联合出版，1988。以下《道藏》引文均据此本。
④ 王明：《太平经合校》，148页，北京，中华书局，1985。
⑤ 《道藏》第28册，第455页。

（一）岭南秀异的地理环境，成为仙道乐至的福地

岭南地理环境秀异，古人多有描述和赞赏。清代学者仇巨川《羊城古钞》赞道："五岭恃其北，大海环其东，众水汇于前，群峰拥于后。地总百粤，山连五岭，彝夏奥区，仙灵窟宅，山川绵邈，土野沃饶。"① 其明确指出岭南既是众生安居之所，也是仙灵窟宅，她不仅为岭南民众提供生存空间，也为道教长生成仙提供理想乐园。唐代道士薛玄真也说："九疑五岭，神仙之墟，山水幽奇，烟霞胜异，如阳朔之峰峦挺拔，博罗之洞府清虚，不可忘也。所以祝融栖神于衡阜，虞舜登仙于苍梧，赫胥耀迹于潜峰，黄帝飞轮于鼎湖，其余高真列仙，人臣辅相，腾骞逍遥者。无山无之，其故何哉？山幽而灵，水深而清，松竹交映，云萝杳冥，固非凡骨尘心之所爱也。况邃洞之中，别开天地，琼膏滴乳，灵草秀芝，岂尘目能窥，凡屣所履也。得延年之道，而优游其地，信为乐哉！"② 他一方面赞扬岭南的山川秀异，犹如神仙之墟，像岭南的罗浮山、勾漏山、都峤山、白石山、飞霞山、抱福山和罗丛岩都享有"洞天"、"福地"之美誉，岭南这块仙墟，成为仙道心驰神往的乐土福地；另一方面，他惊叹岭南的物产瑰奇，仿如丹草之乡。道教倡行长生不死。怎样才能长生？在道教看来，长生的一个重要手段是服食仙药，集神仙道教之大成的葛洪，继承和总结前代医学和各种仙经的理论后，指出："仙药之上者丹砂，次则黄金，次则白银，次则诸芝，次则五玉，次则云母，次则明珠，次则雄黄，次则太乙禹余粮，次则石中黄子，次则石桂，次则石英，次则石脑，次则石硫黄……。"③ 这类仙药，在岭南都不缺，据《丹论诀旨心鉴》记载："丹砂皆生南方，不生北方之地。"④ 不少仙道慕名而来，如汉末衡山两个学道之人张礼正和李明期，就是"患丹砂难得，去广州为道士"⑤。还有，东晋初年，葛洪也因"欲炼丹以祈遐寿。闻交阯出丹，求为勾漏令"⑥。其他像黄金、白银之类更是随处可见，如《粤东闻见录》载："岭南纯火之地，多产金石。"⑦ 至于芝草类仙药，也是岭南特产，《广东新语》记载道，"南

---

① 仇巨川：《羊城古钞》卷首，《粤会山川形胜说》。
② 李昉：《太平广记》卷四十三，《薛玄真》。
③ 葛洪：《抱朴子内篇·仙药》。
④ 《道藏》第19册，344页。
⑤ 李昉：《太平御览》卷六六九，《道部十一·服饵上》，引《真诰》。
⑥ 房玄龄：《晋书·葛洪传》。
⑦ 张渠：《粤东闻见录》卷上，《温泉》。

海有灵山，产神草"。① 据说，当年葛洪上罗浮山采药时，采到的灵芝是五颜六色的。他还说，在罗浮山上，看到的都是仙药，不由发出"篱陌之间，顾眄皆药"②的感慨。这些无疑为道教炼服仙药提供了物质基础，仙道们大可因地制宜地尽情采炼和服食，岭南瑰奇的物产，满足了仙道们长生成仙的实践需要。

正由于岭南集天下山川之秀异和物产之瑰奇于一身，为道教南传提供了理想乐园和物质基础，因此岭南这种独特的地理环境与道教有着一种天然的地缘关系。

（二）岭南殊异的人文环境，契合道教文化形貌

岭南人文环境的殊异，主要表现在两个方面：

1. 岭南政治气候宽松，适合道教生长

岭南位于我国的南端，古书记载"三代以前，是为荒服"③。秦朝以前，岭南主要处于无君和无礼治状态。直到秦末，赵佗建立南越国，岭南仍然自成一体，不以礼治。秦汉以降，岭南虽已被开辟为封建帝国的疆域，但封建王朝的统治长期局限在一些交通要道和郡县治所附近地区，其余大部分地区基本上仍处于无君主的部族状态。在中原行冠冕之礼时，岭南还是断发裸体，处于未开化状态，这表明依附于政权和国家的儒学还没有在岭南得到有效的推行和发展，岭南更多地接受了以道家思想为主导的荆楚文化，正如屈大均所说的岭南多有"屈宋流风"④。可见，作为南楚余绪的岭南文化，对儒家思想涉足不深，在传承正统思想文化方面显得底力不足。正因为受正统观念影响不多，岭南表现得较为开放和灵活，容易接纳和生成具有创新性和异端性的思想观念，这就为道教的传入提供了便利。另外，岭南这种疏远儒学、不重礼治的特点，也正好符合仙道的逍遥自在性格，如欧阳修所说："下州小邑，僻陋之邦。此幽潜之士、穷愁放逐之臣之所乐也。"⑤据说葛洪当年就是冲着岭南这块乐土而南来的，岭南这块"化外之地"适合道教的生长。

---

① 屈大均：《广东新语》卷三，《二禺》。
② 葛洪：《抱朴子内篇·杂应》。
③ 杜佑：《通典》卷第一百八十八，《岭南序略》。
④ 屈大均：《广东新语》卷十二，《粤歌》。
⑤ 欧阳修：《有美堂记》，《欧阳修全集》卷四十，《记八首》。

2. 岭南民俗古朴，与道教有共通之处

由于地缘的影响，古代岭南的民俗风情具有鲜明的地域特色。其崇尚巫觋、崇拜图腾、信仰神仙、崇山乐道，与道教的"成仙"教旨和"斋醮"科仪以及"抱朴"精神有共通之处，有的甚至完全一致。两者可谓"同源互感"，同类相生。

首先，岭南巫术流行，早在汉代已经出名，甚至传到中原。越地巫术主要有祭祀、鸡卜、厌胜、祝咒等，岭南巫俗表现出来的种种形式以及内蕴的文化特征，契合道教文化精神，适合道教的生成和发展。例如，在思维方法上，岭南有五羊崇拜、手掌崇拜习俗，这体现岭南原始信仰中人的五指与图腾动物的五趾的神秘互渗，是古代"五指进位制"计数法和"仙掌崇拜"的巫俗遗绪，带有原始思维特征。道教中加上"五"字节的说法很多，如说人的五脏有神，东西南北中五方也有神，在道教的神祇中也有五帝、五神、五祀和五方道君①，两者的思维方法是一致的。又如在信仰上，岭南重淫祀，上自天神，下至百鬼，无不祭祀。道教也是多神崇拜，所祀之神，有尊神、主神和杂神三大系统：尊神系统包括元始天尊、灵宝天尊和道德天尊所谓三清，以及青帝、赤帝、黄帝、白帝、黑帝所谓五老君；主神系统包括天、地、山、川、日、月、星、辰、风、云、雷、雨；杂神系统包括灵官、太岁、城隍、土地、灶君、财神、祖先、圣贤、忠烈、仙人和行业保护神，诸神庞杂。有学者甚至考证出，葛洪晚年在罗浮山撰写的《枕中书》所创造的道教至尊神元始天王开天辟地的形象，就是直接源自岭南少数民族的盘古信仰。②两者在祀神和信仰上有共通之处。再如在方法上，岭南善禁咒，最常见且最灵验的是茅卜法。道教也有禁祝法，"如律令"、"急急如律令"都是道教劾鬼的常用咒语。道教的咒术颇多，葛洪的《抱朴子内篇》就有许多"禁咒之法"，如禁虎、禁蛇等。蒙文通先生研究后认为：禁咒之法"亦出于'越'，为南方民族之术"。③两者在方法上彼此难分，只能说明岭南巫俗与道教文化有着相似或近通之

---

① 此处五帝指太皞、炎帝、黄帝、少皞、颛顼。五神指句芒、祝融、后土、蓐收、玄冥。五祀指祀户、祀灶、祀中霤、祀门、祀行。五方道君指东方青灵始老、南方丹灵真老、中央混元黄老、西方皓灵玄老、北方五灵玄老。葛兆光：《道教与中国文化》，38页，75页，上海人民出版社，1987。

② 王卡《元始天王与盘古民开天辟地》，载《世界宗教研究》，1989（3）。

③ 王家祐：《读蒙文通先师论道教札记》，见《道教论稿》，188页，成都，巴蜀书社，1987。

处，有的甚至是道教某些戒律的渊源，岭南庞杂的巫仪和巫俗表现出来的狂热，为道教南传发展提供了一些效法雏形。

其次，岭南崇拜图腾，主要有两种形式。一种是以羊、狗、龙、蛇、虫、鸟等实物类为图腾崇拜。以羊为图腾崇拜，源自五羊传说。以狗为图腾崇拜，在岭南也不少，有学者认为是狗羊错位所致。① 还有，以龙为图腾崇拜也很普遍，这与岭南多为水乡有关系。另一种是以具体行动来表达抽象观念的崇拜，如岭南先民用断发、文身等行为来表达祈求辟邪免灾观念，实际上是对龙、蛇、羊、狗、虫、鸟等实物抽象出来的崇拜。作为岭南土著文化的一个重要内容，图腾崇拜是岭南早期民俗和生存环境的结合体，也是岭南先民文化心理的反映。岭南的图腾崇拜及其文化底蕴，契合道教的生成和发展。

再次，岭南信仰神仙，古代岭南有"不死乡"之称，就与神仙信仰有关。张华《博物志》说："驩兜国，其民尽似仙人。"② 驩兜国民就是岭南先民，"尽似仙人"，看来他们已经有仙人观念和神仙信仰。岭南古民信仰神仙，衍生出许多瑰丽的神仙传说，像五羊仙说、白云仙说、罗浮仙说。岭南的仙话神话，虽是传说，但也是古代某些史实的反映，是文化积淀的产物。后人透过传说可以看到史影，其反映神仙崇拜思潮在岭南社会有广泛传播和强烈反响，也反映了岭南具备道教南传的思想基础。

此外，岭南还有服药成仙的现象，如岭南统治者炼服仙药。据考古发现，西汉南越王墓西耳室出土有雄黄、赭石、紫水晶、硫磺、孔雀石等五色药石和铜杵、铜臼、铁杵等配药用具，被认为是墓主人南越王赵眜生前用来服食药石的特殊用器③。五色药石，又称"五石散"，是长生的灵药。葛洪在《肘后备急方》卷三说："凡服五石，护命延生。"同墓又出土了四件带有"长乐宫器"戳印的陶器，原是南越国长乐宫所用之物，南越王赵眜死后用之随葬，以求继续生前的长乐。这表明秦汉时期岭南统治者已经有学仙做仙的观念，并且掌握炼制和服食仙药技术，以祈求长生不老。

据上，岭南古朴民俗与道教成仙信仰、斋醮道术不谋而合。道教的有些活动甚至与岭南民风习俗相近或相通，实际上是"同源互感"、同类相生，由此反映出道教与岭南俗信之间存有一种天然的亲缘关系。岭南俗信与道教的这种亲缘关系，正好为道教南传提供了坚实的社会基础，并最终

---

① 吴之邨《"五羊"新诠》，载《江西社会科学》，1996（3）。
② 张华：《博物志》卷二，《外国》。
③ 《西汉南越王墓》上册，141页，北京，文物出版社，1991。

促成道教的迅速南传。

道教传入岭南，始于楚地、蜀地，后来还有吴地，是以三地与岭南的文化交流以及人员交往为途径实现的。

道教最早从楚、蜀传入。楚、蜀两地与岭南相近，交通便利。如从楚地可由水路、陆路进入粤地；从蜀地主要走水路，其中牂牁水是巴蜀与岭南之间的要道。由于交通便利，加上族属相同，习俗相近，人员来往颇为频繁。他们中有的是仕宦，有的是隐士，有的是商人，也有本身就是道教中人，这些人到岭南自然会把道学和道术带过来。如巴戎人赤斧，"采药灵山，观化南遐"①；又如栾巴，"四任桂阳太守。……素有道术"②，他在岭南为官时行道术。还有一些被称作妖贼的，实际上也就是道徒，如《后汉书·度尚列传》记载，桓帝延熹五年（162年），长沙、零陵贼合七八千人，自称"将军"，入桂阳、苍梧、南海、交趾。贺昌群先生认为：这是一起带有道教色彩的农民起义，因为"东汉史籍，凡称'妖贼'的，多半是指与太平道思想体系有关，并以此为号召的农民起义"。③ 这次作乱，七八千道徒进入岭南，肯定也会把道学和道术带进来。

稍后是从吴地传入。岭南与吴地接土邻境，交通便利，古代由吴地入粤的交通有水陆两路，水路由浙闽港口坐船至岭南，陆路为秦通南越的"新道"。两地习俗相同，言语相通，来往也早。到了东汉末年，更多吴人进入岭南，有的还是从中原或楚地辗转而来的，他们中不少人有道教倾向，或者是正规道徒，如汝南人（今河南）许靖，"浮涉沧海，南至交州"④，他性好清谈，有玄士之风。后来，陶弘景在叙述道教徒世谱时，将之列入道教系统，成为六朝时期著名天师道世家许谧的六世族祖。

随着多种人员的交往和文化交流，道教分别从楚、蜀、吴三地传入了岭南。其南传时间，与中原道教形成时间相距不远，可以看作同步。

三、道教与岭南文化的互化

道教传入岭南后，与岭南文化产生互动，形成"互化"效应，一方面

---

① 刘向：《列仙传》卷下，《赤斧》。
② 范晔：《后汉书·栾巴列传》。
③ 贺昌群：《论黄巾农民起义的口号》，载《汉唐间封建土地所有制形式研究》，266页，上海人民出版社，1964。
④ 陈寿：《三国志·蜀书·许靖传》。

是岭南文化的"道化",另一方面是道教文化的"南化"。

(一)岭南文化的"道化"

所谓"道化",是指道教对岭南文化的某些方面实现渗透功能的文化现象,比如道教的诸神崇拜、科仪道术、思想哲理,对岭南信仰、岭南民俗和岭南文学艺术所产生的渗透效应。

1. 岭南信仰富有道情

岭南民间信仰诸神庞杂,如广府地区①的神灵,种类繁多,庙宇广布,据商承祚先生调研后指出:广州人家的神有40多位,金花庙尊神有98位,东莞城隍庙神明有65位。②又据乾隆《佛山忠义乡志》记载,佛山市内有庙宇54座,中山小榄镇内也有庙宇70多座。③所祀有玉皇大帝、王母娘娘、天妃娘娘、南极仙翁、福禄寿星、五斗君星、北帝、祝融、文昌帝君、雷公、太上老君、吕洞宾、何仙姑、黄大仙、财神等,都是道教神明。如玉皇大帝,广府人心目中最大的神,是道教的最高神明之一,其位置仅在三清尊神之下。北帝,广府人对真武帝之称谓,是道教尊神五老君中的黑帝。祝融,广府人称之为南海神,是道教尊神五老君中的赤帝。文昌帝君,粤人祀之较多,道教尊为主宰功名禄位之神。雷公,广东雷州半岛和海南各地多有祀之,"谓之天神"。④道教奉之为"九天应元雷声普化天尊"。吕洞宾,为八仙之一,广府地区有多处纯阳观祀之,道教尊为纯阳祖师。黄大仙,广州、南海、博罗、香港等地皆有其庙。可见,岭南人的诸神信仰,有很明显的道教情结。

2. 岭南民俗蕴含道味

由于自然、社会环境的独特和受道教南传的影响,岭南民俗既有本土特色,也有道教意味,其表现在:

(1)岭南食俗讲究,反映道教重生养生思想

重生恶死是道教思想的重要特征,为了追求长生乐生,道教除采用吃药、炼丹和服气诸法外,还注意饮食养生,提出节食、淡味、服饵等养生大法。道

---

① 泛指以广州和珠江三角洲为中心的整个操粤方言的地区,广府民俗是最能体现广东民俗特点的民俗。参见叶春生《广府民俗》,1页,广州,广东人民出版社,2000。
② 商承祚:《广州市人家的神》,《民俗》第一卷,第四十一、四十二合期,24~27页,广州,国立中山大学出版,民国十八年(1929)一月九日。
③ (乾隆)《佛山忠义乡志》卷六,《乡俗志·岁时》。
④ 蔡绦:《铁围山丛谈》卷四。

教这种由乐生恶死直接引发出来的饮食养生思想和方法，随着道教在岭南的传播发展，为岭南人所接纳，在岭南饮食文化中有充分反映。表现在：

第一，岭南饮食讲究少而精，符合道教"节食"原则。道教主张节食，"老子曰：古之为道者，量腹而食"①。所谓量腹，就是要有所节制，食不过饱、饮不过多是道教一向的主张。岭南饮食讲究少而精，日常以吃好为原则，决不求多，宁可少食多餐，决不求过量，更不会暴饮暴食，即便是宴客，也不例外，席上菜肴精致而量少，以客人吃饱、吃好为准则，适可而止，符合道教"节食"原则。另外，岭南饮食讲究火候，与道教"炼丹"方法注意火候也是一致的。

第二，岭南饮食讲究清淡，适合道教"淡味"要求。道教主张淡味，"淡胜咸"②，源于老子的"恬淡为上"③。岭南饮食讲究清淡，徐珂《清稗类钞》称："粤人嗜淡食。"④淡，是指用料清雅而不俗，用味清淡而不浓，如岭南人爱吃白粥就是一个典型的例子。很多名人雅士都谈论过白粥的好处，如苏东坡说：白粥下肚，"妙不可言"⑤。陆游甚至认为食粥可以致仙。食粥可致神仙，当然有点夸张，但经常食用，确能起到养生延年的作用。岭南饮食讲究清淡，不光体现在味道上，在烹饪上也多用蒸、灼等方法，保持食物的原汁原味，力求在清中求鲜，在淡中求美。例如，岭南人吃鸡，要食白切鸡；食鱼，要食清蒸鱼；蔬菜，要食白灼时蔬。近年来，岭南还兴起"田基美食"、"田园时蔬"、"绿色食品"、"山水泡茶"等美食，呈现一种崇尚自然、返璞归真的岭南食风和品位。

第三，岭南食肆建筑吻合道教崇尚自然的品格。道教崇尚自然，以自然为美，追求"自然自在，无所拘束"⑥。岭南食肆多依自然条件而建，或园林式，或村舍式，亭台水榭，奇花异卉，一片自然景色。尤其园林式酒家在岭南比比皆是，如堪称全国最大的园林酒家泮溪酒家，就是以楼台殿阁酒舫廊座格式来布局的，饮食环境仿如仙境。又如位于广州珠江南岸的南园酒家，是一家典型的园林式餐馆，它集楼阁、花厅、酒亭、荷池、小桥、流水于一体，自然清幽，犹如乐园。郭沫若曾题诗赞道："此是人工天外天，解衣磅礴坐高轩。层楼重阁疑宫殿，雄辩高谈满四筵。万盏岩茶

---

① 《文子·守易》。
② 《道藏》第18册，520页。
③ 《老子》三十一章。
④ 徐珂：《清稗类钞》饮食类。
⑤ 苏轼：《苏东坡全集》前集，卷二十三《杂文·问养生》。
⑥ 张君房：《云笈七签》卷六十，《诸家气法部五》，《道藏》第22册，419页。

千盏酒,三时便饭四时鲜。外来旅客咸瞠目,始信中华是乐园。"此处不是仙境胜似仙境。

第四,岭南饮食讲究食疗,契合道教服饵主张。道教性好服饵,认为服饵可以成仙。所谓服饵,就是服食药饵,包括茯苓、巨胜、五芝、菊花、苡仁等。道教服食药饵,以求长生,实际上它是一种食疗法。相传当年赤松子吃百草、彭祖食桂芝、冠先食荔枝花……均成百岁老翁,传说虽不免牵强附会,但体现服饵的功效。岭南人日常饮食,也注重食疗,利用食物来预防和治疗疾病。例如,岭南人嗜食槟榔,是相信槟榔可"辟瘴、下气、消食"①;又岭南人喜食荔枝,皆因荔枝食之"可以消肺气,滋真阴,却老还童"②;岭南人还好吃蝙蝠,是因为"服之寿万岁"③。食疗成为岭南饮食的一大特色,它契合道教服饵主张。

第五,岭南食肆和菜谱使用道教术语。岭南食肆中使用道教术语的铺号不少。例如,岭南第一座体面的广式茶楼叫"三元楼"。"三元"一词来自道教的三个重要节日,道教把正月十五日叫作上元节、七月十五日叫作中元节,十月十五日叫作下元节,分别作为天官、地官和水官大帝的生日,认为天官赐福,地官赦罪,水官解厄。岭南这家"三元楼"始建于清朝光绪年间,位于当时广州市最繁华的商业中心十三行,取名的原意现已不清楚,张磊先生推论三元"隐含'酒家榜首,食肆班头'之意"④,也有隐含"有三元大帝坐镇,保佑生意兴隆,老少平安"之意。又如广州市人民桥南端有"洞天"茶楼,"洞天"之说,出自道书,"大天之内,有地中之洞天三十六所。"⑤ 洞天是道教修炼的理想居所。岭南"洞天"茶楼始创于1915年,是广州市河南地区的一间老字号酒家,茶楼的建筑设计体现"世外桃源,别有洞天"的意境。此外,广州取名"太平"的店铺很多,如"太平馆"、"太平酒家"、"太平菜馆"、"太平冰室"、"太平餐厅"等。"太平"一词在《太平经》中反复出现,多达651次。太平乃是道教的理想追求,岭南"太平"店铺多且广,体现岭南人对太平社会和美好生活的热盼。

此外,岭南菜谱上使用道教词汇的菜名很多。"仙",是道教使用最频

---

① 周去非:《岭外代答》卷六,《食用门·食槟榔》。
② 吴应逵:《岭南荔支谱》,见梁廷枬《南越五主传及其七种》,74页,广州,广东人民出版社,1982。
③ 段公路:《北户录》卷一,《红蝙蝠》。
④ 张磊:《岭南文化志》,356页,上海人民出版社,1998。
⑤ 陶弘景:《真诰》卷十一,《道藏》第20册,555页。

繁的名词,长生成仙乃是道教的追求。岭南人喜欢将"仙"、"神仙"、"仙人"和"长生"、"长寿"等与道教相关的词汇用于食品和菜谱上,如粤东地区有"仙人饭",罗浮山有"仙人冻"。还有"长寿面""八仙盘"、"仙人鸾"、"长生粥"、"神仙粥"、"百岁羹"、"白发齐眉"、"长寿仙翁"等菜名,寓意食用后身体康健、长生不老,道教味道十分浓厚,契合道教长生成仙的宗旨。

(2)岭南丧俗豁达,体现道教乐生思想

首先,对死的称谓,契合道教"成仙"追求。岭南民间常言:"除死字无大碍。"人们不愿意死,畏惧死。对死,岭南人有很特别的称谓,比如称死人为"百年",棺材叫"寿板",或称"长生木"。有关死的店铺和行当也冠以雅号,如棺材铺,美其名为"长生店",殡葬行叫"别有天",也就是"别有洞天"的意思。岭南人甚至把死看作成仙,如粤东、粤北山区的客家人,在亲友死后使用的挽联多用"仙去"、"仙游"、"仙驾"、"仙乡"、"归仙"等与神仙有关的词语,契合道教"得道成仙"的追求。

其次,墓地的选址,符合"风水"学说。风水术是指对居住环境包括阳宅、阴宅即墓地进行选择和处理的一种方术,其中混杂着中国古代的"气"、阴阳、五行、八卦和太极等理论,辅以巫术行为,后成为道教的一种道术。岭南墓穴十分讲究风水,民间流传"十不葬"的谣诀:"一不葬粗顽石块;二不葬急水滩头;三不葬深沟绝壁;四不葬孤独山头;五不葬神前庙后;六不葬左右休囚;七不葬山冈撩乱;八不葬风水悲愁;九不葬坐下低小;十不葬龙虎尖头。"考古发现,两广地区的墓穴多葬在小山丘或缓坡之上,墓地的四周有群山怀抱,附近还有河流流淌,这些墓地,称得上是"山冲"宝地,符合风水的要求。

再次,随葬的器物充满道教色彩。岭南重视死后生活,人死后一般都有一些铜镜和石俑用作随葬品,并在随葬品的后面以及墓砖上刻上一些铭文,冀望死者成仙后可以如同仙人一样逍遥快乐。这些铭文既是一种美好的祝愿,也体现道教对福寿安康的追求。更为重要的是,岭南墓穴中用作随葬的镇墓券,颇具道教色彩。镇墓券,又称为镇墓文,开始只是一种买地墓券,具有镇墓解适之功效。后来道教将之吸收,加入符箓、咒法而成为道术之一种。前些年,岭南不少地方出土了此类镇墓券,如广西桂林市北郊观音阁挖掘出一方化石质镇墓券[①],广东客家地区在每年的清明和上

---

① 《中国各民族宗教与神话大词典》,772页,北京,学苑出版社,1990。

元诞为死者进行祭祀时,也会用上镇墓券①。从以上种种现象可以窥见道教的意味深蕴其中,不难发现,岭南的生死观与道教"乐生恶死"②思想有着异曲同工之妙,它体现道教在岭南的地位及其与岭南文化的融合。

(3) 岭南杂俗方术渗透道教斋醮科仪

岭南杂俗中使用的方术很多,最为常见的是画井符。画井符,是岭南一种降神方术,宋明以来在岭南地区流行。它的做法是:画一个符如井字形,再写上对方的姓名以及出生年、月、日、时,然后念咒,咒完,把符烧掉,将灰放进陶瓮中,封上口,埋于地下。据说,这样做后,被诅咒之人必死或大病。③ 道教也有"画井为狱"之道术,做法是"就地画一井字,念咒云:天火雷神,地火雷神,五雷齐降,锁鬼关精"④。为什么要画井?道书说得很清楚,如《地祇温元帅大法》有"立狱",它的正面就是一个"井"字⑤。可见,井就是狱,道教的"画井为狱",实际上是专门用来收捕邪巫邪兵之道术。道教这种"画井为狱"道术,在葛洪的《抱朴子内篇》和《神仙传》都有记载,可知这种井符道术在东晋道徒中非常流行,显然比岭南民间在宋明时期用作降神方术画井符要早。所以说,岭南画井符应该是仿自道符,体现了岭南文化的道化。

3. 岭南文学艺术饱含道韵

(1) 文学艺术取材道教仙话

如《五羊仙说》⑥、《罗浮仙说》⑦、《悦城龙母传说》⑧、《盘古神话》⑨、《刘三妹传说》⑩ 等都是大家耳熟能详的文学作品,其素材均取自道教仙话

---

① 钟向阳:《从大埔民俗看道教在客家地区的影响》,载《中国道教》,2002 (4)。
② 王明:《太平经合校》,18 页,北京,中华书局,1960。
③ 王兴瑞,岑家梧:《琼崖岛民俗志》,载《民俗》(复刊号)第一卷,第一期,46 页,广州,国立中山大学,民国二十五年 (1936 年) 九月五日。
④ 《道法会元》卷二百四十引《正一玄坛元帅六阴草野舞袖雷法》,见《道藏》第 30 册,487~488 页。
⑤ 《道法会元》卷二百五十五,见《道藏》第 30 册,572 页。
⑥ 见顾微:《广州记》、乐史:《太平寰宇记》、仇巨川:《羊城古钞》、屈大均:《广东新语》以及各种志书。
⑦ 见陈梿:《罗浮志》、宋广业:《罗浮山志汇编》、陈伯陶:《罗浮志补》以及相关志书。
⑧ 见刘恂:《岭表录异》、乐史:《太平寰宇记》、屈大均:《广东新语》、范端昂:《粤中见闻》、张渠:《粤东闻见录》。
⑨ 见徐整:《三五历记》、任昉:《述异记》、干宝:《搜神记》。
⑩ 见王象之:《舆地纪胜》、乐史:《太平寰宇记》、屈大均:《广东新语》。

传说。

(2) 文学艺术体现道教精神

无论是诗歌、书画还是建筑，岭南都表达出一种"自然"的审美观，反映出一种"抱朴"的人生观以及抒发了一种浪漫情怀。如岭南的田园山水诗歌恬淡自然，岭南的书画妙造自然，岭南的建筑洋溢自然气息，充满了对"真"和"朴"的讴歌，也寄寓了对美好理想的热切追求。诚如陈寅恪先生所说："艺术之发展多受宗教的影响；而宗教之传播，亦多倚艺术为资用。"①

（二）道教文化的"南化"

所谓"南化"，是指道教文化中的斋醮仪式、神仙体系和仙学理论在一定程度上受到岭南文化的熏染和影响，有的甚至直接摄取岭南文化的某些方面或内容。

1. 步罡踏斗摄自岭南巫舞

步罡踏斗，道教的重要法术之一，是道士在礼拜星宿、召遣神灵时的一种动作。其步行转折，宛如踏在罡星斗宿之上，所以得名。它原叫禹步，据说由夏禹模仿粤巫的巫步发展而来。据《洞神八帝元变经》载："届南海之滨，见鸟禁咒，能令大石翻动，此鸟禁时，常作是步。禹遂模写其行，令之入术。自兹以还，术无不验，因禹制作，故曰禹步。末世以来，好道者众，求者蜂起，推演百端。"② 显然，是岭南巫舞在前，禹步在后，步罡踏斗摄自岭南巫舞应该是没有疑问的。

2. 气禁承自岭南禁咒

气禁也是道教法术的一种，其方法是通过行气于外物，使外物随人的心意而起变化，以达到养生去恶的目的。道士们多通晓此术，葛洪说："善行气者，内以养身，外以却恶，然百姓日用而不知焉。吴、越有禁咒之法，甚有明验，多炁耳。"③ 其明确指出吴、越有气禁法，且灵验。古代岭南善禁咒，很早就有"粤祝"和"越人祝法"之说，《论衡》说"南越

---

① 陈寅恪：《天师道与滨海地域之关系》，载《金明馆丛刊初编》，39 页，上海古籍出版社，1980。
② 《道藏》第 28 册，398 页。
③ 葛洪：《抱朴子内篇·至理》。

之人，祝禁辄效"①。后来，禁咒还得"南法"之称。道教援引岭南禁咒法，成为道教之气禁术。

3. 道啸源自岭南巫啸

道啸，是由巫啸衍化而成的一种道教法术，常常应用于道教法事之中。它实际上是"一种气沉丹田，以横膈膜压迫气息，通过声带发声，在口腔前部形成共鸣的发声方法"②，目的是用于交通神灵和役使神灵，如道书《洞神八帝元变经》说："长啸呼八神之名，神乃见形为之驱役。"③ 其实，用长啸的方法呼风唤雨、请神弄鬼，是岭南古老的方术之一。岭南巫啸起源甚早，《拾遗记》载："太始二年（即前95年），西方有因霄之国，人皆善啸，丈夫啸闻百里，妇人啸闻五十里，如笙竽之音，秋冬则声清亮，春夏则声沉下。人舌尖处倒向喉内，亦曰两舌重沓，以爪徐刮之，则啸声逾远。"④ 这种啸法，使用的是"人舌尖处倒向喉内"，实际上就是反舌发声，《吕氏春秋》说，擅长此法之民是在蛮夷之地，高诱在注中还说："南方有反舌国，舌本在前，末倒向喉，故曰：'反舌'。"⑤ 这反映先秦时期岭南地区已经流行这种"末倒向喉"的"反舌"啸法，与太始二年流行于西方因霄国人的"人舌尖处倒向喉内"的啸法并无二样，所以刘晓明先生认为岭南是啸法的原产地。⑥

综上所述，由于岭南与道教有着天然的地缘和亲缘关系，在好道人士的积极活动下，道教在东汉末年传入岭南。道教南传后，与岭南文化交融，出现"互化"效应：一方面是道教的"南化"现象，道教不少斋醮科仪有岭南巫祝文化的成分；另一方面是岭南文化的"道化"品格，岭南信仰富有道情、岭南民俗蕴含道味、岭南文学艺术饱含道韵、岭南思维方法体现道教哲理，无论是民族心理、情感思维、民风习俗、伦理道德或是文学艺术诸方面，岭南都深刻地打上了道教的烙印。

（王丽英　广州大学广府文化研究中心教授，博士）

---

① 王充：《论衡·言毒》。
② 刘晓明：《试论以巫啸、符法为中心的岭南民间信仰》，载《世界宗教研究》，2001（3）。
③ 《道藏》第28册，405页。
④ 王嘉：《拾遗记》卷五，《前汉上》。
⑤ 《吕氏春秋·为欲》。
⑥ 刘晓明：《试论以巫啸、符法为中心的岭南民间信仰》，载《世界宗教研究》，2001（3）。

广府地区道教生态旅游初探[①]

——以罗浮山为例

蒋艳萍

广府地区道教文化历史悠久，早在道教创教之前，已有不少术士活动。自道教南传，广府地区道教传播在历史上虽曾受到重创，几经周折，但仍保持着强劲的发展势头，并且不断世俗化和民间化，对广府地区民众的生活习惯、民间习俗、民间信仰、养生思想等都有较大的影响。广州和罗浮山更是历史上广府道教传播的重地，宫观众多，最著名者如广州三元宫、罗浮山冲虚观，至今香火鼎盛，有着广泛的民众基础。

道教崇尚自然，追求万物一体、生而不有、和而不同的平等精神，关注环保，对保护生态平衡一直有着积极的作用。据说，但凡有宫观庙宇之地，自然环境一般保护得较好，广府地区也不例外，如博罗的罗浮山、连州的静福山、韶关的丹霞山、广州的白云山等。其生态保护相对完整，这一方面与政府对环境保护的扶持分不开，另一方面也与当地宗教组织关于自然保护的宣扬与采取的积极措施有较大关联。可见，宗教对人们形成有关自然保护的态度有着非常重要的影响，特别是道教教理教义本身就与现代生态保护理念存在一定的相通性。而在大力发展市民休闲旅游的今天，生态旅游这一新兴旅游模式受到越来越多的喜爱，如能依托广府地区有形的道教文化设施和无形的道教文化氛围，充分挖掘人、自然、道教之间的生态和谐与循环关系，通过从游客的生态体验出发设计旅游产品，打造一批经典道教文化旅游和生态旅游示范区，既可以满足珠三角地区民众不断增长的旅游需求，开拓休闲旅游市场，还可以寓教于游，将道教文化中的优秀传统思想传承下去，在旅游中不断强化人们的生态意识。下面拟以罗浮山作为示范点，进行探讨。

---

① （基金来源：广州市社科规划项目"罗浮山道教文化与生态旅游"，课题编号：09Y14）

一、罗浮山开展道教生态旅游的优势分析

"生态旅游（ecotourism）"这一概念是由国际自然保护联盟（IUCN）特别顾问谢贝洛斯·拉斯喀瑞于1983年首次提出，并迅速风靡全球，不断有学者对其内涵加以丰富和充实，虽然迄今仍未有一个统一的概念，但对以下几个方面的内涵已达成共识。第一，旅游地主要为受人类干扰破坏很小、较为原始古朴的地区；第二，旅游者、当代居民、旅游经营管理者有较强的环保意识；第三，能够促进旅游地的生态环境保护；第四，能促进旅游地社会和经济的发展。[①] 生态旅游要借助自然景观、文化设施，通过旅游者自身的体验与参与，促进旅游者环保意识的增强，促进旅游地生态、文化、经济等多方面的可持续性发展。

罗浮山具有悠久的历史，自然资源十分丰富，方圆214平方公里，共有大小山峰432座，飞瀑名泉980多处，洞天奇景18处，石室幽岩72个，以山势雄伟壮观、植被繁茂常绿、林木高大森然、洞天超凡脱俗等特色吸引着古今无数道教羽士、文人墨客前来探幽取胜。自古就有罗浮是五岳之外第一名山之说，更有"罗浮天下春"、"罗浮天下奇"的流传。罗浮山又是天然的植物园，植被覆盖率达90%，植物种类3000多种，其中药用植物达1200多种，有天然中草药库之说。罗浮山森林自然保护区的植物种类丰富，植物群落结构比较完整，自然植物垂直分布变化明显，南亚热带珍稀濒危植物较多。其环境的原始古朴、动植物种类的多样化，使之能够成为开展生态旅游的良好基地。

罗浮山又是道教圣地，拥有众多道教遗迹，流传着很多道教神仙传说。自秦汉以来，罗浮山就成为道教羽客修行得道之圣地，在道教史上地位颇高，其中朱明洞天是道教十大洞天之"第七洞天"，泉源福地是七十二福地之"三十四福地"。罗浮山现存最古老的道教宫观冲虚古观，距今已有1600多年历史，是华南道教的祖庭和活动中心。从养生修炼的角度讲，道教史上最重要的外丹修炼和内丹修炼都与罗浮山有直接渊源，"既是外丹之术的根据地，又是内丹之说的发祥地"[②]。道教在保护自然环境方面历来就有非常积极的作用。它崇尚自然、尊重生命，认为人与自然是血肉相融的整体关系，万物都是由道化生而成，并无高低贵贱之分，人类只

---

① 程道品：《生态旅游开发模式及案例》，北京，化学工业出版社，2006。
② 赖保荣编著：《罗浮道教史略》，36页，广州，花城出版社，2010。

有顺其自然，才能与万物共荣共生。《太平经》认为："自然之法，乃与道连，守之则吉，失之有患。"① "天地之性，独贵自然，各顺其事，毋敢逆焉。"② "故万物皆因自然乃成，非自然悉难成。"③ 故强调"慈爱一切，不异己身。身不损物，物不损身"④，把关爱万物、保护自然环境、慈爱和同情视为自己宗教修持的重要内容。道教在生活方式上主张少私寡欲、返璞归真，对人的过多欲望进行严格的批判，"欲者，凶害之根；无者，天地之原"⑤。这种恬淡少欲、见素抱朴，反对奢侈浪费的价值取向和生活方式，也能很好地保护有限的自然资源。现代人的生活节奏越来越快，生活压力也渐渐增大，对环境的破坏也日益严重，因此道教提倡的"道法自然"、"天人合一"、"少私寡欲"的生态观念也渐渐受到人们的重视，这种理念符合时代发展的需求，也符合自然发展的需求。

故我们可以依托罗浮山有形的道教文化设施，结合罗浮山原始的自然风光，充分挖掘道教生态思想，让游客一方面沉浸在道教的道法自然、大人合一的教义熏陶中，另一方面尽情地享受大自然给人类的无私馈赠，正确认识人在宇宙自然的地位，从而达到促使游客自觉保护环境、美化环境的目的。

二、罗浮山道教生态旅游产品的开发设想

旅游产品的设计贵在创新，重在从旅游者的体验出发。罗浮山道教生态旅游产品的设计着眼点正在于从旅游者的情感诉求出发，打造一个全方位的体验渠道。随着国民经济的发展，消费水平的提高，当前的旅游形式早已不再局限于"走马观花"式的观光旅游，人们越来越看好更深层次的个性化体验游。罗浮山地处岭南"旅游休闲走廊"的中心地段，是构成"广州—香港—惠州"旅游金三角的支撑性景区和代表型景区，处在珠江三角洲东部城市的中心地带，附近都是人口稠密、经济发达的新型城市，直接面对出游力最强的珠三角客源市场。罗浮山如能更好地利用其区位优势，加强旅游产品的包装和宣传，提升其文化品位，进一步顺应都市人群休闲旅游之需求，当然就能吸引更多的游客来此休闲度假。

---

①②③ 王明编：《太平经合校》，472页，北京，中华书局，1960。
④ 《洞真太上八素真经三五行化妙诀》，见《道藏》第33册，474页，文物出版社、上海书店、天津古籍出版社，1988。
⑤ 《西升经》，见《道藏》第14册，588页。

结合罗浮山道教名山与自然保护区的特点,从游客体验出发,本文认为可从以下几方面设计旅游产品。

第一,夜宿飞云顶,赏夜半见日之奇事。飞云顶是罗浮山最高峰,海拔1296米,因彩云飞渡而得名。上罗浮,登绝顶。古人说:"登山不到罗浮巅,举足万里空徒然。"山势陡峭,从广汕公路望去宛若倚天长剑,奇妙的是峰顶却盘圆平坦,花草并茂,云雾缭绕。观日、观云、观海号称飞云顶的三大奇观。夜半观日出更是历代罗浮山游记最具神奇性的一笔,古人云:"其绝顶为飞云峰,即夜半见日处也。顶上有见日庵、飞云塔,云霞汹涌,灏气往来,如身在海中,或沉或浮,列子所谓御烈风而行也。"①"见日台在飞云顶,宿其上观日,乍闻天鸡一声,天海皆赤,万道金光齐射如箭,莫能仰视,日初出,隐隐有声,大数十围,渐如车轮,乃丽于天,迨丽天时,下方渐明矣。"② 苏轼有诗云:"人间有此白玉京,罗浮见日鸡一鸣。"③ 这些都是描写飞云顶夜半见日之奇景。但是在古人文词中每每称道的这一经历,当代却很少有人体验,现在的人到罗浮山往往只在冲虚观、黄龙观几个景点匆匆游览,登顶者不足十分之一,登顶后停留最多不过几小时,鲜有留下观日者,这与景区配套设施不齐备和景区宣传不够有直接关系。本文认为:一方面应加强对罗浮夜半观日景观的建设,多从古籍记载中寻找相应描述,尽可能还原古籍中记载的景观,如见日庵、飞云塔、见日台等,并加大宣传力度,引起游客的兴趣;另一方面,可开发一个在山顶露营的项目,飞云顶山顶平坦,面积达100多平方米,如若加以合理开发整改,修建山顶栖息地,增加保护措施,让游客可露营在山顶,欣赏夜半见日出、白云如波涛的奇景,体验与古人穿越时空的情感对接,将给游客带来一番别样的感受。飞云顶露营见日的体验一方面可以增加游客在罗浮山观光的时间,使游客对罗浮山的了解更加深入;另一方面身临其境的体验也促使游客放慢脚步,真真正正地融入罗浮山的血脉精气,从而加深对罗浮山的认同。

第二,吸罗浮精华,体天人合一之妙境。道教的道功、道术"吸取天地精华"于青山绿水之中,无疑对现代希望通过旅游健身强体、延年益寿

---

① 钱煜:《罗浮图说》,中国宗教历史文献集成(45)·三洞拾遗(第十五册),合肥,黄山书社,2005。
② 钱以垲:《罗浮外史》,中国宗教历史文献集成(45)·三洞拾遗(第十五册),17页,合肥,黄山书社,2005。
③ 苏轼:《同子过游罗浮》,见《续四库全书·史部·地理类》第725册,743页,上海古籍出版社,2002。

的旅游者具有吸引力。如果结合罗浮山优越的自然环境,适时推出一些养生实修类的旅游产品,估计会受到广大游客的青睐。据调研得知,现有的罗浮山养生体验的旅游项目非常少,目前在罗浮山举办过的养生实修活动主要有罗浮山轩辕庵住持苏华仁道长与深圳合道堂公司合作举办的各项修道体道课程、深圳王室集团开展罗浮山"清调养"活动、罗浮山道教养生研究院举办的"道教辟谷养生"活动、北京企业家俱乐部与广东宅道院举办的"周末养生道"活动等等。这些体道修道活动一般集中在2～3天或4～5天,面对的多为高端客户,定向为"有远见有智慧有社会担当的企业家、有社会影响力的社会人士"服务,产品附加值较高,但由于定位较高,参与人数较少,活动的辐射性和推广性不强,缺乏适合老百姓养生的体验项目。本文觉得可借鉴武当山、青城山等道教名山的做法,将养生体验大众化、平民化,依托罗浮山道教宫观、道教养生研究院等机构,结合度假、观光等旅游方式,开办各种形式的道教养生休验班,如周末体道班、3～5天的养生学习班、10～15天的夏令营体道班,设计融道教养生与观光于一体的旅游项目,让更多的非道教人士得到道教养生的实修体验,这样既可以发展道教养生的文化产业实体,也能够把道教养生功法向世人推广。

第三,依图索秘踪,探罗浮山水之险境。罗浮山景区被划分为四大部分,分别是朱明洞景区、洞天景区、飞云顶景区、酥醪景区,这四大景区目前开发相对完善的只有朱明洞景区。罗浮山有大小山峰432座,除了飞云顶、狮子峰之外,较有名的还有铁桥峰、玉女峰、骆驼峰、上界峰等等,大多数都是尚未开发的原生态山峰,非常适合户外探险活动。再加上历代山志及游记关于罗浮山充满原始、神秘的记载,无疑能够吸引追求新奇、富有冒险精神的游客前往。以探险游览为主,追求一种自我探索的体验,是一种参与性的生态旅游活动。据调研,现有的罗浮山徒步穿越户外线路非常少,到罗浮山徒步以深圳、东莞、广州的户外运动协会组织的小规模运动为主,线路多为自行探取,而且所到之处多无标示。笔者在网上查到一条较为经典的穿越路线,此路线以酥醪村小蓬莱阁为起点,途经白水门瀑布、拨云寺、飞云顶、上界峰、刘仙坛,返回酥醪茅坪村[①]。位于罗浮山后山尚未开发的地区,自然景观保存得相当完好,沿路风光清静、幽秀、美丽,满眼翠绿,一路在富有灵性的瀑布、溪水、树林、庙宇、箭

---

① 参见"罗浮山尚未开发的核心景区攻略",http://www.yododo.com/area/guide/5A7400EA0DD2873E010DD3CC41B70194

竹、杜鹃、甸草、怪石中穿越，不时飞来清风、浓雾、浮云，飘渺弥漫，如入仙境，又如入天然的洗肺氧吧。本文认为，可以从不同难度和强度多开发设计一些徒步线路，开展以探秘为主的主题活动，追随古人的游记线路，寻找古籍中记载的地方，鼓励户外运动者多写游记，多开发新的路线。

　　总之，作为中国十大道教名山之一，罗浮山对于弘扬中国道教文化任重而道远。道教文化与生态旅游在保护环境、亲近自然方面达成共识，在罗浮山开展道教生态旅游，有利于通过生态旅游促进道教文化的传承，通过道教文化提升生态旅游的品质，合理利用当地的有利条件，发掘罗浮山的市场潜力，增强罗浮山旅游区的市场竞争力，吸引更多的游客到罗浮山游玩，从而提高罗浮山的知名度，使之成为名副其实的中国道教生态名山，实现生态、文化、经济等多方面的可持续发展。

（蒋艳萍　广州大学广府文化研究中心副教授，博士）

广州民间信仰的地域性研究[①]

刘庆华

民间信仰自古以来深植于中国民众的心中。即使有20世纪五六十年代对旧有信仰体系摧毁式的革命，但民间信仰并未绝迹，一旦思想控制稍稍放开，它就以"春风吹又生"的顽强而滋长。作为有着浓厚民间信仰传统的广州，20世纪80年代以来，不仅传统民间信仰逐渐复苏，而且新的民间信仰内容也渐渐浮现，寺庙宫观、祠堂坟墓大量修建，地方庙会重开，宗族、家庭祭祀仪式繁复，阴阳八卦、算命问卜、风水堪舆公升盛行，星座、血型等新兴信仰不断出现。

一、广州民间信仰场所及信仰人群调查

"民间信仰"术语最早见于1892年的西方学术期刊，1897年日本学者姊崎正治正式使用。在20世纪20年代"民间的信仰"、"民众信仰"、"民间宗教"常见于中国学者的文章中。到了20世纪30年代，"民间信仰"已成为一个相对稳定的术语[②]，尽管学术界对其内涵的理解各有侧重。钟敬文先生认为："民俗信仰又称民间信仰，是在长期的历史发展过程中，在民众中自发产生的一套神灵崇拜观念、行为习惯和相应的仪式制度。"[③]可见，民间信仰是指民众在长期的历史发展过程中产生的一套神灵崇拜观念、行为习惯和相应的仪式制度，是民众自发地对具有超自然力的精神体的信奉与尊重。它包括原始宗教在民间的传承、建制性宗教在民间的渗透、民间普遍的俗信以及一般的禁忌迷信等。

广州是一座有2200多年悠久历史的文化名城，曾是中国最早对外开放

[①] 此文为广州市社科联2011年"当代广州民间信仰研究（11SKLY15）"、2012年广东省社科规划"广府文学地理研究"（GD11XZW07）课题阶段性成果。

[②] 高丙中《作为非物质文化遗产研究课题的民间信仰》，载《江西社会科学》，2007（3）。

[③] 钟敬文：《民俗学概论》，87页，上海文艺出版社，1998。

的贸易大港,一千多年来扮演着中国的"世界之窗"的角色,各种文化在此交汇。中国五大宗教中,除道教属于中国本土宗教外,佛教中的禅宗、密宗教派以及伊斯兰教、基督教均从广州传入中国。因而,在民间信仰方面,广州既有本土信仰,又吸收了中原各地的民间信仰,加上西方宗教信仰的传入和相对远离北方政治中心的地理环境,使得广州保留了较浓厚的民间信仰习俗。

无论是外来宗教,还是本土宗教,抑或是本土的民间信仰,其物化形态便是兴建庙观、教堂等,供信众活动、祭拜。据中共广州市委宣传部网站,至2010年末,经政府批准依法登记开放的宗教活动场所72处,还有1处外国人宗教活动临时地点。其中,全国重点文物保护单位5个(佛教六榕寺花塔、光孝寺,天主教石室圣心大教堂、沙面路德圣母堂,伊斯兰教怀圣清真寺光塔);省级重点文物保护单位2个(伊斯兰教清真先贤古墓,佛教大佛寺);市级重点文物保护单位9个(佛教华林寺、海幢寺,道教三元宫、纯阳观、仁威庙,伊斯兰教濠畔清真寺,基督教东山堂、救主堂、河南堂)。[①] 当然,这73个宗教活动场所和36万余信众都是属于建制性宗教,而那些不属于建制性宗教、没有登记在册的活动场所和信众肯定远远多于以上数据。2005年3月开始实施的《宗教事务条例》规定,任何宗教场所的建设都要登记报批,并设立了允许登记的标准,如具有相当的规模、合格的宗教教职人员主持、庙内只能按某一宗教神谱塑像等等。这一规定使得民间信仰的小庙、祠堂、墓地等等很难纳入统一登记范围。以福建和四川为例。据张泽远、曹志恒的不完全统计,福建10平方米以上的场所有26130座,10~100平方米的有8962座,500平方米以上的有1032座;有人管理的有16565座,纳入宗教部门作为试点管理的有852座,也就是说,正式登记在册的只是总数的2.3%。[②] 而四川获登记与开放的寺庙不到全省民间自建庙宇总数的5%。

广州的情况也类似。为了弄清广州的民间信仰场所,本课题组曾通过田野调查,结合广州市规划局《2010年1月广州市内文保单位、历史文化名城及保护区保护规划、骑楼保护规划、近现代优秀建筑、工业遗产名录》,大致统计出广州市属于区级以上登记保护的民间信仰场所共有2198处[③],其中越秀区34处、荔湾区40处、海珠区137处、天河区118处、白

---

① http://www.guangzhou.gov.cn/node_450/node_724/2011nj/html/0023.htm.
② 张泽远、曹志恒:《农村民间信仰升温》,载《瞭望新闻周刊》,2006-10-30。
③ 该统计对象只限于区级以上的登记保护单位,大量新建及规模较小的民间信仰场所未计入,故民间信仰场所的实际数量远远超出此处的统计数据。

云区 391 处、黄埔区 183 处、番禺区 578 处、花都区 295 处、从化市 135 处、增城市 93 处、萝岗区 167 处、南沙区 27 处。而属于市级保护的有 319 处，只占总数的 14.5%。由于篇幅所限，有关广州民间信仰的名称、地址、建筑年代、列入文物保护时间等信息此文从略，只将各行政区的民间信仰场所与人口、区划面积等要素统计如下：

广州行政区划面积、人口比重及民间信仰场所占比统计

区、县级市	总面积（平方千米）	常住人口（万人）	比重（%）	人口密度（人/km²）	民间信仰场所总数	市级以上保护单位	保护单位占比（%）
全市	7434.4	1275.14	100	1708			
市区	3843.43	1111.42					
越秀区	33.80	114.89	9.11	34239	34	18	53
海珠区	90.40	156.63	12.27	17242	137	36	26.2
荔湾区	59.10	89.15	7.07	15198	40	11	27.5
天河区	96.33	143.65	11.28	14870	118	34	28.8
白云区	795.79	223.67	17.5	2793	391	38	9.7
黄埔区	90.95	46.10	3.61	5035	183	19	10.4
花都区	970.04	94.86	7.44	974	295	20	6.8
番禺区	786.15	177.64	13.9	2245	578	53	9.2
南沙区	527.65	26.77	2.05	493	27	2	7.4
萝岗区	393.22	38.06	2.94	950	167	17	10.2
县级市	3590.97	163.72					
从化市	1974.50	59.58	4.67	301	135	18	13.3
增城市	1616.47	104.14	8.16	641	93	53	57

说明：（1）本表依据2011年广州市行政区划情况及广州市2010年第六次全国人口普查主要数据公报统计（广州政府网 http://www.gz.gov.cn/publicfiles//business/html-files/gzgov/s2768/list.html）

（2）花都、从化、增城的民间信仰场所含原县级保护单位。其中墓地数据的统计对象是各级文物保护单位；宫庙与祠堂以各级文物保护单位为主，间以新中国建立后所建且未被列入保护对象的。

由表中数据可看出：一是越秀、荔湾老城区民间信仰场所较少，其他区较多。二是祖先信仰场所如祠堂、宗庙、墓地占主导地位，其次是佛庙、道观、仙迹。由于我们的统计并未完全包含小规模的祠堂和墓地，因此祠堂、宗庙、墓地等信仰场所的数量远远大于我们的统计。由此可见，

民间信仰反映了民众对宗法血缘、伦理亲情的重视，也反映了民间信仰的理性化和现实目的性，即他们往往不会对一个与自己生活无关的神顶礼膜拜。三是民间信仰场所的分布极不平衡。土地面积较大的番禺区、白云区、花都区、南沙区、黄埔区、从化市民间信仰场所较多，而土地面积较小的越秀区、荔湾区、海珠区民间信仰场所相对较少。四是人口密度与民间信仰场所成反比，人口密度大的越秀区、荔湾区、海珠区、天河区民间信仰场所最少，反之，人口密度较小的番禺区、白云区、黄埔区、从化市等民间信仰场所较多，凸显了城市发展与公共信仰场所建设之间的矛盾。五是南沙区和萝岗区虽然土地面积较大，人口密度较低，但市级以上民间信仰场所却较少。六是市级以上保护单位占民间信仰场所总数比例依次为萝岗、增城、越秀、从化、花都、荔湾、黄埔、海珠、番禺、天河、白云、南沙。可见，保护单位的多少与经济发展水平并不完全成正比，相反，经济发展较慢、起步较晚的增城，其市级以上保护单位大于经济发展水平较高的其他区，经济发展与文物保护的矛盾如此鲜明地存在。越秀区尽管经济发展水平、人口密度、城市化水平都很高，但因为这里是广州2000多年文明的中心地，所以相对集中了许多高级别的历史文化遗迹。七是市级以上文物保护单位相对较少的番禺、白云、黄埔、花都、从化等，其民间场所近年兴建的速度却大大超过其他行政区，而且区级以上保护单位呈现爆炸式增长。可见，随着思想的开放和地方政府对文化建设的重视，人们已经意识到民间信仰也是文化的组成部分，因而在对原有民间信仰场所进行保护的同时，也开始加大兴建民间信仰场所的力度，复建或新建的祠庙不断涌现，大型的如金沙洲的金刚禅寺等，并不断加强区级文物普查和保护的力度。

从信众层面来看，据广州市政府网公布，2010年广州市有信教群众36万余人。其中，佛教12万余人，道教约12万人，伊斯兰教约5万人，基督教约6.7万人。外国人信徒2万余人。经宗教团体认定的宗教教职人员（包括和尚、尼姑、道士、阿訇、牧师、主教、神父、修女等）共476人。① 笔者认为，真实的信众人数会远远超出政府登记在册的人数。因为从外延来看，民间信仰的外延要比建制性宗教宽泛得多，在宗教政策管理之外，存在一个极为庞大的信仰人群，他们不受地缘、宗缘、教缘、族缘、业缘、血缘以及性别、年龄的限制，他们往往根据自己的生活和心理

---

① http：//www.guangzhou.gov.cn/node_450/node_724/2011nj/html/0023.htm

需求而决定"信"与"不信",时"信"时"不信",或"信这种"也"信那种",没有固定的信仰对象,没有永恒的信仰理念。这种人群在学术界被称为"第三类人",即夹在有神与无神、信教与不信教或信鬼神而不信教的人群。① 尽管有关管理部门无法对这一类人群进行统计,也没有学者对这一类人群进行研究,但这类人群的存在却是一个不争的事实,不仅时下是一个庞大的群体,而且在相当一段时间里还将是一个不断增长的群体。我们不妨做个推测,目前,0～14 岁的人口占中国总人口的 16.6%,如果把这部分人口忽略的话,保守估计,有各类信仰的民众应该占人口总数的 50%以上。笔者曾于 2012 年 1 月做了一个以问卷星、微博、QQ、论坛等相结合的网上调查。结果显示,43.24%的人认为自己没有信仰;56.76%的人有各式各样的信仰对象,其中,30.63%的人信仰祖先神(已故的祖先),其次是灵魂说(鬼魂、神灵等)、自然神(天神、雷神、山神、土地神等)。

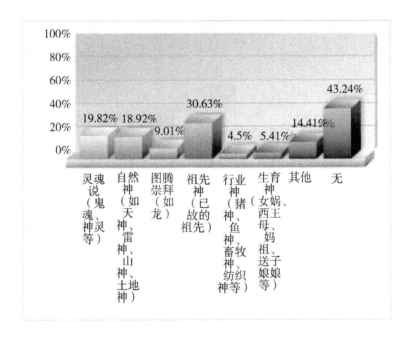

尽管民间信仰的内容和对象各式各样,信仰的方式千差万别,信仰的原因多种多样,但广州民间信仰却是历史和现实的客观存在。民间信仰的广泛性、草根性、顽强性,表明民众需要通过一定的信仰来满足自己的心

---

① 王晓丽:《民间信仰的庞杂与有序》,载《西北民族研究》65 页,2009(4)。

理需求和现实诉求,尤其是在社会快速变革和内外压力越来越大的情况下。

二、广州民间信仰的地域性特点

广州的民间信仰与内地其他地区一样,既具有社会共性,也具有地方特性。共性的一面学术界论述颇多,如乌丙安在对民间信仰和宗教全面比较之后,将民间信仰的特征概括为十大"没有",即没有固定的组织机构,没有至高无上的崇拜对象,没有创教祖师等最高权威,没有形成教派,没有形成完整的伦理或哲学体系,没有专司神职教职的执事人员,没有可遵守的规约和戒律,没有特定的法衣法器、仪仗仪礼,没有进行活动的固定场所,信仰者没有自觉的宗教意识。① 而林国平教授更进一步将民间信仰的特征总结为:自发性、功利性、任意性、庞杂性、融合性、民俗性、区域性、民族性、草根性、顽强性。② 张振国认为有三大特点:一是民间信仰与家庭、宗族的整合;二是民间信仰与社会团体的整合;三是民间信仰与政治伦理、道德秩序相结合。③

笔者认为,广州民间信仰不仅具有上述社会共性,而且具有明显的地域性。这种地域性主要体现在:

一是本土神的地位至高无上。广州地处热带亚热带,五行中属火,故祭祀火神祝融,广州方言中至今还将火灾说成"火祝"。又因为火之本在水,故祝融又演化为合水火于一体的神。《广东新语》载:"祝融,火帝也,帝于南岳,又帝于南海者。石氏《星经》云:'南方赤帝,其精朱鸟,为七宿,司夏,司火,司南岳,司南海,司南方是也。司火而兼司水,盖天地之道,火之本在水中,水足于中,而后火生于水外;火非水无以为命,水非火无以为性,水与火分而不分,故祝融兼为水火之帝也。……祝融,赤帝也。'""粤人事海神甚谨。……粤人出入,率不泛祀海神。……祝融者,南海之君也。"④ 所以,广州在隋朝就已建南海神庙以供奉祝融。从南海各水神故事的起源、历代地方政府的祭祀规格、建庙之始以及香火

---

① 乌丙安:《中国民俗学》,242~245 页,沈阳,辽宁大学出版社,1985。
② 林国平:《关于中国民间信仰研究的几个问题》,载《民俗研究》,7~8 页,2007(1)。
③ 张振国:《民间信仰与社会整合》,载《求索》,2010(11)。
④ 屈大均:《广东新语》(卷六),184 页,《神语》"南海之帝""海神",广州,广东人民出版社,1991。

之旺盛等多个角度来看,南海神在广州民间信仰诸神中具有崇高的地位。而今,位于广州东部黄埔区庙头村的南海神庙,是我国古代海神庙中唯一遗存下来的最完整、规模最大的建筑群。

二是外来神的本土化。如关公,清朝顺治皇帝特封关羽为"忠义神武灵佑仁勇威显护国保民精诚绥靖佑赞宣德关圣大帝",被崇为"武圣",与"文圣"孔子齐名;在佛教中,关公以其"忠孝节义"而为伽蓝菩萨;在道教中,称关公为"关圣帝君",为道教的护法四帅之一。无论从历代王朝的加封,还是从佛道二教所誉,关公都被定位为忠义神武之神。然而,在广州以及东南沿海,关公却变成了民居和商家顶礼膜拜的财神。可见,作为自古以来重要的通商口岸,广州的商贸氛围和商业观念远较内地其他地区浓厚,因而,他们需要并改造了关公这位忠义神武之神,把他当作保护商贾之神。

三是具有滨海特色。广州民间普遍崇奉的公共神明为水神,如北帝、天后、洪圣、龙母等,这四大水神中除龙母为河神外,其他都是海神。可见广州漫长的海岸线和纵横交错的河流水域,使得民众的生产生活都离不开大江大海,因而比内地其他地区都更加敬畏海神和河神。

四是对外来宗教信仰更加包容。除了东汉后期(一说为晋代)由中原传入的道教外,随着广州在隋唐及以后历朝与海外交流的日益频繁,世界三大宗教佛教、伊斯兰教、基督教均由广州传入中国,广州成为海外宗教传入中国的第一站,这体现了广州作为通商口岸的沿海城市的包容性、多元性和开放性的文化特质。

五是广州信仰群体的新变化。无论是历史上还是在当今,广州都是一个极具开放性的城市,故民间信仰群体的数量、年龄、层次甚至性别等也与内地有所不同。如信仰群体除了过去的老"三多"——老人多、文盲多、女人多,更出现了新"三多",即"老板多、白领多、青年人多"。[①]我们在越秀、荔湾、番禺等老城区调查时发现,许多居民家的门口都有一个小小的神位,用纸写着某某神,简易的香炉里插着几支香和燃烧后的蜡烛。即使是在天河北、珠江新城这样非常新型的现代化社区,居民及商家办公室里气派的神位也屡见不鲜。

---

① 李向平:《信仰但不认同——当代中国信仰的社会学诠释》,339页,北京,社会科学文献出版社,2010。

三、广州民间信仰的不和谐现象及应对策略

作为一种古老的、底层的、草根的信仰,民间信仰固然起到了心理救助、维系传统伦理道德、带动相关行业经济发展的积极作用,但其信仰内容庞杂,信众素质千差万别,信仰方式较为落后等因素,导致民间信仰过程出现一些不和谐现象,具体如下。

封建迷信沉渣泛起。民间信仰往往是用一种非科学的方法认识事物。每当信众陷入现实的各种困境而无法解释、无法超脱出来时,巫婆神汉弄神作怪,祈求神仙显灵治病等等封建迷信的东西就会显露出来。调查发现,越秀区三元宫、黄埔区南海神庙前,长期有算命卜卦者在此摆地摊,向经过的路人兜售算命术,民众不胜其扰。这种现象不仅影响市容,而且其欺骗性对民众的财产及身体健康,对精神文明的建设都会产生消极的影响,有些人还会因而走上犯罪之路。如《南方日报》2007年6月13日报道:被告人张明曾搭送过流产后的老乡郑英,后因迷信而将自己恋爱受挫、患病等不顺迁怒于郑英,遂于2006年6月8日持刀杀死郑英的儿子,以达到将"晦气"传给郑英一家的目的。尽管张明后来被广州市中级人民法院以故意杀人罪判处无期徒刑,并赔偿经济损失,但因迷信、愚昧而造成的悲剧已无法挽回。

占用公共资源,陡增民众负担。调查发现,广州各地尤其是从化、增城、番禺、花都等地,兴建宫庙、祠堂、坟墓成风,有些是属于恢复性的重建,而近一半都属于新建。有些宫庙在修建过程中没有正规的立项报批手续,建好后也没有办理任何产权登记手续;个别地方为彰显家族的势力,更是大肆扩大规模,占用耕地,破坏环境,浪费资源;在举行大型的祭祀唱戏等活动时,一些地方趁机摊派资金,劳民伤财,加重了民众的经济负担。

祭祀时存在不文明行为。例如,乱攀乱爬、乱涂乱写造成文物的损坏;乱扔人民币,亵渎人民币的尊严;无节制地燃香烧纸,造成空气污染,甚至带来安全隐患;不少民间信仰活动往往集结人众,声势浩大,给安全管理造成相当难度。笔者在南海神庙波罗诞调研时发现,在香炉及神龟两处,人民币扔得到处都是,由于雨天泥泞,不少扔在护栏外的钱币被踩到泥水中,不仅严重损害人民币的尊严,而且影响观瞻,有损宗教信仰场所的严肃性。

此外,在利用民间信仰资源时,某些地方政府仍在继续走着"宗教信

2013年正月,广州光孝寺工作人员站在香炉上不停地清理香渣

仰搭台、经济唱戏"的老路,过分重视其经济效益,急功近利,忽视了对民间信仰中所具有的优良传统伦理道德的弘扬。毕竟,文化的根本价值在于道德内涵,如果一味地追求经济效益,难免有本末倒置之嫌。

上述问题归结起来主要有两点,即:

一是管理问题。相关职能部门应该有明确而坚定的文物保护意识,加强对文物的管理和保护;依法规范各类民间信仰场所的建设,严禁不经审批而乱建、扩建宫庙祠堂坟墓;适当修改《宗教事务条例》,降低信仰场所和信仰社团登记备案的门槛,使更多的信仰场所和信仰社团能够纳入民族宗教事务局的统一管理;加强公民意识和环境保护教育,倡导文明信仰,如用献花代替香火,用树葬火葬代替土葬,曝光民间信仰活动中一些不文明的现象,引起社会的关注和讨论,推动民众自觉遵法守纪;可考虑在工艺生产流程上加以改进,如改进香纸生产工艺,尽量生产无烟少烟的环保香纸等等。

二是科学宣传和信仰引导问题。应该说,任何人任何时候都有信仰的需求。信仰的需要是人类本性的表现,是人类生命与灵魂最终归属的反映。从信仰的程度看,有本能的信仰,有道德的信仰,有宗教的信仰。本能的信仰是基于人的本性的信仰,如爱与恨、喜悦与悲伤等;道德的信仰是一种世俗的信仰,如对儒家思想道德的信仰;宗教的信仰是对"彼岸世界"的信仰,即对神祇世界的信仰。应该说,绝大多数人尤其是汉族的信仰基本上是属于本能的和道德的信仰,真正进入宗教"彼岸世界"层面的人毕竟是少数,信仰的目的带有很明显的实用性,即李泽厚先生所说的

"实用理性"。就世界范围看,无论是建制性宗教还是民间信仰,都有两面性,但总体而言,其正面性超过负面性。基于此,我们就应该弘扬民间信仰中基于人类本性的良善、美好的伦理道德;发扬广州民间信仰的包容性和泛神信仰的优点,重建人与自然、人与社会之间的和谐秩序;同时加大科学宣传力度,让人们能够正确面对人生的困境和心灵的迷惑,自觉意识到民间信仰中某些迷信的、落后的、愚昧的和"无用"的成分,树立正确的信仰理念,以适应时代的主流文化。

总之,广州民间信仰是个历史的和现实的客观存在。在中国社会转型过程中,广州民间信仰出现差异性、多元化和本土性,是一种正常的表现。相关职能部门应该以一种坦荡、坦诚的态度来对待民间信仰的复苏和民众心理的诉求,通过有效的管理和积极的引导来消除民间信仰过程中出现的某些不和谐不文明现象。

(刘庆华　广州大学广府文化研究中心教授)

史海钩沉

明清至民国时期广州府的文学家族之分布

曾大兴

一、统计之说明

（1）本统计表的时间上限是明代开国之年（1368年），下限是中华人民共和国成立之年（1949年）。

（2）本统计表对于文学家的时代认定，以文学家的卒年为准。

（3）本统计表对于文学家族的地域认定，以明清至民国时期广州府的管辖范围为据。

（4）本统计表所列入的文学家，均是有文集（包括诗集、词集、散文集、小说集、戏剧文学集和文学研究著作）的文学家。凡是没有文集（无论是否刊刻、出版过）的文学家一律不列入。事实上，没有文集而只有单篇作品甚至作品片断的文学家是很多的，如果把他们都列入统计表，那么这个统计表就太繁琐了，读者会感到厌倦。由于这个原因，本表所列文学家族有的甚至只有两个人，但是并不意味着这个文学家族实际上只有两个人。希望读者不要误解。

（5）据《番禺县志》（广东人民出版社1995年版）记载：番禺建县始于秦始皇三十三年（前204年），其境域相当于今番禺区的10多倍。自东汉建安六年（201年）至清康熙二十五年（1686年）的近1500年间，由番禺县先后析出增城、东官（东莞）、怀化（怀集）、南海、从化、花县（花都）等县，并由这些县再析出龙门、香山（中山）、新安（宝安）、顺德、三水等县以及香港、澳门地区。自清康熙二十五年（1686年）析地建花县至1921年广州建市，这235年间，番禺县的境域基本没有变动，即以县学宫（今广州农讲所）为中心，正北48里至花县界，正南35里至顺德县界，正东51.5里至增城县界，正西1.5里至南海县界，东北70.5里至从化县界，东南75里至东莞县界，西北2里及西南3.5里至南海县界。民国十年（1921年）广州正式建市，捕属（广州市东半部）及河南街区划为市区，数年后，近郊乡村相继划属广州市区。1949年以后，又分数次将禺北、禺东一带划入广州市区。1959年，原属中山县的大岗、万顷沙、南沙、黄阁划入番禺。2002年以后，万顷沙、南沙、黄阁又划入新成立的南沙区。2013年，大岗、榄核、东涌三镇再次划入南沙区。如今的广州市番禺区，管辖市桥、桥南、沙头、大石、小谷围、钟村等六个街道和新造、石碁、石楼、化龙和南村等五个镇。

1922年，番禺县府由广州市区移至新造，1945年移至市桥，至今未变。

考虑到表中所列番禺籍文学家，均出生于民国十年（1921）广州建市以前，故其"今地"均属今广州市。少数人的籍贯能够具体到某个街道或乡镇，如果这个街道或乡镇属于今天的广州番禺区，则其"今地"属"广州番禺"，如果这个街道或乡镇属于今天的广州海珠区，则其"今地"系于"广州海珠"。以此类推。

（6）据《南海县志》（光绪庚戌版）记载，南海建县始于隋文帝开皇十年（590年），明代宗景泰三年（1452年）析地置顺德县，明世宗嘉靖五年（1526年）析地置三水县，清世祖康熙二十五年（1686年）析地置花县。民国九年（1920年），县城——捕属划入广州市区。如今的佛山市南海区，管辖桂城、罗村两个街道和里水、九江、丹灶、大沥、狮山、西樵等六个镇。考虑到表中所列南海籍文学家，均出生于民国九年（1920年）以前，故其"今地"除了确属于今佛山南海区的上述两个街道与六个镇以外，其余均属今广州市。

（7）"番禺捕属"，即由外省落籍番禺者，居今广州市区东半部。

（8）"南海捕属"，即由外省落籍南海者，居今广州市区西半部。《南海县志》（光绪庚戌版）记载："捕属居省城之西城内，前以双门底街为界，后以正南街为界，新城以小市街为界，城外以五仙直街为界。"

（9）本统计表所列文学家之籍贯，一般只具体到县一级。少数具体到街道、乡镇一级者，皆因当时所属县级行政区划与今天的县级行政区划有所不同，故县名也有所不同。

二、明清至民国时期广州府的文学家族之分布格局

笔者通过查阅大量的广东地方文献，并参考前贤和时贤的有关研究成果，得知从明代开国至中华人民共和国成立这581年间，广州府共有文学家族105个。兹根据上述之方法，列表如下。

表1 明清至民国时期广州府的文学家族统计表

姓名	时代	籍贯	今地	著作	功名或学历	血缘关系
1. 番禺商衍鎏家族						
商廷焕	民国	番禺兴仁	广州花都	《味灵华馆诗集》		广州驻防汉军
商衍鎏	民国	番禺兴仁	广州花都	《商衍鎏诗书画集》等	光绪三十年探花	商廷焕之子
2. 从化黎民表家族						
黎民表	明	从化	广州从化	《瑶石山人诗稿》等	嘉靖十三年举人	"南园后五子"之一
黎民衷	明	从化	广州从化	《司封集》	嘉靖三十五年进士	黎民表之弟
黎民怀	明	从化	广州从化	《清居集》	嘉靖岁贡	黎民表之弟
黎邦琰	明	从化	广州从化	《旅中稿》、《广东文献》等	隆庆进士	
黎邦瑊	明	从化	广州从化	《洞石稿》	万历岁贡	黎民表之侄
3. 番禺卫廷璞家族						
卫廷璞	清	番禺	广州	《妄蛰草》		
卫廷珙	清	番禺	广州	《文行集》		卫廷璞之弟
4. 番禺王邦畿家族						
王邦畿	明	番禺	广州	《耳鸣集》	隆庆元年举人	
王隼	清	番禺	广州	《大樗堂集》等		王邦畿之子
王鸣雷	清	番禺	广州	《王中秘文集》等	隆庆元年举人	王邦畿从子
王瑶湘	清	番禺	广州	《逍遥楼诗》		王隼之女
5. 番禺方殿元家族						
方殿元	清	番禺	广州	《九谷集》	康熙三年进士	
方还	清	番禺	广州	《灵洲集》	贡生	方殿元长子
方朝	清	番禺	广州	《勺湖集》	国学生	方殿元次子
方洁	清	番禺	广州	《方彩林诗集》		方殿元之女
成鹫	清	番禺	广州	《鹿湖草》等	出家为庆云寺住持	方殿元之弟
6. 番禺叶衍兰家族						
叶衍兰	清	番禺捕属	广州	《海云阁诗钞》等	咸丰六年进士	叶英华之子
叶衍桂	清	番禺捕属	广州	《天船词》等		叶衍兰之弟

(续表1)

姓名	时代	籍贯	今地	著作	功名或学历	血缘关系
叶佩瑜	民国	番禺捕属	广州	《蘖饧庵诗钞》		叶衍兰之侄
叶恭绰	民国	番禺捕属	广州	《遐庵汇稿》、《全清词钞》等		叶衍兰之孙
7. 番禺史善长家族							
史善长	清	番禺	广州	《味根山房诗钞》等		
史印玉	清	番禺	广州	《芙蓉馆遗稿》		史善长孙女
8. 番禺冯昕华家族							
冯昕华	民国	番禺	广州	《巢云山房诗钞》		
冯晢华	民国	番禺	广州	《雪鸿草》		冯昕华之弟
冯晴华	民国	番禺	广州	《絮吟馆诗钞》		冯昕华之弟
冯城宝	民国	番禺	广州	《玉仪轩吟草》		冯晴华之子
9. 番禺吕坚家族							
吕坚	清	番禺	广州	《迟删集》等	乾隆岁贡生	
张芬	清	不详	不详	《蕉窗诗》		吕坚之室
10. 番禺朱启连家族							
朱启连	民国	番禺捕属	广州	《棣坨集》		
朱执信	民国	番禺捕属	广州	《朱执信集》	留日学生	朱启连之子
11. 番禺伍廷鎏家族							
伍廷鎏	清	番禺	广州	《松苔馆诗》等		
伍德彝	清	番禺	广州	《松苔馆花甲酬唱集》		伍廷鎏次子
12. 番禺刘善才家族							
刘善才	清	番禺	广州	《笔耒轩吟稿》		
刘彬华	清	番禺	广州	《玉壶山房诗钞》等	嘉庆六年进士	刘善才之子
13. 番禺刘广礼家族							
刘广礼	清	番禺	广州	《息机轩诗》	嘉庆举人	
刘广智	清	番禺	广州	《簾青书屋诗钞》	道光举人	刘广礼之弟
14. 番禺刘钊家族							
刘钊	民国	番禺	广州	《鸿雪留题集》		
刘月娟	民国	番禺	广州	《倚云楼诗钞》		刘钊第五女

(续表1)

姓名	时代	籍贯	今地	著作	功名或学历	血缘关系
15. 番禺刘景堂家族							
刘景堂	民国	番禺	广州	《心影词》、《沧海楼词钞》		
刘玑	民国	番禺	广州	《潜室诗稿》		刘景堂之弟
16. 番禺汪兆铭家族							
汪琼	清	番禺捕属	广州	《随山馆诗集》等		
汪兆铨	民国	番禺捕属	广州	《惺默斋诗文集》等	光绪举人	汪琼之子
汪兆镛	民国	番禺捕属	广州	《微尚斋诗》等	光绪举人	汪兆铨从弟
汪兆铭	民国	番禺捕属	广州	《双照楼诗词集》	日本东京大学毕业	汪兆镛之弟
17. 番禺张维屏家族							
张维屏	清	番禺捕属	广州	《松心草堂集》等	道光二年进士	
张彦端	清	番禺	广州	《香雪巢诗》等		张维屏次女
18. 番禺居巢家族							
居镗	清	番禺隔山	广州海珠	《梅溪草》等	道光诸生	居巢之父
居巢	民国	番禺隔山	广州海珠	《今夕庵诗集》等		
居仁	民国	番禺隔山	广州海珠	《菜花草堂词》		居巢之四弟
居庆	民国	番禺隔山	广州海珠	《宜春阁吟草》		居巢之女
19. 番禺屈大均家族							
屈群策	明	番禺沙亭	广州番禺	《来熏书院集》		屈大均十五世伯祖
屈青野	明	番禺沙亭	广州番禺	《交翠轩集》		屈群策之子
屈瑛	明	番禺沙亭	广州番禺	《草虫鸣砌集》		屈大均十二世祖
屈士燝	明	番禺沙亭	广州番禺	《显晦草》《食薇草》	隆庆乡荐	
屈士煌	明	番禺沙亭	广州番禺	《屈泰士遗诗》	隆庆元年补诸生	屈士燝之弟
屈大均	清	番禺沙亭	广州番禺	《广东新语》、《翁山诗集》等	县学生员	屈士燝从弟"岭南三大家"之一
黎静卿	清	东莞	东莞	《道香楼集》		屈大均继室
20. 番禺屈应丁家族							
屈应丁	清	番禺	广州	《环水村农诗存》等		

(续表1)

姓名	时代	籍贯	今地	著作	功名或学历	血缘关系
屈肇基	清	番禺	广州	《留荫园诗草》		屈应丁子
21. 番禺胡汉民家族						
胡汉民	民国	番禺捕属	广州	《不遗室诗钞》	留日学生	
胡毅生	民国	番禺捕属	广州	《绝尘想室诗》等	留日学生	胡汉民从弟
22. 番禺俞安凤家族						
俞安凤	民国	番禺	广州	《三十六溪花萼集》（与俞安鼐合著）	光绪二十年举人	
俞安鼐	民国	番禺	广州	《自怡悦斋诗稿》		俞安凤之弟
23. 番禺凌鱼家族						
凌鱼	清	番禺	广州	《书耘斋前后集》等	乾隆十三年进士	
凌净真	清	番禺	广州	《凌氏节妇拾遗草》（合集）		凌鱼次女
凌洁真	清	番禺	广州	《凌氏节妇拾遗草》（合集）		凌鱼三女
24. 番禺凌骥家族						
凌骥	清	番禺	广州	《枥鸣草》		
凌扬藻	清	番禺	广州	《药洲文略》、《岭海诗抄》等		凌骥之子
凌湘衡	清	番禺	广州	《冷痴子集》		凌扬藻长子
凌嘉遇	清	番禺	广州	《披榛轩诗稿》		凌扬藻从弟
25. 番禺涂瑞家族						
涂瑞	明	番禺	广州	《东窗集》	成化进士	
涂瑾	明	番禺	广州	《东庄诗集》	成化十三年进士	涂瑞从弟
26. 番禺梁士楚家族						
梁士楚	明	番禺	广州	《木湾集》	嘉靖三十一年举人	
梁元最	明	番禺	广州	《隐园吟草》	万历三十七年举人	梁士楚子
27. 番禺梁鼎芬家族						
梁鼎芬	民国	番禺	广州	《节庵先生遗诗》等	光绪六年进士	

(续表1)

姓名	时代	籍贯	今地	著作	功名或学历	血缘关系
梁友衡	民国	番禺	广州	《求放心斋诗稿》	广东法政专门学校毕业	梁鼎芬之侄
28. 番禺梁庆桂家族						
梁庆桂	民国	番禺黄埔	广州海珠	《式洪室诗文集》	光绪举人	
梁广照	民国	番禺黄埔	广州海珠	《柳斋遗稿》	留日学生	梁庆桂之子
29. 番禺韩上桂家族						
韩上桂	明	番禺古坝	广州番禺	《朵云山房遗稿》等	万历二十二年举人	
韩文举	清	番禺古坝	广州番禺	《韩树园先生遗诗》		韩上桂之后
30. 番禺黎遂球家族						
黎瞻	明	番禺板桥	广州越秀	《燕台集》	嘉靖元年举人	
黎密	明	番禺板桥	广州越秀	《黎缜之游稿》等	万历诸生	黎瞻之孙
黎遂球	明	番禺板桥	广州越秀	《莲须阁诗文全集》	天启七年举人	黎密之子
黎延祖	明	番禺板桥	广州越秀	《瓜圃小草》	贡生	黎遂球长子
黎彭祖	明	番禺板桥	广州越秀	《醇曜堂集》	岁贡生	黎遂球次子
31. 番禺黎淳先家族						
黎淳先	清	番禺	广州	《崞言集》	诸生	
黎彭龄	清	番禺	广州	《芙航集》	诸生	黎淳先次子
32. 番禺潘飞声家族						
潘有为	清	番禺龙溪	广州海珠	《南雪巢诗钞》等	乾隆三十七年进士	潘氏家族为捕属
潘有度	清	番禺龙溪	广州海珠	《义松堂遗稿》		
潘正衡	清	番禺龙溪	广州海珠	《常阴堂遗诗》		潘有为子
潘正亨	清	番禺龙溪	广州海珠	《万松山房诗钞》		潘有度长子
潘正常	清	番禺龙溪	广州海珠	《丽泽轩诗钞》	嘉庆进士	潘有度三子
潘正炜	清	番禺龙溪	广州海珠	《听风楼诗钞》	贡生	潘有度四子
潘恕	清	番禺龙溪	广州海珠	《双桐圃诗文钞》等	贡生	潘正衡长子
潘定桂	清	番禺龙溪	广州海珠	《三十六村草堂诗钞》		潘正衡次子
潘仕扬	清	番禺龙溪	广州海珠	《三长斋诗钞》		潘正亨长子
潘丽娴	清	番禺龙溪	广州海珠	《崇兰馆诗钞》等		潘恕之女

(续表1)

姓名	时代	籍贯	今地	著作	功名或学历	血缘关系
潘光瀛	清	番禺龙溪	广州海珠	《梧桐庭院诗钞》等		潘恕之子
潘宝璜	民国	番禺龙溪	广州海珠	《望琼仙馆诗钞》	光绪进士	潘正炜之孙
潘飞声	民国	番禺龙溪	广州海珠	《说剑堂集》、《粤东词钞》等	光绪诸生	潘光瀛之子
梁蔼	民国	南海	广州	《飞素阁遗诗》		潘飞声之室
33. 番禺郭棐家族						
郭棐	明	番禺	广州	《粤大记》、《岭海名胜记》等	嘉靖四十一年进士	
郭棨	明	番禺	广州	《明霞集》《桂华集》	嘉靖四十年举人	郭棐之弟
34. 南海徐荣家族						
徐荣	清	南海	广州	《怀古田舍诗钞》等	道光十六年进士	
徐同善	清	南海	广州	《小南海集诗钞》等		徐荣第三子
35. 南海关赓麟家族						
关霁	民国	南海	广州	《思痛轩诗存》	京师大学堂毕业，赏举人	
关赓麟	民国	南海	广州	《梯园诗集》	光绪进士	关霁之弟
张祖铭	民国	江苏铜山	江苏铜山	《饴乡集》		关赓麟继室
36. 南海李长荣家族						
李长荣	清	南海	广州	《柳堂诗录》等		
李氏	清	南海	广州	《写韵轩遗诗》		李长荣女，番禺梁保庸室
37. 南海何惟藻家族						
何惟藻	清	南海	广州	《争笑轩集》等	顺治十四年举人	
何逢	清	南海	广州	《余耽集》	诸生	何惟藻之子
38. 南海桂鸿家族						
桂鸿	清	南海捕属	广州	《渐斋诗钞》	乾隆举人	

(续表1)

姓名	时代	籍贯	今地	著作	功名或学历	血缘关系
桂文耀	清	南海捕属	广州	《清芬小草》等	道光九年进士	桂鸿之孙
桂文灿	清	南海捕属	广州	《潜心堂诗集》	道光举人	桂文耀之弟
桂文炽	清	南海捕属	广州	《鹿鸣山馆稿》	道光间补博士弟子员	桂文耀之弟
桂坛	民国	南海捕属	广州	《晦木轩稿》	光绪举人	桂文灿长子
桂坫	民国	南海捕属	广州	《晋砖宋瓦室类稿》	光绪进士	桂文灿之侄
39. 南海徐良琛家族						
徐良琛	民国	南海	广州	《寨芙蓉馆集》		
徐良瑛	民国	南海	广州	《石洲诗草》		徐良琛之弟
40. 南海梁士济家族						
梁士济	明	南海	广州	《城台集》等	天启五年进士	
梁观	明	南海	广州	《虚斋集》	贡生	梁士济之子
41. 南海谭莹家族						
谭莹	清	南海捕属	广州	《乐志堂集》	道光六年举人	
谭宗浚	民国	南海	广州	《荔村草堂诗钞》等	同治十三年榜眼	谭莹之子
谭祖任	民国	南海	广州	《聊园词》	光绪拔贡	谭莹之孙
42. 南海颜斯绂家族						
颜斯绂	清	南海	广州	《常惺惺斋诗集》	乾隆进士	
颜斯缉	清	南海	广州	《菊湖诗抄》	嘉庆拔贡	颜斯绂从弟
颜斯总	清	南海	广州	《听秋草堂诗钞》	嘉庆顺天府举人	颜斯绂从弟 颜斯缉之弟
43. 南海方献夫家族						
方茂夫	明	南海丹灶	佛山南海	《狎鸥亭集》	正德八年举人	
方献夫	明	南海丹灶	佛山南海	《西樵遗稿》	弘治十八年进士	方茂夫之弟
方冀	明	南海丹灶	佛山南海	《龙井集》		方献夫次子
44. 南海伦文叙家族						
伦文叙	明	南海黎涌	佛山南海	《迁冈集》	弘治十二年状元	
伦以谅	明	南海黎涌	佛山南海	《石溪集》	正德十五年进士	伦文叙长子

(续表1)

姓名	时代	籍贯	今地	著作	功名或学历	血缘关系
伦以训	明	南海黎涌	佛山南海	《白山集》	正德十二年榜眼	伦文叙次子
伦以诜	明	南海黎涌	佛山南海	《穗石集》等	嘉靖十七年进士	伦文叙季子
45. 南海劳孝舆家族							
劳孝舆	清	南海魁岗	佛山南海	《阮斋诗钞》等	雍正十三年拔贡	
劳潼	清	南海魁岗	佛山南海	《荷经堂稿》等	乾隆三十年举人	劳孝舆之子
46. 南海吴瑭家族							
吴瑭	明	南海佛山	佛山南海	《竹庐诗集》	成化二十年进士	
吴允禄	明	南海佛山	佛山南海	《九岩集》	嘉靖二年进士	吴瑭次子
47. 南海吴趼人家族							
吴荣光	清	南海佛山	佛山南海	《石云山人集》等	嘉庆四年进士	
吴弥光	清	南海佛山	佛山南海	《芬陀罗馆文钞》	道光举人	吴荣光之弟
吴用光	清	南海佛山	佛山南海	《修月楼稿》	嘉庆诸生	吴荣光从兄
吴林光	清	南海佛山	佛山南海	《饮兰露馆诗钞》	道光进士	吴荣光从弟
吴琛光	清	南海佛山	佛山南海	《墨香小室遗稿》		吴荣光从弟
吴奎光	清	南海佛山	佛山南海	《建业堂诗集》	嘉庆太学生	
吴尚熹	清	南海佛山	佛山南海	《写韵楼词》		吴荣光之女
吴趼人	民国	南海佛山	佛山南海	《二十年目睹之怪现状》等		吴荣光曾孙
48. 南海陈绍儒家族							
陈绍儒	明	南海沙贝	佛山南海	《留余遗稿》等	嘉靖十七年进士	
陈绍文	明	南海沙贝	佛山南海	《中阁集》	嘉靖十六年举人	陈绍儒堂弟
陈子壮	明	南海沙贝	佛山南海	《陈文忠公遗集》等	万历四十七年进士	陈绍儒曾孙
陈子升	明	南海沙贝	佛山南海	《陈中洲先生全集》	贡生	陈子壮之弟
49. 南海招子庸家族							
招茂章	清	南海横沙	佛山南海	《橘天园诗钞》		

（续表1）

姓名	时代	籍贯	今地	著作	功名或学历	血缘关系
招子庸	清	南海横沙	佛山南海	《粤讴》等	嘉庆二十一年举人	招茂章长子
招子恕	清	南海横沙	佛山南海	《独榕冈草堂诗钞》	贡生	招子庸之弟
招健升	清	南海横沙	佛山南海	《自怡堂集》等	诸生	招子庸从兄
50. 南海庞嵩家族						
庞嵩	明	南海张槎	佛山禅城	《弼唐存稿》等	嘉靖十三年举人	
庞一德	明	南海张槎	佛山禅城	《双瀑堂草》	万历四年举人	庞嵩次子
51. 南海康有为家族						
康有为	民国	南海西樵	佛山南海	《康有为先生文集》等	光绪二十一年进士	
康有溥	民国	南海西樵	佛山南海	《康幼博茂才遗诗》		康有为之弟
52. 南海谢兰生家族						
谢兰生	清	南海和顺	佛山南海	《常惺惺斋诗集》等	嘉庆七年进士	
谢念功	清	南海和顺	佛山南海	《梦草草堂诗集》等	道光举人	谢兰生次子
53. 南海廖廷福家族						
廖廷福	民国	南海佛山	佛山南海	《红荔山房诗稿》		
廖景增	民国	南海佛山	佛山南海	《学海堂课艺》	学海堂及广雅书院肄业	廖廷福之侄
54. 南海霍韬家族						
霍韬	明	南海魁岗	佛山南海	《渭涯集》等	正德九年进士	
霍与瑕	明	南海魁岗	佛山南海	《勉斋集》	嘉靖三十八年进士	霍韬次子
55. 顺德龙令宪家族						
龙令宪	民国	顺德	佛山顺德	《五山草堂初编》		
龙唅芗	民国	顺德	佛山顺德	《蕉雨轩诗稿》		龙令宪四姊
56. 顺德佘象斗家族						
佘象斗	清	顺德	佛山顺德	《啸园诗稿》	顺治十八年进士	
佘锡纯	清	顺德	佛山顺德	《语山堂集》	明经	佘象斗次子
佘云祚	清	顺德	佛山顺德	《柱史阁初集》	康熙九年进士	佘象斗侄

(续表1)

姓名	时代	籍贯	今地	著作	功名或学历	血缘关系
57. 顺德刘杰家族							
刘杰	清	顺德	佛山顺德	《蜗寄山房诗草》		
刘潜蛟	清	顺德	佛山顺德	《太乙亭诗草》		刘杰之子
58. 顺德苏葵家族							
苏葵	明	顺德	佛山顺德	《吹剑集》	成化二十三年进士	
苏仲	明	顺德	佛山顺德	《古愚集》	弘治十五年进士	苏葵仲弟
苏方晋	明	顺德	佛山顺德	《乐善堂稿》	弘治副贡生	苏仲四子
59. 顺德苏宝盉家族							
苏宝盉	民国	顺德	佛山顺德	《冬心室学制骈文》	光绪三十二年优贡	
苏文擢	民国	顺德	佛山顺德	《邃加室诗集》	无锡国文专修馆毕业	苏宝盉之子
60. 顺德李文灿家族							
李文灿	明	顺德	佛山顺德	《天山草堂集》	贡生	
李殿苞	清	顺德	佛山顺德	《凤冈集》等	贡生	李文灿之子
61. 顺德李德林家族							
李德林	清	顺德	佛山顺德	《柯山草堂集古》	康熙岁贡	
李德炳	清	顺德	佛山顺德	《北游诗草》	康熙三十八年举人	李德林之弟
李文田	民国	顺德	佛山顺德	《李文诚公遗诗》	咸丰三年探花	
李渊硕	民国	顺德	佛山顺德	《智剑庐诗稿》		李文田之子
62. 顺德吴槐柄家族							
吴槐柄	清	顺德	佛山顺德	《冈州近稿》等	乾隆举人	
吴应麟	清	顺德	佛山顺德	《籑经阁诗钞》	嘉庆诸生	吴槐柄之子
63. 顺德岑万家族							
岑万	明	顺德	佛山顺德	《蒲谷集》	嘉靖五年进士	
岑用宾	明	顺德	佛山顺德	《小谷集》	嘉靖三十八年进士	岑万长子

(续表1)

姓名	时代	籍贯	今地	著作	功名或学历	血缘关系
64. 顺德邱士超家族						
邱士超	清	顺德	佛山顺德	《晚香圃吟草》	嘉庆诸生	
邱掌珠	清	顺德	佛山顺德	《绿窗庭课吟卷》		邱士超之女
65. 顺德何绛家族						
何绛	明	顺德	佛山顺德	《不去庐诗集》		"北田五子"之一
何滨	明	顺德	佛山顺德	《寄亭诗草》		何绛之孙
66. 顺德张锦芳家族						
张晖良	清	顺德	佛山顺德	《逃虚阁诗集》等	乾隆五十四年进士	陈恭尹曾孙婿
张锦芳	清	顺德	佛山顺德	《逃虚阁诗钞》等	乾隆四十五年解元	张晖良之弟,"岭南三子"之一
张锦麟	清	顺德	佛山顺德	《少游草》	乾隆三十年举人	张锦芳之弟
张思齐	清	顺德	佛山顺德	《吟秋馆诗抄》		张晖良之子
张思植	清	顺德	佛山顺德	《荔生诗钞本》等		张思齐之弟
67. 顺德陈恭尹家族						
陈邦彦	明	顺德	佛山顺德	《雪声堂集》等	诸生	
陈恭尹	明	顺德	佛山顺德	《独漉堂集》等		陈邦彦之子,"岭南三大家"之一
陈赣	清	顺德	佛山顺德	《弗如亭草》	南海籍增生	陈恭尹长子
陈励	清	顺德	佛山顺德	《东轩草》	康熙三十八年举人	陈恭尹次子
陈世和	清	顺德	佛山顺德	《介亭诗钞》等	雍正元年拔贡	陈恭尹之孙,陈励之子
陈华封	清	顺德	佛山顺德	《复斋诗钞》等	太学生	陈恭尹之孙

(续表1)

姓名	时代	籍贯	今地	著作	功名或学历	血缘关系
陈贤	清	顺德	佛山顺德	《柔存堂诗草》等		陈华封之女，张晖良室
陈次蕃	清	顺德	佛山顺德	《小禹诗草》		陈华封之子
陈份	清	香山	中山	《水庼集》	乾隆元年举人	少居陈恭尹家
68. 顺德罗天尺家族							
罗孙耀	清	顺德	佛山顺德	《石湖集》	顺治十五年进士	
罗世举	清	顺德	佛山顺德	《饥驱集》	康熙三十二年副贡	罗孙耀之子
罗天尺	清	顺德	佛山顺德	《瘿晕山房诗钞》等	乾隆元年举人	"惠门四子"之一
罗天俊	清	顺德	佛山顺德	《贲园诗草》	乾隆诸生	罗天尺之弟
69. 顺德周棠芬家族							
周棠芬	清	顺德	佛山顺德	《味闲轩诗钞》		
周庆麟	清	顺德	佛山顺德	《不懈斋诗钞》	同治举人	周棠芬之子
70. 顺德黄维贵家族							
黄维贵	明	顺德	佛山顺德	《敦仁堂稿》	万历十年举人	
黄圣期	明	顺德	佛山顺德	《春晖堂稿》	万历三十八年进士	黄维贵子
黄圣年	明	顺德	佛山顺德	《薜荔斋诗草》等	万历四十六年举人	黄维贵子
71. 顺德梁霭如家族							
梁霭如	清	顺德	佛山顺德	《无懈怠斋诗集》	嘉庆进士	
梁九图	清	顺德	佛山顺德	《紫藤馆诗钞》等		梁霭如长子
梁邦俊	清	顺德	佛山顺德	《小崖遗草》		梁霭如之子
72. 顺德梁廷枏家族							
梁廷枏	清	顺德	佛山顺德	《藤花亭诗文集》、《粤海关志》等	道光十四年副贡生	
梁媛玉	清	顺德	佛山顺德	《同怀剩稿》（合著）		梁廷枏长女

(续表1)

姓名	时代	籍贯	今地	著作	功名或学历	血缘关系
梁媞玉	清	顺德	佛山顺德	《同怀剩稿》（合著）		梁廷枏次女
73. 顺德温汝能家族						
温闻源	清	顺德	佛山顺德	《碧池诗钞》		温汝适之叔
温汝能	清	顺德	佛山顺德	《谦山诗文钞》、《粤东文海》、《粤东诗海》等	乾隆五十三年举人	
温汝适	清	顺德	佛山顺德	《携书轩诗钞》等	乾隆四十九年进士	温汝能从弟
温汝骥	清	顺德	佛山顺德	《灵洲诗集》	乾隆举人	温汝能从弟
温汝骧	清	顺德	佛山顺德	《环翠山房诗集》	诸生	温汝能从弟
温汝科	清	顺德	佛山顺德	《寄崖诗集》	乾隆举人	温汝能从弟
温汝造	清	顺德	佛山顺德	《印可斋诗馀》		
74. 顺德简嵩培家族						
简嵩培	清	顺德	佛山顺德	《得到梅花馆诗钞》	嘉庆举人	
简钧培	清	顺德	佛山顺德	《觉不觉斋诗钞》	嘉庆二十四年举人	简嵩培之弟
75. 香山刘信烈家族						
刘信烈	清	香山	中山	《归来吟》、《运米诗集》等	康熙三十八年举人	
刘翰长	清	香山	中山	《慎独堂集》	太学生	刘信烈之子
76. 香山麦英桂家族						
麦英桂	清	香山	中山	《芸香阁诗草》（合集）		麦德沛第五女，何启图室
麦又桂	清	香山	中山	《谢庭诗草》（合集）		麦英桂之妹，何怀向室
77. 香山李孙宸家族						
李孙宸	明	香山	中山	《连霞楼集》	万历四十一年进士	

(续表1)

姓名	时代	籍贯	今地	著作	功名或学历	血缘关系
李航	清	香山	中山	《鹤柴小草》	康熙四十一年岁贡生	李孙宸之孙
李崎	清	香山	中山	《拙轩诗稿》	岁贡生	李孙宸之孙
李洸	清	香山	中山	《荆园诗草》		李崎裔孙
78. 香山李遐龄家族						
李修凝	清	香山	中山	《小香亭稿》等	岁贡生	
李捷章	清	香山	中山	《鸣盛山房诗钞》		李修凝之子，李遐龄之祖
李若兰	清	香山	中山	《拾月山房遗诗》		李遐龄之父
李遐龄	清	香山	中山	《勺园诗钞》等	嘉庆贡生	
李霭元	清	香山	中山	《松溪诗钞》	嘉庆恩贡生	李遐龄仲弟
李文燮	清	香山	中山	《北潜诗草》	道光诸生	李遐龄之子
李从吾	清	香山	中山	《实庭诗存》	道光举人	李遐龄之子
李贺镜	清	香山	中山	《课余吟草》等	同治诸生	李文燮之子
李之机	清	香山	中山	《在园诗草》		李从吾之子
李赞辰	清	香山	中山	《百尺楼诗词稿》		
李蟠	清	香山	中山	《小容安堂诗稿》		李赞辰之子
李翰	清	香山	中山	《怡怡草堂遗草》		李赞辰之子
79. 香山何吾驺家族						
何吾驺	明	香山	中山	《元气堂集》	万历四十七年进士	
何准道	明	香山	中山	《棕山诗集》	崇祯十五年举人	何吾驺长子
何巩道	明	香山	中山	《樾巢诗集》	诸生	何吾驺次子
何栻	明	香山	中山	《南塘诗钞》	诸生	何吾驺孙
何晖山	清	香山	中山	《花村小草》	太学生	何吾驺五世孙

（续表1）

姓名	时代	籍贯	今地	著作	功名或学历	血缘关系
80. 香山何文明家族							
何文明	清	香山	中山	《二思堂集》、《何氏家集》、（与曰愈合集）	乾隆恩科举人	
何曰懋	清	香山	中山	《秋崖诗稿》	嘉庆太学生	何文明长子
何曰愈	清	香山	中山	《余甘轩诗钞》等		何文明之子
何憬	清	香山	中山	《事余轩集》等	道光二十七年进士	何曰愈之子
81. 香山张宝云家族							
张宝云	民国	香山	中山	《梅雪轩全集》		张兆鼎长女
张铁生	民国	香山	中山	《听香阁诗草》		张宝云之妹
82. 香山陈饶俊家族							
陈饶俊	清	香山	中山	《八渔诗草》	道光诸生	
陈润书	清	香山	中山	《凹碧山房诗集》		陈饶俊族弟
83. 香山黄廷籍家族							
黄廷籍	清	香山	中山	《枕莲诗钞》	嘉庆诸生	
黄廷昭	清	香山	中山	《宦游诗草》		黄廷籍之弟
黄承谦	清	香山	中山	《观自养斋诗钞》	道光十九年举人	黄廷籍之子
84. 香山黄映奎家族							
黄映奎	民国	香山	中山	《杜斋诗钞》等	光绪贡生	
黄佛颐	民国	香山	中山	《慈博词》、《广州城坊志》等	宣统拔贡	黄映奎之子
85. 香山黄佐家族							
黄瑜	明	香山荔山	珠海斗门	《双槐集》	景泰七年举人	
黄畿	明	香山荔山	珠海斗门	《粤洲集》等	补弟子员	黄瑜之子
黄佐	明	香山荔山	珠海斗门	《泰泉集》、《广东通志》等	正德十五年进士	黄畿之子

(续表1)

姓名	时代	籍贯	今地	著作	功名或学历	血缘关系
黄绍统	清	香山荔山	珠海斗门	《仰山堂遗集》	乾隆二十四年举人	
黄沃楷	清	香山荔山	珠海斗门	《松谷诗草》	嘉庆诸生	黄绍统从兄
黄培芳	清	香山荔山	珠海斗门	《岭海楼诗集》等	嘉庆九年副贡	黄绍统之子
黄芝	清	香山荔山	珠海斗门	《瑞谷山人遗集》		黄绍统从子
黄沃棠	清	香山荔山	珠海斗门	《楚游草》	嘉庆诸生	黄绍统从子
黄谦	清	香山荔山	珠海斗门	《虚谷诗钞》	嘉庆诸生	黄绍统从子
黄大干	清	香山荔山	珠海斗门	《临溪集》		黄绍统从子,黄培芳从兄
黄熊文	民国	香山荔山	珠海斗门	《尚友斋诗存》	咸丰附贡生	黄培芳之子
86. 东莞刘鸿渐家族						
刘鸿渐	明	东莞	东莞	《兰轩诗文集》		
刘祖启	清	东莞	东莞	《留稚堂集》	康熙二十九年举人	刘鸿渐之孙
87. 东莞祁顺家族						
祁顺	明	东莞	东莞	《巽川集》	天顺四年进士	
祁敕	明	东莞	东莞	《堂野稿》	正德进士	祁顺之子
祁衍曾	明	东莞	东莞	《绿水园集》	万历四年举人	祁顺曾孙
88. 东莞张家玉家族						
张家玉	明	东莞	东莞	《军中遗稿》等	崇祯十六年进士	
张家珍	明	东莞	东莞	《寒木楼遗诗》		张家玉之弟
89. 东莞陈铭珪家族						
陈铭珪	清	东莞	东莞	《荔庄诗文存》	咸丰副贡生	
陈伯陶	民国	东莞	东莞	《瓜庐文剩》等	光绪进士	陈铭珪之子
90. 东莞林蒲封家族						
林蒲封	清	东莞	东莞	《鳌洲诗草》等	雍正八年进士	
林兰雪	清	东莞	东莞	《小山楼诗草》		林蒲封之女,邓大林室,邓淳之母
91. 东莞郑修家族						
郑修	清	东莞	东莞	《红雨楼诗草》	乾隆进士	

(续表1)

姓名	时代	籍贯	今地	著作	功名或学历	血缘关系
郑葵	清	东莞	东莞	《秋水轩诗草》等	乾隆举人	郑修之弟
92. 东莞戴铣家族							
戴铣	明	东莞	东莞	《戴子声家集》	嘉靖进士	
戴记	明	东莞	东莞	《游滇稿》	嘉靖进士	戴铣之子
93. 新会区越家族						
区越	明	新会	江门新会	《区西屏集》	弘治进士	
区元晋	明	新会	江门新会	《见泉集》、《区奉政遗稿》	嘉靖四年举人	区越次子
94. 新会许绶家族						
许绶	清	新会	江门新会	《雁洲草堂稿》等		
许节	清	新会	江门新会	《鸣和集》		许绶之子
95. 新会苏楫汝家族						
苏楫汝	清	新会	江门新会	《梅岗集》	顺治十八年进士	
苏枚	清	新会	江门新会	《西岩集》		苏楫汝次子
96. 新会李之世家族						
李之世	明	新会	江门新会	《鹤汀全集》等	万历三十四年举人	
李之标	明	新会	江门新会	《凫渚集》	万历举人	李之世弟
97. 新会陈献章家族						
陈献章	明	新会	江门新会	《白沙全集》等	正统十二年举人	
陈上国	明	新会	江门新会	《环泗亭诗略》		陈献章族孙
98. 新会陈洵家族						
陈昭常	民国	新会	江门新会	《二十四番风馆诗词钞》	光绪进士	
陈洵	民国	新会	江门新会	《海绡词》、《海绡说词》		陈昭常之侄
99. 新会林皋家族						
林皋	明	新会	江门新会	《懿文堂诗草》	隆庆举人	
林隆卜	明	新会	江门新会	《笑园稿》		林皋之子
100. 新会易训家族						
易训	明	新会	江门新会	《东樵遗集》		

(续表1)

姓名	时代	籍贯	今地	著作	功名或学历	血缘关系
易弘	明	新会	江门新会	《云华阁诗略》等		易训之弟
101. 新会唐化鹏家族						
唐化鹏	清	新会	江门新会	《思翁堂诗集》	诸生	
唐蒙	清	新会	江门新会	《有此庐诗稿》		唐化鹏之子
唐钧	清	新会	江门新会	《荫松堂诗草》		唐蒙之子
102. 新会陶天球家族						
陶天球	明	新会	江门新会	《世烈堂集》	诸生	
陶鍠	清	新会	江门新会	《四桐园存稿》		陶天球之子
103. 新会梁启超家族						
梁启超	民国	新会	江门新会	《饮冰室合集》等	光绪十五年举人	
梁启勋	民国	新会	江门新会	《词学》等		梁启超之弟
104. 新宁陈遇夫家族						
陈遇夫	清	新宁	江门台山	《涉需堂诗文集》等	康熙二十九年解元	
陈翰	清	新宁	江门台山	《歧门集》		陈遇夫之子
105. 台山陈葵苑家族						
陈葵苑	民国	台山	江门台山	《向日堂集》		
陈兆松	民国	台山	江门台山	《百尺楼诗词稿》		陈葵苑之子

三、明清至民国时期广州府的文学家族之分布特点

明清至民国时期广州府的文学家族之地理分布、时代分布与类型分布，有如下几个突出特点。

（1）从地理上看，这些文学家族主要分布于今天的广州城区（含番禺）、从化、花都，佛山南海、顺德，中山（香山），东莞，江门新会、台山（新宁）这8个市区；其中广州城区（含番禺）40个、从化1个，花都1个、南海12个、顺德20个，中山（香山）11个、东莞7个，新会11个，台山（新宁）2个，其他县一个都没有。这个分布格局与广州府历代

文学家的分布格局是基本吻合的，见表2①。

表2 广州府历代文学家分布格局与文学家族分布格局对照表

市区名	文学家总数（人）	排序	文学家族总数（个）	排序	市区名	文学家总数（人）	排序	文学家族总数（个）	排序
广州城区（含番禺）	589	1	40	1	广州增城	14	9	0	0
佛山顺德	249	2	20	2	广州从化	6	10	1	7
中山（香山）	172	3	11	4	江门开平	3	11	0	0
东莞	140	4	7	5	广州花都（花县）	2	12	1	7
江门新会	124	5	11	4	清远	3	11	0	0
佛山南海	45	6	12	3	江门鹤山	6	10	0	0
江门台山（新宁）	17	7	2	6	深圳宝安	1	13	0	0
佛山三水	16	8	0	0					
文学家合计：1387					文学家族合计：105				

由此可见，大凡文学家分布较多的地方，文学家族的分布也相对较多，反之亦然。

（2）就文学家族的时代分布而言，亦与文学家的时代分布格局大体相符，见表3。

表3 各代（时段）文学家总数（人）（排序）与文学家族总数（个）（排序）对照表

时代（历史时段）	文学家总数（人）	排序	文学家族总数（个）	排序
汉代	1	6	0	0
南朝陈代	1	6	0	0
唐至五代	1	6	0	0
宋代	21	4	0	0
元代	4	5	0	0
明代	337	2	25	3

---

① 曾大兴《文学地理学研究》，331页，北京，商务印书馆，2012。

续表 3

时代（历史时段）	文学家总数（人）	排序	文学家族总数（个）	排序
清代	678	1	49（包含 9 个由明代传承下来的家族）	1
民国	344	3	31（包含 10 个由清代传承下来的家族）	2
合计	1387		105	

（3）就文学家族的类型来讲，单纯的父子型 34 个，单纯的兄弟型 14 个，单纯的父女型 7 个，单纯的姊妹型 2 个，单纯的夫妻型 1 个，包含了祖孙、父子、兄弟、兄妹、姊妹、叔侄、从兄弟、夫妻等多种关系的综合型家族 47 个。

（4）需要强调的是，这 105 个文学家族中，一共有 25 名女性文学家，这是很了不起的。这说明广州府的文学观念远比内地任何一个地区都要开放。这是广府地区社会开放与文化开放的结果。

（5）还需要强调的是，这 105 个文学家族中，跨时代（或是由明代传承到清代，或是由清代传承到民国，甚至个别的家族由明代一直传承到民国）的家族达到 19 个，有的甚至传承 10 多代人。这说明明代以后，广府文化的传承性是很好的。也就是说，虽然经历了改朝换代，但是文化并没有中断。

以上五个特点，都是值得我们深入、细致研究的，因为这里面包含着很丰富、很深刻的意义，这里只能点到为止。

四、本项研究之意义

广府文学家族研究是广府文学研究的重要组成部分。广府文学家族研究，既是文学史的研究，更是文学地理的研究。一个文学家族是如何产生、如何发展、如何传承、如何衰落的，既与它所遭遇的时代有关，更与它所处的自然和人文地理环境有关。而家族文学特点的形成，它在文学的题材、主题、文体、语言、风格等方面的表现，既有时代的原因，也有地理环境方面的原因。近年来，文学家族或家族文学成为文学研究的一个热点，但是研究者的思维仍然只是文学史的思维，缺乏文学地理的思维。因此这种研究虽然很热闹，但是它的片面性则是不言而喻的。"明清至民国时期广州府的文学家族研究"这个课题注意到了家族的时代分布和地理分布这两个问题,可以说是兼顾了时间和空间、时代和地理这两个维度,虽然这项研究本身还不够深入,但是这种研究路数应该说是具有某种创新意义的。

  近年来的文学家族研究所存在的第二个问题,就是重微观研究而轻宏观研究,重个案研究而轻综合研究,因此给人的感觉往往是只见树林而不见森林。事实上,任何一个有影响的文学家族的产生、发展、繁荣和衰落,以及它在文学的题材、主题、文体、语言、风格等方面的表现,都不可能是一种孤立的现象,都与它同时代、同地域的其他文学家族或家族文学有着这样或那样的关系。法国著名文学批评家丹纳曾经指出:"艺术家本身,连同他所产生的全部作品,也不是孤立的。有一个包括艺术家在内的总体,比艺术家更广大,也就是他所隶属的同时同地的艺术宗派或艺术家家族。例如莎士比亚,初看似乎是天上掉下来的一个奇迹,从其他星球上掉下来的陨石,但在他的周围,我们发现十来个优秀的剧作家……到了今日,他们同时代的大宗师的荣誉似乎把他们湮没了;但要了解那位大师,仍然需要把这些有才能的作家集中在他周围,因为他只是其中最高的一根枝条,只是这个艺术家庭中最显赫的一个代表。"丹纳进一步指出:"这个艺术家庭本身还包括在一个更广大的总体在内,就是在它周围以及趣味和它一致的社会。因为风俗习惯与时代精神对于群众和对于艺术家是相同的;艺术家不是孤立的人。我们隔了几个世纪只听到艺术家的声音;但是在传到我们耳边来的响亮的声音之下,还是能辨别出群众的复杂而无穷无尽的歌声,像一大片低沉的嗡嗡声一样,在艺术家四周齐声合唱。因为有了这一片和声,艺术家才成为伟大"。① 因此,研究文学家族,除了需要调查家族内部的文学传承关系,调查家风、家学等等对文学的影响,调查家族文学的共同特点与个别差异,还应调查这个家族与它周围的家族之间的关系。只有这样,才能避免"只见树木不见森林"之憾。事实上,如果我们不能对一个时代、一个地域的文学家族有一个整体的了解,即便我们对某一个文学家族的研究再深入、再细致,这种研究也仍然是局部的、片面的、难以达到圆融、通透之境。"明清至民国时期广州府的文学家族研究"这个课题既注重宏观方面的调查,也注重微观方面的探讨(例如关于番禺潘氏家族文学的探讨),既能从整体上调查广州府的文学家族之地

---

  ① [法]丹纳著,傅雷译:《艺术哲学》,5~6页,北京,人民文学出版社,1963。

理分布、时代分布与类型分布,又能把广州府的文学家族放在全国、全省的文学家族的视域之内,调查它们在全国和全省的位置。这种研究路数也是具有某种创新意义的。

文学家族研究除了文学方面的意义,还有文化方面的意义。尤其是中国古代的文学家族,其文化意义大于当代的文学家族。中国古代是没有专业的文学家的,或者说,在中国古代的文学家中,很少有人是以文学为专门职业的,他们当中的多数人首先是各级政府的官员①,文学只是他们的一种业余爱好。少数人虽然没有做官,但也不靠文学来谋生,他们或者是教师、医生、画家,或者是农民、工匠、商人,或者是和尚、道士、歌女,等等。总之,在三百六十行当中,文学并不是一个专门的独立的职业。因为不是一个专门的独立的职业,也就成了许多人都可以为之的一件风雅之事。在中国古代,凡是对文学有兴趣又有一定文化素养的人,都可以从事文学创作。这就造成了文学家队伍的多元化。

中国古代的文学家,不管有没有做官,有没有进士、举人或秀才这样的头衔,他们大都受过良好的教育,大都具有多方面的文化素养,经、史、子、集,诗、词、文、赋,琴、棋、书、画,他们大都很熟悉。他们的著述,往往既有文学方面的,又有其他方面的。可以说,中国古代的文学家,也就是社会上受过良好教育的,有较高的文化素养、较深厚文化底蕴的那一部分人。他们是文学的创造者,也是文化的创造者,他们是文学家,更是文化人。他们的意义和价值,是需要从多种角度来确认的。

一个地方出不出文学家,出不出文学家族,出多少文学家族,与一个地方的自然环境和人文环境是有重要关系的。一个地方的自然条件好,经济发展水平相对较高,社会又比较安定,教育发达,民风向学,文化积累深厚,文化传统悠久,加上交通方便,人员往来自由,文化交流不受阻滞,这个地方就适宜文学家和文学家族的出生和成长。而一个地方的文学家与文学家族的数量之多少,成就之高低,影响之大小,就成了衡量一个地方的人文环境之优劣、文化底蕴之厚薄的重要指标,也成了衡量一个地方的"软实力"之强弱的重要指标。

---

① 日本著名学者吉川幸次郎指出:中国在公元七世纪科举制实行后,"所考的题目,原则上是政治论、哲学论,同时还要考诗。像这样,参与政治者必然应该参与文学活动;倒过来,参与文学活动者应该参与政治,至少应具有参与政治的欲望";"一般来说,任何形式的官吏经历都没有的文学家是很稀少的"。[日]吉川幸次郎著,章培恒等译:《中国诗史》,4页,合肥,安徽文艺出版社,1986。

中国历史上的文学家，就是历史上的文化人，而且不是一般的文化人，是曾经有著作、有作品问世的文化人，是优秀的文化人。而大大小小的文学家族，就是由这样的文化人所组成的。"明清至民国时期广州府的文学家族研究"这个课题，把自明代开国至中华人民共和国建立这581年间所出现的整个广州府（今天的珠三角地区）文学家族作为调查对象，对105个文学家族的地理分布、时代分布与类型分布，对1387个有文集的文学家的籍贯、时代、代表作、功名或学历、血缘关系或亲缘关系等等做了一个初步的梳理，可以说是对广州府（今天的珠三角地区）这581年的文化做了一个别开生面的研究。这项研究虽然还只是初步的，但相信会对今后广州府的文化史研究、教育史研究，乃至文化、旅游资源的开发、利用等等，都会有一定的借鉴意义。

（曾大兴　广州大学广府文化研究中心常务副主任，博士，教授）

广州话口语词"岩巉"再议

黄小娅

表不整齐义,广州话有个口语词"岩巉 [ngam²¹ tsam²¹]",跟古汉语的"巉岩"用字相同,但字序相反。笔者曾讨论过此词,现结合清代粤地志的一些资料再做分析。①

"巉岩"见录于历代共同语字书,是一个来源久远的古汉语词,今存用于共同语的书面语。王继如教授《说"巉巖"》一文,从构词、词性及词义等方面进行了详尽分析。② 而"岩巉"不见诸历代共同语典籍③,笔者仅在清代粤地史志里见其用例,至今仍活跃于粤语区的口语里,罕用于其他的汉语方言④。

不论"巉岩"或"岩巉",都是以叠韵方式构成的联绵词。由于以音构词,语音相近或相同的字都可以使用。就"巉巖"(今简化作"巉岩")而言,见于《广雅·释诂四》、《玉篇·山部》和《集韵·衔韵》。其他异写的还有"礹巖"(《说文解字·石部》)、"嶄巖"(《广韵·衔韵》)。如司马迁《史记》"崇山巃嵸,崔巍嵯峨,嶄巖参嵳"用"嶄巖"。⑤ 又《左传》:"聲盛致志,鼓儳可也。"杜预注:儳,"儳巖,未整

---

① 黄小娅:《广州话口语中留存的古汉语叠韵词》,载《广州大学学报》,2010(9),89页;又见黄小娅:《羊城旧语》,52～55页,广州,广东人民出版社,2012年版。

② 参见王继如:《说"巉巖"》,见王继如著:《训诂问学丛稿》,108～111页,南京,江苏古籍出版社,2001。

③ 罗竹风主编《汉语大词典》(3)词首"巖"下,无"岩巉"词条。参见罗竹风主编:《汉语大词典》,878～883页,上海,汉语大词典出版社,1989年版。

④ 综合四十二本方言词典编纂的《现代汉语方言大词典》仅广州话有此词,记作"嵒儳"。参见李荣主编:《现代汉语方言大词典》,5143页,南京,江苏教育出版社,2002。按:"嵒"同"巖"。

⑤ 司马迁《史记》卷一百一十七,3022页,北京,中华书局,1959年第1版,1982年第2版。

陈"。此写"僛嚴"。① 以上所列的"巀岩"、"嶜嚴"、"嶄嚴"、"僛嚴"等，其实是同一个词的不同词形。今共同语书面统作"巉岩"。②

"巉岩"广见于古汉语的诗文里。如嵇康《琴赋》："其山川形势，则盘纡隐深，磪嵬岑嵓。互岭巉岩，岝崿岨崄。"③ 唐代大诗人李白的《蜀道难》："扪参历井仰胁息，以手抚膺坐长叹。问君西游何时还？畏途巉岩不可攀。"④ 由此看来，"巉岩"或形容重山叠岭高低突兀之势，或比喻高峰险道崎岖之状，词义上凸显的是"不齐"，而词性是形容词。

唐昭宗（889—904年）时任广州官职的刘恂，记岭南"蠔山"："蚝，即牡蛎也。其初生海岛连如拳石，四面渐长，有高一二丈者，巉岩如山。"⑤ 蚝同"蠔"，即牡蛎，附石而生，初如拳头般大小，簇聚相黏，渐长可达一二丈之高，这就是常见载于岭南古志里的"蠔山"。刘恂用"巉岩"一词来形容参差交错的蠔山。又《诗经·唐风》："扬之水，白石凿凿。"朱熹注"凿凿，巉岩貌"，继而解之"言水缓弱而石巉岩"⑥，即河水流速缓弱乃因水道之石凹凸不平。以上所举"巉岩"之用例，描述的内核仍是"不齐"义。

据清代《广东舆地图说》载，粤地还曾有称"巉岩"的地名：南海县"青罗嶂，其东巉岩冈，南为龙湾峡。"⑦ 地名"巉岩冈"今已不存，从所记的地理特征来看，傍依青罗嶂，比邻龙湾峡，山地绵延起伏，"巉岩冈"的命名之由是不难理解的。同时，这则地名材料可证，古汉语词"巉岩"应该是当年口语里的常用词，人们才有用以命名地名的可能，只是语言后来的发展中发生了变化。

---

① 《春秋左传注疏》卷十四，《影印文渊阁四库全书》143册，315页，台北，台湾商务印书馆，1986。按：杜注以"僛嚴"释"僛"，这种用双音词来解释单音词的情况，在《十三经注疏》中常见。

② 《现代汉语词典》（第5版），148页，北京，商务印书馆，2006。

③ [梁]萧统编，[唐]李善注：《文选》上册，255页，北京，中华书局，1977。

④ 复旦大学古典方言学教研组编：《李白诗选》，42页，北京，人民文学出版社，1983年第3版。

⑤ [唐]刘恂著，鲁迅校勘：《岭表录异》，31页，广州，广东人民出版社，1983。

⑥ [宋]朱熹集注：《诗集传》，69页，上海古籍出版社，1958年第1版，1980年新1版。

⑦ [清]廖廷相等纂：《广东舆地图说》（全）卷一，《广州府》，南海县。清光绪十五年重修，宣统元年重印本。台湾，成文出版社1967年版（影印本），59页。

跟"巉岩"反序的"岩巉",在粤语区还写作"岩嶃"、"岩儳"等,民间一般多用书写简单的"岩嶃"。这个词在清代粤地史志里用例不少。清代广东东莞茶山人欧苏,嘉庆间诸生,著有《霭楼逸志》,其中一则记会试僚友二十多人,乘舟途中遇险,诸人靠浮木漂抵一岸,茫无村舍。作者写道:

(众人)延伫待旦,湿衣亦干,逐队前行,杳无人迹。已而,高峰峭壁,欹险岩巉。①

此处所用"岩巉",与上面古诗文里的"巉岩"字序相反。还可再举几例。清代《广东图说》记丰顺县的两则材料:

红狮宫,山城南五十里,山势岩巉,最为险阻,南界揭阳县。

飞泉岭,城西南九十里,一名揭岭,山势岩巉,最为险阻。②

又《广东舆地图说》记恩平县:

君子河,有石人滩、犁壁滩,水中巨石岩巉,最为险阻。③

由上之例,我们不难看出"岩巉"跟"巉岩"虽然字序相反,但词义、词性均完全相同。正因为如此,也就有两词互用的情况。如《广东图说》在同一页里记番禺的两例材料:

耙齿岭,山石巖巉,形似,故名。

打石坳,右有火罗山岭,左有银瓶岭,巉岩奇峭,不可名状。雨后瀑布下垂,形如匹练。④

地名"耙齿岭",因山石"岩巉",形如农具耙子之齿;而"打石坳"则是"巉岩奇峭"。无论"岩巉"或"巉岩",都离不开对山势情状的描写,而山势不可能是平峰直线式地延展,而是绵延起伏、高低重叠,最直观的具象就是"不齐"。因此,留存在广州话口语里的"岩巉"即表"不整齐"义。路面坑坑洼洼,物体凹凸不平,甚至头发剪得长短不一,口语都说"岩儳"。在运用范围上,从当年描写山势起伏,转移到对生活具体状态的描写上。由于是形容词,"岩儳"还可以叠用成"AABB"式,如"岩岩儳儳",叠用后语气加强。例如,头发剪得岩岩儳儳(头发剪得很不

---

① [清] 欧苏:《霭楼逸志》,见李龙潜、杨宝霖、陈忠烈、徐林点校:《明清广东稀见笔记七种》,240页,广州,广东人民出版社,2010。

② 两则材料均引自:[清] 毛鸣宾、郭嵩焘等修,桂文灿纂:《广东图说》(全)卷四十,丰顺县,五页。清同治间刊本。台湾,成文出版社1967年版(影印本),339页。

③ 《广东舆地图说》(全)卷五,《肇庆府》,250页。

④ 两则材料均引自:《广东图说》(全)卷二,番禺,第41页,第6页。

整齐)。

  笔者虽一再讨论了广州话的这个口语词,仍认为有问题尚未解决:清代粤地材料反映了当年粤语有"巉岩"和"岩巉"两词兼用的情况,汉语史上是否本来就存在着这一对字序相反的叠韵词?只是后来由于语用上的区分,"巉岩"主要用于书面,而"岩巉"则通行于口语,其结果就是我们今天看到的情况:"巉岩"被保留在历代共同语的典籍里,而"岩巉"则存用于方言口语中?如果不是,那么"岩巉"跟"巉岩"反序说明了什么?进一步推之,汉语史上以音所构的双音词是否本来就存在着反序的情况,只是我们尚未注意?这确实是一个值得我们探究的语言问题。

  (黄小娅　广州大学广府文化研究中心副教授,语言学博士)

岭南晚清民初小说家梁纪佩生平著作考

黄冬秀

梁纪佩是岭南晚清民初小说作家，毕生著述颇丰，活跃于辛亥革命前后的广东文坛。其所著之小说于当时广泛流行，在岭南近代小说史上占有一席之地。遗憾的是，有关梁纪佩的资料非常少见，其作品散佚严重，学术界相关研究成果甚少。笔者查找相关文献，对梁纪佩的生平著作进行考辨，以期填补岭南小说研究的一个空白。

一、姓名、家世、生卒年

梁纪佩，清末南海县监生，入监时名梁祖修。祖修为名的依据是，梁纪佩所著小说《岑督征西》、《禁烟伟人林则徐》等尾页所附批示，该批示为光绪三十四年（1908年）广东提学使司提学司沈十一月廿九所批（下文简称光绪三十四年批示），批示中云梁纪佩乃"南海县监生梁祖修"。①因梁纪佩当时以著述新小说行世，遂向广东提学使司申请批准发行。

梁纪佩又名梁颂虞，字纪佩，自称纪公，别号醉眠山人。梁纪佩所著小说《粤东新聊斋初集》之题词末署"醉眠山人纪公题并涂"，后附两印，一为"醉眠山人"，一为"梁颂虞字纪佩"。小说尾页还注明"著作者南海梁颂虞纪佩氏，别号醉眠山人"。② 梁纪佩的书斋名为"守黑知白"，其所著小说《粤东新聊斋二集》之题词末署"纪佩梁颂虞自题于佗城守黑知白斋"，并附"梁颂虞字纪佩"印。③

---

① 该批示的完整内容为：批据呈南海县监生梁祖修编辑《公民普要》一书，系荟萃成编，为民间应知之现行法规，尚适社会通用。嗣又续呈自著之《缅甸亡国新史》、《梁三颠》、《刘华东》、《孔明传》、《禁烟伟人林则徐》、《二十世纪新人格》等小说，亦适通用。该生前自南洋游历回国，继充省报主笔，今退居著述新小说诸书行世。凡著有裨世之书，应准出版发行，饬即遵照书存。
② 梁纪佩：《粤东新聊斋初集》，广州科学书局刊本。
③ 梁纪佩：《粤东新聊斋二集》，佛山市图书馆藏本。

梁纪佩之太叔祖为明朝天启年间的梁子璠，清初诗人梁佩兰为梁纪佩的叔祖，而清乾隆年间的梁如陵为梁纪佩十四世家祖。在《粤东新聊斋初集》之《梁子璠》篇中，梁纪佩云："予太叔祖梁公子璠，大明天启进士。……其孙佩兰太史，幼承诗旨，满清时，人称之为岭南诗人。"① 而在《粤东新聊斋初集》之《鬼诗伯》篇梁纪佩云："乾隆间，予祖如陵公八十寿庆，亲友制屏为祝，文为邻乡何贡士维新所撰。"且附"十四世家祖梁公如陵八旬大庆寿屏文"。屏文之后梁纪佩又云："今文中所言先太史药亭公者，乃岭南诗人梁佩兰也。佩兰公，字药亭。康熙间翰林，……公是予房叔祖，故为表志，而附其略焉。"②

梁子璠（又作蟠），明朝天启二年进士。③ 据《粤东新聊斋初集·梁子璠》载，梁子璠乃南海芙蓉海心沙人，初宰粤西苍梧，因政声卓著而擢为直隶巡按御史。梁子璠性情刚直，后抗直不讳陈言国事而忤触上怒，又被权奸乘隙报复，受廷杖免官，放归田里，死后葬于白云山鹧鸪岭。其墓自明朝灭亡后年久失祀，至清光绪间乃被堪舆谭元弼寻获，后谭元弼致书其后人十一房联合重修之。

梁佩兰，清初诗人，字芝五，号药亭，又号紫翁，精通经史百家，顺治十四年乡试名列第一，康熙二十七年会试名列第十，被选授翰林院庶吉士。其诗作在当时名气很大，与屈大均、陈恭尹并称"岭南三大家"。著有《六莹堂集》。④ 据符实先生《梁佩兰祖籍在芳村》一文考证，梁氏祖先带着七子到南海县后居于五眼桥，其后发展为十一小宗，因子孙繁衍，只留五房在五眼桥居住，其他六房则迁往海心沙芙蓉一带。梁佩兰属于南海五眼桥梁姓族人分出的一宗，故居在海心沙芙蓉西浦上村（今海北西浦）。⑤

而据《粤东新聊斋初集·鬼诗伯》篇末所附屏文，梁如陵乃梁纪佩十四世家祖，"素性勤俭乐施予，喜文墨士，尤嗜酒不羁，其嘉言懿行，夫人而能道之"。⑥ 屏文之后梁纪佩云其乡赤岗，隶属芙蓉海心沙。

---

①② 梁纪佩：《粤东新聊斋初集》，广州科学书局刊本。

③ 陈昌斋等撰：《广东通志》（卷六十九），1171页，香港，华文书局股份有限公司，1968。

④ 广州市地方志编纂委员会：《广州市志》（卷十九），684～685页，广州出版社，1996。

⑤ 符实：《梁佩兰祖籍在芳村》，见《芳村文史》（第四辑），48页，广州市芳村区政协《芳村文史》编委会，广州，广东人民出版社，1992。

⑥ 梁纪佩：《粤东新聊斋初集》，广州科学书局刊本。

由此可知，梁子璠、梁佩兰、梁如陵、梁纪佩同属南海县海心沙芙蓉梁氏这一宗族，是今广州市芳村人。

梁纪佩的母亲苏氏，南海县蟾步乡人。梁纪佩所著小说《革党赵声历史》中，曾少谷于序中云："其（指梁纪佩）前曾随吾乡蟾步之苏君学海赴南洋古隆埠教习陆某富商之子。……而苏氏者，是其嫡血之舅表。"梁纪佩于兄弟当中排行第六，《革党赵声历史》题词末署"著者纪佩六郎"。① 梁纪佩的后人，据梁荷先生《〈新聊斋〉及其作者"醉眠山人"》一文，梁纪佩死后妻子为人佣工，所遗一子，早年流落他乡。1963年梁荷先生在广州芳村鹤洞之海南村梁洛屏老先生家作客时，梁洛屏老先生自称梁纪佩为叔父，还存有梁纪佩的几幅字画和两本编校的书。②

梁纪佩的生卒年，江苏省社会科学院编的《中国通俗小说总目提要》③，魏绍昌、管林等主编的《中国近代文学辞典》④ 及石昌渝主编的《中国古代小说总目》⑤ 等认为梁纪佩的生卒年约为1879年至1920年，在世仅42年。笔者认为此种说法有欠妥当。梁纪佩于民国丁巳年（1917年）所著《粤东新聊斋初集》之自序末署"丁巳秋菊有黄华后，醉眠山人纪公题并涂，时年四十有二"⑥。以民国丁巳年（1917年）梁纪佩42岁推算，他应出生于光绪二年（1876年）。且民国戊午年（1918年）梁纪佩又著《粤东新聊斋二集》，时年已43岁。可知，梁纪佩在世已超过42岁。

梁纪佩的卒年，目前缺少直接材料，未详。据其《粤东新聊斋二集》自志所云："予后倘文思日焰奇绪泉涌，怅异多闻，则续著三四两集，庶成我粤奇谭之广记也。"⑦ 即梁纪佩在《粤东新聊斋二集》完稿后尚欲续撰三集、四集。此后未见《粤东新聊斋》三集和四集问世，很有可能作者已经去世了。

---

① 梁纪佩：《革党赵声历史》，广州岭南小说社刊本。
② 梁荷《〈新聊斋〉及其作者"醉眠山人"》，见广州市芳村区政协《芳村文史》编委会《芳村文史》（第四辑），52～53页，广州，广东人民出版社，1992。
③ 江苏省社会科学院编：《中国通俗小说总目提要》，1228页，北京，中国文联出版公司，1990。
④ 魏绍昌、管林等：《中国近代文学辞典》，437页，郑州，河南教育出版社，1993。
⑤ 石昌渝：《中国古代小说总目》（白话卷），263页，太原，山西教育出版社，2004。
⑥ 梁纪佩：《粤东新聊斋初集》，广州科学书局刊本。
⑦ 梁纪佩：《粤东新聊斋二集》，佛山市图书馆藏本。

二、生平事迹

(一) 海外游历

据《革党赵声历史》曾少谷序,梁纪佩与曾少谷相交甚好,自乙未年(1895年)相别,直至辛亥年(1911年)才得重逢。在这期间,梁纪佩曾随表舅苏学海至南洋吉隆埠,在吉隆埠期间教习富商陆某之子。① 在吉隆埠的广肇会馆中,梁纪佩的文笔及声望得到同乡们的认可,嘱其作联诗以纪念清明扫墓之事。《何淡如先生妙联》中录有他在吉隆埠时期所作之联:

予昔旅客南洋吉隆埠,清明节广肇两府商人联同扫墓甚兴,因属予撰此联于广肇会馆。

何地是吾家,魂飘异域,冢冷荒郊。那堪岁岁秋霜,华表莫归丁令鹤。

有缘能作主,蝴蝶灰飞,杜鹃血染。好对茫茫烟草,青山齐降范公车。

又七月孟兰节广肇会馆烧衣联。

薄酒饮杯,好趁轮船归故里。

单衣穿件,早登人世出生天。

按:南洋各埠每年七月孟兰节极迷信,必有用纸眨火船一大艘烧之,以渡亡魂归故里。②

虽身在海外,但思归故里为每一个人所同有,就连身死异乡之人也盼魂归故里。海外游历并未冲淡梁纪佩的归乡意识,而是丰富了他的生活阅历。

除了吉隆埠,梁纪佩还遍历南洋诸群岛及英国、法国、印度、缅甸等国。③ 这一时期是梁纪佩思想形成的重要时期,域外游历开阔了他的眼界,让他能够更加深刻地意识到中国社会存在的问题。日后梁纪佩归国担任报刊主笔或是创办小说社,都有赖于他在海外游历的积累和见识。

(二) 活跃于文坛

据光绪三十四年批示所云:"该生前自南洋游历回国,继充省报主笔,

---

① 梁纪佩:《革党赵声历史》,广州岭南小说社刊本。
② 梁纪佩:《何淡如先生妙联》,广州崇德堂刊本。
③ 梁纪佩:《革党赵声历史》,广州岭南小说社刊本。

今退居著述新小说诸书行世。"大约在光绪三十四年（1908年）或稍早于光绪三十四年，梁纪佩回国充任广东省报主笔。而据梁荷先生《〈新聊斋〉及其作者"醉眠山人"》一文，梁纪佩先后担任了《觉魂报》、《安雅报》、《羊城报》的主笔。① 约在1908年至1912年间梁纪佩活跃于广东文坛。

1909年梁纪佩与友人合作创办悟群著书社，著述并发行各种新小说。梁纪佩于小说《刘华东故事》绪言中云："乙酉暮春之末，本社新联开幕，于羊石西湖药洲右之天台别墅西楼上。"② 创办悟群著书社的合作者有潘侠魂、陈颖侣等。总编辑所、总发行所均为悟群著书社，地址在广州老城学院前九曜坊天台别墅内，第28号门牌。是年，他们共出版了《陈塘南风月记》、《外交泪》、《叶名琛失城记》、《岑督征西》、《禁烟伟人林则徐》、《刘华东故事》、《黄萧养演义》、《山东响马》、《梁三颠》、《自由女》、《粤汉铁路废约议》、《刘义打佛兰西》等十几种作品。1910年，悟群著书社由九曜坊天台别墅迁至归德门外谢恩里，改名为觉群小说社。

1911年梁纪佩与昔日好友曾少谷重逢，同结岭南小说社，小说《革党赵声历史》为梁纪佩加入岭南小说社之后所著的第一部作品。曾少谷于《革党赵声历史》序中云："予友，南海梁君纪佩者，昔为我日夕所最相爱慕稔交也。自乙未（1895年）别后，于兹数载，今何幸而再逢萍水，得结为此小说社。岂非不谓友中之缘乎？今本社新联开幕，其主任于编辑部，首著此《革党赵声历史》以寿世。"③ 梁纪佩于自序末署"辛亥闰六月著者纪佩自序于城西小说社之编辑部"，岭南小说社的地址是在羊城西关乐善戏院门前17号门牌。梁纪佩在岭南小说社著作并发行的作品有《革党赵声历史》、《入朝三不问》、《近世党人碑》等等。

这一时期梁纪佩活跃于广东文坛，两三年间撰著发行了几十种小说，其中有些是独立创作，有些是与人合著，有些则担任编辑校对。这些小说或演说历史人物，或取材于时事近闻，内容关注现实，反映当时的社会风貌，有鲜明的时代特色。

（三）隐居著述至去世

辛亥革命后，梁纪佩曾任南海县的参议员，后见民国政治腐败，不愿

---

① 梁荷：《〈新聊斋〉及其作者"醉眠山人"》，见广州市芳村区政协《芳村文史》编委会《芳村文史》（第四辑），52～53页，广州，广东人民出版社，1992。
② 梁纪佩，陈颖侣：《刘华东故事》，香港五桂分局刊本。
③ 梁纪佩：《革党赵声历史》，广州岭南小说社刊本。

与军阀官僚为伍，便隐居于广州南海学宫（今解放中路附近学宫街内）和药洲仙馆（今教育路南方戏院的观众休息场），读书著述。晚年，在贫病中死去。①

此时期梁纪佩创作了《何淡如先生妙联》、《粤东新聊斋初集》、《粤东新聊斋二集》等作品。《何淡如先生妙联》之绪言云："惜其（指何淡如）毕生之谐部，鲜有完全记载。……而先生之绝妙谐联，予幼时颇耳熟，今忆录以附之铅椠，俾成斯卷，供诸海内同好，为茶前酒后之助。"②可见梁纪佩创作《何淡如先生妙联》主要是为了追慕古人。从年轻到年迈，关注社会局势的热情及精力淡化了，这一时期梁纪佩的笔端慢慢转向了粤东轶闻掌故的搜集和记载。

三、小说著作及其他

据光绪三十四年批示、李育中先生《写大量通俗小说的梁纪佩》③、梁荷先生《〈新聊斋〉及其作者"醉眠山人"》④ 和陈大康先生《中国近代小说编年》⑤ 等综合统计，梁纪佩的生平著作不低于 30 种，可惜这些作品如今散佚严重，笔者所见小说如下：

（一）《刘华东故事》

此作藏于广东省立中山图书馆，有两种刊本，一为香港五桂分局总发行的刻本，一为省港五桂堂局总发行的铅印本。香港五桂分局刻本，一册，刊刻时间不详。封面（见图 1）正中题"刘华东故事"，右上角题"梁纪佩著"，左下角署"香港五桂分局总发行"，无目录，正文单栏线，无版心，栏线外上侧刻"刘华东"，下侧刻页码。每半页 15 行，每行 30 字。省港五桂堂局的铅印本除封面为朱红、正文偶有错字外，在内容及体

---

① 梁荷：《〈新聊斋〉及其作者"醉眠山人"》，见广州市芳村区政协《芳村文史》编委会《芳村文史》（第四辑），52～53 页，广州，广东人民出版社，1992。
② 梁纪佩：《何淡如先生妙联》，广州崇德堂刊本。
③ 李育中：《写大量通俗小说的梁纪佩》，见《随笔》创刊号，201～202 页，广州，广东人民出版社，1979。
④ 梁荷：《〈新聊斋〉及其作者"醉眠山人"》，见广州市芳村区政协《芳村文史》编委会《芳村文史》（第四辑），52～53 页，广州，广东人民出版社，1992。
⑤ 陈大康：《中国近代小说编年》，329～330 页，上海，华东师范大学出版社，2002。

例上与香港五桂分局刻本没有太大区别,应是后印本。

是书封面虽题"梁纪佩著",实际上却是梁纪佩与陈颖侣合著。总共九章,其中第一章、第四章、第五章、第六章为梁纪佩著;第二章、第三章、第七章、第八章、第九章为陈颖侣著。据第一章云,该书写于乙酉(1909年)暮春,悟群著书社成立之初。全书所记乃粤东撰状师刘华东一生之奇闻趣事。

图1 《刘华东故事》封面

(二)《岑督征西》(上卷)

此作属存于宣统元年悟群著书社发行的刊本,一册,下卷未见。封面正中题"岑督征西"。右侧下刻"军政演义小说"。左侧刻"羊城悟群著书社刊,南海梁纪佩、潘侠魂合著"。首为陈颖侣所撰之序,序末所署日期乃宣统元年(1909年)五月。次目次,共十回。次正文,卷端题"军政演义小说岑督征西上卷","军政演义小说"六字稍小双行排列。右下题"南海梁纪佩、潘侠魂合著"。单栏线,无版心。单线外上侧刻"岑督征西上卷",下侧刻页码。每半页10行,每行27字。

是书所记乃岑春煊平定广西匪乱之始末。巨匪麦子二、黄隆亭等拥众数万起乱,猖獗一时,后岑春煊莅任粤东督抚,经过一番斗智斗勇,祸乱终得平息。

(三)《禁烟伟人林则徐》

此作是现存宣统元年悟群著书社出版的刊本,藏于广东省立中山图书馆。封面(见图2)上半部依次题"宣统元年夏六月出版"、"南海陈颖侣著 梁纪佩辑"、"悟群著书社刊"。封面正中央自右至左倾斜题"林则徐"三大字,下题"禁烟伟人",双行排列,字体稍小。内页始为例言四条,末署"宣统元年己酉夏六月朔日,著者自述于本社之炼石补天楼"。次目录,十章。次正文,每半页10行,每行26字。

是书目录与正文标题存在一些差异。目录标有十章,但正文实有十一章。因正文内有两个第二章,先是"第二章 林则徐之到粤原因",次又为"第二章 林则徐之禁烟办法"。全书乃叙林则徐历史,于禁烟问题尤为详细。

图2 《禁烟伟人林则徐》封面

(四)《七载繁华梦》

该书现存宣统三年刊本,藏于国家图书馆。封面(见图3)为"题苏大阔词",谓"七年一觉繁华梦,赢得当时大阔名"。首为"七载繁华梦序",末署"宣统三年辛亥春二月铁城王伯庸世讷甫拜序于羊城寓楼"。次自序,署"辛亥仲春卷成日著者纪佩氏自序于羊城之南绿蒲黄石深处"。次例言八条。次目录,共十五回。次正文,卷端题"苏大阔新小说七载繁华梦"。每半页12行,每行31字。

是书专写苏警诸的发迹衰败史。苏警诸由一穷酸秀才暴发成为粤东巨富，人称"苏大阔"。七年间，大阔恣意挥霍，过着奢靡生活，后被揭发，终至家败。大阔自杀未遂而被羁押南海。

图3 《七载繁华梦》封面

（五）《革党赵声历史》

该作现存辛亥年（1911年）刊本，藏于广东省立中山图书馆。首页为赵声坟墓风景画，题"香港赵声墓之风景"。次为题墓词，署"辛亥藕节添闰之六月　著者纪佩六郎挥汗漫绘并题于本社南窗剑光灯影之下"。次为序，序末署"宣统三年岁次辛亥夏莎鸡再振羽之月本社员曾少谷拜序"。次自序，署"辛亥闰六月著者纪佩自序于城西小说社之编辑部"。次目录，十章。次例言五则。卷端题"革党赵声历史"、"著者梁纪佩"。每半页12行，每行30字。

是书记载革命党人赵声之人生历程。小说以纪传体例分别讲述赵声之少年时代、任江南标统、任广东标统以及未成革党之赵声、革党布置之赵声。该小说对了解赵声生平及其革命活动具有重要价值。

（六）《广东黑幕大观》

该书现存民国初期铅印本，一册。封面题"广东黑幕大观"，朱红色。次例言三条。次目录，共20篇。次正文，卷端题"广东黑幕大观"、"南海醉眠山人梁纪佩述"。每半页13行,每行33字。

是书批判粤省政、军、商、报、学、女各界的腐败现象,有写其真相者,有借镜现其形者,堪称民初广东社会黑幕大观。

(七)《粤东新聊斋初集》

该书由广州科学书局印行,国家图书馆藏有中华民国七年(1918年)元月发行的初版,暨南大学图书馆则藏有中华民国七年(1918年)九月发行的二版。国家图书馆藏本封面(见图4)题"粤东新聊斋",而暨南大学图书馆藏本封面题"粤东新聊斋初集"外还有"仇羲宰署"及"羲宰"印。首为民国丁巳(1917年)秋九月顺德仇颂康所作之序。次为题词十首及自序,序末署"丁巳秋菊有黄华后 醉眠山人纪公题并涂 时年四十有二"。初版自序之后还有题词,署"古真唐宸"。而二版自序后即为目次。两版目次相同,皆是46篇。次例言六则。卷端题"粤东新聊斋初集"、"南海醉眠山人梁纪佩著"。每半页14行,行32字。

是书仿效《聊斋志异》体例,篇中故事"或得自故老相传,或搜自怪而作",所述乃粤东奇闻怪异传说。内容广泛,不仅涉及仁孝节烈义侠,亦涉恋爱情事、名迹典章等,颇具地方特色。

图4 《粤东新聊斋初集》封面

（八）《粤东新聊斋二集》

该书藏于佛山市图书馆，石印本。封面（见图5）无任何题词。内页首为目次，共40篇。次为自志，后署"民国七年戊午首夏"附著者纪佩之印。次粤东新聊斋图，名"笔头点鬼"，署"戊午夏端节前十日醉眠山人画并记"。次古冈黎启豪为醉眠山人所写之题词："眠复醉，醉复眠。诗为青莲，画为米颠，谭鬼谭怪又为蒲留仙。"次作者题词，署"纪佩梁颂虞自题于佗城守黑知白斋"。次又题词两首《苏幕遮·子不语》及《菩萨蛮·新聊斋》，署"纪公再题并书"。次为罗界仙所作之序。卷端题"粤东新聊斋二集"、"南海醉眠山人梁纪佩著"。每半页14行，行32字。

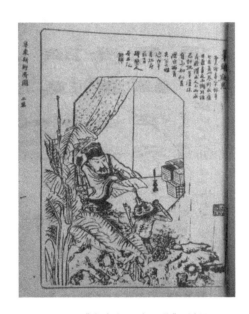

图5　《粤东新聊斋二集》封面

是书继《粤东新聊斋初集》之创作意旨，搜罗粤东轶闻风物。言虽志异而事必求真，所记粤东掌故颇多。

以上即笔者所见到的梁纪佩小说。通过书目检索笔者还查询到国家图书馆藏有《李连英》一书，石印本，十四章，梁纪佩撰；另有吉林大学图书馆藏《绘图李连英》，石印本，十四章，梁纪佩撰。此两本当为同一种小说。惜条件限制两处均不予借阅，笔者未见其刊本。

此外，笔者于广东省立中山图书馆还见到梁纪佩所著之《粤汉铁路废约议》和《入朝三不问》。《粤汉铁路废约议》现存悟群著书社印行的铅印本，《入朝三不问》存羊城岭南小说社印行本，但此两种均不属小说。

除了创作小说,梁纪佩还能诗善论。罗界仙于《粤东新聊斋二集》之序言云:"吾友梁君纪佩,才丰遇啬,本其抱负,发为文章,生平著作等身,其论政论事论文,靡不巨制宏篇,饶有见地。即偶然赋咏,放为诗歌,亦能令读者齿芳,闻着心感。"① 据梁纪佩的后人梁洛屏先生回忆,梁纪佩的著作还有诗歌集《醉眠山人诗草》一卷和杂文一卷②,可惜这些著作都已散佚。

另存梁纪佩之《何淡如先生妙联》,编纂于民国甲寅(1914年)中秋前,专录何淡如之绝妙诗联。此书的发行和传播颇为广泛,仅笔者目前所能见到的版本就有广州崇德堂印行本、岭南书局发行本、广州华兴书局发行本、广州启德印书局发行本、上海广益书局印行本等。

结 语

梁纪佩生活于中国社会巨大的转型时期,小说创作具有鲜明时代特征。清末,他与友人创办小说社,以大量创作业绩反映辛亥革命前的社会问题;民初,他隐居著述,以小说记录粤东故事。综观梁纪佩之生平及创作实践,其小说关注新闻时事、揭露社会问题、搜罗地方掌故的特点尤为突出。其作品是了解当时社会的一面镜子,于岭南文史具有重要的参考价值。然而,长期以来梁纪佩的作品严重散佚,后人对其所知甚少,学界对于梁纪佩的研究和评价也不够充分。笔者才疏学浅,此文抛砖引玉,以期梁纪佩之研究不断深入。

(黄冬秀 广州大学人文学院2012届研究生,研究方向是中国古代文学,现为广州市海珠区景中实验中学语文教师)

---

① 梁纪佩:《粤东新聊斋二集》,佛山市图书馆藏本。
② 梁荷:新聊斋》及其作者"醉眠山人"》,见广州市芳村区政协《芳村文史》编委会《芳村文史》(第四辑),52~53页,广州,广东人民出版社,1992。

文化随笔

那些心诚则灵的去处

梁凤莲

大概在一两个世纪以前,广州文化的多元最显赫分明的标志就是宗教的杂陈。从很早的时候开始,随着这座城市打开大门对外贸易,随着这座滨水滨海又偏居一隅城市的对外交流,广州就陆续成了各路宗教并存汇聚的洼地。

广州有满天神佛,说的正是广州从来以包容的胸襟接纳各式各路不同的宗教,西式舶来的,中式承传的,草根自发的,皇命钦定的,不同的人各取所需,顶礼膜拜,蔚为奇观。

这座嘈杂的市井城市,有着不少奇异的处所与灵魂有关。细究之,它又跟灵魂并非有着十指连心般的关系,只是世俗参与到宗教的一种存在方式。在移民潮带来的多元文化之前,广州更多地表现为宗教文化的多元。

很多年头过去了,宗教成了广州人的一种生活方式,其中的仪式以及敬畏、祈盼、寄托的心思,全部被搅拌在生活居停的内容里,如水流的带动、冲刷、回涌的作用与影响,不知不觉间将其变成了一种生活的滋养,亦变成了蚀刻在骨子里流淌在血液里的生存哲学。

逢庙必入,见神就拜,直如遇水搭桥,人生的艰难与不测就是这么被普度的,人生卑微的期盼与祈祷就是这么被成全的。小心翼翼地呵护着心诚则灵的信奉,宗教就这样成了生活的一种内容,一种用来承负生存不易的载体,而非一种精神上的信念。

这种崇拜,着眼的更多是传闻中的神迹以及被确信灵验的因果,迷信的是缘此带来的两大功能:一是祭祀,托付式的;二是祈福,索求式的。前者祈求的是逢凶化吉、遇难消灾;后者是渴望被施舍被拯救而从中解脱、有所获取,并非是来自于对教义理念的痴迷与信奉。如此将宗教信仰实用化、功利化,在意的是将教义的仪式、组织、功能与世俗生活混为一谈,甚至融为一体,并非像西方的宗教那样达到一种制度化的独立规范。

所以,广州的信众既很自发,亦很自便,可以带发修行,又可以落发落家,可以自圆其说"酒肉穿肠过、佛祖心中留",亦可以将手段与方式灵活变通。也就是说,只要有信奉的需求,就大处着眼、小节不拘,就无所不能、无所不通。当然,也有按严格的教义教派而归附成团体的。

由此,存在给出了最大的理由,不再因宗教的类型、属性和载体来区分,而是以是否灵验、是否有用为衡量尺度,改变了很多人的接受习惯,在得到更广泛认同的同时"解放了观念",把寄寓与教诲、生活与信仰、普及与高度、大众与精英等等比较分明的界限进行了拆解,进行一个为我所用、认同灵验的拼接,原有的教义或者仪式也就这么入乡随俗地彻底本土化了。

从老城的中心西堤寻访,从达摩登岸的"西来初地"开始,19世纪的图景与年少的印象就像此刻的臆想,都是属于过去的记忆了。然而这种印记却一直追踪着城里人的习惯,老城的西面各路宗教遍地开花,土洋杂陈,反正到如今都落地生根、各得其所了。

"西来初地"这重要的出处,虽只留了一块不起眼的小碑石,毕竟指认了印度达摩二世携佛教而来在此登岸的所在。顺着一个多世纪至今方位没变的路径前行,就是首先设坛开讲有百尊罗汉驻场的华林寺。其随时间流转已被嵌入内街深巷里,周围是横竖挤逼的民居和密不透风的店铺,是收藏价值与价格尺度无限的玉器一条街。因为有一座镇寺的真身舍利塔,鼎盛的香火与一门之隔的繁闹喧嚣争相辉映,信众得穿越拥挤的商业街才能进入佛门要地,碰上初一十五,更是人头攒动。我一直猜想,如此环境下的信徒,对于他们而言,或许虔敬只在乎心念,而不必拘泥于拜祭场所的空朗清幽吧,反正神佛法力无边,总能接收到信众的香火用心,只要心诚就万事大吉、大可将就行事。

在华林寺的西北面,就是光孝寺,曾有一段时间随所在的马路净慧路之名一齐被称作净慧寺,六祖慧能著名的"风幡辩"就是在那生发的,可见这座寺庙的辈分与分量。现如今已修葺得规整而又气派,光是一棵300多年前的水蓊树,其婆娑葱郁便足以撑得起年深日久的气场,给民居群里的这座庙宇平添几分古朴不凡。曾经跟着一个居士去拜见位于寺庙一侧庵堂的师傅,居室及主人的装扮与寻常并无分明的差异,而专事的却已是出家人的修行了。曾经造访过西关角的一家庵堂,女尼与信徒之众让人瞠目,闹市里竟有那么多的出家人与追随者,并且比起别的庙宇,清寡单一之外多了很多细碎,毕竟是尼姑庵,信守的规例之外似乎是有了些小小的不同。

在光孝寺的东北方向,则是大名鼎鼎的六榕寺,因为有名人苏东坡的题签,在广州的声名可谓首屈一指,因而作为广州寺庙的地标,即使是平时闲日的造访拜祭也依然络绎不绝。寺庙所在的六榕路民居密集,小食肆比肩而立，烟火味很重，出售拜祭用品的店铺鳞次栉比，在这里领略的不再是佛门净地的清幽脱俗，而是受追捧的繁闹和随心而起的追从，且不管是否为信徒。现实无力或是无助者，为转移厄运祈福保佑，于是大都冲寺庙而来，急匆匆地烧香拜神，只求心诚则灵，好有神灵庇护躲过灾劫。所谓临危抱佛脚，不知这世道人心是越来越功利还是越来越诚信，这也算是一大特色了。

往东面城中伸延的大佛寺与城隍庙，分别伫立于广州老城旧中轴线的东西两侧，多年的冷清荒落之后，如今的热闹火爆有喷溅四射的势头。流水不断的斋宴与一年一度的庙会巡游，使这两个去处越来越吸引人越来越受关注；斋戒不再是一道仪式，而只是另一种口福，至于庙会则愈来愈演绎成热闹开心的大众嘉年华。进入寺庙，每一座庙堂每一尊佛像前都香火鼎盛、信徒人多势众，这种趋势不知如何推估，是这种教派越来越深入民心，还是更多的人无心插柳从众随俗？无论是普通人等或是虔诚信徒，手中的一柱香，心中念念不忘的祈求，敬天拜地，无非都是希冀平平安安稳度时日；倘有不测，人力不足，就只有求神拜佛望天打卦了。这便是普遍盛行的宗教观。

仁威庙位于老城区的西面，信奉的是本土人立地成佛自助吉祥的阿仁阿威，同时又是一座道观，一座庙供奉了多位神灵，亦算是奇特的所在。源于民间信奉自发生效的拜祭，更能体现入乡随俗的惯例。来的都是信众，凡烧香便是有礼，更讲究的是心想事成，虚无的愿望在这座庙观里就有了一个托付的载体，加上还有俗常例行的庙会来坐阵扬威。

情形恰如越秀山下的三元宫，成了个新春拜神初一、十五祈福的好地方。越秀山旁镇海楼下，这是广州有城以来威仪立万的地头，三元宫供奉什么神佛、信什么教规，对于到此偿还什么心愿的很多人来说并不重要，对拜祭有什么框限亦不要紧了，几代人过去了，那么多年过去了，代代相传的惯例就是到这里祈福消灾，就是到这里心诚则灵，于是乎，十万数十万的市民蜂拥而至，交通阻塞，图的就是心念有处托付的归所。

而广州的屏障兼景观带白云山上同样有不少佛道的好去处，名山圣地总有神佛装点增光，归返山林总是雷同于归返内心回到宗教信仰，两者大体都是理念相通的，都是关乎身心托付与寄存的用意。于是，清幽、脱俗、无尘、无扰，人心就得到了解脱，同时亦得到了救赎。

老城东面的宗教舶来色彩则较为分明、强烈，不是天主教就是基督教，同宗不同源的对峙，使教派教义就有了区别。沿着珠江往东面走，就屹立着赫赫有名的圣心大教堂，临江而立，通体花岗岩石的建筑气势非凡，大到结构布局，小到窗户的七彩玻璃钟楼，对称的设置轻易就能把对西方宗教文化的向往引入想象。确实，这座在清代用半个多世纪建成的目前全国仅有的两座花岗岩石教堂之一，在中西文化的交流史上确实也是地位不凡。

而位于西门口的基督堂与万福路的基督堂，离市民的生活很近，走进去，就是另一种文化另一种熏陶了。笔者跟一个教会养大的虔诚的信徒老人聊了很久，他说，在那个饥馑的年代，信仰给他带来的抚慰与调教终身受用，慈悲为怀就是关爱苍生，乐善好施就是普度不幸，前者是修为，后者则是行动，这样，人生就平和灵魂就得到拯救了。所以他的祖辈与儿女辈都是信徒，去教堂做礼拜是日常中不可缺少的内容。到了东山一带，教堂就更多了，时到今日依然沿用。笔者曾经参加过一场由教友在教堂举办的美声演唱会，教堂的功用似有所不同，除了仪式礼奉祷告祈求，还是教友之家，彼此讲究的是兄弟姐妹的信缘。这重新装修过的基督堂，十字架换成了玻璃灯箱，教士布道的地方同时亦成了舞台，环境的装饰变了，氛围随之也改变了，从之前的敬畏仰视，到如今平和亲近的色彩越来越浓。

这座城市宗教地理的大致图谱，串起的是广州的变迁史，也算是广州市井的精神史。因为各路宗教的杂陈并存，因为宗教对生活民心的渗透与影响，于是，这里的生存哲学就有着不一样的特色与取向。

（梁凤莲　广州市社科院研究员，一级作家）

民国广州之兰斋梦痕

王美怡

看民国广州的史料,如同看一幅被卷起来的陈旧画卷。把这沾了灰尘的画卷徐徐拉开,心里总不免恍惚。金戈铁马、纵横捭阖的传奇后面,究竟还隐藏着多少欲说还休的断片残简呢?有多少人生的大戏是在时代的夹缝里仓促上演,又草草收场的呢?

人生如雾如电如梦幻泡影,纵是歌舞升平,也会有曲终人散的那一天。明代人张岱在自撰的墓志铭中自述,早年"好精舍,好美婢,好娈童,好鲜衣,好美食,好骏马,好华灯,好烟火,好梨园,好鼓吹,好古董,好花鸟",可是转瞬之间,"国破家亡,避迹山居。所存者,破床碎几,折鼎病琴,与残书数帙,缺砚一方而已。布衣蔬食,常至断炊"。从繁华到灰凉,只在转身之间。

像张岱这样的世家公子,生来就是唱大戏的名角。这一类名角,前有古人,后有来者。叱咤羊城的江太史,一生际遇与张宗子如出一辙,在唱足了五味俱全的全本大戏后,隐入历史画卷背后,从此缄默不语,任传说在太史第的断墙残垣间如野草般疯长。

这画卷背后,分明有袅袅悲音回旋,那是江太史听惯了的粤剧唱腔:"是谁把流年暗转换?繁华事散逐香尘,流水无情草自春。"

"江湖大佬"叱咤风云

说江太史是晚清时期广州城里呼风唤雨的"江湖大佬",实不为过。

江太史原名江孔殷,小字江霞。江家祖上,是号称"江百万"的巨富茶商。1904年,中国历史上最后一届科举考试举行。江孔殷赴京会试,中恩科二甲第27名进士,入翰林院,授职庶吉士。粤人谓点翰林者为"太史",从此世称"江太史"。

江孔殷点翰林后回乡谒祖,真是说不尽的风光。翰林算是大绅士,照习惯,用的是大张红色的名片,高八九寸,阔四寸许,顶格写满'江孔殷'三个大字。江家先期派人印发报捷的"报条"逾一千份,分送本省的官绅及远近亲友。过了数天，江太史坐着四名轿夫抬的大轿，前呼后拥，到四处拜客。除了长辈、亲戚、老师与在籍的巨绅外，两广总督、三司六道、首府两县等等，新科翰林都要登门拜会。太史第另定日期大排筵宴，中午开流水席，晚上开翅席，分"头度"与"二度"，宾客可以饮宴两次，东花园里盖搭戏棚，日夜演剧助庆。人生得意，莫过如此。

江孔殷曾任江苏候补道。1907年，岭南盗匪成风，经广东总督张鸣岐奏请，江孔殷钦放广东清乡总办。临行前，慈禧太后御赐兰花一百二十盆，"百二兰斋"由此得名，江孔殷亦从此别号"兰斋"。他返粤后，联合士绅以铁腕手段剿匪，大杀三合会众凡六十日，盗匪之风渐息，江太史声誉日隆，江湖地位稳固，成为清末民初广东政坛举足轻重的实力派人物。

江太史身材高大，雄伟壮实，双目炯炯有神，望之气象万千。他的性格大开大合，慷慨不羁，豪气干云。本来"清乡"是要剿匪的，可他一来二去却与三山五岳的草莽英雄结成了莫逆之交，乡没有清，四方豪杰却结识了一大把。在粤任职期间，他私放洪门李福林往南洋入同盟会，并促成革命党人汪精卫、陈景华获赦，按现在的说法是个红、黑、白各道通杀的人物。

很长一段时期里，江孔殷都是广州城里一言九鼎的人物，霸气十足，从一件小事略见一斑。1907年年初，江的家人在戏院与港商黄亦葵争座位，江为此大怒，诬称其妾为私娼，拘捕了黄亦葵夫妇，还加黄以"抗拒大绅"的罪名。《广州总商会报》视此事为绅士欺压商民之事件，连续报道，对江大加揶揄、抨击。

江孔殷老谋深算，善于审时度势，在辛亥革命浪潮风起云涌之际，他以"在野"的头面人物身份与官方、革命党及社会上的各种政治力量周旋，在改朝换代之际扮演了一个特殊的角色。是他直接促成了"广东独立"。

1911年4月27日，由同盟会发动的广州起义爆发，七十二烈士战死。同盟会会员潘达微出面收埋遗骸。《潘达微自述》提到：当他商请各善堂的董事提供坟地时，各善董均有难色，"盖怵于威，恐事泄株累也。余不得已，遂以电话达此意于江孔殷太史，求太史一助力。太史遂转告善董，谓此事可力任，纵有不测，彼可负全责。各善董得太史电，乃允余请，余遂去"。通过江出面交涉，七十二位烈士遗骸最后得以安葬于黄花岗。

同年10月，武昌起义成功，广东的革命党人也策动了数千人在顺德乐从起义。粤督张鸣岐命时任清乡总办的江孔殷带兵前往镇压。江不想与革命党作对，稍战即息，撤兵返回佛山。他对广州革命党人潘达微、邓慕韩等的"和平策略"表示首肯和支持,愿意为他们的主张向张鸣岐说项。面对声势浩大的革命浪潮,张鸣岐情知大势已去,只好表态赞成"和平独立"。

11月9日早上,原本同意担任独立后军政府都督的张鸣岐将督印悬挂堂中,人却逃之夭夭。江孔殷派人将日前在乐从缴获的青天白日旗高悬于谘议局之上,盛大的独立典礼举行,广东终告独立。

辛亥革命成功后,孙中山先生为感谢江孔殷对国民革命的同情与支持,曾与宋庆龄、廖仲恺、何香凝等登门拜访,在太史第的花园内合影留念。

纵是经纶满腹,韬略纵横,无奈大势已去,江孔殷在辛亥革命后也只好做了遗老。不过,遗老的生活向来都不寂寞,江孔殷也不例外。他改行从商,出任英美烟草公司南中国总代理,对外挂牌为"公益行"。他把在政界运筹帷幄的谋略转移到了商场之上,这个穿长袍的"洋买办"又和南洋兄弟烟草公司展开了一场恶斗。

当时,南洋使用"三爵"、"美丽"、"地球"、"大长城"、"白金龙"、"黄金龙"等牌子,英美使用"三炮台"、"老刀"、"海盗"等牌子。江孔殷扬言:我掩住半边嘴也能斗赢南洋。为此他不惜使出各种手段,如收购了一批南洋的名牌烟"白金龙"、"黄金龙",待发霉之后再推出市场,以此造谣中伤对方。受到打击的南洋一度处于弱势。

这时候,潘达微因厌倦民国官场,转营实业,到南洋担任经理。江孔殷算是遇上了强劲的对手。潘达微先从改进南洋的广告经营策略入手,聘请黄般若、郑少梅等画家,为南洋设计画有三国、水浒人物的"公仔纸",放在每包香烟当中促销,并创办《天声日报》,大力宣传国货。潘又利用自己与政界文坛名流的关系,在报上大登胡汉民、蔡元培、梁实秋等的文章,受到读者欢迎,声威大振,南洋渐占上风。

江孔殷当然不肯认输,也命次子江誉彬创办《广东日报》,社址先是设在打铜街,后搬到太史第内继续出版,但因充斥八股文章,观点陈腐,声势渐弱。在两家烟草公司的商战中,潘达微的才华、名声和新锐的思想,显然超过了身为满清遗老的江孔殷。新派人物战胜了旧派人物,潘达微获得"实业泰斗"的美名,成为广东近代出类拔萃的民族工业家。而江孔殷却渐渐失去英美烟草公司的信任,到最后只是领一笔车马费了事。

珠江画舫上的遗老迷梦

虽然在商战中败下阵来，江太史的遗老生涯仍然是多姿多彩、活色生香的。

"遗老"在民国时期是个意义模糊的角色。在改朝换代的巨浪狂澜中，这些原本在国家的政治和文化生活中担负要职的既得利益者，在一瞬之间就失去了自己纵横驰骋、春风得意的舞台，难免会有些晕头转向、惘然若失。以往在他们繁忙的生活中作为调剂的余兴节目，在这种"无可奈何花落去"的特殊时期，竟成了他们日常生活的主要内容，比如，吟诗作对，挥毫泼墨。在这些方面，江太史也有独到的才能。他的书法，以行书见长，格调高雅，出笔不凡，文人之气溢于纸上。他的诗词，在一众耆老之中，也是独领风骚的。

担任英美烟草公司南中国总代理期间，江太史热衷于利用"诗钟"这一传统文学形式进行商业营销。1924年出版的《台湾诗荟》记："羊垣英美烟草公司前征'金、叶'诗钟，多至一万余卷，汇呈卢谔生先生维岳评选二百。近由江霞公太史惠寄诗榜一纸，佳作甚多，琳琅满目。"江太史也为此次征诗活动四处张罗，在致该刊创办人连雅堂（注：连战的祖父，台湾名儒）的信中写道："公为此间文坛牛耳，尚希不惜鼓吹，为敝公司生色。"

江太史在家中开办"兰斋家塾"，礼聘岭南著名画家李凤公为家人教授书法和绘画。他尤为器重当时在"兰斋家塾"掌书记的"岭南才女"冼玉清。而对于冼玉清来说，"兰斋家塾"恰是她生命记忆中一抹值得回味的亮色。出身豪富之家，青春年少即以学问才情名满岭南，此女子自是不同凡响。她先是在澳门的"灌根学塾"求学，在"烂熟全史"的恩师陈子褒的培护之下，打下一生的学问基础，而后游学岭南，又幸运地遇上了一群精研传统之学的硕学鸿儒，得到他们的呵护与怜惜，冼玉清开始步入学术殿堂，为文化的延续和传承倾尽心血。这是岭南之地一个不应被遗忘的文化人物，她的故事待我们以后慢慢讲述。这里先说说冼玉清在"兰斋家塾"度过的一段诗画怡情的快乐时光。

冼玉清是在结束了"灌根学塾"的初期学习来到太史第的。她和江太史的女儿江畹徵成为李凤公的入室弟子。冼玉清得名师指点，进步神速，其工笔花卉，得宋人法，淡逸清华，深得江太史的赞赏。在太史第的高门宅第之中，暖日盈窗，花香盈室，冼玉清轻捻画笔，把春天里的暗香空绿都抹在了画纸之上。"一帘花影云拖地，半夜书声月在天"的书斋生活，渐渐成为她生命中最日常的场景。

冼玉清离开太史第后，与江孔殷一直保持联系，时有诗文酬答。1924年，冼玉清把她的诗作编辑成册，请江孔殷过目，江题写了七律《题冼玉清女学士诗册》一首为序，从此诗可以看出，身为遗老的江孔殷对冼玉清的学识才情知之甚深：

阁主长真席道华，绛帷环侍障青纱。翻书目笑秦皇帝，续史心仪汉大家。进士头衔名不朽，秀才巾帼貌如花。天人典群高凉后，赢得先生两字加。

江太史是个亦正亦邪、大雅大俗的奇人。诗书自娱的雅趣和纵情声色的狂放交织在一起，把他的传奇人生点缀得五色杂陈。出身号称"江百万"的巨富茶商之家，他的人生注定是镶金缀玉、满目繁花，风月场上怎会少了他的身影。在珠江画舫上，他把世家公子玩世的倜傥和末世文人不羁的才情挥洒得淋漓尽致。西堤的陈塘、东堤的紫洞花艇，到处留下江太史的歌吟题咏。当时的南园酒家门前，就悬有江太史轰动一时的名联：

立残杨柳风前，十里鞭丝，流水是车龙是马；
望断琉璃格子，三更灯火，美人如玉剑如虹。

美人终将迟暮，富贵荣华也会如落花飘零，画舫外的珠江流水载走了多少代的浮世幻梦。江太史还在美食美色筑成的迷境里流连，自然窥不破这人生的玄机。

那时东堤一带的珠江水面，花艇无数，花艇旁附楼船，设有厨房，所治肴馔，精细有致，供人在花艇上召妓陪饮。江太史在珠江美景下看美人品美食，但愿长醉不愿醒。

据说当时"澄鲜"一艇最负盛名，江太史也为"澄鲜"撰了一副对联。他平日里纵横江湖、豪气干云，下笔却出人意料地细腻缠绵：

怕听曲板当筵，流水大江，别有闲情淘不尽；
况对离樽今夜，酒阑灯炧，可无细语慰相思。

江太史在风月场上流连，留下不少奇闻。据说他的长子为原配所出，温厚懦弱，胸无大志，偶入青楼，邂逅一名妓，海誓山盟，共期白首。殊不知该女子是父亲的老相好，脚踏两船，左右逢源。江太史发觉后勃然大怒，当众对长子杖以家法。懦弱的长子既受情伤，又被父辱，羞愧交加，吞烟自尽。结果是已定亲的新媳妇17岁就到江家"守清"，守了一辈子"活寡"。

江孔殷一共娶了12个老婆。这妻妾成群的生活，并不像外人想象的那般风流快活。据孙女江献珠回忆:"很奇怪,祖父的女人没有一个是天姿国色,九、十两祖母还可列入'丑'类。"这且不说,单是管理这一大家子人口的饮食起居,已是繁难。据说他都交给能干精明、经营画舫出身的三姨太打理。

新年过后,江家人例行要到兰斋农场赏梅。冬夜天空冷月高悬,兰斋农场花海似雪,暗香浮动。梅林旁有小屋一幢,是看更人的宿舍。江太史每到此时,总是诗兴大发,在梅树下即席吟哦,妻妾们散坐林间,闲话家常。只有八姨太会静悄悄地提了一壶酒,独自潜入梅林去。她酒量甚浅,每饮必醉,醉后狂哭狂歌,至颓然倒下为止。八姨太为何悲泣?在自怜身世的落寞时光,莫非她已预知结局——

为官的,家业凋零;富贵的,金银散尽;有恩的,死里逃生;无情的,分明报应。欠命的,命已还;欠泪的,泪已尽。冤冤相报实非轻,分离聚合皆前定。欲知命短问前生,老来富贵也真侥幸。看破的,遁入空门;痴迷的,枉送了性命。好一似食尽鸟投林,落了片白茫茫大地真干净!

兰斋迷梦,终有破碎的一天。

最美的乐园是失去的乐园

对于江太史的孙女江献珠来说,20世纪二三十年代在广州河南同德里的太史第度过的岁月正是她记忆中最好的时光。她在《兰斋旧事》中娓娓道来,听来如隔世遗梦。

江太史辛亥革命后隐居家中,以诗书美食自娱,领导广州食坛数十年,堪称羊城首席美食家。占了同德里四条街位的太史第内食风鼎盛,羊城各大酒家唯"太史第"马首是瞻,冠以"太史"二字的菜式,不胫而走数十年,尤以"太史蛇羹"为著。当时的军政要员、殷商巨贾、各路草莽英雄,无不以一登太史第的宴席为荣。

在江献珠的记忆中,当年的太史第正门座落在同德里十号,门额之上有江太史亲笔手书的"太史第"横匾,正门大厅高悬宣统皇帝御赐的"福"、"寿"匾。太史第的建筑设计仿北方宅院,中设花局,周围回廊环绕,两旁依次为客厅、书厅、饭厅及起居室。花园与住宅相连,草木青翠,高逾院墙,园中有八角亭,亭外有兰棚。江太史爱兰,养兰凡一百二十种,书斋亦名"百二兰斋"。太史第内一年四季兰花盛开,富贵之中亦有别样清韵。

江献珠最忘不了的是宅第内各式各样赭红靛蓝的"满洲门窗"。这都是由当时的玻璃大王"平地黄"在北京特别定制的。每个厅房里的"满洲窗"均根据不同主题，按照山水、花卉、扇面、古鼎及古钱等，烧成红色、蓝色、翠绿及磨砂等种种颜色样式。江献珠的童年记忆就镌刻在这些"满洲门窗"之上，泛出陈旧而迷离的色彩。

江献珠小时候喜欢蹲在二楼的雕栏边，悄悄窥望祖父宴客的小天地。太史第的饭厅很宽敞，中置酸枝镶大理石八角大餐桌，桌后有一紫檀镶楠木的烟炕，两旁是宽大的太师套椅，供宾客餐前小憩。天花板四角上，吊着四时更换的宫灯，厅中悬一法式大水晶灯。透过饭厅里嵌翠绿山水玻璃画的"满洲窗"，隐约可见祖父的古玩房，三面墙壁都是落地紫檀古玩架，摆满了祖父的文玩珍藏。

太史第内很少有筵开百席的喧哗场面，江太史的饭厅里每天只摆一桌，款客的菜精美无比，主人的心意又是那么殷勤，这高门宅第里的美食盛宴，自有行云流水般的妙趣和格调。那年头，江太史任英美烟草公司华南总代理，入项甚丰，加之他为人豪爽，三山五岳、黑道白道皆有交往，每逢时节朋友多方馈赠，各地名产源源不绝，太史第内的美食盛事日日上演，成了旧时羊城的一段传奇。

"太史蛇羹"是这出传奇的重头戏。每年蛇季，太史第内总是特别热闹繁忙，要从秋风乍起一直扰攘到农历年底。这传说中的"太史蛇羹"究竟妙在何处？据说秘诀在于蛇汤与上汤要分别烹制。蛇汤加入远年陈皮和竹蔗同熬，汤渣尽弃不要，再调入以火腿、老鸡及精肉同制之顶汤作汤底，而上汤成色之高下，决定了蛇羹品质之高低。刀工也极为重要。柠檬叶最显刀工，要切得幼若青丝。太史第的花园里种了好几棵柠檬树，嫩叶不够味，老叶太硬，只有不老不嫩的才合格。切柠檬叶丝先要撕去叶脉，从叶梗当中分成两半，再叠在一起卷成小筒，这样切起来方便，且即切即用，香味更新鲜。鸡丝、吉滨鲍丝、花胶丝、冬笋丝、冬菇丝和远年陈皮丝都要切得均匀细致，再加上未经熬汤的水律蛇丝，全汇合在看似清淡而味极香浓的汤底内，加上薄芡，即成美食极品"太史蛇羹"。

菊花亦是佐料中的主角。太史第内终年雇佣四个花王，其中两个专事种菊。蛇羹用的多是自栽的大白菊，另有一种奇菊名"鹤舞云霄"，白花瓣上微透淡紫，是食用菊花中不可多得的精品。儿时的江献珠常常在院子里看女仆清洗菊花。她看着女仆把整枝菊花倒置在一大盆清水内，然后执着花柄，轻轻地在水里摇动，清洗干净后再逐瓣剪出备用。

在江献珠看来，真正的美食家并不是只爱山珍海味的奢食者。平平无奇的原材料，经过别具匠心的烹制，也可以成为席上令人叫绝的珍馐。个中的奥妙和趣味无穷，亦可见出美食品位之高低。平常处见奇绝，正是功力所在。

江献珠记忆中的家馔，似乎都是一些平常菜式，但思之令人无限留恋。每月两三次的素馔，如大豆芽菜炆面筋、薯仔饼、炒素松、炒大豆芽菜松、腐皮包、腐皮卷等，看起来简单，其实在做法上都是下足了功夫的。每天早上喝的大豆芽菜猪红粥，先用油把大豆芽菜爆香，放在粥里煮透，然后才放一早买来的新鲜猪红，味道好美。做糕点所用的盘粉，是河南龙溪首约一条小河涌的水上人家用擂浆棍磨制，边煮、边搅、边下猪油，直至猪油与米浆完全混合为止，用这种盘粉蒸的糕特别幼滑爽口。萝卜糕要先用瑶柱熬汁，用汁蒸糕，再煎香鲮鱼肉，混入萝卜同煮，吃起来香极了。

为保证太史第美食的出品质量，江太史大手笔地在郊外的萝岗经营起江兰斋农场，四时鲜蔬佳果不断运进府内，为太史第的繁华食事锦上添花。江献珠最难忘的是去农场吃"露水荔枝"的情景。祖父认为只有经过夜晚的温凉，"糯米糍"方能显出其香、甜、鲜、脆的最佳状态。每年夏天，江献珠总是随祖父到农场去，在晨光熹微下自采自啖沾满了露水的"糯米糍"。那是她吃过的最鲜美的荔枝。

江兰斋农场的荔枝引出了太史第的另一样绝品——荔枝菌。好多年过去了，江家老幼还一致公认这是太史第最好吃的东西。江献珠至今还记得当时的种种情景：

荔枝树每年必定要施肥，方法是在树之四周挖几个洞，把兽肥倒下去，再混杂泥土覆上。很奇怪，就在这些肥土上，经过了春雨的滋润，受了阳光的温暖，会冒出一堆堆的野菌。采菌要及时，不能等它长高，要往泥土下面挖，所以菌底往往沾满了泥土。为了掌握时间，村中的女孩子都被雇来帮忙挖菌。

清早采了菌，中午后方能运到广州。一抵达，家中顿时忙乱起来，上下动员去清刮荔枝菌。荔枝菌若不及时处理，菌伞会很快张开。若伞底的颜色由粉红变黑，便不能吃了。

经过运送，搁了半天尚是紧合的荔枝菌只占很少数，宜放汤，宜快炒，既嫩滑又清甜，统统留给祖父奉客。菌柄长高了而菌伞又张开的，便用大火炸香，连炸油一瓶瓶储存起来，好让茹素的祖母们用来送粥或下饭。炸香了的菌，味道颇浓，质感非常特别，软中带韧。菌油有幽香，拌面是一绝。

在江家，微不足道的野生荔枝菌，是家馔，足与珍馐百味等量齐观。难得的是，市上罕有出售而我家却因种植荔枝，每年有啖荔枝菌的盛事，也可算只此一家了。

江太史虽是显赫一时的美食家，但他自己是不会烹调的。他有的是美食家的格调和情怀。他宴客的执著，数十年如一日，如不尽心便不安心。客可以不请，要是请了则不能随便。款客的菜，一定要精细。他的心意永远都是那么殷勤。

太史第关起门来，每餐起码有五六十人吃饭。身为一家之主的江太史每天"下午三时起床，晚上八时中饭，晚饭等同消夜，要在凌晨以后"。江太史担任英美烟草公司南中国总代理多年，与洋人素有交往，对西餐也很喜爱，除大厨子外，家中还有西厨子、点心厨子，江太史还为几个茹素的妾侍专请了一个斋厨娘。江家好吃的东西真是多。

水月镜花皆幻相，繁华靡丽总成空

富甲一方的江太史，全不把金钱放在眼里。可是只靠祖田的租、英美烟草公司的车马费和农场微薄的收入，如何能够支撑车水马龙、宾客如云的大场面？故而有钱时觥筹交错，宾主尽欢，没钱时四处张罗，可卖则卖。

江太史每娶一房新妾，为安抚各房，总是新的旧的一律获得同样的衣饰财物。据说当年江家拥有的"三万三"透水绿玉，为羊城之冠。到周转不灵时，管家的三姨太就下令其他妾侍自动奉献首饰。每当玉器商登门时，三姨太总会从古玩架上取下小胭脂杯，盛满水，把透水绿玉投下去，立刻映得满杯翠绿。"满洲窗"后，献出珍爱首饰的众妾侍早已泪光盈盈。

繁华终有散尽时。先是失去了英美烟草公司的代理权，加上倾尽全力发展江兰斋农场，江太史几乎家财耗尽。抗战来临时，江太史避难香港，二三十个家人挤住在一层楼上，仆从星散，食事凋零。他戒了鸦片，皈依密宗，戒绝杀生，鬻字养家，最困难时不得不接受旧识日本港督矶谷廉介馈赠的两包白米。新中国成立时江太史已是风烛残年，1951年土改，他被乡民强行用箩筐抬回南海老家准备批斗，一代美食家竟以绝食而终。江献珠在《兰斋旧事》中写道："祖父以精食名，以两包米丧节，而以绝食终。人生蕣露，一至于此！"

其实，早在20世纪30年代的中山小榄菊花诗会上，面对满目繁花，还在温柔富贵乡里流连的江太史就写下过"何心咀嚼问残羹，肉食情知误一生"的诗句。

　　他的老朋友虚云老和尚也曾以诗劝喻:"灵光独耀本来明,无染无污气自清。水月镜花皆幻相,知君有日悟归程。"虚云师父曾和江太史有段前缘。辛亥革命前夜,虚云安住白云山僧寺,时与革命党人往还,广州起义时因有革命党嫌疑,遭官府追捕,藏于潘达微的平民报馆中。江孔殷与虚云平素以诗相契,于是出面向粤督张鸣岐开脱,虚云得以从广州脱身,安然返沪。

　　一江春水,带走无数繁华旧梦。珠江长堤,西关深巷,依然有传奇回旋流转。在陈旧的历史画卷上,民国广州城里风起云涌,有北上驰骋的军政要员,有巨笔如椽的硕学鸿儒,有临海向洋的商界巨子,也有寄情诗书的旧朝遗老。中国社会的巨大变革,从政治军事到工商民生,都在这"敢为天下先"的南方港口城市找到了最佳实验场。这南方的旧城,弥漫着令人迷醉的市井烟火,也飘荡着高门宅第的旖旎沉香。身份复杂的江太史一袭长衫从西关旧街巷里高视阔步地走过,在如蜘网般的人生迷阵里穿行,在美食构筑的幻境里打发时光,慢慢隐进了历史帷幕深处。昔日张岱国破家亡后披发入山写《陶庵梦忆》,遥思往事,方知"繁华靡丽,过眼皆空,五十年来,总成一梦"。如今的太史第只剩下断壁残垣,兰斋里的兰花已成隔世的香魂。兰斋一梦,终成幻象。画卷该卷起来了。

　　　　　　　　　　(王美怡　广州社科院历史所所长,副研究员)

广府民俗漫谈

黄小娅

清代以来粤地的"烧衣"之俗

我国的传统节日有"三元":元宵称上元,十月十五称下元,而七月十五则称中元。中元因此又叫"七月半"。汉族传统对故去的亲人持有"事死如事生"的信念,专设了清明、中元和寒衣等三大节日来寄托人们的哀思,这三个节日民间均称"鬼节"。

中元节除称"七月半"和"鬼节",还叫"盂兰盆节",简称"盂兰节"。"盂兰盆"是梵语"ullambana"的音译,其义是身受倒悬之苦。[1] 旧传佛祖弟子目连从佛言,于农历七月十五置百味五果,供养三宝,以解救其亡母于饿鬼道中所受的倒悬之苦(见《盂兰盆经》)。后成为人们追祭亡灵、举行赈孤照冥等活动的节日。

粤俗中元要烧衣纸和纸钱给死者,故称"烧衣节",省称"烧衣"。清袁枚(1716—1789年)记:"粤人于七月半,多以纸钱封而焚之,名曰烧包,各以祀其先祖。"[2] 所谓"烧包"是指祭祖时焚化包封好的纸钱,此词今仍存留在广州人的口语里。

粤人烧衣其实在七月十四日晚。清屈大均(1630—1696年)的《广东新语》载:"十四祭先祠厉为盂兰会,相饷龙眼、槟榔,曰'结圆'"。[3] 祭无人祭祀之鬼,古人说"厉"。《墨子·明鬼下》:"固尝从事于厉。"孙诒让间诂:"卢云:'厉,公厉,泰厉之属也'。"[4] "结圆"又作"结缘",

---

[1] 刘正埮,高名凯,麦永乾:《汉语外来词词典》,396页,香港,商务印书馆香港分馆,上海辞书出版社,1985。

[2] [清]袁枚:《新齐谐·烧包》,转引自《汉语大词典》第七册,249页,上海,汉语大词典出版社,1991。

[3] [清]屈大均:《广东新语》卷九,299页,《事语·广州时序》,北京,中华书局,1985。

[4] [清]孙诒让注:《墨子间诂》,卷八,第四页,《明鬼下第三十一》,上海扫叶山房石印本,光绪廿一年。

乃佛教语,谓与佛法结下缘分,得以渡过生死之海而进入涅槃境界。因龙眼又名"桂圆","缘"、"圆"音同,饷以龙眼,意指"结缘"。① 今粤俗仍以桂圆为祭品。又清《岭南杂事诗钞》:"时近中元风景殊,盂兰盛会遍街衢。家家都道烧幽纸,可慰重泉鬼趣无。"后记:"七月十四日浮屠盂兰盆会,各家剪纸为衣,与楮钱当街焚化,谓之'烧幽纸'。"② "烧幽纸"也就是给亡魂焚烧纸钱。

粤俗"烧衣"设祭不用鸡。民间认为:鸡不仅嘴尖硬,爪子也是尖利的,会"揪烂"(撕烂)纸衣。民间至今仍流传有粤谣:"人怕失魂,狗怕夏至,生鸡(公鸡)怕年初二③,鸭至怕七月烧衣。"烧的纸钱称"金银",有元宝和金宝,还有"冥通银行"通用的"阴司纸"(冥钞);衣纸有地主衣④、五色衣、街衣等。是晚,焚香烛,在家烧"祖先衣";在门口烧"过往衣",以祭"街外邻居"(无主鬼魂之讳称),俗称"烧街衣"。水乡居民则在埗头(小码头)烧纸祭神,称"拜埗头"。

广州有句老话:"各处乡村各处例。"即使同在广州地区,"烧衣"节俗也有差异。据笔者调查,南沙区分早晚两段,所供祭品也不同:早上用烧肉、花生、糖果、柑等拜祖先;晚上烧街衣,不得供糖。当地人认为,"流浪鬼"吃了甜食会恋而不舍,因而以豆腐、芽菜、肥猪肉等祭四处飘荡的"孤魂野鬼"。

"烧衣"忌鸡,以鸭、龙眼等为祭品　　　　"烧衣"拜埗头(周丹霞摄)
　　　　(陈海华摄)

① 广州旧婚俗,新娘过门后第一次请全家吃西瓜也叫"结缘",表示因姻缘而结为一家。
② [清]陈坤:《岭南杂事诗钞》,钟山,潘超,孙忠铨编:《广东竹枝词》,49页,广州,广东高等教育出版社,2012。
③ 按广州年俗,年初二祭祖拜神用公鸡。公鸡,广州话说"生鸡"。
④ 广府人家在厅中间供的神位,供的是宅中先亡者,称"地主"。牌位上写着"五方五土,地脉龙神,前后地主,护佑贵人"。

"烧衣节"在广州历史上还曾有在江河照冥赈孤"放河灯"的习俗活动。清人记:"中元沿河皆放水灯。"① 这一习俗在清代竹枝词里有大量的反映。如《中元节珠江放灯词》:"珠江水满碧迢迢,绚烂银花影欲摇。一个小舠灯万盏,教人错认是元宵。"② 又清《广州竹枝词》:"节交田了入秋天,会设盂兰费万钱。月色淡黄烟淡绿,满河都是放灯船。"③《羊城竹枝词》:"盂兰争礼鸽王宫,波影星光色是空。百串幡灯于点火,画船齐唱满江红。"④

人们自古就把阴世、阳间的交界处称作"鬼门关"。民间传说这个"关"七月初一开,至七月三十日(一说至七月十五)关闭,整个七月,所有的无祀孤魂从阴间到阳世觅食。所以,一入七月,粤地大街小巷具馔享先,焚化纸钱以敬鬼神。清代粤地一首《竹枝词》曰:"三洞凉生桐井叶,桂圆桂子结秋新。家家七月烧衣纸,不见绛袍赠故人。"⑤ 此俗至今仍盛而不衰。每逢此时,家中大人不许小孩儿夜出,尤其在"烧衣"日,当晚定要早归。

不必谈"鬼"即断之迷信。"烧衣节"乃承中原传统节俗,但已被赋予厚重的粤俗色彩。粤人焚香礼神,敬祖祀先,同时顾及孤魂野鬼,给予施善,体现了视死如生的伦理规范,在当地有深厚的民间信仰为基础,是一个内蕴丰富的节日。

最后附说的是:粤地何以七月十四为"烧衣"?据传宋代末年的一个中元前夕,突然传来元兵入侵的消息,为不误祭,提前在七月十四日"烧衣",此说见载于今《广州市志》。

广府人"过冬"习俗及相关俗语

日月之行,有夏则有冬。每年12月22日前后,太阳经过冬至点,北

---

① [清]倪鸿:《广州竹枝词》,钟山,潘超,孙忠铨编:《广东竹枝词》,90页,广州,广东高等教育出版社,2012。
② [清]冯锡镛:《中元节珠江放灯词》,钟山,潘超,孙忠铨编:《广东竹枝词》,205页,广州,广东高等教育出版社,2012。
③ [清]倪鸿:《广州竹枝词》,钟山,潘超,孙忠铨编:《广东竹枝词》,90页,广州,广东高等教育出版社,2012。
④ [清]侣琴女士:《羊城竹枝词》,钟山,潘超,孙忠铨编:《广东竹枝词》,129页,广州,广东高等教育出版社,2012。
⑤ [清]冯雨田:《佛山竹枝词》,钟山,潘超,孙忠铨编:《广东竹枝词》,229页,广州,广东高等教育出版社,2012。

半球白天最短,夜间最长,是为"冬至"。

广府人每逢冬至,亲人必定团聚,合家吃饭。按照当地传统,冬至是祭奠亲人的日子,除了劏①鸡、烹鱼和蒸糕,还要祭祖拜神。宴后围坐一起"食汤圆",因是家人团圆的日子,又称"食团",隆重一如过节,故称冬至作"冬节",简称"冬"。过冬至节,广州话说"过冬",也说"做冬"。

为了冬至这顿丰盛的家宴,主妇们上市场采购各种肉食和蔬菜,而鲮鱼是晚宴必定要准备的,宴席上一道味美的"鲮鱼",取"有零余"之义。也有人家将鲮鱼用盐腌上,再用大石头压住,叫"笮②冬"。主妇们还自己动手"整团",即用糯米粉加花生馅儿蒸制"花生团"③,用来祭祀和过冬食用。由于极重视冬节,广州话有"冬大过年"之语。

祭祖拜神是冬至的一项重要内容。祭品主要有香茶一壶、祭酒三盏、衣纸一份、炮仗一排,还有苹果和"花生团"。因是早上拜神,故拜神又称"斟茶"。因近年终,正值寒冷季节,要烧衣纸给魂灵送御寒衣。衣纸一定要烧透,这样才能把衣物送全。

其实,冬至曾是我国一个重要的传统节日。远在春秋之时,就定出春分、夏至、秋分、冬至四大节气;到秦汉间,二十四节气已完全确立。"冬至"是二十四节气之一,一般在农历十一月。古人认为,冬至日北斗柄指向十二辰的第一辰"子时",含有"重新更始"的象征义,因此,我国自古就重视过冬至节。是日年节贺礼,不问贵贱,奔走往来数日。宋《武林旧事》记:"贺冬车马,皆华整鲜好,五鼓已填拥杂于九街;妇人小儿,服饰华炫,往来如云。岳祠、城隍诸庙炷香者尤盛。三日之内,店肆皆罢市,垂帘饮博,谓之做节。"④ 该节后来在中原渐淡,而广府人至今仍重视过冬至节。所以,在广州话里产生了不少跟冬至相关的俗语。

---

① 广州话的"劏",宰杀义,音同"汤"。此字是粤地通用的方言俗字。
② 笮,广州话指"压",粤地也通行用同音字"责"。
③ "食团"、"整团"和"花生团",这三词的"团"口语均变读成阴平调。
④ [宋] 周密:《武林旧事》卷三,景印文渊阁《四库全书》,史部三四八·地理类,205页,台湾,商务印书馆,1986。

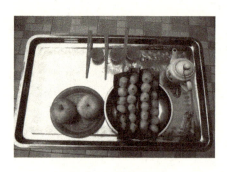 

拜神祭品（徐淑华摄）　　　　　烧衣纸，送寒衣（徐淑华摄）

　　冬至时因太阳辐射到地面的热量仍比地面向空中发散的少，气温继续降低，天文学上规定冬至为北半球冬季开始。广州话即有谚语："冬至头，卖开锦被置黄牛；冬至中，十个牛栏九个空；冬至尾，卖开黄牛置锦被。"这里的"冬至"并非实指，而是表示冬季，把冬季分成初、中、后三期，意思是一入冬就要做好冬耕准备，勤于农事，自然就"十个牛栏九个空"；等到寒冬降临，就得"置锦被"防寒。也就是"冬在月头，卖被置牛；冬在月尾，卖牛置被"。

　　广州的气候一般要到冬至才真正变冷，夏至后才真正进入热天，广州话就说："唔①到冬至唔寒，唔到夏至唔热"，又"冬至唔过唔冷，夏至唔过唔热"。如果天气反常，冬至不冷，冷的时间将延至来年芒种才回暖，正所谓"冬至唔冻，冷到芒种"、"冬至东风多，六畜多灾磨"，对春耕和农作物生长都极为不利。无论天气如何，农民冬天都要晒土、施肥，防冻，注意保护耕畜安全过冬，为来年农事做准备，有谚语"冬至早耕田，功夫在来年"，皆老农的经验之谈。

　　冬至还是观星象的最好时机，广州人习以冬至日的阴晴风雨来预测来年气候。旧有广州童谣："冬至晴，元宵雨；冬至雨，元宵晴。"人们认为，冬至日晴，预兆该冬少雨晴天多，便于农事，"冬至冇②雨落，农夫多快乐"、"冬至冇雨一冬晴"。但无雨的冬至，到年节之时则往往冷雨纷纷，天气阴潮，寒风袭人，正所谓"冬干年湿"，因此，又有"冬至出日头，过年冻死牛"之说。如果冬至日雨，意味着整个冬季将在低温寒冷中度过，"冬至落雨，牛羊冻死"。

---

　　① 广州话的"唔"表否定义，相当于普通话的"不"。
　　② 广州话"冇"，表"没有"义。冇，粤地通用的方言俗字。

广州话的"沤冬",指时常下雨的冬天,湿冷交加,最让人难受。冬至过后,紧接着就到新春佳节。广府人习以大年初五为"财神诞",店铺复市营业,老板按惯例给伙计们分发红包,请吃饭,以图新年大旺。伙计们有利市还吃大餐,皆大欢喜,故有"冬唔饱,年唔饱,大年初五得餐饱"之俗语。

冬季香辣狗肉煲（图片来源：互动百科）

古人认为,阴极而阳始至,日南至,渐长至也。冬至后,夜晚渐短,白天开始变长。广州话称之"冬至日日长"。天地阴阳二气中,阳气又开始逐渐旺盛起来,故称"冬至－阳生。"广州旧俗,冬至要将鲜活的草鱼细切成薄片,加调料、配料拌着生吃,名"食鱼生"。此俗源自粤人的一种观念：凡有鳞之鱼喜游水上,阳类也,生食之助阳也。即冬至吃"鱼生"不仅味美,还可使阳气健旺,强身健体。清代《粤游小识》记广府人"以生鱼煮粥谓之鱼生粥。谚云：冬至鱼生是也"。① 冬至吃鱼生之俗,清代竹枝词里有大量记载。如清《广州竹枝词》："雪花从不洒仙城,冬至阳回日日晴。萝卜正佳篱菊放,晶盘五色进鱼生。"后附一注：广州人"冬至日,以鱼脍杂萝卜、菊花、姜、桂啖之,曰食鱼生。"② 又清《羊城竹枝词》："冬至鱼生处处同,鲜鱼脔切玉玲珑。一杯热酒聊消冷,犹是前朝食脍风。"③ 今广州人更多的是吃"开煲狗肉",但老俗语"冬至鱼生夏至

---

① ［清］张心泰：《粤游小识》,卷三·风俗,二页,梦梅仙馆藏版,清光绪庚子年。
② ［清］倪鸿：《广州竹枝词》,钟山,潘超,孙忠铨编《广东竹枝词》,91页,广州,广东高等教育出版社,2010。
③ ［清］汪兆铨：《羊城竹枝词》,钟山,潘超,孙忠铨编《广东竹枝词》,114页,广州,广东高等教育出版社,2010。

狗"仍在口语里流传。

都以为"肥冬瘦年"是广州人创制的口语词，其实"肥冬瘦年"早在南宋时的吴地就已流行。因吴地风俗多重冬至而略岁节，故产生"肥冬瘦年"之谚。① 冬至节后来在民间渐废，而广州人至今保留着过冬的传统习惯，成为广府文化中极具地域特色的一个节日，"肥冬瘦年"自然就留存在广州人的口语里。

（黄小娅　广州大学广府文化研究中心副教授，语言学博士）

---

① ［宋］范成大：《吴郡志》卷三十，土物下。景印文渊阁《四库全书》史部二四三，地理类，11页，台湾，商务印书馆，1986。又［宋］无名氏：《豹隐纪谈》，《说郛》卷七，第16页。［明］陶宗仪等编：《说郛三种》一，139页，上海古籍出版社，1988。

调研报告

建设与京派文化、海派文化鼎足而三的岭南文化
——广州建设新岭南文化中心调研报告

曾大兴

导言

2012年11月,中共中央政治局委员、广东省委书记胡春华同志在调查广州时指出:广州要成为"新岭南文化中心",增强区域文化的辐射力和带动力。胡书记的这一指示,可以说是为岭南文化的建设提出了新的目标。

广州作为岭南文化中心的历史已有1900年之久,是名副其实的"岭南文化中心地"。尤其是在20世纪,在资产阶级民主革命初期和社会主义改革开放初期,广州文化的辐射力和带动力远远超出了岭南本土,对全国各地都有重要的示范和引领作用,广州是名副其实的"民主革命策源地"和"改革开放前沿地"。

20世纪90年代中期以来,随着我国进入全面的改革开放,国内一大批城市相继崛起。广州虽然连续15年在经济增速上保持全国第三大城市的地位,但是也面临着前所未有的压力和挑战。在一个以文化论输赢的时代,广州在文化上所面临的压力和挑战也是前所未有的。今天的广州,不仅不能在全国范围内引领时代文化潮流,甚至在岭南文化区域内,它的辐射力和影响力也在下降。

为贯彻落实胡春华书记的讲话精神,真正把广州建设成为"新岭南文化中心",2013年5月21日至22日、6月3日至5日、7月8日至10日,笔者随广州市委宣传部有关领导和广州市社会科学院有关专家,先后赴长沙、天津、西安等三个城市,就如何建设区域文化中心、增强区域文化中心的辐射力与影响力等问题进行调研。本报告即是在这三次调研的基础上形成的,希望能够为"新岭南文化中心"的建设提供某种有价值的参考。

一、"新岭南文化中心"之内涵

（一）"岭南"的内涵与外延

岭南是一个地理学的概念，指五岭（大庾岭、骑田岭、萌渚岭、都庞岭、越城岭）以南的广大地区。历史上所讲的岭南包括今天的广东、海南、香港、澳门全部，以及广西大部和越南北部，今天所讲的岭南则指广东、广西、海南、香港、澳门五省区（自治区、特别行政区）。五岭既是中国境内一条重要的人文地理分界线；也是一条重要的自然地理分界线，五岭以南是岭南文化区，以北是湖湘文化区和江西文化区；以南是南亚热带，以北是中亚热带。"岭南"一名始于唐代。唐初贞观年间，在五岭以南置岭南道，后来又置岭南节度使。"岭南"一名由此传开。

（二）"文化中心"的内涵及其评价指标

文化中心是指在文化方面具有重要地位和影响的城市或地区。文化中心具有不同的层级。一个国家有一个国家的文化中心，一个省有一个省的文化中心，一个州（府、市、县）有一个州（府、市、县）的文化中心。文化中心只能出现在国都、省会和州（府、市、县）的治所，不可能出现在别的城市或地区。一个统一的国家只能有一个文化中心，这个中心就在国都所在地。如果一个国家有两个或两个以上的文化中心，那就表明这个国家还没有完成最后的统一。一个省、一个州（府、市、县）也是如此。如果一个省在省会城市之外还有别的城市或地区在文化方面具有比较重要的地位和影响，那也只能称为"文化重心"，或者"文化副中心"，不能称为"文化中心"。

一个文化区也有一个文化区的文化中心。历史上的文化区经过长期的发展演变，其文化中心可能由一个城市转移到另一个城市。也就是说，一个文化区可能先后出现过两个或两个以上的文化中心，但不可能同时出现两个或两个以上的文化中心。例如，楚文化中心早先在郢都（江陵），后来转移到汉口（武汉）；吴文化中心早先在苏州，后来转移到南京；齐文化中心早先在临淄（淄博），后来转移到济南；秦文化中心早先在咸阳，后来转移到长安（西安）。但是楚文化、吴文化、齐文化、秦文化等等都不曾同时出现过两个中心。

文化中心可以凭借国都、省会、州（府、市、县）治所的自然和人文地理优势，包括政治、经济、教育、科技、信息等方面的优势，汇聚许多重要的文化资源，吸纳许多重要的文化人才，兴建许多重要的文化设施，举办许多重要的文化活动，产生许多重要的文化成果。文化中心一般都具有悠久的历史传统、深厚的文化底蕴，能够集中体现和彰显本区域的文化成就、文化实力与文化个性。文化中心不仅能够引领本区域的文化，还能够对周边城市或地区的文化发挥影响力和辐射力。笔者综合调查了国内外一些重要的文化中心，发现它们一般都具有以下特点：

（1）拥有良好的自然环境，或依山，或傍水，或既依山又傍水。气候适宜，不是太冷，也不是太热。城市的植被与生态环境比较好。

（2）具有相对优越的政治资源，或为国都，或为省会，或为州（府、市、县）治所。

（3）历史悠久。一般都有1000年以上的历史，最短的也有200年以上的历史。城市的文化底蕴比较深厚。

（4）文化遗产（包括物质文化遗产与非物质文化遗产）丰富，且保护、传承得比较好。城市建筑（如道路、桥梁、民居、办公楼、工厂、学校等）有自己的特色。

（5）经济发达。城市是全国性的或者区域性的经济中心。

（6）水、陆、空交通发达。国内外的人员、物质交流顺畅，进出无碍。旅游发达，且有特色。

（7）文化基础设施（包括图书馆、博物馆、美术馆、音乐厅、影剧院、展览馆、出版社、报社、杂志社、电台、电视台、电影公司、网站、综合性或文科性大学、人文社会科学研究机构、市民文化广场、宗教场所等）比较完善，不一定豪华，但种类比较齐全，布局比较合理，在某些方面还比较有特色。

（8）信息资源丰富，现代传媒发达，新媒体也比较活跃，舆论环境相对宽松。

（9）人才众多。尤其是文化、艺术与人文社会科学方面的人才众多，且拥有一定数量的、在国内外有较大影响的文化名人。

（10）在文学创作、艺术创作（如音乐、美术、电影、电视、戏剧、舞蹈、杂技等）、人文社会科学研究方面有突出成就，在国内外有较大影响。

（11）文化产业（如旅游、广告、印刷、出版、动漫、会展、设计等）比较发达，产值较高，质量较好，至少在某个或某几个领域处于国内外先进水平。

（12）经常主办较大规模、较高水平、在国内有较大影响、在国际上有一定影响的文化活动，例如文艺演出、博览会、体育比赛、音乐节、图书节、电影节、旅游节、狂欢节、民俗节等等。

（13）城市管理有序，治安良好，较少恶性刑事案件发生；城市服务水平较高，第三产业发达，窗口行业形象较好。市容整洁。市民安居乐业。

（14）城市官员与老百姓的科学文化素质较高，喜好读书，遵纪守法，文明礼貌，热心公益。城市的形象与口碑较好，丑闻较少。

（15）城市的价值观、审美观、消费时尚等等有自己的特色，能够引领潮流，对周边城市和地区有明显影响。

以上15个特点，也可以说是文化中心的15项评价指标。

（三）"新岭南文化中心"之内涵

"新岭南文化中心"这个提法是胡春华同志在2012年11月调查广州时提出的。关于这个提法的具体内容，他本人并未作任何说明。自从这个提法出来之后，广州地区有几位人文学者曾就其作过几种解读，但是没有一种解读是大家都能接受的，这里无暇引述。

笔者认为，所谓"新岭南文化中心"，关键在一"新"字，亮点也在一"新"字。事实上，广州作为岭南文化中心的历史已有1900年之久，其地位一直没有动摇过，现在为什么要提"新岭南文化中心"呢？当然不是要在广州之外的某个城市另行"打造"一个岭南文化中心，因为这在理论上和实践上都是不可能的，至少在一百年之内是不可能的。"新岭南文化中心"之"新"，应是指在原有的、传统的岭南文化中心基础之上的创新，让广州这座具有2200多年历史的城市在新世纪焕发出新的活力，展现出新的风采，创造出新的奇迹，提升到新的境界，对周边城市、对整个岭南地区，乃至对整个南中国发挥新的、更大的、更广泛的、更持久的影响力和辐射力。

建设"新岭南文化中心"，关键是要在文化上做"高端控制"，要出思想、出观念、出创意、出品牌、出领军人物、出大动作、出大手笔、出文化地标。

广州建设"新岭南文化中心"的最终目标，是带动整个岭南文化的发展和创新，把岭南文化建设成为与京派文化、海派文化鼎足而三的区域文化。

（四）"新岭南文化中心"与"世界文化名城"之关系

"新岭南文化中心"与"世界文化名城"之间是有密切关系的，它们是一种小和大、近和远的关系，是一种延续性的关系。

"新岭南文化中心"是一个区域性的文化建设目标，而"世界文化名城"则是一个国际性的文化建设目标；"新岭南文化中心"是一个短期性的文化建设目标，而"世界文化名城"则是一个长期性的文化建设目标。也就是说，建设"新岭南文化中心"是培育"世界文化名城"的必经阶段，或者说是前期准备。

如果广州连一个新的、区域性的文化中心都不是，怎么可能会是一个具有广泛的国际影响的世界文化名城呢？为把广州培育成为"世界文化名城"，必须首先把它建成"新岭南文化中心"。

由于建设"新岭南文化中心"与培育"世界文化名城"是一种小和大、近和远的关系，是一种延续性的关系，因此我们在做"新岭南文化中心"的顶层设计时，就要立足于当前而着眼于长远，立足于广州而着眼于全世界，既要充分继承和发扬岭南文化的优良传统，又要认识到岭南文化的某些局限。

二、建设"新岭南文化中心"的有利条件

（一）历史上的广州长期是岭南文化中心

广州作为岭南文化中心的历史长达 1900 年。

岭南文化同楚文化、吴文化、齐文化、秦文化一样，是中国境内的一种历史悠久的地域文化。岭南文化的历史如果从桂林独山的甑皮岩遗址（前7000—前5500年）算起，迄今至少有7000年；如果从曲江马坝的石峡文化（前2800—前2700年）算起，迄今至少有4700年；如果从秦始皇统一岭南（前214年）算起，迄今至少有2227年。这2227年中，岭南文化中心曾经有过转移。从秦始皇统一岭南到汉武帝平定南越（前214—前111年）这103年间，岭南文化中心在番禺（今广州）。汉武帝平定南越之后，在南越故地设交趾刺史部，治所在今越南河内西北部。汉武帝元封五年（前106年），交趾刺史部移治广信（今广东封开一带）。汉献帝建安八年（203年），交趾刺史部改为交州，州治广信。建安十五年（210年），移治番禺（今广州）。也就是说，从交趾刺史部移治广信到交州移治番禺（前106—210年）这316年间，岭南文化中心并不在番禺（今广州），而在广信（今封开一带）。自交州移治番禺（210年）到今天（2013年），岭南文化中心一直都在广州，长达1803年。加上秦始皇统一岭南至汉武帝

平定南越（前214年—前111年）这103年，广州作为岭南文化中心的历史长达1906年。

文化中心转移的大前提是政治中心转移。政治中心转移了，与其相匹配、相适应的经济、教育、科技、信息、人才等中心也会随之转移。这些中心转移了，文化中心就会逐渐转移。广州自汉献帝建安十五年（210年）成为交州治所之后，在此后的1803年里，先后成为广州（三国东吴至隋代）、岭南道（唐代）、南汉国（五代）、广南东路（宋代）、广东道（元代）和广东省（明、清、民国至共和国）的治所，其作为地方一级政治中心的地位一直没有改变过。由于作为政治中心的地位没有发生改变，所以与之相匹配、相适应的经济、教育、科技、信息、人才等中心的地位也没有发生改变，由于这些中心的地位没有发生改变，因此它作为岭南文化中心的地位也就没有发生改变。

尤其是在20世纪，在资产阶级民主革命初期和社会主义改革开放初期，广州的文化辐射力和带动力远远超出了岭南本土，对全国都有重要的示范作用，它是名副其实的"民主革命策源地"和"改革开放前沿地"。可以肯定地说，在20世纪的100年中，广州在全国范围内引领时代文化潮流的时间不少于50年。

现在提出把广州建设成为"新岭南文化中心"，既不是从零开始，也不是另起炉灶，而是在原有的岭南文化中心基础上的创新。这就要求我们：

（1）要充分认识广州在历史上所拥有的岭南文化中心地位，认识它在20世纪引领时代文化潮流50年的地位。只有充分地认识过去，才能建立起必要的信心。

（2）要善于利用岭南文化的历史资源，尊重岭南文化的优良传统。要在传统的岭南文化中心的基础上建设"新岭南文化中心"，不要割断历史，不要从头再来。

（二）今天的广州仍然是岭南文化中心

如上所述，今天的岭南，包括广东、广西、海南、香港、澳门五省区（自治区、特别行政区），而广州只是广东省的省会城市，只是广东的政治中心，并非整个岭南的政治中心。在整个岭南文化区，除了广州这一个省会城市，还有南宁、海口等两个省会城市，还有香港、澳门等两个特别行政区。那么，在这五个城市中，哪一个才是真正的岭南文化中心呢？毫无疑问，是广州。理由是：

(1) 在中国这样一个历史悠久的文明古国,任何一个区域性文化中心的形成,至少需要 200 年的时间。

众所周知,香港在 1841 年以前,澳门在 1881 年以前,海南在 1988 年以前,都属于广东省的管辖范围,它们作为一个省级行政区划的历史都不长。南宁成为广西首府则始于 1912 年(1936 年移治于桂林,1950 年再移治于南宁),其作为广西首府的时间前后加起来也不过 90 年。也就是说,香港、澳门、海口和南宁作为省级政治中心的历史,最长的不过 172 年,最短的不过 25 年,而广州作为一个省级政治中心的历史,至少也有 1900 年。在广州、南宁、海口、香港、澳门等五个省会或省级城市中,只有广州的历史最为悠久,也只有广州的文化底蕴最为深厚。广州直到今天仍然是岭南文化中心,这一点是不容置疑的。

(2) 广州仍然具备"文化中心"的 15 个条件。

在本报告第一部分的第二小节,笔者介绍了"文化中心"的 15 个评价指标或条件。对照这 15 个评价指标或条件,我们发现,广州仍然拥有良好的自然环境、相对优越的政治资源、悠久的历史、丰富的文化遗产、发达的经济、便捷的交通、相对齐全的文化设施、丰富的信息资源、众多的文化人才、曾经较有影响的文艺创作、较先进的文化产业、较有影响的文化活动、较好的城市治安环境与城市服务水平、较有文化素质的市民,其价值观、审美观、消费时尚等等对周边城市和地区具有明显影响。由于仍然拥有这 15 个条件,所以广州仍然是"岭南文化中心地"。如果对照岭南地区的香港、澳门、海口和南宁等特别行政区和省会城市,我们不难发现,它们作为岭南文化中心的条件是不充分的,不是缺这一条就是缺那一条。诚然,就个别方面而言,这几个城市的某些指标可能超过了广州,但是就总体情形而言,它们是不及广州的。

(三)广州建设"新岭南文化中心"的其他三个有利条件

广州建设"新岭南文化中心"的最重要的条件、最基本的条件,或者说是前提性的条件,就是它在历史上长期处于岭南文化中心的地位,直到今天仍然处于岭南文化中心的地位。如果没有这个历史资源,广州要想在短期内建成"新岭南文化中心",那是绝对不可能的。今天我们讲广州建设"新岭南文化中心"的有利条件,笔者认为,最为有利的条件就在这里。因为这个条件是岭南地区的其他省会或省级城市所不具备的。

除了这个最重要的、最基本的、前提性的有利条件,广州还有其他许

多有利条件,这里主要讲三点:

1. 经济总量居全国各大城市第三位

广州是全国第三大城市。人口在全国各大城市中居第三位,经济发展速度与经济总量在全国各大城市中也居第三位。在我国,"北、上、广"的经济格局早已形成。常识告诉我们,文化的发展是需要强大的经济基础作后盾的。作为中国的第三大经济城市,广州完全有实力把自身建设成为"新岭南文化中心",这一点无须多言。

2. 高校数量居全国各大城市第二位

文化的高端成果是学术,学术的集中体现在高校。据教育部最新资料显示,截至 2013 年 6 月 21 日,全国普通高校(不含独立学院)共计 2198 所,其中江苏最多,达到 130 所;山东第二,125 所;广东第三,121 所。[①] 据笔者统计,在广东的 121 所普通高校中,坐落在广州的就有 72 所,占总数的 60%;在江苏的 130 所普通高校中,坐落在南京的只有 40 所,占其总数的 31%;在山东 125 所普通高校中,坐落在济南的只有 35 所,占其总数的 28%。南京、济南、广州这三个城市,分别是吴文化、齐鲁文化和岭南文化的中心地,在这三个区域文化中心地,广州的普通高校无疑是最多的。又据教育部提供的最新数据,北京的普通高校为 83 所,上海的普通高校为 63 所。从数量上看,在北、上、广三大城市中,广州的普通高校占第二位。至于岭南文化区内的其他省会和省级城市,其高校的数量就更不能和广州比了,例如南宁只有 27 所,海口只有 10 所,香港只有 8 所,澳门只有 6 所。由此可见,广州的高校不仅在岭南文化区各省会和省级城市中是最多的,在全国各大城市中也是排第二位的。如此众多的高校,为广州储备了大量的人才,其中将近一半是文化人才。这是广州建设"新岭南文化中心"的一个非常有利的条件。

除了高等学校的文化人才,广州的各类科研机构、文化机构、各关联企业、各级政府部门也储备了大量的文化人才,他们同样是广州建设"新岭南文化中心"的非常重要的条件。

3. 宽松多元的文化环境

古今中外的文化建设,主要依赖三大条件:一是经济实力,二是专业人才,三是宽松多元的文化环境。广州的经济实力与专业人才已如上述,这里只谈宽松多元的文化环境。

---

① 徐静:《粤高校 121 所,数量全国第三》,载《广州日报》,2013-07-03。

广州既是岭南文化的中心地，也是广府文化的中心地，岭南文化和广府文化的最大特点之一，就是宽松。因为宽松，所以多元。这方面的例子不胜枚举。

判断一个城市的文化是不是宽松多元的，可以有许多指标，但是有两个最重要：一个是宗教信仰，另一个是舆论环境。广州自古以来就活跃着世界上各大宗教人士的身影，这里既有他们从事各种宗教活动的寺庙、宫观和教堂，也有作为他们的最后安息之地的各式宝塔和墓园。在广州从事贸易、旅游、学习和工作的国外人士来自全球五大洲的几乎每一个国家，他们有着不同的宗教信仰，可以在这里自由地从事宗教活动，从而构成了城市宗教文化的多元色彩。

广州本地人的信仰也是多元的。广州是一座具有2000年多年历史的商业都会，这里的人们普遍信奉财神；由于广州的商业活动很多都与海外贸易有关，为了祈求海上行船与贸易的安全，因此人们又普遍地信奉妈祖；又由于商业行为需要良好的人际关系，需要讲信用，所以人们在普遍信奉财神和妈祖的同时，又普遍信奉关公。除了财神、妈祖和关公，广州人信奉的神祇还有许多，例如释迦牟尼、观音菩萨、土地神、南海神、北帝、龙母、黄大仙、广州城隍等等。由此可见，广州人的信仰是多元的。广州人信仰的多元，源于广州文化的宽松。

观察广州的舆论环境也可以有许多指标。但是我们认为，只要看看报业这一项就足以说明问题。广州的报业在全国来讲是最为发达的，报业人才在全国来讲也是最活跃、最富有创新思维的。广州的报业为什么这样发达？报业人才为什么这样活跃，这样富有创新思维？全国许多大城市的业界同行都曾经思考过这个问题，并且做过实地调查。他们的答案是：广州的舆论环境在全国是最为宽松的。因为有全国最为宽松的舆论环境，才会有全国最发达的报业与最活跃、最富有创新思维的报业人才。

事实上，广州的总体文化环境是宽松多元的。如此宽松多元的文化环境，成全了广州作为传统岭南文化中心的地位，也势必成全广州作为"新岭南文化中心"的地位。

除了宽松多元的文化环境，广州文化本身还有两大优势，一是文化效益观念比较强烈，二是文化的平民色彩比较浓厚。广州建设"新岭南文化中心"，应该充分地认识上述这些优势，有效地发挥这些优势。

三、建设"新岭南文化中心"存在的问题及其原因

需要指出的是,广州虽然还是岭南文化的中心地,但是它作为区域文化中心的辐射力和影响力却在下降。尤其是1992年邓小平南方谈话之后,我国进入全面的改革开放,北京、上海、天津等一大批城市在经济上相继崛起,广州虽然连续15年在经济增速上保持全国第三大城市的地位,但是也面临着前所未有的压力和挑战,广州稍一懈怠,就有可能被天津、深圳等城市超越。为了经济的可持续发展,广州开始打文化牌。这是广州近年来先后提出"建设文化强市"、"培育世界文化名城"以及"建设新岭南文化中心"的基本背景。

问题是,全国各大城市都在谋求经济的可持续发展,都在打文化牌。在打文化牌这一方面,广州并不处于全国领先地位。而且广州的文化,虽然有它的特点,有它的长处,但是也有明显的短板。在一个以文化论输赢的时代,广州面临着更大的压力和挑战。如果说,广州在经济上的压力和挑战主要来自北京、上海、天津、深圳等少数城市,那么它在文化上的压力,则来自北京、上海、天津、西安、南京、杭州、武汉、长沙、成都等一大批城市。

今天的广州,不仅不能在全国范围内引领时代文化潮流,甚至在岭南文化区域内,它的辐射力和影响力也在下降。早在20世纪60年代,随着香港地区经济的崛起,广州在岭南的影响力和辐射力就开始下降。近20年来,随着香港、澳门的先后回归,以及深圳等周边城市的崛起,广州的影响力和辐射力继续下降。例如,在高等教育的质量与时尚文化的原创性方面,广州不及香港;在文化遗产的保护力度与成效方面,广州不及澳门;在文化产业的发展势头方面,广州不及深圳;在城市规划的有序性、连续性与执行力方面,以及历史街区保护的完整性方面,广州不及南宁;在旅游目的地的建设力度与成效方面,广州不及桂林、海口和三亚。

现在提出把广州建设成为"新岭南文化中心",一定要充分认识今天的广州在全国、在岭南的文化地位,认识它在文化建设方面的短板,或者说在建设"新岭南文化中心"方面的不利因素,认识这些短板或不利因素形成的根本原因。只有这样,才能潜下心来认认真真地从事文化建设。

广州文化建设的短板或者说建设"新岭南文化中心"的不利因素主要体现在以下两个方面:

（一）文化设施少、小、散

长沙、天津、西安三市在文化建设方面给人印象最深的是他们的文化设施，如长沙的琴岛、田汉大剧院和橘子洲文化景区，天津的天津图书馆、天津博物馆、天津美术馆、天津大剧院、津湾广场、天津音乐厅、数字电视大厦、电影艺术中心、非物质文化遗产馆和滨湖剧院，西安的大唐芙蓉园、大唐不夜城、法门寺文化景区、大明宫国家遗址公园、大雁塔文化景区、唐城墙遗址公园、曲江池遗址公园、寒窑遗址公园、秦二世遗址公园等等，这些文化设施有三个共同特点：一是多，二是大，三是集中。众多的、规模宏大的文化设施的集中呈现，给人的感觉就是有文化、有气派。广州也有一些文化设施，其中像广州大剧院、广州新图书馆、广东省博物馆、星海音乐厅等，给人的感觉也比较新颖，但是和长沙、天津、西安的文化设施相比，至少在数量、规模、气势上就要逊色多了。

广州是一座经济发达的特大城市，这个城市给人的第一印象，就是高楼大厦林立。广州的高楼大厦之多、大、集中，远非长沙、天津、西安所能比拟，可是高楼大厦毕竟是商住楼和写字楼，不是文化设施。同这些既多且大又集中的高楼大厦相比，广州的文化设施可以说是既少且小又分散，给人的感觉就是没文化、没气派。

广州的经济实力非长沙、西安、天津可比，人口也非长沙、天津、西安可比，但是为什么在文化设施的数量与规模方面远远不能和这几个城市相比呢？有人认为，这是因为广州的土地资源太紧张、太金贵，可以说是寸土寸金，这就使得广州人在文化设施的建设方面缺乏大手笔。笔者认为，广州人在用地上的节俭不难理解，但是这种节俭也带来一个突出问题，就是大量的文物和文化产品得不到集中展示。广州是一个具有2200多年历史的城市，又是国务院公布的首批国家级历史文化名城，广州的文化产业也比较发达，因此广州的文物和文化产品并不少，但是许多外地人到了广州，总认为这里没有多少文化成果可看。有人甚至讲，在广州，只有一个长隆夜间动物园可看。这是为什么呢？应该说，文化设施的既少且小又分散，文物和文化成果得不到集中展示，无疑是一个重要原因。

文化设施少、小、散带来的另一个问题，就是一旦外地有好的文艺剧团来广州演出，人们就很难买到票，或者买到了票但是没有地方停车。因为演出场所的座位既少，停车位也少。广州稍微大一点的剧院是星海音乐厅和广州大剧院，这两个地方都存在停车难的问题。广州其他剧院例如黄花岗剧院、友谊剧院、南方剧院、蓝宝石剧院等等，都存在停车难的问题。

（二）文艺作品少、小、平

长沙、天津、西安在文艺作品（包括影视作品）的创作（制作）方面也做得比较好。近年来，它们有多部作品（如长沙的电视剧《恰同学少年》、《雍正王朝》、《走向共和》、《国家行动》，天津的电视剧《解放》、《辛亥革命》、《寻路》，西安的电视剧《永不消逝的电波》、话剧《郭双印连他乡党》、秦腔《柳河湾的新娘》、电影《隐形的翅膀》等）先后获得多项全国性大奖，收视率或上座率也比较高，在文艺界（影视界）和观众中有较大的反响。广州在这方面则比较逊色。改革开放以来，广州出产过《外来妹》等在全国有影响的电视作品，在国内获得过大奖，在文艺界（影视界）和观众中也有较好的口碑。但这都是10多年前甚至是20年前的事了。近年来，广州虽然也出产过《喜洋洋与灰太狼》这样的作品，收视率不错，口碑不错，也获得了不少奖项，但是它们的文化底蕴和影响力，还是不能和长沙、天津、西安的上述作品相比。

广州直属的十来家文艺院团，近20年来没有上演过一部在全国有影响的精品力作。打开中央电视台的综合频道、综艺频道、戏曲频道和音乐频道，极少看到广州的节目和演员。如果有，那也只是广州杂技团或战士杂技团的，别的剧团基本上没有。广州的文艺作品（包括影视作品）给人的总体印象有三：一是少，二是小，三是平。少是指数量少；小是指作品格局小、容量小、影响小；平是指平淡、平庸，不吸引眼球，不能引起观众的震撼或深思。由于给人留下了这样三个印象，所以在全国性的文艺舞台或者平台上长期看不到广州的身影。

文化设施与文艺作品都属于视觉形象，直接作用于人们的眼球。视觉形象的少、小、散或少、小、平，给广州文化造成的负面影响是很大的。人们有了这样的视觉印象，就不再去关注广州文化的其他样式，例如建筑、雕塑、盆景、刺绣、绘画、音乐、民俗和人文社会科学等，更不会关注它的传统，它的底蕴，它的个性。

（三）实用主义的文化价值观

广州的文化设施没有长沙、天津、西安的那么多、那么大、那么集中，使得广州的文物和文化成果得不到集中展示，吸引不了外地人的眼球，也限制了广州人自己的文化欣赏与文化活动空间。广州的文化设施少、小、散的问题，表面上看，是因为土地供应紧张，深层地看，则与广州人的文化价值观有关。广州人做事，深受广府文化和岭南文化的影响，而广府文化和岭南文化都属于典型的实用主义文化。这种文化的优点是务实，缺点是太务实。广州人做事，首先要做经济价值方面的判断，如果这件事有经济效益，就去做；如果没有经济效益，就不做；如果没有经济效益而又由于某些原因不得不做，那就做做样子，应付了之，不肯用心。广州人建文化设施，多少就有一种应付的心态，一种不得已的心态。第一，广州是省会城市，是首善之区，是岭南文化的中心地，应该在文化设施的建设方面给全省做个好的榜样；第二，广州长期被某些外省人说成是个"文化沙漠"，广州需要向世人证明，自己不是"文化沙漠"。其实建文化设施能不能产生直接的经济效益，精于商道的广州人心里是很明白的。由于很明白，所以就不想占用太多的黄金宝地。广州城区的土地现在看起来是比较紧张了，可是二三十年前并不这样紧张，那么当时的广州人有没有条件把文化设施做大一点呢？应该说是有条件的，但是当时的广州人并没有这样做。为什么呢？因为在广州人看来，文化设施不得不做，但也不要占用太多的土地。

说到广州文艺作品的少、小、平，表层的原因主要有两点：一是体制落后，二是文艺人才匮乏。例如，长沙、天津、西安这三个城市在影视方面早就实行了制播分离，这是一种相对先进的体制，这种体制让制作单位有压力，也有动力。而他们近年来的那些获奖作品，或是在全国有一定影响和口碑的作品，都是在制播分离之后产生的。广州至今没有实行制播分离，制作人员缺乏压力，缺乏积极性和创造性。至于文艺人才，广州也不是没有，但是具有创新精神和创新能力的人才很少，尤其是缺乏具有创新精神和创新能力的领军人才。

应该说，体制落后与文艺人才匮乏这两个原因都是客观存在的，但也不是深层原因。深层原因是什么呢？仍然是实用主义的文化价值观。

广州的文艺精品上不去，并不是现在才有的事，20世纪90年代以来就是这样，可以说是一个老问题了。原因之一是创作（制作）力量薄弱。其实这个问题也不难解决，一是可以引进优秀的创作（制作）人才，二是可以购买或征集优秀的作品。但是广州在优秀的文艺人才的引进方面缺乏力度，也缺乏办法，其结果是，不仅没有引进多少真正的优秀人才，甚至连已有的优秀人才也让人家挖跑了。那么多优秀的音乐人才北上就是一个很能说明问题的例子。广州也极少在全国范围内购买或征集优秀的文艺作品。有时候，为了某个中心任务而赶制文艺作品，广州也曾花钱从内地找名人来写本子，但是这种命题作文通常都是写不好的，领导不满意，专家不满意，人民群众更不满意，几个回合下来，广州人也就不想再花这个冤枉钱了。

广州本地缺乏文艺精品，但是这并不妨碍广州人欣赏文艺精品，道理很简单：可以看别人的呀！香港的、台湾的、内地的、国外的，只要好看，广州都可以拿来。广府文化和岭南文化的另一个重要特点，就是多元和包容，因此广州人从不排斥外地的或者外来的文艺精品。低价购买别人的作品，比自己高价生产作品更合算，于是广州人也就习惯了本土文艺创作的落后这一现实。说到制播分离这种事，广州人为什么不热心呢？因为在广州人看来，制播分离也未必能出精品，还不是这班人在制作吗？既然制播分离也未必能出精品，那就懒得去折腾了。看别人的节目更合算。例如看香港的电视节目，还可以插播自己的广告，多合算呀！这就是实用主义的文化价值观。

凡是没有经济效益的事，或者经济效益不大的事，广州人就难免应付；凡是经济效益明显的事，广州人就用心去做。大家都知道广州的报业在全国来讲是很繁荣的。广州报业的繁荣，得益于广州宽松、多元、包容的文化环境，这一点似乎没有争议。但是，同样宽松、多元、包容的文化环境，为什么就不能促进文艺节目的繁荣呢？原因只能是：报业有经济效益，并且有显著的经济效益，而文艺节目至少在当下是没有什么经济效益可言的。天津、西安等地的文艺节目，实际上也就是赚个吆喝，有时候连吆喝都赚不上，只能是拿拿奖。他们的影视制作公司至今还在负债经营呢。讲求实用的广州人不太热衷于这种有名无实的事。

有些人因为在广州看不到本地产的文艺精品，看不到集中展示的文物或文化产品，就说广州是个"文化沙漠"。这是有些片面，有些轻率的。只要你再看看广州人把"广东音乐"做得多么精致，把"岭南绘画"做得多么精致，把"三雕一彩"做得多么精致，把"岭南盆景"做得多么精致，把报纸做得多么精致，你就不得不承认：广州绝对不是一个"文化沙漠"。关于这个问题，笔者曾经多次撰文和发表演讲，为广州文化辩护，这里不再赘言。需要补充的是，广州文化是一种实用主义的文化。这种文化在文化项目的选择上绝对是有所为有所不为的。不会因为别人有什么，自己就一定要跟着做什么。广州人确实把"广东音乐"、"岭南绘画"、"三雕一彩"、"岭南盆景"等等做得很精彩，但是我们要明白，这些东西都是既可以拿来欣赏，又可以拿来生钱的。既有艺术价值，又有明显的、可观的经济价值，所以广州人乐于为之。广州人从事文化建设，首先要经过经济上的考虑和权衡。如果是有经济效益的文化项目，广州人一定乐于为之。既有经济效益又有文化效益,既好吃又好看,何乐而不为?如果是只有文化效益而没有经济效益,或者经济效益不那么直接、不那么可观的文化项目,广州人就很谨慎了,不是说绝对不做,有时候也做一点,做做样子,但是很节约,不想在经济上亏得太多。

因此,在广州从事文化建设,不管是"新岭南文化中心"的建设,还是"世界文化名城"的培育,最重要的还不是措施问题,不是技术层面的问题,而是观念问题,是深层次的问题,是价值观的问题。如果广州人不能对实用主义的文化价值观有所反思,如果继续把文化的价值理解得过于狭隘、过于浅近、过于简单,如果不能用心去做文化,那么再好的措施,也是无济于事的。

四、"新岭南文化中心"建设的原则、目标与重点、难点

(一)"新岭南文化中心"建设的原则

1. 高瞻远瞩

如上所述,今天所讲的岭南,包括广东、广西、海南、香港、澳门五个省区(自治区、特别行政区)。而所谓岭南文化中心,则是指在这五个省区之内,文化传统最悠久、文化积累最丰富、文化设施最齐全、文化人才最集中、文化影响力和辐射力最强大的城市或地区。按照上文所述文化中心的15项指标来衡量,到目前为止,岭南文化的中心仍然还是广州。也就是说,自从汉献帝建安十五年(210年)交州治所由广信(今封开)迁至番禺(今广州)以来,1800年间,广州凭借它的地缘优势、政治优势、经济优势、教育优势、人才优势和文化优势,一直保持着岭南文化中心的地位,这一点应该是没有什么争议的。

需要指出的,广州虽然还保持着岭南文化中心的地位,但是它对周边城市和地区的影响力与辐射力却在下降。广州要想建成"新岭南文化中心",首先必须明白岭南文化所覆盖的范围究竟有多大,明白自己在整个岭南文化区内的现实地位究竟还有多高,明白自己对周边城市和地区的文化影响力与辐射力究竟还有多强。广州要想建成"新岭南文化中心",要想在新的时代文化背景之下,提升自己作为岭南文化中心的地位,重现自己在整个岭南文化区的强劲的辐射力和影响力,应该说,还有许多的工作要做,必须高瞻远瞩,精心谋划,脚踏实地,长期奋斗。

胡春华同志对广州制造业的发展有一个指导性的意见，他说：广州要做"高端控制"，做上游、做研发、做总部、做自主品牌，至于加工、配套、零配件，可以转移到周边地区，这才叫中心。笔者以为，广州建设"新岭南文化中心"，就是要在文化上做"高端控制"，要出思想、出观念、出创意、出品牌、出领军人物、出大动作、出大手笔、出文化地标。

广州的规划起点一定要高，顶层设计一定要高瞻远瞩。

2. 因地制宜

岭南文化是一种地域文化。世界上的任何一种地域文化，都是在特定的地理环境中产生的，都是受当地的自然地理环境和人文地理环境所影响、所制约的。我们建设"新岭南文化中心"，不能忽视文化的这一生成规律。地域文化既有其生成的特殊环境，也有它的特殊样态。岭南文化不同于燕赵文化、秦文化或楚文化，也不同于国内的其他任何一种地域文化。因此不能因为天津有什么，西安有什么，长沙有什么，就要求广州也必须有什么。反过来讲也是一样。当然，天津、西安或长沙的某些成功经验可以供我们参考，但也只能是参考，不能照搬，不能克隆，也克隆不好。前两年，海珠大剧院克隆长沙的田汉大剧院和琴岛的做法，最后以失败而告终，就是一个很好的例子。

从事文化建设如同种庄稼，必须因地制宜。只有因地制宜，才能扬长避短，才能彰显自己的特色。广州尤其要这样。广州的自然地理环境和人文地理环境同国内其他城市相比，有它的特殊性。在广州从事文化建设，包括建设"新岭南文化中心"，应该了解广州的自然和人文地理环境的特殊性，应该充分发挥广州现有的优势。

如上所述，在广州从事文化建设，最重要的不是措施问题，而是观念问题。观念问题是一个很复杂的问题。例如实用主义这种文化，既有不好的一面，也有好的一面。任何人都不要期待广州人会全盘否定这种根深蒂固的文化，充其量，他们也只能做到对这种文化的不好的一面有所反思而已。例如，广州人向来对自己的"老火靓汤"津津乐道，现在也开始对这种汤的副作用有所反思了，但是他们的反思仍是有限度的。他们仍然会继续煲这种汤，只是煲汤的时间有所缩短而已。在广州从事文化建设，就要考虑实用主义文化的正负两面，既要引导人们高瞻远瞩，又要尊重当地文化的特点，注意因地制宜。

3. 扬长避短

同长沙、天津、西安相比，广州文化的长处也是很明显的。例如报业的发达、体育的强盛、文艺演出市场与动漫消费市场的活跃等等,均非三市所能及。

在文化历史的悠久、文化传统的深厚、文化遗产的丰富等方面,广州不及西安,但相当于长沙,且远超过天津。广州迄今有2227年的历史,天津的历史还不及广州的十分之一。天津人讲"近代百年看天津",这话未免夸大其词。众所周知,中国近代社会变革的策源地多在广州。中国近代史上几乎每一个重大事件,如太平天国、洋务运动、戊戌变法、辛亥革命、国共合作、北伐战争、省港大罢工、广州起义等等,都在广州留下了辉煌的一页。广州是一座中国近代史博物馆。如果有人讲"近代百年看广州",也许更符合事实。

广州文化还有许多优势,这里不暇一一列举。需要强调的是,广州文化最大的优势在精神层面。一是舆论环境比较宽松,二是文化效益观念比较强烈,三是文化的平民色彩比较浓厚。广州建设"新岭南文化中心",应该充分地认识这些优势,有效地发挥这些优势。

广州没有必要面面俱到。尤其是在城市建设用地日益紧张的情况下,广州没有必要,也不可能追求文化设施的高、大、全,只要能够把自己的文化遗产和文化产品相对集中地展示出来就可以了。

广州的文艺创作(包括影视创作)至少在10年内不可能赶上全国先进水平。文艺创作有自己的规律,文艺作品有自己的生长期,不是用行政手段或经济手段突击性地抓一抓就可以抓上去的。与其花大力气补文艺创作之短,不如因势利导发挥文艺演出市场之长。关于这个问题,下文还会重点讲到。

文化建设通常有三个思路:一是扬长补短,一是截长补短,一是扬长避短。扬长补短是理想的思路,它的依据是各方面的条件都具备;截长补短是不够理性的思路,它的依据是平均主义;扬长避短是理性的思路,它的依据是在有些条件并不具备的情况下,充分利用现有的条件。广州建设"新岭南文化中心",最好的思路应该是扬长避短。

4. 取法乎上

取法乎上,得法乎中;取法乎中,得法乎下。广州要建设"新岭南文化中心",必须向国内外的一些先进城市学习。广州的学习目标可以定为四个层次:

第一个层次,长沙、西安、天津。笔者认为,广州学习长沙、西安和天津等城市,不一定要学习他们把文化设施做得那么豪华气派,也不一定要学习他们创作（制作）那么多的主旋律作品。广州向他们学习，主要应该学习他们用心做文化。世上无难事，只怕有心人。用心做文化，没有做不好的。

第二个层次，香港、澳门，这是岭南文化区内的城市。广州向他们学习，主要应该是以下三点：一是学习他们切实保护和完美展示自己的文化遗产；二是学习他们注重城市的法制文明建设，注重培养市民的现代文明素质；三是学习他们注重城市形象的塑造，注重在国际文化舞台上展现自己的风采。

第三个层次，北京、上海。广州向他们学习，主要应该是学习他们如何集聚文化人才，如何创造文化业绩，如何展示文化成果，如何发挥文化的辐射力与影响力。

第四个层次，世界文化名城。虽然我们主张向内地某些城市学习，但是我们也要注意到，内地不少城市在文化建设上也出现了一些问题。其主要表现是，在现代文化的建设上急功近利，在传统文化的利用上竭泽而渔，在文化人才的培养上拔苗助长。其结果是，缺乏个性、缺乏文化底蕴、缺乏审美价值、粗制滥造的所谓建筑、雕塑、影视、绘画、书法、文学、音乐、戏曲等等大量涌现，而真正有个性、有文化底蕴、富含历史价值和审美价值的文化遗产则不断地遭到破坏；用金钱或者行政手段"打造"出来的、缺乏真才实学的所谓"文化大师"、"文化名家"到处招摇过市，而城市的文化品位、广大市民的道德水平和文化素质则未见提高。

广州要建设"新岭南文化中心"，增强文化的区域辐射力和带动力，进而重返引领时代文化潮流的地位，诚然要学习内地某些城市的某些长处，但是更重要的是学习世界文化名城的经验。例如韩国的首尔，日本的东京、京都、大阪、奈良和名古屋，法国的巴黎，英国的伦敦，德国的柏林、波恩、慕尼黑，意大利的罗马、米兰、威尼斯和比萨，荷兰的阿姆斯特丹，挪威的奥斯陆，瑞士的苏黎世，奥地利的维也纳，比利时的布鲁塞尔，希腊的雅典，丹麦的哥本哈根，瑞典的斯德哥尔摩，捷克的布拉格，俄罗斯的莫斯科，芬兰的赫尔辛基，加拿大的多伦多，美国的纽约和洛杉矶，埃及的开罗，还有中国的香港、澳门等等。

5. 传统与现代相结合

上述这些世界文化名城虽然各有千秋，但是有一个共同的特点，就是把传统文化与现代化结合得非常好。一方面，它们是现代化程度很高的城市，另一方面，它们的传统文化底蕴又很深厚，城市的文化品位很高，市民的素质也很高。

100多年来，中国人（尤其是内地各省份的人）在文化认知上的最大偏颇，就是把传统文化和现代文化对立起来。往往提倡现代文化，就要否定传统文化；提倡传统文化，就要否定现代文化。无论是普通老百姓还是知识分子，都存在这种偏颇。

在传统文化与现代文化的结合方面，中国做得最好的城市是台北和澳门，国际上做得最好的城市是那些被称为"世界文化名城"的城市。广州建设"新岭南文化中心"，应该虚心向这些城市学习，一是要切实保护和利用好传统文化，二是要进一步推进现代文化，三是要把传统文化与现代文化有机结合，要寻找到二者之间的切合点，然后把它发扬光大。

（二）"新岭南文化中心"建设的目标

1. 建设与京派文化、海派文化三鼎足的岭南文化

京派文化的中心在北京，海派文化的中心在上海，岭南文化的中心在广州。京派文化是黄河下游流域的文化，海派文化是长江下游流域的文化，岭南文化是珠江下游流域的文化，这三种文化分别处于中国三大河流的下游流域，它们一方面都受到内陆文化的滋养，一方面又都受到海洋文化的影响，都具有创新精神，都具有世界眼光，因而是中国境内最富有生命力的三种地域文化。

经济上有"北、上、广"三足鼎立的格局，文化上也可以有"京派文化、海派文化、岭南文化"三足鼎立的格局。经济与文化的关系是密不可分的。从大文化的角度来讲，经济是文化的一部分，它们的关系就像母与子的关系。一方面，文化培育经济，影响经济的走向和品质；另一方面，经济发展起来之后，则可以反哺文化，支持文化，丰富文化的内涵。京派文化培育了北京经济，海派文化培育了上海经济，岭南文化培育了广州经济。岭南文化既然能够创造经济的奇迹，使广州经济得以和北京经济、上海经济鼎足而三，这就表明它是一种了不起的文化，因而是可以和京派文化、海派文化鼎足而三的。

笔者认为，只有把岭南文化建设成为与京派文化、海派文化鼎足而三的地域文化，只有岭南文化的地位得到提升，"新岭南文化中心"的地位才能得到真正的提升，它的辐射力与影响力才能得到充分的发挥。

这种可以和京派文化、海派文化鼎足而三的岭南文化，可以称之为"新岭南文化"。而建设"新岭南文化"，乃是建设"新岭南文化中心"之前提。

2. 在传统岭南文化中心基础上突出一个"新"字

"新岭南文化中心"与传统岭南文化中心既有联系,也有区别。联系在于:"新岭南文化中心"是以传统岭南文化中心为基础和前提的。没有传统岭南文化中心就没有"新岭南文化中心"。区别在于:"新岭南文化中心"必须有自己的时代特点。

如果说,传统岭南文化中心是指在岭南文化区内,中心地的文化传统是最悠久的,文化积累是最丰富的,文化设施是最齐全的,文化人才是最集中的,文化影响力和辐射力是最强大的。那么,"新岭南文化中心"就要在传统岭南文化中心的基础上,突出一个"新"字。具体来讲,就是要在文化上做"高端控制",要出思想、出观念、出创意、出品牌、出领军人物、出大动作、出大手笔、出文化地标,从而带动整个岭南文化的发展和创新,把岭南文化真正建设成为与京派文化、海派文化鼎足而三的区域文化。

(三) 建设"新岭南文化中心"的重点与难点

1. 重点是提升城市的文化形象

"新岭南文化中心"建设的重点,在于提升广州的文化形象。广州的文化是很丰富的,也是很有特色的,但是为什么总有一些外地人认为广州没有文化,说广州是个"文化沙漠"呢?他们为什么会有这样一个印象呢?笔者认为,这说到底是一个文化形象的问题。广州人受实用主义文化价值观的影响,信奉"只做不说"的原则,不太重视美化、展示、推介自己的文化形象。就像日常生活中的广州人重吃而不重穿一样。这种观念和做法,在一个以文化论输赢的时代里是要吃亏的。因此广州建设"新岭南文化中心"的重点,应该是提升城市的文化形象,包括集中展示自己的文化遗产与文化成果,擦亮城市文化名片,清除城市文化垃圾,坚持不懈地开展城市文明教育,等等。

2. 难点是丰富城市的现代文化内涵

广州拥有2227年的城建史,又是首批国家历史文化名城,广州的物质文化遗产与非物质文化遗产是很丰富的,或者说,广州的传统文化内涵是很丰富的。广州需要进一步丰富的,是现代文化内涵。虽然广州在全国来讲,是一座现代化程度较高的城市,但是同世界文化名城相比,同岭南文化区内的香港、澳门等城市相比,它的现代文化内涵仍然不够丰富。广州能不能成为"新岭南文化中心",能不能在文化上与北京、上海鼎足而三,关键在于进一步丰富城市的现代文化内涵,并使其与传统文化达到有机的融合。从文化环境与现实条件来考虑,广州尤其应该在文化创意、新媒体、动漫、现代音乐、文艺演出等方面大有作为。

提升城市的文化形象,相对来讲要容易一些;丰富城市的文化内涵,相对来讲要难一些。

五、建设"新岭南文化中心"的五大举措

(一)着力保护城市文化遗产

1. 切实保护物质文化遗产

广州作为一座具有 2227 年建城史的首批"国家历史文化名城",其文化遗产是特别丰富的。文化遗产包括物质文化遗产和非物质文化遗产。物质文化遗产又包括"不可移动文物"、"馆藏文物"和"民间收藏文物"。广州的"不可移动文物"是很多的。据统计,截至 2012 年,广州所拥有的各级文物保护单位多达 530 处,其中全国重点文物保护单位 24 处,省级文物保护单位 45 处,市级文物保护单位 253 处,区县级文物保护单位 208 处。发现并登记文物普查线索 4533 条。还有国家级历史文化名镇和名村各一条。这个数字是很可观的。广州的"馆藏文物"则多达 146266 件,这个数字也是很可观的。[①]

文化遗产是城市的记忆,也是城市文化的结晶。一个文化遗产不丰富,或者虽然丰富但是保护不好的城市,既不可能成为区域文化中心,更不可能成为世界文化名城。近年来,广州为保护文化遗产做了若干有成效的工作。例如,广州初步完成了全市范围内的文物普查工作,出版了大型图书《广州市文物普查汇编》,落实了 530 处国家级、省级、市级和区县级文物保护单位,落实了国家级非物质文化遗产项目代表性传承人 9 名、省级 19 名、市级 61 名,并开始按照有关政策实施保护。但是,为了建设"新岭南文化中心",为了培育"世界文化名城",广州在物质文化遗产的保护方面还有一些非常紧迫的工作需要去做好:

(1)要对全市范围内的所有文化遗产进行普查,彻底摸清广州文化遗

---

① 沈奎:《广州新城市化发展的实践与探索》,87~88 页,广州出版社,2012。

产的家底①；

（2）要补充制定某些文物保护法规；

（3）要细化某些文物保护措施；

（4）要充实文物保护专业人员队伍②；

（5）要加强文物保护技术、材料和工艺方面的科学研究③；

（6）要加强郊区和城乡结合部的文物保护力度；

（7）要加大对破坏文物的法人单位的处罚力度。

2. 切实保护和传承非物质文化遗产

广州的非物质文化遗产也很丰富。据统计，截至2011年，广州被列入"国家级非物质文化遗产名录"的项目有18个④，被列入"省级非物质文化遗产名录"的项目有42个，被列入"市级非物质文化遗产名录"的项目有70个。⑤

在非物质文化遗产的保护方面，广州需要做更多的工作。广州所拥有的非物质文化遗产不仅在广东省内首屈一指，就是在全国来讲，也是名列前茅的。但是就目前的情况来看，广州对非物质文化遗产的调查、挖掘、整理和保护的力度还不够，成效还不显著。据闻广州市有关部门正在组织人员编纂《广州非物质文化遗产志》，希望这项工作能够保证质量，不要有遗漏。

---

① 就在笔者修改这篇调研报告期间，广州市文广新局通过新闻媒体对社会宣布：广州即将开展一次前所未有的全市文化遗产普查工作，目的在于全面摸清广州市不可移动文物、国有可移动文物、非物质文化遗产、历史建筑和传统风貌建筑、古树名木等的数量分布、保存状况、产权管理权归属和使用管理等情况，建立文化遗产数据库和信息平台（参见《月内启动文化遗产大普查》，《广州日报》2013年10月28日）。笔者认为，这个举措是值得肯定的，希望能够由此而真正掌握广州文化遗产的家底。

② 据广州市文广新局有关负责人介绍，目前广州市文广新局文物处从事文物保护工作的人员只有六人。六个人管理全市数千处文物，这是很难管得过来的。笔者认为，像广州这样一个文化遗产如此丰富的大城市，应该在文广新局下面设立一个二级局——文物局（或者文化遗产保护局），专门从事物质文化遗产与非物质文化遗产的保护工作。要根据工作需要，适当扩大人员编制。

③ 据了解，广州大学建筑学院已经成立了一个这样的研究机构，由古建筑修复专家汤国华教授牵头。笔者认为，广州应该增加这一方面的人员投入和经费投入，争取在这一方面做出成绩，从而提高文物保护工作的技术水平。

④ 据广东省文化厅介绍，截至目前，在国务院公布的第一、第二、第三批共1219项国家级非物质文化遗产名录中，广东省有129项，占全国的10.58%；广州市有18项，占全省的13.95%。

⑤ 沈奎：《广州新城市化发展的实践与探索》，88页，广州出版社，2012。

广州应对非物质文化遗产制定切实可行的保护方案。非物质文化遗产的保护不同于物质文化遗产的保护,不是放在博物馆里保护,而是进行活态保护和生产性保护。例如,对于广东音乐、古琴艺术、广州咸水歌、黄阁麒麟舞、舞貔貅、粤剧、广州乞巧节、波罗诞、沙湾飘色、扒龙舟、迎春花市等民间艺术和民间信仰,只能是活态保护;而对于广绣、牙雕、玉雕、木雕、灰塑等传统美术,还有广彩瓷烧制、广式硬木家具制作等传统技艺,则只能是生产性保护。广州要切实增强对非物质文化遗产的保护意识和保护力度:

(1) 要尽快建立可以集中展示有关代表性项目的非物质文化遗产博物馆或陈列馆;

(2) 要细化保护和传承方案;

(3) 要为每一个区级以上的非物质文化遗产项目和项目传承人建立保护和传承档案;

(4) 要在大、中、小学尽可能多地建立非物质文化遗产项目传承基地;

(5) 积极引导非物质文化遗产项目传承人突破自身的思想艺术局限,努力做到推陈出新,尤其是在题材方面不要因循守旧,要体现新的时代特点,要让在农业社会产生的非物质文化遗产项目逐步适应现代信息社会的审美需要与生活需要,让它们通过创新得到有效的传承和保护。

3. 切实保护历史文化街区与历史建筑

"历史文化街区"是指经省、自治区、直辖市人民政府核定公布的、保存文物特别丰富、历史建筑集中成片、能够较完整和真实地体现传统格局和历史风貌,并有一定规模的区域。我国从1986年开始正式提出"历史文化街区"的保护。截至2011年,广州已划定市级历史文化保护区16片,登记历史文化保护区21片。[①] 遗憾的是,广州对"历史文化街区"的保护仍然不到位,直到今天,广州还没有一片国家级"历史文化街区"。这一事实,与广州作为国务院公布的首批国家历史文化名城的地位是很不相称的。

按照国内外的成功经验,"历史文化街区"重在保护外观的整体风貌,即不但要保护具有历史风貌的文物古迹、历史建筑,还要保护构成整体风貌的所有要素,如道路、街巷、院墙、小桥、溪流、驳岸乃至古树等。

---

① 沈奎:《广州新城市化发展的实践与探索》,87页,广州出版社,2012。

"历史文化街区"是一个成片的地区,有大量的居民生活其间,有活态的文化遗产,有特有的社区文化。保护"历史文化街区",既要保护那些历史建筑,更要保护它所承载的文化,包括物质文化遗产与非物质文化遗产,保护文化的多样性。按照这一标准,广州对"历史文化街区"的保护是很不到位的。广州拥有最具岭南建筑特色的、包含了极为丰富的物质文化遗产与非物质文化遗产的骑楼街区,包括大新路至海珠南路骑楼街区、西关骑楼街区、北京路至万福路骑楼街区、同福路至南华路骑楼街区等等;但是自1949年以来,尤其是改革开放以来,广州为了修马路、修地铁,为了房地产开发,为了承办亚运会而实施"穿衣戴帽"工程,对这些骑楼街区造成了相当严重的破坏,这是非常令人痛心的。广州要建设新岭南文化中心,培育世界文化名城,必须严格遵守《中华人民共和国文物保护法》,必须制定严格而细致的条例和法规,坚决制止任何人、任何机构以任何理由破坏"历史文化街区"。

广州对历史建筑的保护也不够好。所谓历史建筑,是指建成50年以上并具有历史、科学和艺术价值的建筑。保护城市的历史建筑,就是留住城市的历史年轮。广州的历史建筑比文物单位多很多。然而正是由于它们不是文物单位,不属于文物保护的范围,所以许多遭受了不同程度的破坏,甚至被拆毁。今年就发生了近代著名建筑"金陵台"和"妙高台"被房地产企业强行拆毁的恶性事件。这是非常可惜的。广州作为一个"国家历史文化名城",应该自觉增强历史责任感和文化使命感,珍惜和呵护所有的历史建筑,而不是等到历史建筑成了"文物"之后才去加以保护。广州要着手历史建筑保护的立法工作,使其能够得到切实的保护。①

4. 充分体现城市建筑的岭南风格

建筑是城市文化的第一印象。人们认识一个城市的文化,往往就是从一个城市的建筑开始的。广州的城市建筑在1949年以前还是很有特色的,这些建筑适应了岭南的气候环境,既有中国传统建筑之特点,又包含了西洋建筑的某些元素,从而构成了清新、明快、实用的岭南建筑特色。1949年以后,尤其是改革开放以来,广州的传统建筑不断遭到破坏,新建筑则逐渐丧失岭南建筑的风格,以致整个城市的建筑给人的感觉就是不伦不类,就是没文化。

---

① 据《广州日报》2013年8月3日新闻,《广州市历史建筑和历史风貌区保护办法》将于年底出台。

广州要建设"新岭南文化中心",应采取切实有力的措施,保证新的城市建筑尤其是园林、广场、桥梁建筑等尽量包含岭南建筑元素,尽量体现岭南建筑风格以此保护和传承优秀的岭南建筑文化。而对于有些地方(例如增城)大规模地搞所谓欧陆建筑的行为,广州市政府有关部门则应该坚决予以制止。

(二)着力展示城市文化成果

1. 集中展示"馆藏文物"

据统计,广州的馆藏文物多达146266件,但是展示能力和水平却很落后。广州的公共博物馆只有49家,展出面积也很有限,即便是建筑面积达58500平方米的广州博物馆新馆建成后,也只能展出一万余件文物。按照每10万户籍人口拥有一家博物馆的国家标准,广州至少应该有80家公共博物馆。

广州现有的博物馆一是数量少,二是面积小,三是零散,不能集中展示自己的文化遗产。现有的布展方式也太平庸、太落后,缺乏创意,不能通过布展凸显岭南文化的特点、精神和魅力,凸显广州作为岭南文化中心的地位。因此,广州既要多建博物馆,建好博物馆,又要提高博物馆的展示功能、水平和艺术。如果广州不把这个工作做好,总是让人觉得在广州没什么东西好看,这对广州的文化形象是有严重的负面影响的。

据了解,由市政府投资建设的广州博物馆、广州美术馆、广州科学馆与广州文化馆已经完成选址工作,这自然是一个好消息,希望能够在2018年以前建成。另外,广州市还应该鼓励社会力量兴建各种类型的博物馆。在这一方面,越秀区已经积累了某些经验,希望他们的正确做法能够在市内得到推广。但是,越秀区搞的那个"岭南先贤博物馆"是有严重问题的:一是选址不对,破坏了五仙观这个著名人文景观的整体风貌;二是布展的理念太陈旧;三是布展的水平太落后;四是某些入选的"岭南先贤"存在较大争议。希望市政府有关部门能够注意到这个问题。这个"岭南先贤博物馆"从硬件建设到软件建设都需要重新论证。

2. 集中展示广州的人文社会科学成果

文化的高端成果是学术文化。广州地区在人文社会科学研究方面的表现是不俗的,无论是人才还是学术成果,不仅在岭南地区是最多、最丰厚的,在整个珠江流域也是最多、最丰厚的。广州发达的经济、宽松的人文环境,使得国内外优秀的人文社会科学人才纷至沓来,优秀的人文社会科学成果成批涌现。近年来，广州市委、市政府在人文社会科学的研究与成果出版方面的支持力度也是最大的。直到今天，广州仍然是整个岭南地区的人文社会科学研究中心。

广州应充分认识自己在这一方面的优势，要在已有成绩的基础上，进一步做好人文社会科学成果的展示和推介工作。要在整理、出版《广州大典》的基础上，重点做好现当代学术精品的展示、推介工作，做好新学科、新领域领军人物的宣传、推介工作，要巩固和扩大广州学术在整个岭南地区乃至全国的影响力与辐射力。

广州应该有一座大型的人文社会科学成果陈列馆或展览馆。据了解，广东省社科联曾在前几年搞过一次广东省哲学社会科学成果展，但不太成功，影响不大。但他们的用意是很好的。最近，广州市社会科学界联合会与广州图书馆已发出通知，决定在2013年12月至2014年2月在广州图书馆人文馆举办题为"走向理论自信——中国梦暨广州人文社会科学30年成就展"的大型专题展，目前正在向全市各高校、科研机构、知名社科专家及社会人士征集相关作品。我们认为这一做法是值得肯定的，希望能够进一步创造条件，总结经验，把这种展览提升为常规性的展览。

3. 集中展示广州报业成果

广州的报业在国内最为发达。广州日报、南方日报、羊城晚报三大报业集团的发行量、广告收入、品牌价值与影响力等，均名列全国前茅。多年来，国内报业同行络绎不绝地来广州调查学习。业界普遍认为，广州报业的优势，非国内其他城市所能企及。报业粤军，全国知名。广州培养了一批又一批全国知名的编辑和记者，为全国报业源源不断地输送了许多优秀人才。广州事实上已成为中国报业的黄埔军校。广州的报纸，以及由广州的报社走出去的一批又一批的名编、名记，不仅传播了广州的先进文化，也正面塑造、推介了广州的文化形象。

广州的报纸既是中国100多年来社会变革与进步的一个缩影，也是广州文化形象的一个集中体现。广州应该建一座报纸博物馆，集中展示广州报纸的历史与成就。

据闻广州日报社已经有一个报业文化广场，希望能够在此基础上建成一个"广州地区报纸博物馆"。

4. 擦亮城市文化名片

城市文化名片是城市文化形象的集中体现。城市文化名片可以是重要的物质文化遗产，也可以是重要的非物质文化遗产，或者是重要的无形资产。每一座世界文化名城都有自己的文化名片,例如,巴黎的文化名片是凯旋门和埃菲尔铁塔,罗马的文化名片是斗兽场,哥本哈根的文化名片是美人鱼铜像,开罗的文化名片是金字塔,维也纳的文化名片是金色大厅,洛杉矶的文化名片是迪士尼和好莱坞,波士顿的文化名片是哈佛大学和麻省理工学院,莫斯科的文化名片是克里姆林宫和红场,北京的文化名片是故宫和八达岭长城,洛阳的文化名片是牡丹。那么广州的文化名片又是什么呢?

事实上,今天的广州文化,可以说是什么都有,就是没有文化名片;就像一桌宴席,什么菜都有,就是没有招牌菜。换句话说,广州的文化,就是只有星星,没有月亮。过去有人把越秀山上的五羊雕塑当作广州的文化名片,可是这个五羊雕塑既不气派,也缺乏特色,它所体现的是一种内陆型的农业文化,与广州作为一个滨海型的商业之都的文化特点并不相符;现在有人试图把广州塔当作广州的文化名片,广州塔诚然高大和气派,但是它的历史实在是太短了,没有积累足够的文化内涵,在世界上并无影响。

没有文化名片的城市是不能成为世界文化名城的。现在国内许多城市都在着力打造自己的文化名片,例如长沙,按照它的欢乐城市的定位,正在打造"田汉大剧院"这张名片;桂林,按照它的旅游城市的定位,正在打造"刘三姐印象"这张名片。广州应该打造一张什么样的文化名片?笔者建议:就打花城这张名片。至于为什么要打花城这张名片,笔者已在《广州培育世界文化名城探索》一书中做过多方面的论证[①],这里不再重复。这里只讲如何擦亮这张名片。

笔者注意到,2013年的"迎春花市"已由过去的各区主办,升格为市主办,花市的时间也由过去的三天延长为十八天,花市的规模也由过去的市内几个区扩大到全市各区,这无疑是一个进步。笔者认为,为了擦亮花城这张名片,广州还应做好以下几项工作:

(1) 突出花卉的岭南特色。

(2) 扩大花卉的种植、展示和销售规模,做到时时有花,处处有花。唐代著名诗人张籍的《送侯判官赴广州从军》一诗写到:"海花蛮草连冬有,行处无家不满园。"两句诗,一句从时间上讲,一句从空间上讲。时间上讲是四季都有,空间上讲是无处不多。这才是真正的花城。现在广州

---

① 徐俊忠:《广州培育世界文化名城探索》,20~24页,广州出版社,2013。

只是在"迎春花市"期间才有一点花城的感觉,这显然是远远不够的。①

(3) 把花会和音乐会结合起来。建议每年举行一次小型的"广州国际音乐花会",每五年举行一次大型的"广州国际音乐花会"。笔者认为,"广州国际音乐花会"既体现了广州作为一个花城的基本特点,也体现了广州的音乐文化传统。这对于推介广州的城市文化、扩大广州的文化影响力,无疑是有重大意义的。②

(三) 着力提升城市文明形象

1. 坚持不懈地开展城市文明教育

广州应坚持不懈地开展城市文明教育,切实纠正城市生活中的不文明行为,切实提高市民的文明素质。新中国成立以来,广州同全国各地一样,在爱国主义教育和集体主义教育方面做得很多,在文明教育方面做得很少,以至市民应有的文明意识和文明习惯都没有养成。例如随地吐痰,随手扔垃圾,在旅游景点乱写乱画,在公共场合大声喧哗,甚至讲脏话,过马路闯红灯,进出电梯不讲秩序,购物不自觉排队,在公共汽车和地铁上吃东西等等,这些不文明的现象,在今天还是很严重的。广州如果不在这些方面狠下功夫,彻底根治这些不文明行为,那就会严重影响它作为一个文化中心的形象。据报载,最近上海已经采取措施,对在地铁上吃东西者处以 500 元/次的罚款,广州也应采取相应的教育和处罚措施。一方面,文明教育要常规化、制度化;另一方面,要制订严格的《城市文明准则》,对违背《城市文明准则》的行为,处罚要严厉,不可姑息。

公职人员和窗口行业服务人员,是市民中的特殊群体。他们在公共服务场所的一言一行,都代表了广州的城市文化形象,因此必须具备良好的业务素质、职业道德和文化素质。广州要制定切实可行的办法,对这些人进行文化培训。

要加强对旅行社导游的文化培训。广州导游的文化素质很差,远远不能和北京、上海、天津、西安、台北等大城市的导游相比。他们中的许多

---

① 就在笔者修改这份调研报告的 2013 年 10 月下旬,广州市政府召开花城绿城水城建设工作动员大会,要求展现花城特色,实施绿城战略,推进水城计划。据《广州市花城绿城水城建设方案》介绍,到 2016 年,广州市将新增各类花园超过 500 万平方米,打造 10 个岭南精品花园,使广州真正成为"四季花城"。笔者对此深表赞同。

② 据《广州日报》2013 年 11 月 13 日报道,2014 年的广州迎春花市将主办十大节庆活动,其中之一便是"花城广场灯光音乐会",举办时间为 2014 年 1 月 28 日至 2 月 14 日。这无疑是一个好的开端,值得肯定。

人不熟悉广州本土文化,在介绍旅游景点和广州的历史文化时常常讲错话,有的则只会以低俗的段子来取悦游客。广州市旅游管理部门应该充分认识到这一点,并采取切实可行的办法尽快提高导游的文化素质。

2. 坚决清除城市文化垃圾

广州不少公共场所的广告、标语、雕塑,还有许多建筑物的命名,以及某些新道路的命名,往往给人一种没文化的感觉。这些东西严重影响了广州的文化形象。广州有关部门应对改革开放以来市内所有的城市雕塑和户外广告进行文化鉴定,凡是没有文化品位、缺乏文化内涵、影响城市文化形象的城市雕塑和户外广告,要一律撤除;同时对改革开放以来的城市建筑物的命名,尤其是楼宇、楼盘的命名,要进行文化鉴定。凡是那些没有文化品位、缺乏文化内涵、影响城市文化形象的命名,要责令其停止使用,更换新名。广州市地名委员会要真正履行自己的职责,对于那些没有文化品位、缺乏文化内涵、影响城市文化形象的新地名,要予以纠正。

3. 了解自己的文化家底

广州所有的官员和老百姓,包括青年学生,都应该了解自己所生活的这座城市的文化,了解自己的文化家底。尤其是官员、窗口行业工作人员和媒体从业人员,要下点功夫了解岭南文化和广府文化,要具备应有的地域文化常识,不要在外地人谈到或问到岭南文化与广府文化时,要么一问三不知,要么一开口就讲错话。这样既暴露了自己的无知,也损害了广州的文化形象。

建议广州市委宣传部组织专家编写通俗性的《岭南文化读本》和《广府文化读本》,让所有的广州人(包括户籍人口和非户籍人口)人手一册。

广州市内的人员招聘考试(包括公务员考试)都应该有一定的地域文化内容。广州市的中、小学语文或历史教学,也应适当安排一些地域文化内容。

(四)着力丰富城市的现代文化内涵

1. 推动文化创意产业大发展

据《2013年广州蓝皮书·文化》介绍,近年来,文化创意产业正成为广州新的经济增长点,其增长速度为26%至30%。数据显示,2012年广州的文化产业GDP占全市GDP的5%,贡献率超过了汽车产业。

广州已成为全国最大的动漫消费市场。据《广州日报》2013年9月24日报道,广州市动漫行业协会自2008年成立以来,会员单位已由最初的80家增加至现在的165家。又据北京开元策略发布的市场化报刊零售发行调查报告数据显示，广州市的漫画消费自2008年至2012年连续五年稳居全国十大城市之首，成为当之无愧的全国最大漫画消费城市。自2009年起，广州着力打造由国家新闻出版广电总局和广东省人民政府共同主办的中国国际漫画节，通过连续五届的造势，其已成为国内最大，也是唯一以原创漫画为主要内容的动漫节展。广州应抓住全国最大的动漫消费市场这一优势，制定中长期规划，整合相关专业力量，推动文化创意产业大发展。

2. 促进文艺演出市场大繁荣

广州文艺精品的创作长期落后于全国各大城市。文艺精品创作的乏力，有人才方面的原因，有体制、机制方面的原因，也有自然环境和人文环境方面的原因，这块短板不是短期内可以补齐的。与其花大力气来补齐创作这块短板，还不如另辟蹊径，抓好文艺演出市场。广州是一座拥有1600万常住人口的特大城市，有许许多多喜欢看文艺演出的新、老市民。广州人的经济收入普遍较高，在文艺消费方面的支出也比较大，广州在文艺演出方面有着巨大的市场潜力。

广州的文艺演出分两种，一种是政府出钱购买的、由市属各剧团安排的演出。这种演出，除了杂剧团的演出之外，基本上是演一场赔一场。在许多时候，送票都没人愿意去看。粤剧被称为"南国红豆"，曾经有过辉煌的历史，但是近30年来，可以说是逐渐衰落。如今的广州粤剧团和广州红豆粤剧团，只是在粤西和粤北的农村还有一点市场，在广州市区内基本上没有什么市场。原因很多。一是人才奇缺，编剧是不懂粤语的外地作家，他们用普通话写出剧本，然后由懂粤语的人翻译成粤语。导演是来自甘肃兰州京剧团的一个二级演员，演员则是几个年轻人，没有好一点的中年演员。好一点的中年演员大都跳槽了。剧目也很陈旧，一部《刑场上的婚礼》演了将近20年。缺编剧，缺剧本，缺导演，缺演员；自然就缺观众，缺市场。至于广州芭蕾舞团、广州话剧团、广州歌舞团，虽然拿了不少奖项，但是至少在20年内，没有一个剧目或节目是叫好又叫座的，在演出市场无声无息。广州杂剧团既叫好又叫座的节目较多，在国内外频频获奖，但是他们很少在市内演出。另外还有广东音乐曲艺团、广东省木偶剧团，也主要是靠政府的补贴或购买度日，基本上没有什么演出市场可言。

另一种演出，则是完全市场化的演出，也就是民间的演出。演出的主体是来自全国各地甚至是国外的优秀文艺团队。据调查，几乎每天都有来自全国各地乃至国外的文艺团体在广州演出。但是，广州对演出市场的建设和管理还存在一些薄弱环节。就硬件建设来讲，大一点的演出场馆很少，座位少，停车位少，远远不能满足观众的需要；就软件建设来讲，票价机制很不合理。有不少演出只卖680元以上的高价票，不肯卖中、低价票，为了保证他们的高价位，而宁可把大量的普通座位空着。政府对演出市场的监管也存在一些漏洞。个别基层文化管理单位对市场化演出的准入卡得过严，个别派出所则趁机收取高额的保安费。据反映，有一场演出，场租费只有10万元，而派出所收取的保安费竟高达30万元。

广州应高度重视演出市场的建设和管理，应在场馆的建设与布局上有大的作为，除了广州大剧院这种高档剧院，还应多建一些不同规格、不同档次的剧院，以便接纳更多的、不同消费档次的观众；在票价机制的建立与市场的准入方面，应制定出一整套切实可行的办法；应鼓励来自全国各地乃至国外的文艺团体来广州演出，加大这一方面的宣传和推介力度，提升这一方面的信息服务，把广州建设成为岭南地区乃至南中国最大的演出市场。

根据历史的经验，如果广州成了岭南地区乃至南中国最大的演出市场，那么优秀的创作人员就会向这里汇集。元代的大都（今北京），曾经是元杂剧最大的演出市场，所以当时国内最优秀的剧作家如关汉卿、马致远、王实甫、郑光祖、白朴、纪君祥、杨显之、梁进之、费君祥、石子章、王仲文等，都在大都生活和创作，元杂剧的许多传世经典就是在大都产生的。元代中后期，随着杭州在经济上的复苏和繁荣，元杂剧的演出市场开始经由大运河向杭州转移，关汉卿、马致远、白朴、尚仲贤、李文蔚、戴善夫、侯正卿等一大批优秀的剧作家也先后由大都、河北等地到了杭州。杭州本地也因此而产生了许多优秀的剧作家，涌现了许多优秀的杂剧作品。至今人们谈到元代的演出市场，谈到元杂剧的创作中心，在北方最大的就是大都，在南方最大的就是杭州。

如果广州成了岭南地区乃至南中国最大的文艺演出市场，成了全国最大的文艺演出市场之一，那么广州就有可能成为全国最大的文艺作品创作中心之一。演出带动创作，消费带动生产，这是一个市场倒逼机制。如果我们不善于利用这个机制，不善于利用市场的手段，通过演出市场来带动创作，而只是单纯地靠政府的力量来扶持创作，这是很难奏效的。

广州的影视剧和电视文艺节目的创作近年来也不景气。珠江电影制片厂在20世纪80年代以前，曾经创作和拍摄过不少好电影，珠影因此成为全国四大电影基地之一。80年代以后，珠影逐渐衰落。广州在电视剧的创作方面在90年代以前曾经产生过若干有影响的作品，90年代以后一直后继乏力。

广州在影视剧和电视文艺节目创作方面的短板，同样有着多方面的形成原因，不是短期内可以补齐的。但是广州的电影院则比较多，电影的终端表现不俗。广州人的经济收入比较高，在广州看电影早已成为一种大众消费。据了解，广州的电影票房在全国名列前茅；在珠三角地区，也只有深圳可以媲美。广州电影的消费市场也是很大的。广州同样可以通过电影市场的倒逼机制，促进本地的电影生产，使之重现昔日之辉煌。

3. 培育现代音乐文化之都

广州是传统的粤剧、粤曲、广东音乐和中国当代流行音乐的发源地，是中国音乐界的最高奖项"金钟奖"的永久落户地，也是"世界合唱之都"①。广州是现代音乐大师冼星海的故乡。中国当代流行音乐的领军人物还有好几位生活、工作在广州。广州有丰富的音乐文化资源，有厚实的音乐文化基础，有良好的音乐文化氛围。广州要充分认识自己的这一优势，除了继续办好"金钟奖"与"国际合唱节"，还应举办诸如"中国流行音乐节"、"广州国际音乐花会"等活动，通过一系列切实可行的措施，吸引流行音乐人才回归，吸引国内外更多的音乐人才来这里生活、创作、表演和教学。广州应该着力建构自己在音乐文化方面的中心地位，着力培育现代音乐文化之都。

据2013年9月3日《广州日报》报道，第五届"广东音乐创作大赛"升格为由广州市人民政府主办。本次大赛征集范围面向国内外，作品征集要求之一即是"主题鲜明，体现岭南人文精神、地域特色、民俗风情的广东音乐作品"。这是一件非常值得肯定的事情，希望坚持下去，真正做出成效。

---

① 据《广州日报》报道，在2013年11月11日闭幕的"2013中国广州国际演艺交易会"上，世界合唱理事会主席、国际文化交流基金会主席铁驰专程前来宣布：授予广州"世界合唱之都"决议书，并授予广州"国际合唱之都"的牌匾。"世界合唱之都"是国际文化交流基金会与世界合唱理事会的最高荣誉奖项，仅授予合唱音乐文化底蕴深厚，具有代表性、榜样性和杰出成就的城市。据介绍，广州地区合唱团队的总数约在3000支左右，总人数在15万左右。

（四）着力建设文艺人才队伍

毛泽东同志讲："政治路线确定之后，干部就是决定的因素。"这句话的意义并没有过时。广州建设"新岭南文化中心"的原则和目标明确之后，就应该考虑实现这一目标的人才了。文化建设是文化人才的事，就像经济建设是经济人才的事一样。广州的经济人才成千上万，文化人才也不少，但文艺人才（包括影视人才）比较短缺。广州的文艺创作和文艺表演不能长期落后下去。广州要想建成"新岭南文化中心"，进而建成"世界文化名城"，必须加强文艺人才队伍（包括创作人才与表演人才）的建设。

广州的文艺人才队伍建设，应该坚持两条腿走路的方针：一是挖潜，一是引进。

1. 充分调动现有文艺人才的积极性与创造性

改革开放以来，尤其是1992年邓小平南方谈话以来，广州还是从内地引进了不少文艺人才的，问题是这些文艺人才到了广州之后，有没有真正发挥应有的作用，有没有做出应有的贡献？这就值得考虑。据了解，有些文艺人才到了广州之后，表现并不理想。有的是"小富即安"，有的是一门心思赚钱去了，有的则一直没有一个相应的平台。

因此，建议广州市人事局联合市文广新局，对近10年、20年引进的文艺人才进行认真的调查摸底，看看这些人到了广州之后，究竟做了些什么？或者说，究竟做成了些什么？有关部门是否需要进一步调动这些人才的积极性？是否需要针对这些人才制定若干考核或激励的政策？总之不要浪费人才，不要闲置人才，充分发挥人才的积极性与创造性，让这些人才真正能够在广州实现自己的理想和价值，真正能够为广州的文艺事业做出自己的贡献。如果确实发现文艺人才不够，再制定更有吸引力的政策，引进更优质的文艺人才。

2. 以大人才观引进、借用各地文艺人才

在文艺人才的引进、使用问题上，广州要有大人才观。也就是说，广州不仅要善于使用广州户口的文艺人才，还要善于使用非广州户口的文艺人才。在全国各地，尤其是在北京、上海，就有很多广州籍或者广东籍的优秀文艺人才，广州应该想办法吸引他们为家乡的文艺事业服务。例如，可以通过项目合作的方式，让他们参与广州的文艺创作和表演。还可以通过他们，吸引其他非广州籍或非广东籍的文艺人才为广州服务。

广州要借鉴战国时期齐国的用人经验。齐国不过是周王朝的一个诸侯

国,在经济、文化上不及楚国,在军事上不及秦国,但是齐威王、宣王两代国君,不惜重金礼贤下士,"自如淳于髡以下皆命曰列大夫,为开第康庄之衢,高门大屋,尊宠之",让这些士人"不治而议论"。于是四方学人云集齐都临淄,著名的有荀子、邹衍、田骈、邹奭、慎到、宋钘、淳于髡、接予、环渊、鲁仲连、尹文等等。所谓"览天下诸侯宾客,言齐能致天下士也"[①]。齐国通过宽松的人才政策、优厚的人才待遇、恰到好处的奖励手段,吸引天下的优秀学者到"稷下学宫"来讲学,从而开创了"百家争鸣"的局面,创下人才史上的千古佳话。正是由于天下优秀学者都去齐国讲学,丰富了齐国的文化,培养了齐国的人才,使齐国成了一个文明之邦。直到今天,作为齐国故地的山东,仍然是我国北方文化最为发达的地区之一。例如,清代的大文学家蒲松龄、当代的大文学家莫言籍贯所在均属古齐国范围。

广州是中国经济最为发达的城市之一,这里本来就汇集了不少优秀人才,包括文艺人才。广州要有一个好的激励和监督机制,让这些文艺人才真正发挥应有的作用。当然,引进文艺人才也是必要的。问题是我们不能只是单纯地引进,还要做好挖潜的工作,做到引进和挖潜并举。

3. 抑制"马太效应",用心培养年轻一代

所谓"马太效应",源自《新约·马太福音》中的这几句话:"凡有的,还要加给他,叫他多余;没有的,连他所有的,也要夺过来。"通俗地讲,就是多者愈多,少者愈少;强者愈强,弱者愈弱。这是一种极为不公平的社会现象。它最大的弊端,最大的危害,就是压制年轻人,压制新人,扼杀创造性。"马太效应"在广州文化的各个领域都严重存在,在文艺领域尤其怵目惊心。一个众所周知的例子,就是长期以来,广州几乎所有重要的文艺奖励,都给了那几个年过半百的文艺明星,可是那几个文艺明星至少20年来就没有拿出过新的、有分量的、能够给广州争光的精品力作。

毛泽东主席在讲到老干部的时候,有这样两句话:"不要吃老本,要立新功。"年过半百的文艺明星,曾经为广州文艺事业做出过贡献,政府给他们一定的奖励是必要的,但是也要实事求是,要把奖励这个手段真正用好。奖励的目的通常有两个:一个是表彰既往,一个是激励将来。如果

---

① 司马迁:《史记·孟子荀卿列传》,《史记》,2347～2348页,北京,中华书局,1982。

奖励总是给那几个没有立新功的文艺明星,那就只能起到表彰既往的作用,而不能起到激励将来的作用。现在的情况恰恰是:那几个年过半百的文艺明星成了得奖专业户,而那些年轻的、有创造性贡献的文艺人才,往往难以得到应有的奖励。

老年人吃老本,年轻人出不来。奖励年年有,精品难得见。这就是广州文艺的现状。希望广州市有关部门能够总结这一方面的经验教训,抑制"马太效应",用心培养、着力扶持年轻一代的文艺人才。更希望广州市有关部门以文艺领域的奖励为鉴,对广州所有的文化类、科技类奖励进行总结和反思,真正让奖励起到既能表彰既往、又能激励将来的作用。

(曾大兴　广州大学广府文化研究中心常务副主任,博士,教授)

南沙麒麟文化研究

杜玉俭

麒麟是中国人心目中的圣兽、神兽，寄托着中国人对太平盛世的美好期盼和对完美人格的理想，几千年来不论是在精英文化还是在民俗文化中都扮演着重要角色。可是，100多年以来，西方列强挟带其强势的物质文明和宗教文化信仰，对中国传统文化的生存空间进行打压，很多国人在这种形势面前，对自己的文化甚至人种产生怀疑，企图用外来文化改造自己的传统或曰"国民性"。对中国传统文化有着深厚感情的人，被批评为"迷恋尸骸"，被当成封建遗老；很多民间文艺的形式，除非是可以用来歌颂领袖的，否则都被当作历史的垃圾扫除了。曾经流行甚广的麒麟舞，也消失了几十年之久。改革开放30多年来，随着国力的增强，中国人对自己的文化传统也逐渐摆脱自卑心理，能够客观冷静地看待，很多艺术形式不单能勾起中老年人对童年的回忆，也成了凝聚地方共识、增强民众对地方和国家的认同感、团结海内外华人的手段。

进入21世纪，处于中国改革开放的前沿阵地的广州，一个曾默默无闻的小镇黄阁，因为对当地曾经兴盛的民间艺术麒麟舞的挖掘整理而变得名声大噪。2000年11月，黄阁麒麟队代表广东参加了在杭州举行的首届全国广场民间歌舞大赛，荣获全国民间文艺最高奖"山花奖"的第一名，极大鼓舞了当地群众参加民间艺术的热情。2001年10月，黄阁又成功举办了首届"黄阁麒麟文化节"，通过媒体的广泛报道，不仅使黄阁名声大振，甚至掀起广东全省乃至全国麒麟舞的热潮和麒麟文化研究的升温，开启民俗文化保护的高潮。其后，在东莞樟木头镇、惠州惠城区的小金口等很多地方，麒麟文化也开展得轰轰烈烈，樟木头的客家麒麟舞在一些重大场合表演，如北京奥运会、上海世博会及第十六届广州亚运会，甚至还曾走出国门，舞到海外，大有后来居上之势。与此同时，黄阁镇还提出了一系列开发麒麟文化的设想，如学校改名为"麒麟中学"，街道命名为"麒麟大道"，以及麒麟文化广场的奠基和麒麟公园的规划等。对于黄阁来说，在"后有追兵"的情况下，如何避免三分钟热度，如何在麒麟文化的开发和研究中继续保持领先和领导地位，而不是随着领导人的更迭而轻易改换文化发展思路,如何更好地服务地方经济建设和文化建设,打造地方名片,制订既着眼未来又立足于现实的切实可行规划,就显得刻不容缓。

一、麒麟原型

中国麒麟文化可谓源远流长,它寄托着中国人对政治清明、盛世再临的长期渴望,以及对高尚人格的崇敬。解读麒麟文化,是理解博大精深的中华文明的方便之门。

对于麒麟,不单是民间信仰,麒麟文化的形成是精英文化与民间文化互相渗透的结果,而其早期形态,与中国文化的符号——孔子密不可分。如果单纯从民间信仰的角度研究麒麟,则难以得其真相。

麒麟的最初形象在先秦考古中尚未被发现,麒麟最早在文献中出现,是《诗经·麟之趾》,不过该诗并未全面描写麒麟的体态,只是以其脚印起兴,并从麟之趾联想到君子品格而已。麒麟在中国文化史上正式隆重出场是在鲁哀公十四年,即公元前481年。这一年发生过一起被后世称为"获麟"的事件,其本身不过是打猎时猎取过一只稀有的猎物,无关乎国计民生,但孔子对该猎物进行过辨认,该事件遂被后世进行充分甚至过度解释。

从最原始的记载看,对麒麟的辨识只不过证明孔子的博学,孔子在生前和死后的一段时间被当成智慧的化身,几乎无所不知、无所不晓。《左传》、《国语》中记载此类事甚多,典型者如对防风氏之骨的鉴定、肃慎之矢的识别、羵羊的辨识等,无不证明不管是多么神奇罕见的物种,哪怕未见原物,孔子都能根据他所掌握的知识进行解释。对麟的辨认同样如此,打猎时猎取麟,当时没人认识,孔子告诉大家该兽的名称。此兽本身并无神异之处,不但被猎获,并且死去。

因为获麟事件发生在孔子去世前不久,在孔子被神化的过程中,麟也被赋予越来越神奇的特性,尤其是把麟的出现与孔子本人相类比。最早把孔子与麒麟相类比的,是孔子弟子有若。有若在孔门弟子中有特殊地位,孔子刚去世时曾经有弟子因为有若似夫子而以对待孔子的礼节对待有若,在《论语》第一篇《学而》篇,有若之言紧接孔子之言,可见其地位非同一般,不是其他弟子可以比拟。有若打过这样的比方:

麒麟之于走兽,凤凰之于飞鸟,类也;圣人之于民,亦类也。出于其类,拔乎其萃,自生民以来,未有孔子也。

这话不见于《论语》,而是见于比孔子晚百余年的《孟子》。《论语》

记载有若之言仅三条,他的很多话没能保留下来。孟子学习儒家学说,他记录的有若之言应该是可信的。

从有若这句话看,他把圣人比成兽中的麟、鸟中的凤,目的是为了使人们理解圣人跟大众的关系,圣人也是人,是大众的同类,但又不是普通的人,像凤凰之于飞鸟,麒麟之于走兽一样。在儒家学派看来,自从有了人类社会,孔子是最伟大的人物,反过来说,作为喻体的麒麟在兽中的地位也是至高无上的。所谓虎为兽中之王,应该是很晚才出现的说法。《荀子》中还记载一段孔子跟鲁哀公的对话:

鲁哀公问舜冠于孔子,孔子不对。三问,不对。哀公曰:"寡人问舜冠于子,何以不言也?"孔子对曰:"古之王者有务而拘领者矣,其政好生而恶杀焉。是以凤在列树,麟在郊野,乌鹊之巢可俯而窥也。君不此问,而问舜冠,所以不对也。"(《荀子·哀公》)

《荀子》中这段孔子和鲁哀公的对话,其真实性难以确定。《荀子》中多处化用《论语》之言,但都未表明是来自孔子,凡《荀子》中明确表明为孔子之言的,今本《论语》一条也没有。出现这种现象的原因颇耐人寻味,有人只以《论语》为准来研究孔子思想,肯定会遗漏一些重要内容,《论语》仅一万余字,孔子一生不可能只说这么少的话!孟子、荀子作为儒家学派的代表人物,他们引用的孔子之言,虽然《论语》中未出现,也应该是真实可信的。可今本《荀子》的篇目次序经过最早的注释者唐朝杨倞的改动,最后几篇可能是记录荀子谈到的历史故事,荀子本人并未就此做任何发挥,《哀公》就属于这种情况。在这段对话中,孔子强调先王"好生而恶杀"的政治理念,因而动物跟人能和平相处,这里提到的三种动物,并未涉及其神奇性,乌鹊乃凡鸟不用说,此处凤与麒麟只是因为先王好生恶杀才变得较易看到,从与乌鹊并列来看,麒麟还没有成为汉人经常盼望的瑞应。但孔子思想中,某些动物的出现似乎象征政治状况,如《论语》中曾记载孔子之言"凤鸟不见,河不出图,吾已矣夫!"

从先秦文献可知,儒家对麒麟提及较多,儒家的几位大师孔子、孟子和荀子都曾经提到这种兽,他们认为这是一种真实存在的兽类,并非神话传说。我们知道,孔子是"不语怪、力、乱、神"的,对上古的很多神话,孔子都予以理性解释,如"黄帝四面"、"黄帝三百年"、"夔一足"等,若麒麟也是神兽,孔子断不至于多次谈到此兽。麒麟是最高贵的兽,这种兽很罕见,即使出现过,普通人也根本不认识。于是,对麒麟出现的原因和条件就成为后世深感兴趣的问题,这为把麒麟当成瑞兽,当成圣人的征兆提供了可能。可麒麟的具体形象究竟如何,先秦文献从没有交代。

汉朝天人感应思想比战国时期要更为系统，汉人已把麒麟的出现当成政治清明的重要标志。汉朝多位皇帝在诏书中都表示期盼麒麟的出现，典型者如汉武帝，他在元光元年（前134年）五月《诏贤良》中说："朕闻昔在唐虞，画象而民不犯，日月所烛，莫不率俾。周之成康，刑错不用，德及鸟兽，教通四海。海外肃慎，北发渠搜，氐羌徕服。星辰不孛，日月不蚀，山陵不崩，川谷不塞，麟凤在郊薮，河洛出图书。乌呼！何施而臻此欤？"（《汉书·武帝纪》）汉朝天人感应理论已经相当成熟，认为人君政治的好坏会带来瑞应和灾异，汉武帝认为周朝成王和康王时曾达到盛世的顶峰，不仅自然灾害不会发生，凤凰麒麟、河图洛书等表明治世的事物也同时出现。他对此非常向往，非常羡慕。

汉武帝如此期盼芝草、甘露、麒麟等瑞物，果真就出现了麒麟。元朔六年（前128年），汉武帝到雍祠五畤，获白麟，一角五蹄，跟随武帝同去的终军建议改元为元狩，终军在列举汉武帝的文治武功之后说："夫天命初定，万事草创，及臻六合同风，九州共贯，必待明圣润色祖业，传于无穷。故周至成王，然后制定，而休征之应见。陛下盛日月之光……而异兽来获，宜矣。昔武王中流未济，白鱼入于王舟。俯取以燎，群公咸曰休哉。今郊祀未见于神祇，而获兽以馈，此天之所以示飨，而上通之符合也。宜因时令日，改定告元……各以类推，今野兽并角，明同本也，众支内附，示无外也。若此之德，殆将有解编发削左衽袭冠带要衣裳而蒙化者焉。"（《汉书·终军传》）

此次所获白麟，史书未言如何获得，大概是地方官所献，用以取得武帝欢心。武帝不仅改元，并在皇宫中增设麒麟殿。后来汉宣帝画功臣图像于麒麟殿，大概有以麒麟比功臣之意。春秋后期鲁国人多不识麒麟，汉武帝时人们根据什么识别麒麟呢？从终军的建议可知，独角应是最重要的特征。

汉人对麒麟特点的认识，有几处材料值得注意，其一是《楚辞·惜誓》，该文作者佚名，根据其内容，应是汉朝前期的作品，在该辞赋的结尾有这样的话："使麒麟可得羁而系兮，又何以异乎犬羊？"（《楚辞·惜誓》"乱曰"）可见在该赋作者看来，麒麟是不能像普通动物那样畜养的，它是野生的，不受任何约束。东汉著名唯物主义思想家王充反对天人感应理论，他在《论衡·讲瑞》篇中曾说："鸟无世凤凰，兽无种麒麟。"在王充看来，不管是凤凰还是麒麟，都不是可以代代相传的物种，绝不是后世所说的"龙生龙，凤生凤，老鼠生儿打地洞"，凤凰和麒麟是鸟兽的变种，不同于一般的鸟兽。相比于人而言，伟大人物的产生未必天定，有偶然性。

西汉的天人感应思想是与儒学纠结在一起的，在天人感应思想盛行的时候，《春秋》公羊学也如日中天，朝廷为公羊学设立博士。公羊学对获麟之事重新解读，把麟的出现当成孔子个人生不逢时的征兆，而西汉后期出现的谶纬之学，则把孔子和麒麟的关系极度神化，开后世神化麒麟之先河。

公羊学鼓吹天人感应，是战国各种学说尤其是邹衍五德终始说和民间信仰的杂糅，用以阐释《春秋》，把各种自然灾害和政治现象结合起来，在和《谷梁传》的争立中胜出，很快成为流行全社会的主导思想。公羊传解释说："何以书？记异也。何异尔？非中国之兽也……麟者，仁兽也，有王者则至，无王者则不至。"此处解释有两点值得特别注意，其一为麟非中国之兽，其二为麟的出现与圣王的出现同时。后世公羊学者受谶纬学说的影响，对获麟的解释越发神奇，如何休《春秋公羊解诂》在解释鲁哀公十四年的获麟事件后说：

得麟之后，天下血书鲁端门曰："趋作法，孔圣没，周姬亡，彗东出，秦政起，胡破术，书纪散，孔不绝。"子夏明日往视之，血书飞为赤鸟，化为白书，署曰：《演孔图》。中有作图制法之状。①

这里，天上掉下血书已经够怪异的，孔子还知道他死以后王朝的更迭，知道秦将焚书坑儒就更不可思议了。

麒麟究竟为何而来，获麟是瑞应还是灾异，成为西汉学术界尤其是经学界的热门话题，很多学者参与讨论，提出一些相互矛盾的论点，谷梁学派有人认为麟被捉预示着周王朝的衰亡，尹更始和刘向都持此观点。也有人认为麟的出现及受伤象征孔子之道在当时的际遇，也就是"道之不行"。认为麟是西方之兽，也是当时的主流观点，西方究竟具体指哪里，汉人言之未详。受天人感应思想的激荡，连最重视历史事实的《左传》，也把麟的出现与孔子的遭遇相联系。如服虔《春秋左传解谊》说："麟，非时常所见，故怪之，以为不祥也。仲尼命之曰麟，然后鲁人乃取之也。明麟为孔子至也。"（见裴骃《史记集解》）

扬雄在《剧秦美新》中批评秦王朝崇尚武力，师心自用，不学习先王的成功经验，而且废除儒术，从而导致"来仪之鸟，肉角之兽，狙犷而不臻。"这里的"肉角之兽"就是指麒麟，这里虽是说秦王朝统治下瑞物未

---

① ［清］孙星衍等辑，郭沂校补：《孔子集语校补》，348页，济南，齐鲁书社，1998。

能出现的原因，但也告诉我们麒麟的重要特点是"肉角"，此处不需点明麒麟之名读者就可理解，可见在西汉时期这已经成为人们的常识。

西汉哀帝、平帝时期，谶纬之学兴起，谶本是预言，纬书是与经书相对的，纬书的编撰者都假托纬书为孔子所作，意为孔子不仅编撰五经，还另外创作一批与经书相互匹配的纬书。这些纬书的共同特点是，论证汉朝的出现乃是天意，几百年前孔子就知道刘邦将建立汉王朝，而孔子的著作就是为汉王朝立法。谶纬之学把对孔子的神化和汉王朝合法性的论证结合起来，是对孔子进行的一次造神运动，若从理性主义的视角来看，当然是荒诞无稽的。因容易被有政治野心的人利用，后代统治者曾多次下令禁绝谶纬，西汉的谶纬著作众多，但都没能完整保存下来，唐宋类书中有些残存，明清时期有些学者进行过辑佚工作，如《玉函山房辑佚书》、《古微书》等。今天残存的纬书中有不少是解释获麟事件的，如关于《孝经》的纬书《孝经援神契》、《孝经中契》、《孝经右契》等都有对获麟的神话解释。《孝经援神契》载：

麟，中央也，轩辕大角兽也。孔子备《春秋》，修礼以致其子，故麟来为孔子瑞。①

在《援神契》中，把麟的出现解释成瑞应，麟是孔子在完成《春秋》的写作后被邀请来的，而麒麟之所以为瑞兽，在于它跟轩辕黄帝的特殊关系。《孝经中契》载：

丘学《孝经》，文成道立，斋以白天，则玄云涌，紫宫开，角、亢星北落，司命天使书题，号《孝经》篇，云神星裳，孔丘知元，今使阳衢乘紫麟，下告地主要道之君。后年麟至，口吐图文，北落郎服，书鲁端门，隐形不见。子夏往观，写得十七字，余字消灭文，其余飞为赤鸟，翔靡青云。②

在《中契》中，假托《孝经》也是上天所赐，孔子学习《孝经》后，上天派遣阳衢驾乘紫麒麟到人间预告未来。《孝经右契》载：

孔子夜梦丰沛有赤烟气起，颜回、子夏侣往观之。驱车到楚西北范氏之庙，见刍儿捶麟，伤其前左足，束薪而覆之。孔子曰："儿，来！汝姓为谁？"曰："吾姓为赤松，子时桥，名受纪。"孔子曰："汝岂有所见

---

① [清] 孙星衍等辑，郭沂校补：《孔子集语校补》，356 页，济南，齐鲁书社，1998。

② [清] 孙星衍等辑，郭沂校补：《孔子集语校补》，351 页，济南，齐鲁书社，1998。

乎？""吾见有一禽，如麕，羊头，头上有角，其末有肉，方以是西走。"孔子发薪下，麟视孔子而往。麟蒙其耳，吐三卷书，孔子精而读之。①

《右契》中把麒麟的出现与孔子对刘邦建立汉王朝的预言联系在一起，丰沛就是刘邦的家乡，赤气代表刘邦是赤帝之子。这里把孔子神化为能预知未来的神奇人物，而麟所吐的三卷书就是对未来的预测。

《尚书中候》、《周易乾凿度》等纬书中都有关于获麟的神奇解释。魏晋南北朝时期，志怪小说兴起，这与佛道二教的盛行不无关系，但其中对谶纬的继承也颇明显，志怪小说中麟与孔子的关系，与汉代谶纬学说相比又有进一步发展。《孝经右契》中孔子梦麒麟于丰沛，与弟子前去寻找，见到麒麟后麒麟曾吐三卷图书，但到志怪小说中，对所吐图书的情况做了较为详细的描写，《搜神记》卷八有：

儿发薪下麟，示孔子。孔子趋而往。麟向孔子，蒙其耳，吐三卷图，广三寸，长八寸，每卷二十四字。其言赤刘当起，曰："周亡，赤气起，火曜兴，玄丘制命，帝卯金。"

从谶纬到志怪小说，获麟者的身份都是采薪小儿，这与《春秋》公羊学的说法一致，而与更注重历史事实的《左传》和《史记》不同，之所以对历史记载有这种取舍，就在于把获麟者的身份定位采薪小儿，强调其出身的卑贱，更容易与汉朝立国者刘邦的身份相比附。

在志怪小说《拾遗记》中，孔子的出生复杂得多，出生之前，不仅有麒麟吐玉书，还有二苍龙、二神女、五星之精甚至天帝等等。该书卷三载：

周灵王立二十一年，孔子生于鲁襄公之世。夜有二苍龙自天而下，来附徵在之房，因梦而生孔子。有二神女，擎香露于空中而来，以沐浴徵在。天帝下，奏钧天之乐，列于颜氏之房。空中有声，言天感生圣子，故降以和乐笙镛之音，异于俗世也。又有五老列于徵在之庭，则五星之精也。夫子未生时，有麟吐玉书于阙里人家，文云："水精之子孙，衰周而素王。"故二龙绕室，五星降庭。徵在贤明，知为神异，乃以绣绂系麟角，信宿而麟去。相者云："夫子系殷汤，水德而素王。"至敬王之末，鲁定公十四年，鲁人锄商田，得麟，以示夫子，系角之绂，尚犹在焉。夫子知命

---

① ［清］孙星衍等辑，郭沂校补：《孔子集语校补》，294页，济南，齐鲁书社，1998。

之将终,乃抱麟解绂,涕泗滂沱。且麟出之时,及解绂之岁,垂百年矣。①

按照这段描述,孔子出生前,麒麟曾到孔子家里吐出玉书,孔子母亲在麒麟角上系上丝绸,鲁哀公十四年所获之麟的角上(小说改成定公十四年,可见疏于考证),也恰恰还有孔子母亲曾系上的丝绸,可见麟的两次出现都与孔子相关,两次是同一只麒麟,孔子知道这预示着自己即将去世,因而很悲伤。

麒麟信仰的流行,不仅表现在人们的观念上,政治生活中也有其踪影。隋炀帝杨广曾把玉刻成麒麟赐给其信任的大臣樊子盖,《唐六典》云:"隋炀帝别造玉麟以代铜兽,赐留守樊子盖。"《隋书·樊子盖传》记有隋炀帝与樊子盖的对话:"今为卿别造玉麟以代铜兽。"可见,当时作为官员地位和身份标志的信物主要是铜符,因炀帝对樊子盖特别信任,遂打破常规,专造玉麒麟赐给樊子盖,这种做法包含炀帝对樊子盖本人的评价,意味着樊子盖是麒麟一般的人物。可惜不知当时的麒麟造型究竟怎样。

唐朝宫殿中有麟德殿,在唐诗中,诗人们常把凌烟阁说成麒麟阁。

宋元以后,不论是在正统诗文中,还是在民间说唱文学中,麒麟形象都经常出现。在民间说唱文学中,麒麟渐渐脱离与孔子的关系,变成一种具有无限神力的巨兽,可腾云驾雾,上天入地,日行万里。故事中的主人公经常有以麒麟为坐骑的,民间麒麟送子的传说和风俗非常丰富,程派京剧《锁麟囊》就表明山东登州嫁女以麟囊为陪嫁。

明清以后,各种地方志和笔记中多次记载发现麒麟。明夏原吉《麒麟赋》记载永乐十二年(1414年)秋榜葛剌国来朝献麒麟,后麻林国又来献麒麟。另外更多的是家养之牛生出麒麟,如《异林》记弘治中、《空同子》记嘉靖六年、《新蔡县志》记嘉靖三十一年、《西平县志》记嘉靖四十三年、《隰州志》记万历十一年、《汝宁府志》记万历十三年、《丹徒县志》记万历二十一年等皆言牛或家牛生了麒麟。

清朝顺治至雍正年间,各地不断上报出现麒麟,这种麒麟又摆脱民间传说中麒麟的神性,是一种现实存在的动物,各地方志记录尤多。乾嘉学派著名考据学家俞正燮曾对清初出现的麟做过概述:

顺治二年二月,山西交城县牛产麟,见《交城县志》。顺治十八年,定远民间牛产麟,见《江南通志》。康熙五年四月,南昌县牛产麟,见《江西通志》。康熙己酉(实为"己巳")正月二十一日丑时,余姚吴天保

---

① [清]孙星衍等辑,郭沂校补:《孔子集语校补》,295页,济南,齐鲁书社,1998。

家黄牛产一麟，见毛奇龄《西河诗话》；康熙二十八年，余姚乌山胡氏牛产麟，见《绍兴府志》，盖即一事。毛于"胡"、"吴"土音不分，又"己巳"误作"己酉"耳。顺治十六年，山西平定州蛾峪村牛产麟，送京师，见《平定州志》（张石洲说）。康熙二十四年，山西广灵县牛产麟，见《山西通志》及《寒松堂自作年谱》。康熙三十三年，合肥县麟生于三河犬民家，见《江南通志》。康熙四十七年夏，潍县牛产麟，见《莱州府志》。雍正十年六月初五日，巨野民李恩家牛产麟，见《山东通志》。雍正十一年五月初八日，四川潼川府盐亭县民杨士荣家牛产麟，见《京报》川督黄廷贵、川抚宁德奏。雍正十二年十二月初三日，宁阳民孙永祥家牛产麟，见《山东通志》。雍正十三年，宁阳牛产麟，见《宁阳县志》。乾隆四年，芜湖民家牛产麟，三日死，剖之，无肠胃，见《子不语》。[1]

从俞正燮的总结来看，各处发现的麟有一共同特点，就是所有的麟都是牛所生。其实就是牛的畸形。各地方志并未记述这些麟后来如何，只是刚生下来就上报，这是地方官投皇帝所好，证明清王朝的统治具有合法性，从而得到皇帝欣赏的一种手段，皇帝一般乐于接受并很快公布天下。但俞正燮理解的牛所生的麟，未必就是鲁哀公十四年所获之麟，因春秋末年的麟很不常见，大多数人不认识，具有野性，而清初牛所产的麟，则都是家中所养，肯定不是同一种动物。

对麒麟真相的探讨，始终沿着两条方向，一条是神化的方向，一条是努力寻找现实中的麒麟。

二、南沙麒麟文化的社会学意义和美学内涵

（一）地方政府在民俗活动中的作用

从黄阁麒麟舞复兴的历程来看，地方政府尤其是区、镇政府所起的作用是巨大的、无可替代的，可以说一直处于主导地位。

南沙还没有单独建区的时候，黄阁镇属于番禺区管辖。麒麟舞本来已经消失很多年，在麒麟舞的挖掘过程中，镇、区政府尤其是镇主要领导人的作用非常关键。在麒麟队赴杭州参赛时，当时番禺区的新闻宣传部门发挥了相当出色的作用，对扩大知名度和关注度有很大帮助。南沙建区以

---

[1] 俞正燮：《癸巳存稿》卷十一，见《俞正燮全集》贰，430页，合肥，黄山书社，2005。

来，连续几年区委、区政府主要领导放弃自己的休息时间和与家人团聚的机会，参加黄阁镇春节民俗活动。2009年春节麒麟舞开幕式上，区、镇主要领导都在。2011年春节当天上午，举行麒麟广场奠基仪式和民俗歌舞表演，区、镇主要领导都在。笔者两年春节都去黄阁进行调查，奠基仪式之前，遇到镇文化站的陈绍基先生，笔者向他感叹黄阁春节活动办得热闹、气氛热烈时，他说："（镇委）书记、镇长的功劳。"

从历史上看，民俗的生成与官府关系密切，官府的引导、扶持必不可少。中国历史上的重要节日，如元宵节、端午节、中秋节等，其节日气氛的渲染，都不仅仅是民间自发的，其背后往往有官府推动。文献记载较多的元宵灯展，宋朝的笔记和小说中有很多描写，如《东京梦华录》、宋元话本等都描述在北宋都城汴梁，每逢元宵佳节，万人空巷，锣鼓喧天，连平日不出门的闺中妇女也成群结队，观赏花灯。皇帝为了表示与民同乐，在皇宫门口摆放巨大花灯，供人们欣赏。皇帝不仅自己过节日，并且以实际行动把节日气氛推向高潮。在以农立国时代几个重要节日中，民众的狂欢行为，不仅有利于调节因劳作带来的疲倦，做到"文武之道，一张一弛"，而且这种狂欢也是对紧张情绪的宣泄，官府引导得好，有利于化解社会矛盾，促进社会和谐。

近十几年，很多地方为了经济目的，利用当地资源优势，设立地方性节日，从事所谓"文化搭台，经济唱戏"的活动。这本无可厚非，但若对文化资源过度开发，不加以保护和提升，最后就会枯竭，经济最终也无法唱戏了。

地方政府对民俗的培植有重要作用，但有些地方，领导人一更换，发展思路接着发生变化，一些好的做法难以为继，地方政府对民俗文化缺少持续"给力"，也就很难形成地方特色鲜明的民俗文化。从黄阁的实际情况看，十几年来，虽然镇委书记、镇长有更迭，但是支持麒麟舞的思路没有变过，把麒麟作为黄阁形象打造文化名片的思路越来越清晰。

从黄阁麒麟舞的复兴过程看，专业文化工作者也发挥了积极作用。广东省民间文艺家协会、省舞蹈家协会等专业机构人员在发掘、整理、重新编排方面也起了重要作用。从事民间文艺尤其是从事非物质文化遗产保护的同志，确实应该走出机关，走向民间，接触、记录、整理原生态的民俗文化，利用其专业优势，对民间艺术进行提高性保护。过去某些民间艺术形式的式微甚至消失，固然有社会生活的变迁导致民俗依附的环境不存在引起的，甚至有政治力量的强行打压；但不可否认的是，有些民间艺术长期固步自封，在形式上缺少创新，无法满足民众不断增长的欣赏需求，渐渐被兴兴的艺术形式取代。在传统文化大量消失的今天，文化保护部门应该增强责任感，利用自己的专业优势，发挥见多识广而又有一定的理论指导的优势，为民间文化的保护尽力尽责。

同时，文化界对民俗文化的保护，要与地方政府结合起来，文化界的优势是专业，但是单靠文化界的力量是远远不够的，一定要有地方政府的支持，地方政府掌握一定的人力和社会资源，在文化保护中应该起着主导的作用。这两者有时也会有矛盾，主要表现在地方政府在保护传统艺术形式方面难免有急功近利的倾向，希望投入后很快就能看到成效，尤其是经济上的成效，而文化界则更多从专业上着眼，从经济上考虑的问题不多。这两个角度应很好地结合起来，才能有成效地保护民间艺术。从黄阁麒麟舞的保护看，这方面做得比较成功。地方政府不仅与专业艺术团体合作，还引进专业学术力量，中山大学民俗研究中心曾投入相当学术力量研究广东麒麟舞，对扩大黄阁麒麟舞的知名度有一定正面作用。

（二）麒麟民俗的文化内涵

麒麟"集美"造型的文化意义：黄阁麒麟舞所舞的麒麟，其造型与传统的麒麟造型相比，既有明显的继承因素，也有革新的因素，体现着与时俱进的时代精神。其麒麟舞所舞的麒麟造型，蕴含着丰富的社会意义，既符合现阶段中国政府对国家形象的宣扬，又表明人们对"富而好礼"的人格追求。

传统对麒麟形象的理解，认为麒麟有一肉角，这与其他大型凶猛动物是不同的，这表明麒麟是"仁兽"，"设武备而不用"。现在麒麟舞中的麒麟造型保留甚至强化了这一形象，麒麟颈项背面的钉就代表肉角。麒麟的理想造型，不仅符合对"仁者"的美学追求，还深契我们对现代化强国的自我期许：麒麟设武备而不用，但又不能不设武备的形象，与我们国家在和平崛起过程中的国家定位——中国要崛起，但绝对不称霸——是一致的，其他动物舞蹈很难做这样富有意义的引申。

麒麟形象也与民众对道德完善和人格理想的追求有关。从把孔子与麒麟相联系开始，麒麟就成为仁者的象征。历史上对麒麟的期盼，不仅因为麒麟是盛世的象征，人民期望盛世的出现，也表明人民群众对仁者的渴望，尤其渴望统治者是仁德之人。实际上，只有统治者自觉施行"仁政"，才可能有盛世出现，否则就是不切实际的幻想。今天的麒麟舞，民众不仅希望政府的领导人是道德高尚之人，也反映了民众普遍希望提高道德水平，成为"富而好礼"之人的愿望。因此，麒麟舞表明人们在富裕之后的精神追求，能否满足人民群众不断增长的精神追求，使社会和谐发展，达到共同富裕，不仅是中央政府的责任，地方基层政府也责无旁贷，尤其是先富地区。

三、黄阁麒麟文化开发的若干建议和思考

黄阁的麒麟舞获得首届民间艺术大赛"山花奖"，黄阁镇承办的"黄阁杯"麒麟舞大赛提高了黄阁的知名度，这是麒麟舞的一些后起之秀也承认并加以模仿的。现在，全国很多地方打麒麟文化牌，黄阁如何保持优势，进一步开发麒麟文化，更好地为经济建设和精神文明建设服务，建设和谐社会，值得我们深思。下面提出一些建议以供参考。

（一）与各地联合起来共同打造麒麟文化的平台

一个地方要以麒麟文化提升知名度，单打独斗是很难的。以黄阁麒麟舞为例，仅仅靠在全国性的民间文艺比赛中获过大奖，并不能使当地民众一直保持旺盛的热情，也不能靠一次宣传获奖使地方知名度持续提高。因而必须搭建一个持久的平台，使普通民众保持对麒麟文化的关注，深化对麒麟的信仰，并在这种民俗活动中处于领导地位，并联合麒麟文化有较深厚基础的地方共同努力，才能实现麒麟文化的复兴并提升地方关注度和知名度，使该地成为文化名镇、旅游名镇和经济名镇。

目前，全国开展麒麟舞民间活动的已经有不下200个地方，其中不少地方也想通过弘扬麒麟文化来提高地方知名度，有些地方对麒麟文化的挖掘可谓轰轰烈烈，如山东省巨野县、广东省东莞市樟木头镇等。巨野已经编辑出版一系列麒麟文化的书籍，并正在建设麒麟文化园，巨野的优势在于它是春秋末期的获麟之地，并以全县之力从事此事。樟木头则打出客家文化的旗号，并试图走向海外。他们的努力都取得了一定的成效，但离他们期望的目标还有相当差距。既然大家都有借助麒麟文化提高知名度的愿望，不如大家联合起来共同宣传麒麟文化，众人拾柴火焰高，联络各地开展麒麟文化活动的地方，成立麒麟文化协会，先挂靠在中国民间文艺家协会，由麒麟文化协会组织研讨会和麒麟舞比赛，邀请新闻媒体包括网络新闻媒体进行报道。有人提出组织民间孔子和平奖以对抗诺贝尔和平奖，若真能成功，可以麒麟为获奖标志物。

（二）开发以麒麟舞为龙头的系列文化产品

黄阁镇麒麟舞获得民间文艺"山花奖"后，黄阁镇上下沉浸在巨大兴奋中，不仅每个村都很快组建了麒麟队，而且还筹办了第一届广东省"黄阁杯"麒麟舞大赛，以麒麟石为中心建设麒麟公园，把镇中学命名为"麒麟中学"，把黄阁大道改名为麒麟大道，设立麒麟文化节和麒麟奖等，大打麒麟牌，努力扩大麒麟文化的影响，使本来知名度不算太高的黄阁镇迅速赢得关注。然而，要获得持续的关注，增强当地人民群众的认同感和凝聚力，取得精神文明建设和经济建设的双丰收，靠单一的麒麟品牌是很难达到目的的，必须开发以麒麟舞为龙头的综合文化系统，不能让麒麟舞唱独角戏：一方面继续挖掘黄阁镇自有的民间艺术形式，与麒麟舞和麒麟文化互相配合；另一方面可整合南沙区其他镇的旅游文化资源，形成合力。比如，百万葵园、万顷沙水乡文化节等，可增加麒麟舞的项目，把麒麟舞融入其他的艺术形式之中。也可考虑餐饮行业的参与，打造"麒麟宴"，作为黄阁乃至南沙的名菜。

在整合南沙旅游资源方面，可推动设立广州烟花燃放点。广州是全国最早立法禁止燃放烟花爆竹的城市，早在1992年就由市人大通过相关条例，规定城区范围内不准燃放烟花爆竹。该条例实施近20年来，避免了许多可能出现的安全事故，引起全国很多大中城市纷纷仿效，在全国形成禁燃的风潮。但是，用立法的方式强行禁止流传甚久的民俗文化，多数人在心理上感到遗憾，现在全国不少地方已改禁放为限放，就是为了适应人们的民俗习惯。立法禁止民俗，在骨子里还是认为中国传统民俗落后，是一种虚无主义的表现。广州市人大已经明确表示在立法上不会对禁燃放松，但实际执行过程又不积极，每逢年节，很多禁止燃放烟花爆竹的地方依然鞭炮齐鸣，并无人因此而受罚，这就形成很尴尬的局面。南沙地域开阔，开辟一定的区域供人们燃放烟花爆竹，满足人们对传统民俗的依恋，而又使法律有尊严，是不错的旅游卖点，但需要广州市人大的批准。

（三）处理好继承与创新的关系

麒麟舞如何处理好继承传统和艺术创新的关系，专家学者在麒麟文化研讨会上提出过一些很好的建议。前几年发掘麒麟舞，目的是参赛，由广东省民协和黄阁镇领导主事改进麒麟艺术，这种机制适合在短时间内完成一个具体的目标，但麒麟舞艺术的改进是永无止境的，不竭的动力来自演出市场，来自市场竞争。因此，要持续提高麒麟舞艺术水平，就要组建相对专业的麒麟舞表演队伍,培育麒麟舞演出市场。现在,可在发展麒麟舞基础较好的村组织专业队伍,集中训练,早期可考虑在大型企业的集体婚礼上表演,或与婚庆公司合作在婚礼上表演,因为传统婚礼多有表示早生贵子的仪式和象征物,麒麟送子的表演是对这一祝愿的深化和加强。公司开业和庆典、重要节日都可表演麒麟舞,使专业演出队伍有经济利益的保证,不能仅局限于自发的演出状态。演出市场一旦形成和扩大,因为竞争的需要,各演出队伍会千方百计提高技艺。也可与广州市其他民俗活动联合,如在庙会表演,以扩大麒麟舞的影响。此外,还要培养带头人,培养"角",培养核心骨干;在经济上给予支持,免除其后顾之忧;防止专业队伍的演出僵化,脱离民间文化活动的土壤。

(四)处理好与孔府的关系,得到孔家后人尤其是衍圣公的认可

从麒麟被神化的过程和形象演变的历史来看,麒麟与孔子之间有着不可分的关系,曾经长期被解读为孔子的化身和象征物。今天继承和发扬麒麟文化,不能离开孔子后裔。从汉朝开始,历代封建帝王都对孔子进行祭祀,并以极尊崇的封号追赠孔子,孔子实际享有教主的地位。孔子的直系后裔一直主持对孔子的祭祀。孔子家族实际上是中国谱系清楚的世家之一。孔子的思想和主张虽然有其时代的局限,但他毕竟是中国文化的旗帜,在中华民族伟大复兴的进程中,孔子的旗号可以广泛地凝聚共识并为其他国家和民族所知。因此,麒麟舞可考虑与孔家后人尤其是官方承认的衍圣公、祭祀使的嫡传后代联系,争取得到其承认与肯定,若能在官方祭祀孔子的大典上表演麒麟舞,其意义非同寻常;若能取得孔府的同意和认可,可在南方重修孔庙,展览孔府收藏的部分文物,孔庙既可作为读书人祈求升学的场所,其广场可作为民众休闲、娱乐的场合,麒麟舞的表演可在此举行。这些都是扩大麒麟舞和麒麟文化影响的重要途径。

参考文献

[1] 叶春生，罗学光．黄阁麒麟文化［M］．广州：广东高等教育出版社，2002．

[2] 叶春生，罗学光．中国麒麟文化［M］．广州：广东旅游出版社，2004．

[3] 李国豪，张孟闻，朱东润．中国科技史探索［M］．上海古籍出版社，1982．

[4] 张道一．古代建筑雕刻纹·龙凤麒麟［M］．南京：江苏美术出版社，2007．

[5] 於芳．民俗主义视野中的地域文化变迁——以广东麒麟舞为例［D］．广州：中山大学博士论文，2006．

[6] 刘兴东．中国麒麟文化及其信仰研究——以麒麟形象及其现实物象的衍变为论述中心［D］．广州：中山大学博士论文，2006．

[7] 许秀娟．麒麟文化的变迁与中外文化交流的关系［D］．广州：暨南大学硕士论文，2003．

[8] 肖红．"瑞兽"麒麟与民间装饰艺术［J］，河南大学学报（哲学社会科学版），（2）．

[9] 梅显懋．说麒麟［J］．文史知识，1991（4）．

[10] 王永波．试论麒麟崇拜的性质及其渊源［J］．四川文物，1992（5）．

[11] 吴庆洲．春秋至六朝麒麟的演变研究［J］．古建园林艺术，1997（3）．

[12] 姚佩婵．广东省麒麟舞的审美意蕴［J］．舞蹈研究，2007（4）．

（杜玉俭　广州大学广府文化研究中心副教授，博士）

广州地区非遗类传统音乐现状调研报告

潘妍娜

作为广府文化的中心,广州是珠江三角洲文化乃至中西方文化的交汇点,是广府音乐文化重要的发源地与成熟地,独特的地理位置与文化包容性,塑造了独特的广府传统音乐。这些传统音乐形式以其丰富的人文价值、艺术价值和独特的精神价值受到了世界的关注,如粤剧在2009年被评为世界非物质文化遗产,粤曲于2011年被评为国家级非物质文化遗产,岭南古琴在2008年被评为国家级非物质文化遗产,咸水歌于2006年被评为国家级非物质文化遗产,广东音乐2006年被评为国家级非物质文化遗产。当下,广州以打造世界文化名城为目标开展各种现代化、城市化和国际化的建设,在多元化城市背景下,传统音乐以何种方式应对挑战并作出调整,政府非物质文化遗产保护工作与城市经济发展与传统音乐的活态传承之间的关系是什么?带着这一问题,在广州大学广府文化研究基地的资助下,笔者于2012年11月—2013年8月间对广州地区的音乐类非物质文化遗产进行了多次调查。调查中发现,随着城市空间变迁、社会经济的发展、消费方式的改变,原来传统的原生空间不断被打破与重建,城市化、现代化不同程度地影响着这些传统音乐文化的存在、传承与创新,社会对于传统的认同也在这一过程中分化、消解和重建。城市发展的官方话语、文化持有者的生存诉求共同书写了一部传统在当下的故事,传统音乐文化见证着城市的变化,同时面临着新的挑战和机遇。在此,从调研中选取粤剧少儿教育、咸水歌、粤曲茶座和岭南古琴等几个有代表性的案例,以实地调查获得的第一手资料为主,从教育、传承、城市化影响、民间与官方关系等几个方面,分别对广府音乐文化在当代的变迁进行分析。

一、粤剧少儿教育

(一)粤剧的存在现状

粤剧源自南戏,是揉合唱做念打、乐师配乐、戏台服饰、抽象形体等表演艺术，是具有广东地方色彩和岭南文化底蕴的剧种。周恩来总理誉其为"南国红豆"。随着粤籍侨民散居世界各地，粤剧成为海外拥有最多观众和最有影响力的剧种，也是世界上以粤语为母语的人们的情感纽带。2006年5月20日，粤剧入选第一批518项国家级非物质文化遗产名录。2009年9月30日，粤剧获联合国教科文组织肯定，列入人类非物质文化遗产名录。

粤剧"申遗"成功后，其传承与发展迎来新契机，省市政府加以高度重视和大力支持，保护传承人、扶持培养新的传承人，并开展非遗展示和展演活动，举办了精彩纷呈的粤剧文化活动，如"亲情中华·佛山2008国际华人粤剧节"、"羊城国际粤剧节"等，集中展示了近几年粤剧艺术创作与展演的新面貌。

总的来看，相对其他传统戏剧，粤剧有一个相对稳定的、较高收入的演出市场，有热心人士及粤剧"发烧友"的慷慨解囊，有政府基本稳定的经费投入。与其他地方戏曲相比，粤剧的生存状态较好，没有出现北方一些剧团普遍存在的人才流失现象。但随着全球化趋势的加强和现代化进程的加快，艺术形式与传播途径更加多元化，人们在文化需求上有了更多选择。粤剧不再是老百姓娱乐的唯一，虽然未至于偃旗息鼓，却已光辉不再，传统粤剧在审美意识、表演形式、剧情结构等方面与今天年轻一代的欣赏习惯产生越来越明显的距离。同时，缺乏剧本编剧和演员的后备力量也是当下粤剧面临的一大问题，这直接制约了粤剧在当代的传承与创新，粤剧同我国许多传统地方戏剧一样，面临着市场萎缩与无人接班的困境。

（二）粤剧少儿教育的意义及现状

少儿时期是人格、大脑、智力及文化认同培养的最关键时期。陶行知先生指出"凡人生所需要的习惯、倾向、态度多半可以在六岁以前培养成功。在这个时期培养得好，以后只需顺着他继长增高地培养上去，自然就成为社会的优良分子。倘若培养得不好，那么，习惯成了不易改，志向定了不易移，态度决了不易变。"[①]。而从音乐教育的角度来说，少儿时期所接受的音乐教育对于培养其音乐听觉习惯，形成固定的音乐记忆，进而在整个人生中形成固定的音乐文化认同至关重要。在这个阶段让其接受粤剧的学习与熏陶，可以帮助儿童从小认识自己家乡的自然、人文精神和环

---

① 陶行知：《创造乡村幼稚园宣言书》，370页，北京，教育科学出版社，2005。

境，使其真实地感受自己与本土文化之间的密切关联，激发其对本土文化的认同感和自豪感，进而由接触到了解，激发爱家乡的情感及责任感。因此，粤剧少儿教育实践就是粤剧艺术传承的重要途径，是培养未来粤剧演员、观众，也是培养广府文化认同的关键。

当下，广州的粤剧少儿教育主要集中于粤剧之乡荔湾区。广州荔湾西关恩宁路、多宝街一带，历史上为粤剧艺人聚居区，著名的粤剧表演艺术家和优秀演员有千里驹、薛觉先、马师曾、白驹荣、红线女等都在此居住过。保存完好的粤剧历史遗迹八和会馆、銮舆堂见证着粤剧的中兴，超过70家在册登记的曲社和私伙局仍然在活动，当下的荔湾西关无疑是广州粤剧气氛最浓的地方。如果说历史遗迹和私伙局让人感受到的是历史的辉煌与当下的兴盛，那么存在于这一区域的粤剧少儿教育则让人看到了未来的希望。目前西关地区的粤剧少儿教育已渐成规模。例如，光扬幼儿园从幼儿开始进行粤剧文化的熏陶；区少年宫艺术学校以少儿粤剧班为基地，选拔全区优秀粤剧好苗子进行培养；西关培正小学成立粤剧曲艺班；多宝街及华林街开设小红豆粤剧培训班；广雅幼儿园、西关小红豆、粤剧銮兴堂少儿培训班等开设了粤剧兴趣班；广州第十一中学增设了粤剧曲艺教育课程等。其中，多宝街小红豆粤剧学校开设时间最长、影响最大，笔者对其学校历史与办学模式与办学机制进行了调查。

（三）多宝街小红豆粤剧学校

多宝街小红豆粤剧学校成立于1992年，是广东省第一个街道少儿粤剧培训机构，至今已经有21年的历史。小红豆粤剧学校成立初期，由街道负责组织招生，多宝街属下的小学、幼儿园保送班级来到这里免费学习粤剧。一个主课教师、两个伴奏师傅，就组成了小红豆粤剧学校的教师队伍。主课教师官启凤，此前是台山粤剧团的花旦，1981年改行后在街道宣传队工作。1986年街道成立小红豆粤剧学校后，官启凤一直任教至今。学校学生多为居住在附近的孩子，年龄3~9岁。

粤剧学校没有严格意义上的教案，因为教师都有舞台演出经历，故以经验性的口传心授教学方法为主。学生根据学习程度分类，但没有分设教学内容，而是采用"大带小"、"熟带生"、"家长学"的方式统一教学：初学的学生首先要学基本功、学走、学做手，学会之后便是学唱，基本会唱之后将动作和唱功结合起来形成表演。某些简单的剧目如《行花街》，教师教会年龄大些的学生，让年龄较小的学生跟着大的学生学。整个教学过程，家长都参与其中，和孩子一起学，甚至学得比孩子还要认真。课堂教学和练习时间有限，家长一同学习粤剧可以在课余辅导孩子，并陪同孩子一起练习，以增强学习效果。

下表为小红豆的教学模式。

表1 小红豆粤剧学校教学模式

经费	教具	师资
1. 报名费：50元/月/人 2. 街道补贴：800元/月	1. 乐器：扬琴、高胡、木鱼、锣鼓等 2. 道具：音响、麦克风、花枪、花扇、刀剑等	主教1名、伴奏师2名
学生	教案	教学方式
1. 总人数：7～12人（不定时有学生加入；女多男少） 2. 年龄段：3～9岁	1. 经典剧本及官启凤创作剧本 2. 无严格意义上的教案	教师教→家长、学生学→家长和学生课后练习→复课

多宝小红豆粤剧学校的教学模式一定程度上代表了粤剧少儿教育的现状，形成了民间与官方共同办学的长效机制。

小红豆粤剧学校象征性的学费每月50元，与街道补贴的经费一起用于学校购买乐器及道具、伴奏费、茶水费，主教教师官启凤几乎是义务教学。笔者2012年10月首次到小红豆粤剧学校调查，在一条狭窄泥泞的巷子里找到其所在，一栋二层的居民小楼，楼道陡峭狭窄、墙面老化脱落、地板震感强烈，教学设备仅有简单的伴奏乐器粤胡、扬琴、话筒、扩音器、扇子、刀具等。当天来上课的学生一共7人，其中年纪最大的9岁，最小的3岁，大部分是由爷爷奶奶带过来的，但也有两个小男孩是由年轻的父母带来学的。从当天的教学情况来看，简陋的教学环境、有限的学费、不同年龄层次的学生、稍显混乱的教学模式并没有影响课堂的热烈气氛，这一方面让笔者感觉到当下粤剧教育的艰难，但另一方面也感受到粤剧在民间的深厚根基。如已经在小红豆粤剧学校学习了一年的5岁女孩傅颖星年纪虽小，但表演起来却很专业。她的实际戏龄已经不短了，由于奶奶是粤剧迷，平时参加私伙局或看粤剧演出时都会把小颖星带上，久而久之奶奶在唱粤剧时她就会在旁边跟着唱，于是奶奶把她带到了小红豆粤剧学校。在小红豆粤剧学校中，她属于戏感好、有基础的孩子。家庭长辈的爱好，已成为影响孩子们学习粤剧的重要因素，这种影响或是直接的或是间接的（潜移默化的）。年轻的父母则反映了他们对于粤剧的文化认同与文化自觉。笔者对其中一名年轻的母亲做了访谈。

问：您为什么把孩子送来学粤剧？

答：学粤剧可以培养男孩子的胆量，刚来的时候他很害怕打击乐的声音，后来慢慢地不怕了，粤剧里面有一些武术也可以锻炼身体。另外，唱粤剧还可以培养自信，开发智力。

问：现在市面上有各种培训班，也可以开发智力，培养自信和胆量，为什么不选择其他类型而选择粤剧？

答：粤剧是我们广州的传统戏曲，是非物质文化遗产，孩子的爷爷就是粤剧迷。既然要学，就让他学粤剧好了。

从上述调查与访谈中，我们可以总结出粤剧少儿教育得以存在的原因：在小红豆粤剧学校中，教师作为粤剧传承者的责任心，家长对于粤剧的喜爱与文化自觉，是粤剧少儿教育存在的社会基础。尽管学习主体是少儿，但学习行为是由老年—青年—儿童三代共同建构起来的，这已成为粤剧在广州地区民间的深厚根基，形成这种根基的原因既来自老年观众戏迷，又源于年轻一代广府人的文化认同，最终成为下一代孩子延续粤剧的力量。

除了社会力量，官方的作为也向小红豆粤剧学校以及更多的粤剧少儿教育提供了大力的支持。据荔湾区文化局办公室陈主任介绍，政府对粤剧的保护工作主要从三个方面进行：一是扶持私伙局；二是兴建粤剧场馆，免费开放给粤剧爱好者；三是政策上的倾斜，大力支持对青少年的粤剧表演素养的培养。三个方面中，陈主任尤其细述了对培养青少年粤剧表演素养的支持：其一，提供场地，聘请教师。多宝街小红豆粤剧学校现址就是多宝街文化站旧址，教师官启凤为街道办所聘。其二，拨专款补贴，除了每月的800元补贴，自办学以来荔湾区政府、荔湾区委宣传部、荔湾区文化广电新闻局、广州市振兴粤剧基金会等单位都对多宝小红豆粤剧学校给予过资金支持。其三，对学习粤剧的学生实行升学加分政策。荔湾区小学生学习粤剧并获得奖项，可以作为粤剧特长生在升学时享受加分的政策优惠。官方的实际资助为学校的日常运转和良好学习环境提供了物质保障，而政策导向则为粤剧少儿教育营造了良好的激励氛围，与粤剧的民间力量一同构成了粤剧生存、发展的生态环境。

二、城市化与咸水歌

咸水歌是疍家文化的精华,又称为疍歌、蜒歌、蛮歌、咸水叹、白话渔歌、后船歌等,主要流行于珠江三角洲河网交错地带以及沿海(咸水)地区,是沿海以船为家的疍民的一种歌谣,在他们生产、生活中占有十分重要的地位。疍民闲时娱乐和婚丧嫁娶都离不开咸水歌。清人屈大均在《广东新语·诗语》中记载:"疍人亦喜唱歌,婚夕两舟相合,男歌胜则牵女衣过舟也。"可见,咸水歌早在明末清初就很流行。2007年广州咸水歌入选广州市首批、广东省第二批非物质文化遗产名录。广州地区现存咸水歌的地方有番禺的东涌、榄核以及海珠滨江街等地,其中海珠区滨江街的疍民由于自古以来处于城市中心,在城市化进程的影响之下,他们的族群心理与文化认同与别处疍民不同。新中国成立后,疍民上岸政策的实施,当代广州城市建设步伐的加快,以及非遗话语的影响,都对咸水歌的传承与变迁有着重要的影响,笔者试以海珠区的咸水歌为例来加以分析。

(一)海珠区概况

海珠区滨江街位于海珠区的西北部,东南连素社街,西接纺织街,北临珠江,面积约为2.1平方公里[①]。街道内有12个社区委员会,2011年户籍人口60950人,流动人口有14081人。历史上,海珠区不仅是广州市区内的重要水路航道,还是广州市通往珠江三角洲各市、县的重要通道。随着广州经济的高速发展和城市化的进程,广州市商业功能区的建设,海珠区的核心商业区也开始形成规模。研究表明,广州商业功能区的未来演化趋势将以核心三区、天河区东部、海珠区北部为重点。目前的海珠区,地铁与陆路交通发达,滨江路一带已经被建设成为具有岭南特色和异国情调的旅游休闲、观光中心,不远处是琶洲国际会展中心,新的海珠生态城与国际金融城正在规划中,既有都市的繁华热闹,又有乡村的田园景色。以"江、涌、林、园"为特色的江岛生态系统,使海珠区成为最适宜创业发展和生活居住的现代化"生态城区"。

---

① 广州市地方志编纂委员会编:《广州市志·卷二》,487页,广州出版社,1995。

（二）疍民上岸

河涌密布的海珠区向来是疍民的聚居点，也是政府实施疍民上岸政策的主要地点。1954年6月下旬，周恩来总理视察广州，了解水上居民的生活情况后，提出要解决他们上岸定居的问题。1958年初，市人民政府拨出专款在荔湾涌边建成二幢三层的水上居民宿舍（广州市最早的一批）。1964年起，国家先后投资3500万元，建立了全市第一个大规模水上居民新村——滨江东水上居民住宅区。该区用地总面积4.08万平方米，居住用地面积3.48万平方米，公共建筑用地面积6000平方米。翌年7月，建成58幢住宅楼房，建筑面积为7.3万平方米，同时建起许多附属设施，如商店、市场、学校（中学1所、小学4所）、幼儿园（2所）、卫生院等，安置水上居民2800多户11万余人。上岸生活前，疍民以捕鱼和水上运输为主要职业，疍民一家一艇的组织形式，历经千百年而未曾变动。上岸生活后，居住环境变化很大，以前"以艇为家"，现今入住楼房；捕鱼工具"连家船"于20世纪60年代中后期基本消失，变为安装了马达的动力自动化渔船；谋生手段从原先的捕鱼转变为水上运输等，仅有少数疍民以捕鱼为生。上岸之后，这些水上人家大部分被安置在环卫局、海运局、铁路局当搬运工为业，小孩则被安置到小学上学。

（三）被遗忘的咸水歌

咸水歌产生之初与疍民的生活息息相关，其内容都围绕水上生活。他们上岸后，咸水歌因失去了自然生态环境而逐渐式微。更重要的是，对于居住在海珠区滨江街的疍民来说，咸水歌已成为一个不愿提起的词语，这与疍民独特的历史经历和族群心理有关。

明清时期，疍民被视为贱民，"他们缺乏生活之外的富余的自有财产，加之萍踪未定，无法维持扩大的亲属群组织；没有宗祠、族谱，没有形成如陆上汉人宗族般具有内聚力的共同体。"[①] 他们长期被汉人视为蛮夷，明太祖时更被定为"不与齐民齿"[②]的贱民，可见"疍"之卑贱。广东汉人一般对疍民使用"家佬"、"家婆"等侮辱性称呼，并不与疍民通婚，疍民小孩在学校受到"区别对待"。疍民在政治上也受歧视，几乎没有机会参

---

① 蒋炳钊：《疍民的历史来源及其文化遗存》，载《广西民族研究》，1988（4）。
② ［清］顾公燮：《凤阳人乞食之由》，载《消夏闲记摘抄》，4页，上海，商务印务馆，1924。

加政治活动。这些歧视非常普遍，无论城市农村、男女老幼都歧视疍民。①疍民世代从事捕捞业以及水上运输业，不仅要操劳生计，还要忍受压迫和歧视，只好通过歌声来宣泄情绪。

在官方的话语中，疍民上岸被叙述为"疍民告别了世代居住之小艇或水窝棚，欢天喜地迁入新居，有了固定的居所和工作，结束了四海漂泊无定处、终年劳累终年愁的生活"②。但事实上，尽管国家和政府在政策上给了疍民保障，举行了各种扫盲活动，但社会上的歧视一直都存在，而疍民向来以艇为家，上岸后则失去了原来的生活依靠，没有其他技能，面临重新就业的困难；政府分配住房给他们，但没有房屋和产权，而后拆迁也只能搬到别处居住。一直到20世纪80年代末，大部分水上人家都没办法融进岸上的生活，自卑心理和忧患意识长期以来一直困扰着疍民，导致"疍民"这一身份被视作不愿再回忆的痛苦经历。他们隐姓埋名，不愿意提及自己的身世和过往的水上生活，现在滨江街年轻的一代很多不知"疍家"，即使是邻居都不知道谁是疍家人。

因为与疍民的生活经历息息相关，咸水歌已成为疍民身份的象征而不愿被提起，使当下咸水歌的搜集与整理工作较为困难。以下是笔者对滨江街文化站谢棣英站长的访谈：

问：在海珠区搜集的咸水歌多吗？

答：不多，不愿意唱是一个重要的原因，不记得也是一个原因，走十家有一家开门都不错了。而在番禺南沙一带，他们倒乐意给你唱，心境不一样，那边比较穷。水乡居民是有区别的，我们这里的水上居民是城市户口，番禺南沙是农村户口，他们打捞鱼虾是一种自娱自乐的满足；我们这里的水上人，不想回忆那段悲惨的历史，有些人祖辈是水上人，却不告诉家里的儿女。

随着城市改造的推进，滨江东路58栋水上人家的楼房逐渐被拆除，当年聚集在一起的疍家人也分散到广州其他城区。谢棣英对笔者说："现在只剩下四栋楼了，对当年有记忆的老人也都80多岁了。他们不教自己的小孩唱咸水歌，年轻后辈也大多不愿意学。"

2008年，滨江水上居民民俗博物馆建成，博物馆里面陈列了水上居民

---

① 詹坚固：《建国后党和政府解决广东疍民问题述论》，载《当代中国史研究》，2004（6）。

② 饶展雄：《广州地区"疍家"人》，广州市地方志网站：http：//59.41.8.134：8080/was40/detail？record＝4&channelid＝24950

的日常用品,如木桶、葫芦、水烟枪、小艇和水棚等。但很少疍家人来参观,他们都不愿意回顾这段历史。目前,滨江街道每年举行传授咸水歌活动,但没有一个疍家人参加。

(四) 官方对咸水歌的打造

与咸水歌文化主体的选择性"遗忘"相对的是,官方话语对咸水歌的强调。咸水歌是海珠区省级非遗项目和群众文化活动的三大品牌之一。自2007年广州咸水歌入选广州市首批、广东省第二批非物质文化遗产名录后,被疍民遗忘的咸水歌得到了政府"行政化"的重视与组织管理。

正如前文所述,由于疍民不愿提及咸水歌,这使得滨江街咸水歌的挖掘工作困难重重,因此,创作型的"新咸水歌"的出现已成为当下非遗工作的重点。以文化站站长谢棣英和业余音乐人刘学东为主的咸水歌创作组成为挖掘和创作咸水歌的主力。他们到珠三角各地采风,并依照广州咸水歌的韵律创作了《滨江好》、《赞珠江 唱渔歌》、《大搬家》、《富而思进斗志昂》、《珠江河畔景色好》、《清风除浊奏凯歌》等多首"新咸水歌"。歌曲主题为歌颂现代生活、抒发生活感受、廉政建设等。如滨江街新创作的咸水歌《幸福滨江颂升平》:

广州珠江边,係我哋美丽(嘅)家园,

嚟度(嘅)四季花开艳丽,绿树成荫处处见(好呀咧)。

盛世(嘅)滨江颂升平,文明(嘅)社区携手共创建;

盛世(嘅)滨江处处充满欢乐,咸水歌谣唱不尽幸福到永远。

这与疍民抱怨生活艰辛感叹身世的咸水歌已经大为不同,内容具有鲜明的时代性与主流思想性。从音乐方面来看,新创作的咸水歌在保持原有咸水歌风格的基础上添加了岭南艺术特色和现代时尚元素,使咸水歌更容易为大众所接受并传唱。与传统咸水歌相比,现代咸水歌曲调较为欢快,处理更加细腻,并且添加了乐器伴奏。

这类咸水歌在政府的政策主导下被大范围地推广,海珠区先后成立了滨江街咸水歌协会、咸水歌创作组、咸水歌演唱队,由他们来整理、挖掘和创作城市水乡咸水歌。海珠区分别于2008年、2010年成功举办"珠三角咸水歌会"。在政府的打造下,水上居民民俗博物馆于2009年建成开放。除了举办歌会,咸水歌进校园也是非遗工作的重点。新咸水歌的传承主体不再是疍民,而是作为广府文化的一部分在更广泛的范围传播。1986年,第一支咸水歌演唱队伍——滨江街咸水歌演唱队成立;2004年,在长安东小学开辟了"滨江地区青少年咸水歌培训基地";2005年,建立了

"少儿艺术之家";2006年,又成立滨江地区咸水歌研究会;2009年,广州咸水歌被列为广州市第二批非物质文化遗产项目;2012年,大元帅府小学成为咸水歌的传承基地。海珠区政府相关部门表示,将用3～5年的时间,在学校营造人人知晓非物质文化遗产、人人热爱非物质文化遗产、人人学习传承非物质文化遗产的浓厚氛围,建设一批文化底蕴深厚、具有地方特色和时代特征的非物质文化遗产传承示范学校,并在此基础上推广到其他学校。

值得注意的是城市发展的概念化对于咸水歌的影响,随着海珠生态城建设目标的提出,咸水歌作为水乡文化的代表成为了经济建设的文化资源。2012年的第三届歌会将移师海珠生态城"核心区"的海珠湿地,以示生态城建设与海珠文化名区建设同步推进。海珠区文广新局局长吴天军表示,咸水歌会的举办,首要目的在于传承和发展该非遗项目。同时,不断创新的咸水歌也体现着岭南地区改革开放取得的伟人成就和人民的幸福生活。[①] 这说明,在城市发展的基础上,对于疍民来说,象征悲惨经历和耻辱的咸水歌已经成为政府打造文化品牌、发展经济的一种文化资源。

三、粤曲茶座与粤曲传统

(一) 粤曲茶座历史概况

粤曲是用广州方言演唱的曲艺品种,19世纪中后期诞生于珠江三角洲地区,融汇了木鱼歌、龙舟歌、南音和粤讴,后又吸收粤剧腔调,把本地曲艺与戏曲的多种声腔融为一体,是最能体现广府文化特色的文艺品类之一。粤曲茶座是存在于广府地区茶楼内边品茶、边欣赏唱曲的粤曲表演形式,以演唱粤曲为主,也有一定数量的粤剧折子戏演出。

广式传统茶楼向来是粤曲得以发展成熟的重要场所,历史上重要的"师娘"期与"女伶"期的粤曲都生发于广式传统茶楼之内。据资料记载,辛亥革命后,广州西关十五甫正街就开办了广州第一个曲艺茶座——"初一楼",供失明女艺人(俗称"师娘")登台演唱。师娘时期是粤曲成熟阶段的重要时期,这一时期的粤曲演唱从内容到形式都发生了很大变化,因为茶楼曲坛的兴起,使得粤曲有了固定的阵地,在任何气候条件下都能维持正常演出。这也为粤曲吸引听众创造了有利条件,进而促进了粤曲的

---

① 何裕华,海宣:《海珠学生哥传唱咸水歌》,载《羊城晚报》,2012-11-29。

发展与改革,如用小曲作为曲牌填词演唱,对粤剧梆簧的许多板式和唱腔均有所革新。后来,一部分原来演唱外省小调和地方曲艺的歌妓脱离妓籍,转到曲艺队伍中来,形成"女伶"。她们逐渐取代原来唱古老粤曲的失明女艺人("师娘")的地位,并活跃在新兴的茶楼歌坛。民国七年(1918年),校书(歌伎)林燕玉在广州西关"初一楼"客串登台演唱,开了失明艺人和女伶混合演唱之先河。西关人家爱听粤曲,20世纪二三十年代,西关地区的茶楼多开设了曲艺演唱,其中比较有名的是西堤二马路的庆男楼、十三行的大元楼、龙津东的金山楼等。于是,粤曲进入女伶时期,这是粤曲与粤剧历史上的鼎盛时期。1918至1938年的20年里,在茶楼酒馆开设的曲坛据不完全统计有30家,包括文明路的咏觞,桨栏路的添男,西堤二马路的庆南,带河路的顺昌,小市街的茗珍,太平南的大元,宝华路的初一楼,靖远路的新九如,大基头的建南、成珠、三如,一德路的一苑、源源,永汉路的南如、涎香、仙湖、宜珠,西门口的祥珍,光复南路的太如,惠爱路的云来阁、利南、惠如,小东门的乐如,东堤的襟江、澄江、茶校,长堤的大三元、一景、怡香,清平路的正南,等等。①

1956年,广州市文化局资助曲坛添置幕布、灯光、音响等设备,改善演出条件;始于1966年的"文化大革命",使粤曲活动全部停止;1977年起,红荔、国泰等几间曲艺厅经过整修恢复营业。随后,各种新兴文化娱乐事业迅猛发展,传统文化市场受到严重冲击,曲艺演出因听众锐减而无法维持正常演出,再次陷入沉寂;1988年,海珠花园酒家的卢晓辉经理在其酒家的大堂举办曲艺茶座,其他十多家茶楼争相效仿,粤曲茶座再次得以复兴。1991年初,泮溪酒家和广州粤剧团开办"泮溪之夜"粤曲茶座,节目以粤剧名曲、粤曲小调、折子戏为主。一时间广州近80间酒楼都开办了曲艺茶座,最有名者当属陶陶居、莲香楼、南苑酒家。②

(二) 粤剧茶座存在现状调查

在当代多元文化的冲击之下,目前广州地区仅荣华楼、云香楼、爱群大酒店、大同酒家四家设有粤曲茶座,见表二。截至本调查结束,荣华楼于2013年7月8日以管道维修为由关闭,至今没有再营业;云香酒楼也于2013年8月17日继2007年7月后再次关闭曲艺茶座。作为粤曲文化的民

---

① 黎田,谢伟国:《粤曲》,广州,广东人民出版社,2008。
② 张剑屏,曹嘉铭,何洁茵,李静:《广州粤曲茶座生存与发展思考》,载《广东艺术》,2013 (1)。

间根基,粤曲茶座前途堪忧。

表2 广州市开设粤曲茶座的茶楼情况一览

茶楼名称	茶楼历史	粤曲茶座概况
荣华楼	广州现存历史最久的茶楼,创业于光绪二年(1876年)	表演时间:午茶市 表演内容:粤曲、折子戏 表演群体:云峰粤剧团
云香楼	创始于光绪三十年(1904年),素有"西有莲香,东有云香"之美誉	表演时间:午茶市 表演内容:粤曲 表演群体:珠江曲艺团
大同酒家	前身为广州园酒家,于1938年由日本人中泽亲礼等人开设	表演时间:午茶市、夜茶市 表演内容:粤曲 表演群体:珠江曲艺团
爱群大酒店	创业于1937年,由香港爱群人寿保险有限公司投资兴建	表演时间:午茶市、夜茶市 表演内容:粤曲 表演群体:广东省音乐曲艺团等

从地理位置来看,四间粤曲茶座都位于广州历史人文之处。荣华楼所处龙津东路位于广州西关地区,向来是粤剧粤曲的活动中心,这里有着西关一带典型的骑楼、麻石街、西关老屋,是广州市井气息最浓郁的地方。云香楼地处东华东路为广州越秀新河浦历史文化保护区之内,向来为东山显贵居住之处。而爱群大厦与大同酒家所在的沿江路被称为广州的外滩,从清末民初起,沿汀路与长堤一带为广州最繁华的街道,老字号林立,爱群大厦、海珠石、永安堂、中央银行旧址等各式西方典型建筑独具文化底蕴,是广州的标志性景观。如今的长堤大马路坐落着国内首条民间金融街——广州民间金融街,与繁华的北京路商业中心交相辉映。

粤曲茶座中的演出主体为民间曲艺团队或民间粤剧团。如荣华楼的云峰粤剧团成立于1998年,2007年在荣华楼固定演出。荣华楼是广州唯一一间有折子戏看的茶座,即上妆演出。云峰粤剧团共有2支队伍,一支专门在广州荣华楼驻唱,有30多名成员,年龄最大的已经60多岁;另一支由40人组成的队伍就在珠江三角洲作巡回演出。广州珠江曲艺团原名为"广州珠江广播曲艺团",成立于1985年7月,成立之初与广东人民广播电台合办。1991年因该台改制,剧团被分离出来;1992年正式走进茶座,进行专职专业的演出。20年过去了,从一开始的20多人扩大至现在在册的50多人,包括演员、伴奏、DJ、工作人员等。珠江曲艺团走的是自主经营、自负盈亏的道路,在大同酒楼、云香楼、幸福楼、大华酒家等进驻过,现存大同酒楼一处。广东音乐曲艺团是唯一专门从事广东音乐和广东曲艺表演的专业文艺团体,其团员也在茶楼从事兼职驻唱。

粤曲茶座以邻近街坊为主要受众群,以中老年退休人士居多,多为长期捧场的常客。茶座中的观众大多数由拼桌(搭台)而成。观众不排斥拼桌,相反非常乐于与拼桌的曲友交流,甚至因此相识相约同一时间一起欣赏粤曲茶座,互相帮对方占座,体现出广州浓厚的人情味。观众中也有一小部分游客和年轻人,但仅是昙花一现,图个新鲜,受众群体还是以老年人为主,这也是粤曲茶座存数稀少的原因。

茶座中的演唱曲目以传统题材为主,如《柳毅传书》、《胡不归》、《哭坟》、《贵妃醉酒》、《醉打金枝》等,同时辅之以近年来新创作的曲目,如《雏凤新星颂伟人》等。另外,为了更好地迎合观众的口味,曲艺团偶尔也会派出演员演唱一些耳熟能详的流行曲,如《万水千山总是情》等。

(三) 粤曲茶座的存在机制与困境分析

粤曲茶座向来为粤曲的文化根基所在,它体现了粤曲传统独特的地域文化与生活价值,一位听曲的广州街坊说:

听了20年都有啦我,听着很久了。我不会唱而已。有感情,一天不来我不舒服的,在家都不舒服。我不是喜欢喝茶,我喜欢消磨时间、听听歌,人就心情好、开心点。因为这里有很多人陪我聊天,唱戏的也来陪我聊天,开开玩笑,就不孤独了。

这位街坊代表了大部分粤曲茶座观众的心情,反映了粤曲在老年观众的生活中所扮演的重要角色。他们退休在家,生活单调而无聊,几十年来,每天到茶座中听粤曲成为了他们生活中重要的活动,因为茶座中不仅有粤曲,而且有很多相同情况的老年人,以及热情的演员们,他们既可消磨时间又可享受粤曲。

粤曲演员伍艺嫦说:大舞台上唱粤曲穿着晚装,和观众的距离比较远,而茶座和观众比较贴近。唱歌之余有些交流,有些感情交流。

需要注意的是演员与观众之间的这种"感情"是基于"利是",也就是所谓的"感情利是",这是粤曲茶座中看似平常却又微妙的现象,也是粤曲茶座存在的独特行情。茶座中的演员没有工资,其收入靠的是观众打赏的"利是",由此形成了演员与观众的特殊关系。这一涉及到钱的行为并未不自然,相反,一切都以"喜爱粤曲"和"感情"为纽带,因此歌唱演员在台下特别重视与观众的交流。歌唱演员既为观众演唱,也会为观众倒茶招呼,一方面照应了常客,另一方面也可以吸引新的客源。观众"利是"的赏钱多少则是根据对歌唱演员的喜爱程度以及歌唱演员的演唱水平而定,少至10元、20元,多则50元、100元,甚至更多,一般放在利是封里,在演员表演时或表演后奉上,也有部分观众希望以此显示自己的大方慷慨,直接把赏钱交到演员手中。此外,每逢过年佳节,歌唱演员会私下赠送观众月饼票和邮票,有部分观众反映,这一方式不仅可以拉拢观众,也是演员希望观众打赏"利是"的一种特殊表达。观众若收了歌唱演员的月饼票或邮票,日后不打赏演员"利是"便会觉得有所亏欠而不好意思。良好的人际关系与演唱水平是一名演员生存的根本要素,而对于老年人来说,在这里他们能获得情感的交流和听觉享受,因此,"感情利是"是粤曲茶座得以运行的根本原因。

另一方面,我们在分析粤曲茶座今日衰落的原因时会发现,这一存在于"感情利是"之上的生存原因同时又限制了粤曲茶座的发展。"感情利是"不是基于商业的运作而是基于情感文化,这使得粤曲茶座成为一个熟人的交际场所,因而带有局限性和封闭性,即外来人很难进入。笔者去茶座调查时就发现,作为一个初次到茶楼的年轻观众,在老年观众中是很容易被识别且显得奇特的,因此,当演员唱完后下台招呼客人的时候完全忽视了笔者,演员心目中清楚地知道,笔者不可能是长期观众。此外,以受众审美为标准的粤曲艺术的传统性也使这一艺术形式难以为更多人群欣赏,从而失去发展的动力。这在受众群老龄化和缩水的今天,粤曲茶座缺少新的生存空间,并由此陷入困境。

四、岭南古琴传承现状调查

(一)岭南古琴历史概况

古琴流派的形成主要跟地域有关。早在秦代,中原琴艺已传入岭南,至汉代逐渐在广州兴起,此后就出现了南北朝时期的侯安都,五代十国时期的陈用拙。在岭南地区，古琴文化随着南宋中原移民的到来，其后数百年间，广东琴学尤为昌盛，逐渐形成独树一帜的"岭南琴派"。历代琴人辈出，如明代的陈白沙、邝露、陈子壮、陈子升等。清代道光年间，广东新会琴人黄景星将其父《古冈遗谱》手抄本（据说是抄自陈白沙先生的手本）中30余曲以及乃师何洛书传授的10余曲，考订辑成具有岭南特色的《悟雪山房琴谱》。《悟雪山房琴谱》所收录的《古冈遗谱》，是南宋移驻新会崖山时王室官员留下的中原文化琴曲，其中的《碧涧流泉》、《渔樵问答》、《怀古》、《鸥鹭忘机》、《玉树临风》、《双鹤听泉》、《神化引》、《平沙落雁》、《乌夜啼》等，经过数百年的演绎，融入岭南民间琴技，成为极具岭南特色的传统名曲。至此岭南琴派开始形成且声名渐显，随后云志高、何洛书、郑健侯等众多有影响的琴人相继而出，现当代代表人物则有杨新伦、谢导秀等。

岭南琴派珍藏了不少有名的古琴乐器。其中有被誉为岭南四大名琴的唐琴"绿绮台"、"春雷"、"秋波"、"天蠁"，此外还有"都梁"、"松雪"、"振玉"、"水仙"、"韵馨"、"松风"、"中和"、"谷响"、"流泉"、"蕙兰"等名琴，其形制、结构均保留了中国古琴的传统特色。

古琴琴曲的标题性，音乐结构的带腔性，节奏上的非均分性，演奏上清、微、淡、远的意境，构成了岭南琴派艺术的基本特征。打谱则是岭南派古琴音乐传承中极具创新精神的技艺，充分体现了琴人在处理口传与"依谱寻声"、流派传统与琴人个性、音乐的整体与技术细节等关系方面的经验和智慧。岭南琴派的演奏手法与其他流派相比也有很大区别，具有古朴、刚健、爽朗、明快的特点。

历史上，岭南古琴艺术曾几经兴衰。近百年来，由于战乱和社会变迁，特别是古琴本身难学、难传承、难遇知音等原因，使岭南古琴音乐又一度濒于绝境。1980年，在广东省音乐家协会的支持下，杨新伦、莫尚德、谢导秀等共同倡导成立了广东古琴研究会，古老的艺术才又有了复兴的迹象。作为中华民族尤其是岭南地域人文历史和文化多样化的见证，岭南古琴艺术具有宝贵的文化价值，于2008年入选第二批国家级非物质文化遗产名录。

（二）岭南琴学论著

古琴艺术流派的区别主要跟地方传承的曲目有关。岭南琴派收集、编辑和保存了一批珍贵的古典琴谱和琴学论著，主要有：

（1）云志高的《蓼怀堂琴谱》。一种琴曲谱集，专以琴曲为主，清代云志高辑，康熙二十五年（1686年）刊，首页载陈恭尹序及自序；次页参订姓氏、目录、字母源流；第三页为琴谱正文，共三十三操。所收的琴曲正如其自序所云，以收集古谱为主，旁及当时各家流行诸曲，盖志高中年历游至广，自粤闽而燕吴，见闻繁博，对粤古琴谱的收集、保存作出了积极的贡献。

（2）黄景星的《悟雪山房琴谱》。一种琴曲谱集，专以琴曲为主，清道光十六年（1836年）原刊本，卷首有道光八年（1828年）赵古农序、道光十五年（1835年）自序及道光十六年（1836年）何耀琨序。此外，有道光二十二年（1842年）重刊本和光绪十三年（1887年）李宝光重刊本，后者增有杨锡泉序。

（3）何斌襄的《琴学汇成》（1869年）。一种琴论集，何襄斌撰，清同治八年（1869年）成书。正文包括琴体结构、琴室设备、上弦调弦、左右指法、琴律琴调、弹琴宜忌、历代琴人、琴谱琴曲和琴式琴名等。原稿本杨新伦先生于1979年送民族音乐研究所藏。

（4）容庆端、林芝仙的《琴瑟合谱》。一种琴瑟谱集，容庆瑞、林芝仙合编，同治九年（1870年）刊本。其记琴用减字谱。

（5）朱启连《鄂公祠说琴》。琴曲谱集，光绪二十四年（1898年）原稿本。有琴律浅说、琴律余说、旋宫相生音律图表、十二萧律表及琴谱校正古怨、代徵招两曲，共四卷。①

（三）岭南古琴传承现状

在当下，随着岭南古琴申报非物质文化遗产成功，在文化部和省、市文化部门的高度重视和精心指导下，在区委、区政府的关心支持下，海珠区文化局专门制订了"岭南古琴保护五年计划"，计划为岭南古琴建立专门的数据库，同时征集现存古琴，并制定和实施岭南古琴传承人的政府认证和保护措施。而古琴的文化主体也积极地对这一艺术进行着传承、推广与创新。以国家级传承人谢导秀及其弟子谢东笑为代表的一批琴人在推广和传承岭南古琴方面进行了一系列的工作。谢导秀1963年毕业于广州音乐专科学校民乐系古琴专业，师承岭南琴派一代宗师杨新伦。谢东笑现为广东古琴研究会副会长，非物质文化遗产项目古琴艺术（岭南派）广东省级代表性传承人，广州市岭南古琴艺术研究所负责人。

---

① 广东文化网 http://www.gdwh.com.cn/mjzt/2010/0326/article_598_2.html

1. 传承

30多年来,谢导秀致力于岭南派古琴艺术的研究和教学工作,重新记录整理和打谱《古冈遗谱》琴曲,在家设坛传授岭南琴学,曾先后赴北京、成都、苏州、镇江及香港等地演出交流,所演奏琴曲多次在中央电台、中央电视台、广东电台、广东电视台、无锡电台等媒体播出。

2004年谢东笑先生在星海音乐学院开设古琴选修课,星海音乐学院继续教育学院开设古琴专业课。2005年9月,由谢导秀执教的中山大学哲学系古琴班开课,学员有系主任罗筠筠教授、冯焕珍副教授等10多人,岭南古琴首次进入普通高校。2010年海珠区非遗保护中心在市文广新局、市非遗保护中心、区文广新局、区教育局等有关部门的指导协助下,在海珠区昌岗东路小学设立"古琴艺术(岭南派)传习基地",并与教育局共同制定了传承长效机制,开展面向校内师生的"非遗进校园"古琴传承活动。活动制定了详细的方案、课程教材,邀请谢东笑先生担任该校古琴教师。目前,昌岗东路小学已开办两届古琴传承班,定期学习古琴的教师10人、学生近40人。

在致力于古琴的教学研究之余,谢导秀还很重视岭南古琴文化的社会传播与发展。他平时带领学生举办古琴专场音乐会,让更多的人关注古琴艺术;坚持每月组织一次古琴雅集,为有兴趣学习古琴的人提供一个集体交流的平台;每年清明时节组织琴人登山拜祭岭南琴派一代宗师杨新伦,风雨不改,从未间断。2012年4月,海珠区非物质文化遗产保护中心正式开办古琴艺术基础培训班,培训班教学场所设在古色古香的海珠区古琴艺术馆。艺术馆占地180平方米,集展览、传习、演艺等功能于一体,学员在其中既可以参观古琴琴谱等资料及历史文物,又可以现场体验古琴弹奏的神韵。艺术馆中还设有16套古琴专供学习传承用。目前,古琴艺术基础培训班面向海珠区文化系统免费开放,邀请古琴艺术代表性传承人谢东笑先生担任教师,每周三下午现场教学。此外,谢东笑先生于2007年创办的七木琴社,是当下岭南古琴社会传承的主要载体与组织,表三为七木琴社的社会教学模式。

表3　七木琴社社会传承教学模式

阶段	第一阶梯 《琴学入门课程》	第二阶梯 《琴学进阶课程》	第三阶梯 《琴学初级课程》
教学目标	通过教学为零基础的古琴艺术爱好者打好扎实的古琴弹奏基础，熟悉琴谱的读法，培养学员的自习能力，习弹入门琴曲《仙翁操》	通过"以曲带功"的教学方式，为修毕入门课程的学员巩固之前的古琴弹奏基础，适量增加一些有难度的指法，引领学员逐渐掌握一些古琴小曲的弹法	通过教学提高学员的古琴弹奏水平，练习调弦法，掌握具有一定难度的初级琴曲弹法，提升学员的自习能力
教学内容	1. 琴学基础知识 2. 减字谱读法 3. 基础指法练习 4. 《仙翁操》	1. 《秋风词》 2. 《送别》 3. 《沧海一声笑》 4. 《双鹤听泉》	1. 《良宵引》 2. 《阳关三叠》 3. 《酒狂》
课时	45分钟/课，每周2课、6周共9小时	45分钟/课，每周2课、6周共9小时	45分钟/课，每周2课、6周共9小时
学费	100元/课，每期共600元/人	120元/课，每期共720元/人	150元/课，每期共900元/人
人数	2至3人	2至3人	2至3人

2. 创新

传统的生命力来自创新，当下岭南古琴坚守传统的通俗，在编创新曲、传播古琴文化等方面屡有建树。谢东笑在这方面进行了很多尝试。创作的代表曲目有《弹琴》、《动·静》、《莲花》、《莲心》，弦歌《菩提本无树》、《论德》、《关雎》、《古埠听涛》，改编曲目《沧海一声笑》、《天堂》、《葬花吟》、《历史的天空》，打谱曲《雁度衡阳》、《溪山秋月》、《离骚》、《南风畅》等。

谢东笑在2006年录制古琴音乐CD《第一元素Ⅲ·古琴》和2007年录制古琴音乐CD《离骚》时就尝试将当下的流行歌曲和影视歌曲进行改编，如将腾格尔的《天堂》，电视剧《红楼梦》中的《枉凝眉》，电影《笑傲江湖》中的《沧海一声笑》，流行歌曲《哭砂》、《祈祷》等，有些还加了女声吟唱。古朴的乐器与现代的旋律、流行的配器奇特结合，在众多古琴专辑中独树一帜，给人耳目一新之感。

3. 济世

除了传承与创新，积极投身于社会公益事业也是岭南古琴的特色。古琴传承人谢东笑一直致力于研究古琴在音乐治疗方面的作用，并身体力行。2008年"5·12"汶川地震后，由星海音乐学院和广州中医药大学的教师和学生组成了"音乐爱心家园"团队，作为主要组织者之一，谢东笑携琴前往四川都江堰、映秀镇、汶川县志愿做音乐治疗工作。其间，他运用自己创作的曲目《弹琴》、《菩提本无树》、《莲心》等，以古琴现场演奏的方式，为灾区群众、医务人员、教师及志愿者做音乐治疗，收到了非常好的效果。

结语

城市化是一把双刃剑，一方面打破了民间音乐的原生空间，造成生存空间的消逝与变迁，给传统音乐文化带来了危机；另一方面，它给予了传统创新的动力与机遇，如非物质文化遗产概念的影响，官方政策的倾斜与引导，商业化、市场化的进入，全球化快速文化的流动。在这个过程中，民间音乐文化主体有着自己的适应机制，他们或选择遗忘（如咸水歌），或坚持维护自己的传统（如粤曲茶座），或通过教育传播来扩大自己的生存空间（如粤剧和古琴），文化主体对于其音乐文化认知的变迁，直接影响民间音乐活动方式及传承者们的行为方式，并最终形成富有特色的传承文化，书写了传统在当代的多个侧面。

与我们一贯认知的传统文化与城市化的对立来看，在具体的调查中我们更多看到的是在城市化过程中传统音乐文化所具有的不可替代的作用：一方面传统音乐作为独特的历史人文资源，是城市化建设中的文化精神支持与基础；另一方面也体现为传统文化在全球化交往中成为吸引外资、繁荣经济、打造地方文化名片的文化资本，如海珠区政府在海珠生态城建设理念中对于咸水歌的打造。因此我们可以肯定传统与现代化城市并非是对抗的，而是具有双赢的可能性，但需要注意的是以下两个方面在具体的音乐非遗保护工作中将非常重要：

（一）民间与官方的积极对话——非物质文化遗产保护与资源整合

民间与官方是非物质文化遗产保护中的一对重要关系，可以说非物质文化遗产保护就是一场官方与民间的对话。民间包括非遗的文化主体、社会保护力量等，这是传统文化的生态基础，是非遗的传承与维护主体，随着现代化进程的加剧与非遗概念的影响，社会上的文化自觉与责任意识愈加强烈，这为非遗的保护传承提供了重要的社会空间与力量。但民间力量具有分散性和单一性，官方的行政力量无疑使得对于民间音乐的保护更为集中与有效。同时官方的介入也为民间音乐的变迁提供了多种可能性，直接影响这些音乐类型在当下的变迁：一方面，随着非物质文化遗产保护政策和法规的深入人心，政府更加意识到传统文化作为城市的精神之源，在加强和构建地区文化身份及认同的重要意义，为此投入了大量的财力、人力和物力，以促进传统音乐文化的创新与发展。例如上文所述的荔湾区对于粤剧少儿教育在经费、场地、奖励上的支持，海珠区对于咸水歌、岭南古琴在传承方面的投入与支持。另一方面，官方主导下民间文化主体的话语缺失也是不可忽视的问题，如海珠区咸水歌由官方主导所创作的《新咸水歌》中疍民文化主体的集体失语，让我们不得不思考这种保护和传承的对象到底是"谁的咸水歌"，尽管这一现象有着其不可避免的原因（疍民自身不愿传承），但也同样折射出官方与民间对话的不平等，促使我们思考保护传统的立场与目的，从而对我们的保护方法与政策提出反思与调整。以海珠区的咸水歌为例，如何培养当代疍民的文化认同感，整合民间与官方的力量，培养文化主体的传承责任意识，从而承担其文化传承的责任，将是当下咸水歌活态保护的重点，也是发展当代海珠生态城水乡文化的根本。

（二）从文化形式的保护到文化空间的保护

1998年11月公布的《人类口头和非物质遗产代表作条例》规定，非物质文化遗产包括两大种类：文化表现形式和文化空间的形式。"文化空间"或曰"文化场所"（Culture Place），《人类口头及非物质文化遗产代表作宣言》将文化空间定义为定期举行传统文化活动或集中展现传统文化表现形式的场所，兼具空间性和时间性。文化空间最重要的特征就是某种自然或者某种存在被抽象化进而符号化，同时这种符号化的存在被赋予了某种固定的意义，使得物的存在状态由"物理的"存在向"人文的"存在转换。[1]

---

[1] 李玉臻：《非物质文化遗产视角下的文化空间研究》，载《学术论坛》，2008（9）。

提出文化空间保护概念的意义在于：其内涵与"文化表现形式"不同，是一种整体性、活态性、综合性的保护。在我国民间音乐文化保护的实际工作中，一直以来多表现为资助民间音乐传承人开展传承活动，举办培训班，在学校中开展传统音乐教育等，这多限于对艺术形式的传承与保护，较少从文化生态学整体观的视角对其生态环境现状给予关注与研究，即从文化空间的角度进行整体的活态性保护。其导致的结果是，一边是大量的投入与关注，一边是生态环境的恶化与萎缩。粤曲茶座的现状一定程度地反映了这个问题。粤曲源于珠江三角洲，广式传统茶楼是其得以发展成熟的重要场所，"一盅两件，伴以粤曲"，这就是最典型的老广州人的生活方式，也是广府休闲文化和亲情文化的体现。作为粤曲的根基与活态环境，这一形式具有不可替代性。在城市化现代化的冲击下，粤曲茶座面临消亡的困境，生态环境的恶化必然影响到粤曲在当代的传承，因此，对这一文化空间的抢救、保护及探索新的发展路径就非常必要。遗憾的是，一直以来，粤曲的非遗工作对这一问题关注较少，如何将这一文化空间进行保留并进行再生产，从整体性、活态性、综合性角度探索粤曲在当代的保护路径，对于粤曲传统的传承与创新都非常重要。

总的来说，城市化建设不应该是无水之源、无木之本，尤其当下的广州以打造世界文化名城为目标。广府地区传统音乐作为广府文化的一种，与人们的生活息息相关又有其独特性，作为人们精神生活的重要载体，其承载着族群的记忆，其变迁也最能够反映社会认知的改变。因此，保护广府传统音乐文化，既是对广府文化的传承与延续，也是对当代广州人城市文化认同感的培育，是为当下广州打造世界文化名城提供情感支持和规划目标的关键。在城市不断前行的过程中，如何保护民间音乐文化，使其在保留民间文化属性基础上进行生产性改造和活态性改变，将是一个永久的课题。

（潘妍娜　广州大学音乐舞蹈学院讲师，博士）

东莞地区民间音乐田野调查报告

李 萍

一、对调查对象的相关说明

(一) 广府文化为主体的东莞市

东莞市位于广东省东南部,是东江和广州水道出海咽喉,号称广州的南大门。东莞北临广州,西与番禺隔海相望,位于广州与深圳之间。东莞市面积为2465平方公里,辖33个镇、区。东莞是汉族聚居区,汉族人口占总人口的99%以上,其他民族均因工作、婚嫁等原因而迁入。

东莞是以广府文化为主、客家文化为辅的地级市。从语言分布的情况来看,东莞市境内流行粤方言和客家方言。粤语区面积、人口均占全市的绝大部分:在33个区镇中,纯粤语镇有石龙、长安、沙田、洪梅、道滘、麻涌、新湾、万江、中堂、望牛墩、石碣、高埗、大朗、寮步、茶山、企石、石排、常平、横沥、东坑、桥头等21个。有客方言的12个区镇的情况是:莞城、附城、篁村、厚街、虎门、大岭山、塘厦、黄江、谢岗等9个区镇大部分甚至绝大部分也是讲粤方言(如莞城区就只有一个300多人的罗沙上岭村讲客家话);清溪、凤岗两镇大部分讲客家方言;全市仅樟木头是纯客镇。① 从东莞人自身文化身份认同的情况来看,广府文化的生活方式、语言习惯、民间风俗也在东莞地区占据优势。随着改革开放以来东莞地区企业的迅猛发展,各地务工人员涌入东莞,外来人口的急剧增长让东莞的文化结构变得复杂而多元。东莞的居住人口不仅包括祖辈都生活在此地的本地人、本省外地人,还包括广东省外的外地人。这三类人群中,本地人与大部分本省外地人都讲东莞本地话、喜食粤菜,保持着喝汤、吃粥、喝凉茶的饮食方式,具有典型的广府文化属性。② 上述本地人中还有一部分是疍民后代。新中国成立后,东莞大部分疍民已逐步上岸定

---

① 东莞市人民政府地方志办公室:《东莞市志》,广州,广东人民出版社,2012。
② 于鹏杰:《城市化过程中的族群与认同——以东莞族群研究为例》,载《经济研究导刊》,2011(3)。

居，逐步适应了岸上的生活，不再从事渔业，他们也是广府文化生态群的一部分。至于外省籍人群，由于来源庞杂、流动性强，则不在本文的探讨范围。

东莞地区的民间音乐类型主要也是由以广府文化为特征以及客家文化为特征的音乐类型组成。其中广府音乐种类繁多、受众面大，如粤剧、木偶戏、咸水歌、木鱼歌等，客家音乐仅以部分地区的客家山歌为代表。

（二）东莞非物质文化遗产中的音乐事项

笔者摘录东莞市非物质文化网站所编录的遗产名录内容以概述东莞民间音乐状况的见证[①]。

1. 过洋乐

过洋乐是东莞丧葬礼仪中常用的送殡曲，主要流传于城区片、沿海片、水乡片、埔田片、丘陵片等白话地区。乐曲高亢，演奏时雄壮响亮，并不悲哀低沉。乐器以管笛（即唢呐）、铙钹、单鼓、文锣为主要乐器，人数一般为5～6人，也有只用2人的。过洋乐既有岭南乐曲风格，也有外来音乐元素的融入并在民间流行。

2. 客家山歌

客家山歌是客家人的口头文学，是我国民歌体裁中山歌类的一种，主要流行于东莞市山区片客家人聚居地。（客家山歌不属于广府文化的范畴，故在本文中不作探讨。）

3. 咸水歌

咸水歌是疍家的歌曲，又称疍歌、蜒歌、蛮歌、咸水叹、白话渔歌、后船歌等。疍民生活在海边咸水之中，所唱之歌，被人们称之为"咸水歌"。咸水歌主要分布于东莞市沿海片一带，集中于沙田镇。咸水歌没有固定的歌谱，仅有唱词流传，有一基本旋律框架。咸水歌由东莞市沙田镇文化广播电视服务中心成功申报为广东省第二批省级非物质文化遗产名录。

4. 粤剧

粤剧俗称大戏，或称广东大戏。东莞素有"粤剧之乡"的美誉，粤剧深受广大人民群众的喜爱。历史上曾出现过楚岫云、陈天纵、陈笑风、陈小茶等誉满梨园的著名粤剧表演艺术家。逢年过节，东莞做大戏、唱粤剧，已成

---

① 以下内容摘自东莞市非物质文化遗产网站：http：//121.10.6.203/

为不可缺少的传统庆贺方式。观演粤剧是东莞民众日常生活中不可缺少的娱乐方式，遍布民间的"私伙局"是业余粤剧社团的主要组织形式。

5. 木偶戏

木偶艺术是由演员操纵木偶以表演故事的戏剧。东莞木偶戏主要分布在东莞市的大朗镇和莞城周边村镇，以大朗镇巷头村的木偶剧团历史最悠久。木偶戏的演出，只需一小块空地就可以搭台演出。在时间上，一年四季都有演出，元宵、年例和喜庆节日更是演出木偶戏的最佳时节。表演时后台由3~4人操纵木偶，每人操纵1~2尊，后面伴唱、伴乐者9~12人。木偶戏内容丰富多彩，有历代积累的传统戏和根据古典名著改编的神话剧，如《六国大封相》、《八仙贺寿》、《天姬大送子》、《樊梨花招亲》、《三英战吕布》、《赵子龙拦江截阿斗》、《孙悟空三打白骨精》等等。

6. 粤曲

东莞由于长期以来的商贸来往和文化交流，受到了广州等地区浓厚的粤剧曲艺的影响，粤曲在东莞发展得非常蓬勃。东莞人不仅爱看爱听，还会弹唱编演，无论是在祠堂里、凉棚中或是码头边，都可以听到悠扬动听的粤曲之声。东莞道滘镇和麻涌镇被广东省文化厅命名为"广东省民族民间艺术（粤剧、曲艺）之乡"，同年11月，被中国曲艺家协会授予"中国曲艺之乡"称号；2005年5月道滘镇被文化部社会文化图书司授予"中国民间艺术之乡"。此间，道滘镇成立了"青少年粤曲培育中心"和粤曲创作基地，以推动东莞粤曲艺术的发展。

7. 木鱼歌

木鱼歌，属弹词类曲种，唱时多用三弦伴奏。木鱼书多由盲人演唱，故俗称为"盲佬歌"。东莞木鱼歌，主要流行于除了山区片以外的城区片、水乡片、沿海片、浦田片、丘陵片等乡村。东莞木鱼歌唱法有两种，一是读歌，二是雅唱。读歌其实也是唱：有高有低，有拖腔，但节奏较快，不如雅唱的曼节长声、亢坠徐疾、婉转低回。东莞人唱木鱼书，多为读唱，尤其是唱长篇；职业艺人，必用雅唱，而演唱者都是盲人，即所谓瞽师，唱之必用三弦伴奏。东莞木鱼歌，用纯东莞话演唱。东莞木鱼歌由东莞市东坑镇文化广播电视服务中心申报为广东省第三批省级非物质文化遗产名录、国家第三批非物质遗产名录。东莞木鱼歌大部分文学色彩很浓，遣词造句清新秀逸，对仗工整，平仄押韵，显然经过文人加工。《花笺记》、《二荷花史》、《金锁鸳鸯》、《雁翎媒》四本木鱼书成为广东四大名作，在东莞广泛流传。

8. 龙舟说唱

龙舟说唱,又称"唱龙舟",或简称"龙舟",是流行于广东珠江三角洲地区的一种曲艺形式。它与南音、木鱼书一起,广泛流行。由于它只需简单的小锣小鼓,一个人可以边打边唱,一些失明艺人,多以此为谋生手段。过去,一些被称为"龙舟佬"的卖唱艺人,胸前挂着小鼓和小锣,边唱边敲,沿街卖唱。龙舟说唱主要分布在东莞市的城区片及水乡片地区。

9. 老人歌

老人歌即是老人去世之后,后人为其送葬时所唱的歌,属于丧葬仪式的一个组成部分。主要由以唱哭歌为业的女子演唱。老人歌广泛流行于东莞市白话地区的广大城乡。旧时东莞地区基本以土葬为主。老人歌以说唱形式进行,主要为唱,其歌词形象生动,曲调感情充沛,时而高亢短促时而悲伤悠长。老人歌唱词中蕴含着一些方言俚语和民间典故,极具地域特色和特点,曲调与粤曲一脉相承。

10. 哭嫁歌

所谓哭嫁是指女性在出嫁的时候唱哭嫁歌以哭别亲人,是流传于东莞地区的一种民间习俗。哭嫁歌又名出嫁歌,是用东莞白话方言演唱,曾广泛流传于东莞各镇区,以大朗镇的哭嫁歌最具代表性。哭嫁歌起源于明朝末期,清朝盛行,当时,大朗每个村落都建有一个叫"妹间"的地方供少女学习,"妹间"的老师由村里有丰富经验、精通人情世故的老妇人担任,主要是给少女教授婚嫁礼仪、三从四德、哭嫁等方面的知识。哭嫁歌歌曲有固定的旋律,皆用大朗本地方言唱演,歌词随演唱的内容自由变动,新娘可以按照曲调自行编唱歌词。随着时尚婚礼形式的冲击,"妹间"逐渐消失,哭嫁歌也逐渐被遗忘。特别是随着当地经济社会的迅速发展,"哭嫁"在当地已不复存在,而会演唱哭嫁歌的人,更是寥寥无几。

(三) 本课题田野调查对象的选择

鉴于本课题的研究对象及其特征,笔者对东莞民间音乐田野调查的个案选择有以下几点依据:

(1) 选择以广府文化为核心的音乐事项。本课题是围绕广府文化研究而作的子课题,所以笔者调查的对象即是以广府文化为核心的音乐事项,涉及粤剧、粤曲、木偶戏、咸水歌、木鱼歌等音乐种类,而以客家文化为代表的客家山歌不在此列。

(2) 选择在当地社会及历史中具有深远意义的音乐事项。东莞地区历史悠久，具有典型的广府文化特征。但同时，由于东莞经济发达、流动人口较多，也造成其文化多元并存的情况。本课题主要研究的对象是那些具有一定的历史内涵以及产生深远社会意义的音乐项目，对于这些音乐事项中的纵向传承问题将给予更多的关注。所以，对于跨文化、移民文化、现代化等音乐议题尚不涉及。

（3）选择现存状态完整，并在当地人们生活中具有重要意义的音乐事项。东莞一些曾经具有深远历史及社会意义的音乐事项在经历了时代变迁之后，已逐渐淡出历史舞台。笔者将对现存状态完整，并且在当代人们生活中仍然扮演着重要角色的音乐类型进行调查，试图探究活态音乐事项中的内涵与意义。

（4）选择音乐作品（或曲目）丰富，具有地域性风格的音乐事项。音乐风格的独特性以及代表性也是笔者考虑的方面。笔者将选取那些音乐性强、曲目丰富、具有东莞地域性风格的音乐个案进行调查，以期今后进一步归纳和总结东莞当地的音乐文化特征。

基于以上几点考虑，笔者选取东坑镇的木鱼歌、东莞疍民主要聚居地沙田地区的咸水歌，以及被誉为"中国曲艺之乡"的道滘镇粤剧社团作为调查对象。

二、东坑木鱼歌

（一）木鱼歌简述

木鱼歌，又称"摸鱼歌"、"沐浴歌"，是流行于广东省珠江三角洲、西江和南路一带的一种说唱形式，东莞是广府文化圈内木鱼歌流行的中心地域之一。木鱼歌唱时多用三弦伴奏，旧时木鱼歌多由盲人所唱，故民间又俗称"盲佬歌"。木鱼歌的题材广泛，涉及历史故事、民间传说、神话故事、市井俚语传奇等内容。

东莞市东坑镇木鱼歌用东坑方言演唱、口语性强，东坑方言与广州方言略有不同，显出极强的地域性特征。东坑木鱼歌常用唱腔为妇女腔和盲公腔两类：妇女腔是流传于一般妇女中的唱腔，其内容主要为教化妇女识字、遵守妇德、知礼守德的故事内容。妇女腔行腔押韵，一般以四个七字句为一个单元，依字行腔，音域较窄。民间妇女唱木鱼歌多没乐器伴奏，除了有的用木鱼、两片竹板击拍伴奏，更多只是随口清唱。盲公腔则由卖艺的盲人演唱，腔调富于变化。木鱼歌的演唱者无须化妆，手持一把三弦即可演唱。

(二) 木鱼歌的文学性与音乐性

木鱼歌有很高的文学、历史、民俗和音乐研究价值。郑振铎将木鱼书（即木鱼歌文本）归为弹词类文学作品，并且十分强调木鱼书将方言融入其中所带来的特殊风格。他指出："广东的木鱼书，则每多砸入广东的土语方言。"①

的确，东坑木鱼歌的演唱与其地方方言特征密不可分，木鱼歌以起承转合的四句七言为主体旋律格局，循环反复，依字行腔。木鱼歌曲调简洁、上口，易于传诵，其音乐性与文学性的结合体现了我国传统音乐"词乐相合"的悠久历史传统。

(三) 木鱼歌在东坑镇的传承现状

笔者于2012年11月5日至东莞东坑镇进行实地调查，采访了当地木鱼歌的传承人李仲球及当地木鱼歌传习所的负责人。李仲球，1944年出生，东坑中学退休教师。学习木鱼歌始于1950年左右，跟随其奶奶学唱。1950年左右，东坑地区木鱼歌还在老年妇女生活中传唱。她们在平时闲暇时说唱木鱼歌，有时一天好几次聚在一起唱。长篇木鱼书照着宣唱，短的木鱼书会背唱。当时木鱼歌是妇女中识字、交流、娱乐的一种必不可少的形式。1966年"文革"开始，因破除封建迷信的政治思潮，损毁了许多木鱼歌唱本（木鱼书），木鱼歌演唱在东坑一度停滞。1970年左右，各村组织"毛泽东文艺宣传队"，有艺人就用木鱼歌的曲调演唱革命内容，甚至参加文艺汇演。至1976年"文革"结束，东坑地区农村妇女中逐渐开始有人恢复木鱼歌演唱，均为清唱形式，没有伴奏。只有盲人卖艺讨饭时演唱木鱼歌使用三弦伴奏。20世纪90年代后，政治环境宽松，李仲球开始搜集木鱼歌唱本，恢复演唱，并带徒弟。

东坑木鱼歌于2011年5月23日被国务院公布为第三批国家级非物质文化遗产项目名录。东坑镇文化部门为此做了大量的文化保护工作，举措主要有四个方面：一是搜集木鱼书。东坑镇文化馆现搜集木鱼书180多本，唱本的搜集不只局限于东坑镇，还去外地搜集，不少还远至香港。在这批东坑文化部门搜集的木鱼书中有长篇的木鱼书《花盏记》、《二荷花史》

---

① 郑振铎：《中国俗文学史》，352页，上海书店出版社，1984。

等,这些长篇的木鱼歌在东坑本地并不流行,东坑木鱼歌则以短篇木鱼歌为主。二是在东坑镇鹰岭公园乐韵亭开设了"木鱼歌传习所"。传习所定期活动,开展传习授艺、学徒训练的活动,还不时有木鱼歌民间艺人来传习所相互学习切磋、创作和交流。三是 2007~2008 年间东坑文化部门在东坑镇各中小学设立"木鱼歌培训基地",致力于木鱼歌的新一代传承工作。在东坑中小学教唱木鱼歌实际上从 2005 年就开始进行了,(其传承关系见图 1)。东坑镇木鱼歌代表传承人李仲球在中小学的第二课堂中教学生创作木鱼歌歌词,并教唱。(东莞木鱼歌的传承谱系见表 1)。四是组织木鱼歌的演出活动。自 2005 年开始,东坑镇政府文化部门就已组织群众将木鱼歌的形式搬上舞台。

图1:东坑支系①传承关系图

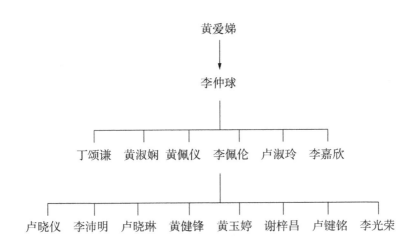

表1 东莞木鱼歌歌手一览表②

代别	姓名	性别	出生年份	文化	传承方式	学艺时间	居住地
一代	叶炳	男	已故				
一代	陈明	男	已故				
一代	黄爱娣	女	已故				

---

①② 由东莞市东坑镇鹰岭公园乐韵亭"木鱼歌传习所"提供,依据东莞地区木鱼歌歌手的生活年代排序。

续表1

代别	姓名	性别	出生年份	文化	传承方式	学艺时间	居住地
二代	李梅	女	1921年	私塾	母女	1932年	东莞市
二代	黄妹	女	1928年	文盲	母女	1939年	东坑镇
二代	刘淦棠	男	1930年	文盲	师徒	1939年	东坑镇
二代	陈丽嫦	女	1934年	初小	自学	1944年	东莞市望牛墩镇
二代	钟应东	男	1935年	文盲	师徒	1943年	东莞市望牛墩镇
二代	李树森	男	1936年	小学	父子	1945年	东坑镇塔岗村
二代	陈艳芳	女	1931年	小学	自学	1948年	东莞市望牛墩镇
三代	叶芷锡	女	1944年	小学	母女	1957年	东莞市莞城区
三代	林泉根	男	1944年	文盲	自学	1963年	东莞市厚街镇
三代	谢衍华	男	1947年	初中	母子	1957年	东坑镇井美村
三代	李仲球	男	1944年	大专	祖孙	1954年	东坑镇坑美村
三代	石路江	男	1957年	文盲	师徒	1973年	东莞市寮步镇
四代	李兆明	男	1962年	高中	父子	1974年	东坑镇塔岗村
四代	黄佩仪	女	1987年	大专	师徒	2008年	东坑镇凤大村
四代	黄淑娴	女	1996年	中学在校	师徒	2008年	东坑镇黄屋村
四代	李沛伦	男	1996年	中学在校	师徒	2008年	东坑镇坑美村
四代	卢淑玲	女	1996年	中学在校	师徒	2008年	东坑镇东坑村
四代	丁颂谦	女	1996年	中学在校	师徒	2008年	东坑镇黄麻岭村
四代	李嘉欣	女	1996年	中学在校	师徒	2008年	东坑镇塔岗村
五代	黄健锋	男	1998年	中学在校	师徒	2010年	东坑镇黄屋村
五代	李文峰	男	1998年	中学在校	师徒	2010年	东坑镇塔岗村
五代	黄玉婷	女	1998年	中学在校	师徒	2010年	东坑镇黄屋村
五代	谢梓昌	男	1998年	中学在校	师徒	2010年	东坑镇井美村
五代	李沛明	男	1998年	中学在校	师徒	2010年	东坑镇坑美村
五代	卢晓琳	女	1998年	中学在校	师徒	2010年	东坑镇东坑村
五代	卢键铭	女	1998年	中学在校	师徒	2010年	东坑镇东坑村
五代	卢晓仪	女	1998年	中学在校	师徒	2010年	东坑镇东坑村
五代	李光荣	男	1998年	中学在校	师徒	2010年	东坑镇塔岗村

（四）东坑木鱼歌的创作特征

1. 民俗性

东坑木鱼歌的创作与当地民俗关系甚为密切。例如，东坑地区的节日风俗中，除了春节、元宵节、清明节、中秋节等传统节日之外，还有东坑地区特有的节日——"卖身节"。"卖身节"是在农历二月初二，旧时大户需在此时雇工耕作，山区穷人闻之，便来受雇。由于多在二月初二订立雇佣合约，每年这一天，车水马龙，非常热闹，久而久之，便成了东坑"卖身节"。新中国成立后一段时期无雇佣关系，但这个传统节日仍保留下来，成了特别繁华热闹的赶圩日——东坑"卖身节"。东坑木鱼歌中，就唱有"卖身节"的内容，经过当今木鱼歌演唱者的创作和修改，又有《东坑旧曲新词唱卖身》一曲。

又如东坑地区当地婚俗，旧时男婚女嫁受父母之命、媒妁之言。每当媒婆带后生仔到女家相亲时，如果女方家长同意这门亲事，便煮"糖不甩"（东坑地区的一种小吃）招呼男方。男方看到端上桌的是"糖不甩"，就知道这门亲事靠谱，是"甩"也"甩"不了的了，于是大功告成，大碗"糖不甩"越吃越香，吃完一碗再添一碗，表明愿意好事成双；如果女方不同意这门亲事，则煮打散鸡蛋的糖水招待男方，男方看到端上来的是打散鸡蛋的腐竹糖水，便知道这门亲事"散"了，匆匆喝上一口，便告辞而去。定亲吃"糖不甩"也成为东坑木鱼歌的歌唱内容（下见李仲球创作的《甜甜蜜蜜糖不甩》）。还有其他的与民俗相关的东坑木鱼歌的例子，暂不一一例举。

> **甜甜蜜蜜糖不甩**
> 作词：李仲球
> 糖不甩，鸭春思
> 甘甜爽滑好称奇
> 糖不甩、味称奇，食完健步快如飞
> 锄地耕田好离奇，健康长寿确神奇
> 糖不甩，好神奇，食完姑嫂笑微微
> 海誓山盟须谨记，一生白发共齐眉
> 糖不甩，好传奇，和谐社会遍生机
> 子孝孙贤多福气，和风习习旺门楣
> 糖不甩，鸭春思
> 甘甜爽滑好称奇

2. 方言性

东坑木鱼歌的方言性不言而喻。可以说没有东坑方言，就没有东坑木鱼歌的创作。东坑木鱼歌的创作在很大一定程度上是指对歌词的创作（音乐是一个基本曲调框架），即按照东坑方言的声调平仄来排列木鱼歌的句子。木鱼歌的结构为上下句的七言齐句，上句落音在仄，下句落音在平；或称"单句落在仄，双句落在平"。以下例由中学生彭达荣创作的木鱼歌来说，上句基本落在仄，下句则落在平。

> **春节颂**
> 春节到，乐无边
> 平仄仄，仄平平
> 千家万户乐绵绵
> 平平仄仄仄平平
> 百花齐放斗鲜艳
> 仄平平仄仄平仄
> 万紫千红焕新鲜
> 仄仄平平仄仄平
> 春意盎然富贵竹
> 平仄仄平仄仄仄
> 财源广进乐绵绵
> 平平仄仄仄平平
> 风声飒飒绿树舞
> 平平仄仄仄仄仄
> 绿草如茵春色添
> 仄仄平平平仄平
> 芳草鲜美映新景
> 平仄平仄仄平仄
> 遍地生机迎新年
> 仄仄平平平仄平
> ……

3. 音乐性

东坑木鱼歌的音乐性主要体现在以模式化的上下句结构为主体，反复循环的音乐特征。这种特征是与七言齐句的结构相辅相成的（基本旋律见图二）。东坑木鱼歌以基本旋律为框架，也存在不同的歌手对木鱼歌的不同风格的演绎（这种带有即兴性质的演绎会造成不同的个人风格），关于这一点还有待进一步研究。

图2　东坑木鱼歌基本旋律

三、沙田咸水歌

（一）沙田咸水歌概述

咸水歌，又称疍歌、蛮歌，是一种主要流行于珠江三角洲及沿海地区的民歌，其起源与发展均与疍民紧密相关。疍民（又称疍户），长年在水上生活，被学者称作"被水束缚的命运"[1]，疍民所唱咸水歌也因此而得名。疍民的生活习俗孕育了咸水歌。在疍民生活中的劳动、婚嫁、娱乐以及各种人生礼仪中，咸水歌扮演着重要的角色。如（清）陈昙《疍家墩》诗云："龙户卢余是种人，水云深处且藏身。盆花盆草风流甚，竞唱渔歌好缔亲。"又张半草《羊城竹枝词》："渔家灯上唱渔歌，一带沙矶绕内河。阿妹近兴咸水调，声声押尾有兄哥。"[2]咸水歌与疍民的生活习俗和变迁历史息息相关，本课题调查的地区是东莞地区的疍民聚居地东莞沙田镇所属村镇。

清代之前，沙田地区还是一片大海，沙田最早的基围是清代中叶从顺

---

[1] 刘莉：《被水束缚的命运——海南新村疍家人的人类学研究》，北京，中央民族大学2011年硕士论文。

[2] 司徒尚纪：《珠江传》，237页，保定，河北大学出版社，2009。

德、三水、南海等地流浪而来的疍民围海造田而成。此后，一些周边地区包括麻涌、厚街、虎门等地的贫困农民也陆续来到沙田开垦。新中国成立前沙田由虎门、厚街、麻涌等地多方管辖，直至1954年东莞县在东江口一带成立第十一个区，1955年改称沙田区，1961年成立沙田人民公社，1983年改称沙田区，1987年称沙田镇。与广东其他地域一样，沙田疍民的生活方式较之传统时期已经有了很大改变。自新中国成立后，国家职能部门对于疍民采取一系列帮扶与安居政策，长期居于水上的沙田疍民陆续上岸定居，如今生活在水上的疍民更是日渐稀少，疍民的生活方式和礼俗习惯均不可避免地发生了改变，咸水歌原初的生存语境也逐渐淡化与模糊。

如今咸水歌已经是不再仅属于疍民的民歌，而是一种民众喜闻乐见的娱乐形式。本次调查对象即为两种文化身份的咸水歌乐人。

（二）咸水歌乐人采访之一：疍民

采访时间：2012年11月4日。

采访对象：何柏基（1937—），何妹（1954—），陈笑容（1937—），叶敬银（1966—），叶转媚（1939—），叶金友（1935—）。

采访地点：沙田县文化站旁大榕树下。

咸水歌演唱曲目及演唱者：

(1)《沙田咸水歌》何柏基，该曲目曾获广东省第二届水上民歌大赛银奖；

(2)《猜字眼》何柏基；

(3)《膊头单伞》何柏基、何妹；

(4)《大海驶船》叶敬银；

(5)《女子自叹》叶敬银；

(6)《海底珍珠》何柏基、何妹；

(7)《读书君识字人》何柏基、何妹；

(8)《猜花名》何妹；

(9)《装瓶子》何妹；

(10)《猜船名》叶金友；

(11)《沙田大阪咸水歌》叶敬银；

(12)《望郎君》何柏基；

(13)《古人字眼》叶敬银；

(14)《下钓子》叶敬银。

上述咸水歌的演唱者均为疍民后代。在采访中，他们都谈论起咸水歌与他们生活的关系。曾获广东省第二届水上民歌大赛银奖的何柏基老先生说,以前生活在船上,从事渔业捕捞及农作劳动,小时候跟随父母学唱咸水歌。咸水歌在疍民生活的小船上唱,一般在休闲的时候用于娱乐。1950年左右政府曾因咸水歌中含有"封建迷信"的内容禁止疍民演唱咸水歌,但疍民们仍然私下隐秘地演唱。新中国成立后,疍民陆续上岸定居,改变了以前的生活方式,但咸水歌的演唱一直延续下来。建国初期,人民生活贫困,50年代末至60年代严重困难时期,缺吃少穿,人们没有闲情逸致演唱咸水歌。直至2000年之后,疍民生活逐步改善,再加上政府扶持咸水歌的传承和发展,更多的人参加到学唱咸水歌中。特别是2007年之后,在当地政府的推动下,咸水歌的传承发展更为蓬勃。文化站为了推进咸水歌的传承,在每周日晚上七点至九点组织大家学习咸水歌,并表演其他节目。这些推动文化建设的举措,使得咸水歌又在上岸疍民的群体中传播、发展起来。

疍民后裔演唱的咸水歌曲调简练、曲风自然纯朴,用沙田方言演唱,地方风格浓郁。

(三)咸水歌乐人采访之二:国家级非物质文化遗产传承人

采访时间:2012年11月。

采访对象:黄锦玉(1941—)沙田镇泥洲村人,多才多艺,擅长演唱咸水歌、粤剧(曾获2000年第二届老人艺术节粤曲独唱铜奖)、擅奏二胡(2003年曾获首届老人艺术节二胡独奏优秀奖)。学习咸水歌的经历始于1957年。16岁的黄锦玉帮雇主看牛,雇主很会唱咸水歌,黄锦玉便在耳濡目染中慢慢地学会了,擅长的曲目有《莳田郎》、《膊头担伞》等。

采访地点:沙田镇泥洲村黄锦玉家。

咸水歌演唱曲目:

(1)《女子自叹》;

(2)《耕田郎》;

(3)《疍家妹子多派头》。

黄锦玉老人演唱的咸水歌,与疍民纯朴的曲风相比,融合了更多粤剧的唱腔和风格。黄锦玉擅长演奏乐器,并且对其他音乐种类颇有兴趣,所以其演唱风格上显示出对咸水歌进行"艺术加工"的痕迹。但总体来说,仍然保持了咸水歌的基本曲调,以及沙田话为基础的方言等地方风格。

四、道滘粤剧

（一）道滘粤剧发展概述

东莞道滘镇的粤剧文化基础历来深厚。道滘人爱好粤剧、粤曲，可追溯的历史也有上百年。清末民初时期就有每年用重金聘请省港大戏班来演神诞戏，不少人观看粤剧并学唱粤剧。近现代广东地区许多粤剧名伶都出自道滘，如何非凡、陈艳侬等。新中国成立后，道滘建有新华戏院，请粤剧团来演出，道滘当地工会文工团、工会宣传队也有演出。1980年道教文化站成立道滘业余粤剧团，1985年演出剧目《胡不归》、《盼君还》，分别获得东莞市文艺汇演一、二等奖。2000年5月，道滘镇被文化部授予"中国民间艺术之乡"的称号。20世纪90年代，道滘粤剧有业余曲艺粤剧社10多个。时至今日，道滘镇粤剧私伙局已有20个左右。

（二）道滘粤剧现状概述

道滘粤剧的群众基础深厚，民众以粤剧为业余爱好，粤剧已经成为群众文化生活不可缺少的一部分。道滘各地拥有私伙局20余个，每社20余人（见表二），定期举行粤剧活动。政府部门为了扶持当地的粤剧文化，加大民间粤剧社团的建设。道滘13个村，村村都有私伙局的培训班，道滘镇文广中心聘请了13个专业的演员在各村私伙局进行粤剧教学，提高艺术水平。此外，道滘镇政府以及文化站等单位，为各村私伙局积极筹备活动场地（各村私伙局的活动地点有的在祠堂，有的在村里的老人活动中心，水电费均由村政府支付）、组织各种比赛和文艺演出（详见后文政府举办的粤剧文化广场"睇大戏来道滘"东莞道滘粤剧团及道滘青少年粤剧曲艺培训中心专场演出节目单），与专业团体建立联系，多方面促进了民间粤剧文化的发展。道滘镇文化站还将专业学校毕业的从事戏曲专业的学生吸收入文化站工作，专职辅导和培养民众的粤剧活动。政府的扶植政策大幅度提高了民间业余粤剧演员的水平，所排练的剧目多次获奖。

道滘粤剧的发展与当地雄厚的经济基础也有极大关系。民间粤剧社团的经费来源来自两方面：一方面来自政府，另一方面来自个人出资。政府对私伙局的经济补贴力度是持续而有效的，政府规定民间粤剧私伙局队员须在25人以上，6～7个固定演员，每周须有三个晚上举办活动。达到此标准的，镇政府每年给予1.5万元的补助，经过评定成绩卓越的社团每年补贴 5 万元。道滘地区经济富庶，不少爱好粤剧的商人曾多次捐助地方私伙局活动，捐助经费赞助私伙局赴外地演出，出资请名家送戏下乡。民间的力量同政府的努力集结在一起，共同推进了当地的粤剧发展。

表2 2012 年道滘镇曲艺社团名录

序号	团队名称	负责人	人数
1	镇粤剧团	叶济深	45
2	九曲剧社	袁衍生、周妹仔	27
3	南韵曲艺社	黄祥	18
4	小河友好曲艺社	张丽航	22
5	律冲曲艺社	陈应尧	21
6	永庆曲艺社	叶朱名	16
7	卫屋曲艺社	卫发枝	21
8	马嘶塘曲艺社	刘东汗	23
9	大罗沙曲艺社	刘九根	15
10	南丫曲艺社	丁光孙	18
11	平桥曲艺社	叶秀兴	20
12	大家乐曲艺社	叶转娣	17
13	还童曲艺社	叶秀卿	31
14	大渔沙曲艺社	黄润深	25
15	金牛思贤曲艺社	刘庆新、招银富	25
16	欢乐曲艺社	叶容欢	23
17	小河虎尾洲曲艺社	黄月凤	36
18	厚德金声曲艺社	叶柏森	19
19	粤晖园曲艺社	卢建贤	21
20	马州曲艺社	叶灿良	16
21	闸口清韵曲艺社	梁济森	21

粤剧文化广场"睇大戏来道滘"东莞道滘粤剧团演出专场节目清单

表演者：梁柏生、谭思翼、李晓玲、欧宏亮、叶玉娴、石永坚、叶秀峰等

演出时间：2012 年 10 月 19 日晚 19:15

演出地点：广州市文化公园中心台

节目清单：

（1）原创小粤剧《苗山情》（曾获第八届中国滨州小戏艺术节银奖）

表演者：林秀清、谭思翼、梁柏生、石永坚

（2）粤曲表演唱《昭君出塞》

表演者：李晓玲

（3）原创小粤剧《生死签》（曾获第十三届全国群星奖）

表演者：林秀清、梁柏生、叶秀峰

（4）粤曲表演唱《残夜泣签》

表演者：叶婉群

（5）新编大型历史粤剧《大明长城》选唱（曾获第十一届广东艺术节剧目二等奖）

道滘青少年粤剧曲艺培训中心演出节目单

演出时间：2012年10月20日晚19:15

演出地点：广州市文化公园中心台

主办单位：广东省繁荣粤剧基金会

（1）开场式《红豆新芽》

表演者：南城小学培训基地学员

（2）莲花板《红船颂》

表演者：叶永学、刘洁怡、李书衍、黄晓茵、叶子健、王博、江晓琪、叶芷盈

（3）古筝独奏《雪上春晓》

表演者：赖晓潇

（4）粤剧《穆桂英挂帅》选段

表演者：陈霜、宁秋茵、石心颖

（5）粤剧表演唱《荔枝诵》、《幸福东莞齐向往》

表演者：道滘中心幼儿园韦嘉宣等

（6）陶笛合奏《梦想新乐园》

表演者：赖晓潇、吴艺桐

（7）粤曲对唱《易水送荆轲》

表演者：梁柏生、梁嘉酉

（8）现代粤剧《刘胡兰就义》

表演者：中心小学培训基地黎颖琳、朱楚涛、叶贵芯、刘洁仪等

（9）粤曲表演唱《龙腾东江》

表演者：南城小学培训基地罗通、吴颖闲、叶敏婷等

（10）古筝演奏《战台风》

表演者：吴艺桐

（11）现代粤剧《山乡风云》选唱

表演者：中心小学培训基地李颖琳、梁嘉酉、刘洁仪、朱楚涛等

（12）粤曲表演唱《曲艺之乡乐升平》

表演者：道滘镇青少年粤剧曲艺培训中心全体学员

在粤剧传承方面，除了在地方私伙局的业余粤剧社团中传承之外，政府还扶持并开展在青少年人群中的传承。自2005年起，暑期少儿粤剧培训班开办，一直延续至今（每周六早上在文广中心培训）；2008年粤剧教学进入学校，已在几所中小学第二课堂中扮演重要角色。

（三）道滘镇粤剧私伙局采访及活动纪实

1. 南城村祠堂"平桥曲艺社"

南城村私伙局是2004年在原祠堂的地址内建立的。该曲艺社每周二、四、日晚上八点半至十点半举行活动，参与人员年龄阶段为36～65岁。笔者于2012年11月3日参与观察南城村祠堂"平桥曲艺社"活动并调查组员情况，见表三。

表3　南城村汲江村民小组"平桥曲艺社"组员调查

姓名	出生年份	籍贯	擅长乐器/角色	常演剧目（曲目）	所用乐谱（唱本）	学艺方式	活动频率
叶秀兴	1962	道滘	社长兼演员	《昭君出塞》、《鹅夜月》、《柴房自叹》	刘金棠写谱子，看词	听带子、自学、演戏、看戏	一周三次
刘金棠	1949	道滘	副社长兼音乐指挥	不定	简谱	半师承、半自学	一周三次
叶日满	1949	道滘	音响师兼乐手	不定	简谱	半师承、半自学	一周三次
李加美	1947	道滘	乐手	不定	简谱	半师承、半自学	一周三次
叶松林	1962	道滘	演员	不定	简谱、口传、手写自编	半师承、半自学	一周三次

续表3

姓名	出生年份	籍贯	擅长乐器/角色	常演剧目（曲目）	所用乐谱（唱本）	学艺方式	活动频率
叶定加	1948	东莞市	萨克斯	《分飞燕》、《雨打芭蕉》	简谱	师承	一周三次
叶金成	1944	道滘	乐手	不定	简谱	师承、自学	一周三次
莫婉芳	1965	道滘	演员	不定	简谱	师承、自学	一周三次
叶芷娣	1944	东莞市	子喉	《梦回太薄》	简谱	自学	一周三次
杜锦锡	1946	东莞市	平喉	《长亭柳》	简谱	家传、自学、跟学（东社社员）	一周三次
刘景柏	1924	道滘	后勤总务		简谱	自学、师承	一周三次
蔡亮	1983	道滘	司鼓	不定	简谱	自学	一周三次

2012年11月3日下午"平桥曲艺社"活动过程

（1）粤剧选段《娱乐升平》曲调
（2）叶秀兴唱《荔枝诵》
（3）莫婉芳、叶松林唱《平贵别窑》
（4）叶芷娣唱《双星恨》、《野君子》、《湘妃怨》、《六月飞香》、《梦会太湖》、《倾城名花》、《鸳鸯泪洒莫愁湖》
（5）文广中心林老师、叶站长唱《帝女花》、《分飞燕》
（6）文广中心林老师、叶站长唱《平湖秋月》

2. 道滘闸口村清韵曲社

活动地址：道滘闸口村中心小学

活动时间：2012年11月3日晚八点至十点半

参与群众：演员10人左右，观众10人左右

道滘闸口村清韵曲社在2000年以前组织唱红歌以及演奏广东音乐，近两年才开始唱粤剧。以前的活动地点小，仅有30多平方米，自2012年8月25日以后在道滘闸口村中心小学活动室建立起活动中心。原有乐队人员不变，在原有扬琴、陈琴、二胡、高胡的乐队编制的基础上又增加了大提琴、鼓等乐器，并增加了高胡、鼓等乐器的数量。

表4 闸口村清韵曲社人员统计表

姓名	出生年份	籍贯	擅长乐器/角色	常演剧目（曲目）	所用乐谱（唱本）	学艺方式	活动频率
梁济森	1957	闸口	陈琴	不定	简谱	自学	一周三次
刘惠忠	不详	闸口	小调	《帝女花》	简谱	自学	一周三次
刘侃仪	1962	厚德村	子喉	《拾玉镯》、《四国名花》、《凤阁恩仇未了情》	简谱	自学	一周三次
张文瑞	不详	闸口村	平喉	不定	简谱	师承、自学结合	一周三次
曹秀琴	不详	闸口村	子喉	不定	简谱	家传、自学	一周三次
叶日满	1949	道滘	三弦、大提琴	《双桥烟雨》	简谱	自学	一周三次
叶定加	1948	道滘	吹奏乐器、萨克斯	《雨打芭蕉》	简谱	师承	一周三次

道滘闸口村清韵曲社的人员不固定，都是居住在周围的村民。大家每逢周二、四、日都会聚集在一起交流粤剧演唱，演奏粤曲。一方面，具有粤剧演唱基础的老票友得到了交流的机会；另一方面，一些对粤剧抱有兴趣的新队员也逐渐加入，学唱粤剧。同时，每周三次的粤剧交流表演活动，也成为周围居民喜闻乐见的娱乐形式，许多外村的戏迷也经常过来观看、交流。

五、语境转化中的东莞民间音乐

综观东莞地区传统民间音乐的现存状况，其中一个最为突出的变迁现象即是"语境"转换的问题。一直以来植根于民众生活中的民间音乐，在历史变迁的过程中不断随着生态环境、生存空间的变化而发生着改变。这些音乐"语境"的变迁包括用乐场合、音乐功能、表演主题、表演人群、观演人群、评价机制、生成模式等各方面的内容。特别是2000年之后的十余年，经济迅猛发展、人民生活方式急剧变化。这10余年间，人们的娱乐方式、审美趣味、文化身份等均经历着前所未有的加速变化的过程。东莞这一现代化程度较高、城市化程度颇深的地区，其传统民间音乐的存在与发展不可避免地有着不同于传统时期的功能与意义。

以笔者所调查的三种音乐事项为例。源于疍民生活的咸水歌，本是植根于疍民水居生活的民歌。新中国成立后疍民陆续上岸定居生活，如今生活在水上的疍民已为数不多。在疍民婚俗、丧俗、礼仪、娱乐等原初生存语境逐渐淡化的背景之下，咸水歌的生存和发展则显示出多样化的模式。在当下，咸水歌的拥有者已不仅局限于疍民，而是拓宽到"会唱咸水歌的民众"。一种归属于专属人群（特有文化特征的群体）的地方音乐文化，演变成一种带有文化标志意味的民歌形式，这不得不说是现代语境下咸水歌的一个特征。再如东坑"木鱼歌"，在传统社会中有着"教化"与"娱乐"的双重功能，本是为不识字的妇人学礼仪、识字所用，或者是社会身份低下、经济困窘的盲佬谋生的一种技艺。而如今木鱼歌"教化"的功能仍在，但是内容以及受众群体均发生了巨大的变化。从以村落为单位的私人空间（妇人之间的交流与学习）扩大到了以传播"非物质文化遗产"为己任的公众活动（学校的第二课堂、政府扶持的活动中心等），内容也不再是歌颂忠孝仁义等具有"封建意味"的传统故事，而是不断改编成适合新时期需要的内容。道教粤剧也是如此，在传统社会中，道滘粤剧主要就是娱乐为主。民众喜闻乐见，自觉地传承和传播。在当下，粤剧的娱乐意义仍在，更为重要的是政府部门从上自下推行了一系列的扶持政策：从资金到人员、场地均大力推进。在此背景下，粤剧已不仅仅是一种自发的一种民众娱乐形式，而是一种必须继承推广的文化遗产，一张当地的文化名片——粤剧的意义和功能已较传统时代大不相同。

在这种语境转化的背景下，民间传统音乐是如何保持其"传统"的？音乐稳定的核心要素又是什么？这些问题都有待在今后的研究中继续深入。

（李萍　广州大学音乐舞蹈学院讲师，博士）

研究生园地

教育生态学视野下的隐性咸水歌的课程开发
——以中山市胜龙小学为例[①]

李小威

"教育生态学这一科学术语最早是由美国学者劳伦斯·克雷明于1976年在《公共教育》一书中提出的。"[②] 其内涵为:"依据生态学的原理,特别是生态系统、生态平衡、协同进化等原理与机制,研究各种教育现象及其成因,进而掌握教育发展的规律,揭示教育的发展趋势和方向。概括地说,教育生态学是研究教育与其周围生态环境(包括自然的、社会的、规范的、生理心理的)之间相互作用的规律和机理"。[③] 表明教育生态学把教育理解为一个与多种因素密切相连的生态系统,具有开放性、多元性、动态性的特征。

教育的生态结构可分为宏观的教育生态与微观的教育生态。本文对一所小学的隐性咸水歌课程生态系统的研究,属于微观教育生态的范畴。系统论的观点认为,任何一个系统都可以和周围环境组成一个更大的系统,而它本身又可以由许多子系统或者亚子系统组成。学校是教育生态系统的子系统,校本课程开发是学校教育生态系统的子系统,而隐性咸水歌的课程开发则是咸水歌课程开发体系中的一个子系统,因为"广义的校本课程有两种,即隐性的校本课程和显性的校本课程"[④]。

生活在中国南方沿海或内河的水上居民一般被统称为"疍家","咸水歌"是"疍家"的传统民歌。在广东,这种民歌主要流传于中山、番禺、

---

① 本文系广东省哲学社会科学"十一五"规划2010年度项目"岭南音乐文化传承与发展研究"(项目编号:10GR-01);广东省教育科研"十一五"规划研究项目《岭南音乐课程教材教法研究》(项目编号:2010tjk198);广州大学音乐舞蹈学院"研究生岭南音乐舞蹈文化研究"课题——《广州市与中山市两所小学咸水歌校本课程开发的比较研究》课题阶段性成果。

② 范国睿:《教育生态学》,1页,北京,人民教育出版社,2000。

③ 吴鼎福,诸文蔚:《教育生态学》,2页,南京,江苏教育出版社,1990。

④ 袁迎春:《论以教师为本位的校本课程开发》,载《教育探索》,2003(10),23页。

珠海、南海、广州市等地。中山市胜龙小学咸水歌校本课程开发始于2001年，课程开发成果显著，已经建成了较为完善的课程开发体系，所培养的学生多次获得广东省、中山市咸水歌比赛的金奖、银奖和铜奖。隐性课程指"学校通过教育环境（包括物质的、文化的和社会关系结构的）有意或无意地传递给学生的非公开性教育经验（包括学术的与非学术的）。"① 该校重视对咸水歌隐性课程的开发，物质形态、制度形态、精神形态课程的设计较为全面。隐性咸水歌课程开发是其整体课程开发中一个重要组成部分。从生态学理论与隐性课程的关系来看，"现代生态学所揭示的两大原理即生态系统原理和生态平衡原理以及三种环境都与潜在课程的研究息息相关。"② 这表明，隐性课程与生态学理论具有密切的联系。同时，生态学理论与音乐教育研究也具有契合之处，"用生态思维研究教育教学成为一种主流趋势。作为社会文化构成子系统之一的音乐教育，其发展方向与社会的发展变化之间存在必然的内在联系"。③ 重视对跨学科研究方法与理论的应用，已经成为当今音乐教育学研究的发展趋向，使得本研究具有可行性。此外，目前对于音乐类隐性课程研究的成果数量较少④，可以丰富其实践研究的案例。

教育生态学的基本原理"教育生态系统的整体效应"、"教育生态链法则"、"教育生态位原理"等理论在胜龙小学的隐性咸水歌课程开发中得到了出色的体现。

一、教育生态系统的整体效应

"教育生态学核心是把教育视为一个有机的、复杂的、统一的系统，教育生态系统中的各因子都有机地联系着，这种联系又动态地呈现为统一

---

① 靳玉乐：《潜在课程论》，33～34页，南昌，江西教育出版社，1996。隐性课程也称潜在课程、隐蔽课程、潜隐课程等，目前对于隐性课程所属范畴、内涵、外延存在分歧与争议，本文不予深究。

② 靳玉乐：《潜在课程论》，11页，南昌，江西教育出版社，1996。

③ 董云：《生态观视野下的音乐教育》，载《星海音乐学院学报》，2012（1），160页。

④ 采用高级检索的方式，以隐性课程为篇名，"音乐"为主题，对中国知网进行检索，共搜索到期刊论文10篇，http：//epub. cnki. net/kns/brief/result. aspx？dbPrefix = CJFQ2013—09—23。主题不变，改用潜在课程为篇名时检索到1篇论文，http：//epub. cnki. net/kns/brief/result. aspx？dbPrefix = CJFQ2013—09—23。这些论文主要研究音乐隐性课程的概念、价值及课程资源开发，缺少个案研究。

与矛盾、平衡与失衡的状态。"① 即一种生态行为受到教育生态系统内多种因子的牵制，同时各因子之间也互相影响，只有合理的调控并兼顾好各种生态因子，才能产生整体的效应。

胜龙小学能够意识到各种形态隐性课程对学生产生的积极作用，所以特别注重对隐性课程的开发与设计。其隐性咸水歌课程的生态因子主要包括物质形态、制度形态、精神形态三种类型。

物质形态的有楼房建筑的外形设计，如咸水歌文化长廊、宣传专栏、咸水歌文化展览室。他们在教学楼顶上挂着"咸水歌传承基地"名称，教学楼左侧墙壁上贴有"民歌伴我成长"的标语，标语旁边饰以代表水乡文化的波浪、鱼群、跳动的音符，以及载歌载舞的少女作为背景图案。咸水歌文化长廊的墙壁和梁柱上挂有数十个木板与匾额，上面刻印着介绍胜龙小学传承咸水歌的历史过程，如参加重要比赛的事件记录、演出照片和"弘扬民歌 发展民歌"的宣传标语。宣传专栏"彩虹诗报"里贴有部分学生和教师创作的咸水歌歌词。在音乐教室里悬挂着"传承非遗 从我做起"的条幅。

更为引人注目的是学校的咸水歌文化展览室。该展览室专门用来存放参加各类比赛所获得的奖杯与证书，以及一些记录学校咸水歌传承历程的珍贵图片，是学校对校内外宣传咸水歌课程开发成果的重要窗口。总之，漫步校园和教室随处可以看到与咸水歌传承有关的装饰。校内的物质环境对学生有着重要作用，它可以"影响学生的价值观念及行为习惯，学生的学习内容与学习方式。"② 各种与咸水歌传承相关的建筑装饰、教学设施，有利于从物质环境氛围的视觉冲击上熏陶学生，从而增强师生对咸水歌的认同感，并为学生提供多样、便利、优美的咸水歌学习场地。

制度形态的隐性课程是指学校的发展规划、年度目标、规章制度等，该校的《2012—2013年度总目标》中明确提出加大特色文化建设的力度，在特色发展中涵盖了咸水歌的各项计划。《胜龙小学师生参与非教育部门组织的咸水歌比赛奖励办法》规定了详细的奖励措施，根据不同比赛级别设有不等金额的奖金；《胜龙小学民歌队管理办法》里面提出了明确的指导思想、职责分工、教学目标、教学任务和对训练时间的要求；以制度形态出现的还有《胜龙小学"咸水歌"校园文化体系建设规划方案》等。规

---

① 洪世梅：《教育生态学与大学教育生态化的思考》，载《高等教育研究》，2007(6)，50～52页。
② 范国睿：《教育生态学》，193～194页，北京，人民教育出版社，2000。

章制度可以保证咸水歌各项活动有序、高效地实施,同时"一个学校的传统、礼仪、规章、制度事实上是一种影响并制约个人行为的团体规范,是一种教育力量。"①

精神形态的课程,即非物质形态的课程,包括校训、校歌、文体活动、师生关系、校风与学风等。学校的校歌《迎着朝阳上学堂》是按照咸水歌旋律来填词创作的。特色的咸水歌文化活动是——"民歌·诗教艺术活动月"项目,活动内容丰富多样,大多与咸水歌音乐、传统文化、水乡风俗密切相关。为了更好地营造学习氛围,还专门举办了面向全体教师的咸水歌演唱、创作比赛。教师的专业素养、教学态度对学生具有积极的意义。为了能够将地道的咸水歌传授给学生,该校音乐教师叶慧珍利用节假日跟随本地咸水歌专家陈锦昌学习多年,民歌演唱技能得到较大提升,曾获得"2012广东省渔歌精英赛暨全国渔歌邀请赛"的银奖。教师出色的演唱技能为学生树立了榜样,激发了学生学习咸水歌的积极性。

由上文可知,胜龙小学有着相对完善的隐性课程生态系统,系统内各生态因子可以相互促进,产生积极的效果。学校的规章制度保障了咸水歌的教学"合法性",丰富多彩的咸水歌文化活动提高了学生的演唱水平与学习兴趣。融入水乡色彩和咸水歌文化的校园环境设计,使学生置身于学习民歌、弘扬民歌的文化氛围之中,使咸水歌更容易为学生所认知和接受。反之,若没有和谐的师生关系和丰富多彩的咸水歌文化活动,没有相关的规章制度,就会抑制教师教学的热情,打击学生学习咸水歌的积极性,从而阻碍咸水歌在学校的传承。成功的咸水歌校本课程开发受到多种因素的影响和制约,该校所设计出的各种形态的隐性课程相互配合,较好地体现了教育生态系统整体性原理。

二、教育生态链法则

"教育生态系统中也有教育生态链。与自然界的生态链不同的是,它不仅有基于能量流传递摄取的关系,更多地是知识流的富集②关系,它不

---

① 范国睿:《教育生态学》195~196页,北京,人民教育出版社,2000。
② "富集"一词最早应用于生物学,指一种级数发展。同济大学王健教授基于此概念提出了"优势富集效应":起点上的微小优势经过关键过程的级数放大会产生更大级别的优势积累。参见王健:《创新启示录:超越性思维》,66页,上海,复旦大学出版社,2003。

仅有横向的生态链,更有其纵向的生态链。就知识流来说,除了纵向富集的生态链外,各门学科之间还有交叉融通。"① 所谓学科交叉即各学科之间存在着一个相互交织的知识生态网,如语文与政治、历史、地理之间;数学与物理、化学、生物学科之间的知识交融,利用知识的交叉可以增进知识的积累,提升学习的效率。经过多年的发展,胜龙小学的咸水歌文体活动——"民歌诗教艺术活动月",已经形成相对固定的模式,包括活动主题、活动对象、分工明确的组织策划,咸水歌表演是活动的唯一主题。为了促进学生的全面发展,学校能够意识到学科之间知识的交汇,把其他学科的知识有机地融合到咸水歌活动中,使其呈现出立体化、网络状知识结构,"咸水歌"与各学科的交叉主要体现在:

(一) 咸水歌与文学

胜龙小学咸水歌与文学的关系体现在"中华经典诗词背诵比赛"、"收集乡土民歌歌词"、古诗词与创作以咸水歌为蓝本的文学创作上。在 2007 年首届"民歌·诗教活动月"中设置了背诵中华诗词擂台赛,激励学生多背诵经典诗词歌赋。2009 年的活动月中新增了"搜集乡土民歌歌词"活动,使学生走进水乡,通过采访村里的老歌手、老艺人来记录、收集散落在民间的传统歌曲歌词,走进咸水歌音乐、文化的发源地,使纯净的心灵接受厚重文化的洗礼。2010 年的活动月设计了"咸水歌故事创作大赛",要求学生细致地观察生活,记录生活,以学习民歌时的亲身体验和参加民歌比赛的趣事或者与咸水歌有关的故事为素材,进行文学加工。2012 年的活动月加入了"咸水歌征文比赛",旨在通过文学创作途径来了解学生对咸水歌的认识、学习民歌时的历程体验。"古诗词手抄报比赛",让学生收集古诗词资料,设计手抄报的版面,以此扩展知识面,加深对古诗的印象。这些以咸水歌为主题的文学创作和学习活动,拓展了学生的视野,提升了学生的文化知识素养。

(二) 咸水歌与美术

咸水歌活动与美术的融合体现在摄影、绘画、校园风景设计等方面。"水乡摄影展",让学生寻找水乡最美的风景,从而提高学生的审美鉴赏能力;"校园咸水歌景点设计大赛",要求学生的作品能够充分展示学校咸水

---

① 吴鼎福,诸文蔚:《教育生态学》,151 页,南京,江苏教育出版社,1990。

歌文化特色，从学生设计的作品中可以看到，他们能够发挥想象力，设计的形式较为新颖、多样，如咸水歌亭、咸水歌长廊、咸水歌小花园。

"咸水歌漫画创作大赛"，意在提高学生个性创造能力，让学生用画笔创作出自己喜爱的画面来表现对咸水歌的认识，漫画内容多姿多彩，但始终围绕咸水歌这个主题，许多学生创作了描绘水乡悠闲生活和表现节日民歌盛会的漫画。

（三）咸水歌与体育

该校咸水歌与体育运动的结合，主要从水乡的民俗文化着手，把具有特色的传统体育项目设置在"水乡运动活动周"里，把滚铁环和抽陀螺等作为比赛内容，这一活动既可以锻炼学生的肌体，增强体质，也让学生切身感受到水乡体育民俗活动的精彩。

可见，胜龙小学的隐性咸水歌课程与其他学科知识紧密相连，已经打造出一条独具特色的"学科协作生态链"，使咸水歌音乐、水乡文化成为知识系统中的一个中心环节，使咸水歌教学与多种学科紧密相连，把语文、美术、体育等学科的内容渗透到咸水歌活动中。

胜龙小学的这些活动，可以让学生在深厚的本土文学中、色彩斑斓的水乡风景中、快乐的游戏中、激烈的竞技中、超越自我的探索发现中，体悟咸水歌的精神内涵，不断深化对咸水歌音乐、文化的认识与理解。多学科交融的咸水歌文化活动，有利于加速学生多元知识的积累与增长，形成知识富集的网络联系。这一活动设计较好地运用了教育生态链法则，使教育生态链得到有效利用，也显示出课程设计者促进学生全面发展的教育理念。

三、教育生态位原理

"生态位是指在一个群落中，每个物种都有不同于其他物种的时间或空间位置，他们在生物群落中都有不同的地位和功能。"[①] 当生态系统中的生态因子处于同一生态位时就会出现竞争。教育生态学中把学生作为该系统的生态因子，在学校这个"生态系统"内处于同一生态位，自然也就存在着竞争，如升学、学科考试等。在教育生态系统同一生态位下的竞争，

---

① 王存荣：《教育生态学视角下的行动导向教学》，载《教育探索》，2010（9），41页。

对于学生而言有着积极的一面，能够鼓舞其力争上游的拼搏精神。然而，作为一种培养学生兴趣爱好的校本课程，咸水歌并不存在同一生态位下的竞争。胜龙小学组织、参与各种咸水歌比赛，则巧妙地利用了教育生态位原理。他们有目的地举办各种咸水歌演唱比赛，并积极参与校外的各种咸水歌赛事，每年"民歌诗教活动月"，都有各种形式的比赛。咸水歌演唱大赛是不可缺少的重要组成部分，参加校外的比赛也较为频繁。据统计，2011年5月至2012年12月间胜龙小学共参加了9次省级、市级的比赛。值得注意的是，胜龙小学也会设法调节同一生态位的激烈竞争。他们考虑到学生之间的个体差异，专门设计了咸水歌与多学科交叉的比赛形式，因为有的学生可能音乐天分不够，不擅长歌唱，而有绘画、文学或者体育运动等方面的优势，因此该活动的举行，不但开发了学生各方面的潜能，也避免同一生态位中个体竞争所产生的负面影响。

四、余 论

从以上对胜龙小学隐性咸水歌课程的具体内容、开展形式、活动特点所进行的理论分析中，在一定程度上可以证明：任何成功课程的设计，如不依照科学的教育理念、教育规律、教育原则来进行的话，那就必定离经叛道，走向失败。教育生态的基本原理确实能够适用于隐性课程开发的研究，可以为其提供坚实的理论支撑。得出的启示是：在课程开发、设计、开展教学活动时，应尊重教育生态系统的基本规律，灵活运用其基本原理，来维持教育生态系统的平衡，从而促进教育、教学的发展。同时，教育生态学中的"耐度定律"[①] 也告诫课程开发者，应保持开发的"度"，各种咸水歌比赛和课外活动须在不影响教师正常的教学秩序和学生学习任务的前提下开展。作为教育生态学视野下音乐类隐性课程开发的个案研究，本文顺应了教育生态学"由理论探讨走向实践分析"[②] 的研究趋势。

[①] 教育的个体生态其承受力和耐受度是很明显的。达不到或超过"度"，就会产生不利的或相反的影响。吴鼎福，诸文蔚：《教育生态学》，138页，南京，江苏教育出版社，1990。

[②] 邓小泉，杜成宪：《教育生态学研究二十年》，载《教育理论与实践》，2009 (5)，15页。

参考文献

[1] 李小威. 东升镇胜龙小学咸水歌校本课程开发调查报告[R]. 2013-03-21.

[2] 马达. 高师音乐教育中应重视潜在课程的研究[J]. 人民音乐, 1999 (5).

(李小威 广州大学音乐舞蹈学院2011级研究生 指导老师为马达)

从西樵山诗看地理环境对文学创作的影响

叶 卉

中国自古以来地域广袤辽阔，地貌、水文、气候等自然地理环境丰富多样，在此基础上形成的人文风貌，如宗教信仰、风俗习惯、文化积淀也千差万别。不同的地理环境孕育、塑造了人们不同的性格气质特征，也直接或间接地影响了文学创作。文学的地域差异不仅仅是南与北、东与西的差异，即使在同一区域内部，也存在着区别，也就是说，不同的地理环境会因自然条件或人文条件的差异而对文学创作产生不同的影响。本文将地理环境这一空间坐标缩小至西樵山一点，结合西樵山客观的地理环境及文学创作情况，探索地理环境对于文学的影响。

在全国众多的山系中，西樵山并不出名。北魏时期郦道元所著的综合性地理著作《水经注》，以记载河道水系为主，广泛收录各种地貌，却无任何关于西樵山的记载；遍游天下的明代旅行家徐霞客也从未在此留下足迹。但是，如果仅仅就岭南地区而言，西樵山的地位是不容忽视的。所谓"南粤名山数二樵"，除却东樵罗浮山，最具名气的应属西樵山。诗人们游览西樵、亲近西樵，并留下许多与西樵有关的诗作，这使得西樵山不再是一处普通的地理景观，而是一处"文学景观"。客观的地理环境和主观的文学创作之间也就此形成了一种联系。

一、西樵山的地理环境与文学创作

西樵山位于南海县西南部，东经112°58′，北纬22°55′，山体直径约4公里，面积14平方公里。山麓前沿与珠江平原连成一片，四周河涌交错，一马平川，是较为富庶的鱼米之乡。西樵之"樵"，为打柴意，因古时的广州人向西行来此山采樵而得名。①

西樵之所以能成为岭南地区的名山之一，一则得益于幽深瑰丽的自然

---

① 关祥：《西樵山志》，1页，广州，广东人民出版社，1992。

环境；二则得益于丰富的人文遗迹，从唐代起，西樵便被文人方士看中，或萧然物外、悠游林间，或在静谧的山中潜心修炼。至明代，山中开坛讲学之风盛行，使得山中科名鼎盛、文人辈出。深厚的自然及人文底蕴，使其有了"锦石山"、"仙山"、"茶山"、"理学名山"的美誉。而在文学创作方面，卜居及讲学山中的文人，如湛若水、方献夫、霍韬等人均爱以诗作歌颂山林美景或是记录卜居生活，明清之际又有岭南诸多文人雅士，如欧大任、孙蕡、黎民表、何维柏、陈子壮、陈恭尹、黎简、朱次琦等纷至沓来，寻旧迹、辟新境，留下了数量丰富的诗作。

西樵山典型的地理环境以及较为丰富的存诗数量，为探讨地理环境对文学创作的影响奠定了客观的基础。为了更深入地对这一问题进行探究，首先需要更为细致、全面地掌握西樵山的自然及人文景观，并对文学书写的情况有宏观上的认识。

1. 自然景观与文学描写

对于西樵山的自然环境，主要可以从地质地貌、水体情况、植被情况三个方面进行分析。

从地质地貌上看，西樵山是一座古火山，因火山爆发所产生的大量岩浆在海水里凝结，成为一个锥状的山体。而这种独特的形成方式，造成了西樵山孤峭挺拔、峰密林立的特征。清·阮元主编的《广东通志》有这样的描述："高耸千仞，势若游龙，周迴四十里，盘踞简村、沙头、龙津、金瓯四堡之间，峰峦七十有二，互相联属，面皆内向，若莲花擎空上"①。而在这些峰峦之中，又以大科峰为绝顶。

除了林立的峰峦，西樵山的岩洞景观也十分丰富，屈大均在《广东新语》中统计其"岩二十有一，洞有十"②。其中较为出名的有：宝林洞——"洞中四峰环列，万木参天"；九龙洞——"两崖奇窟如龙，其中岩窦相通，奇怪骇目"③；碧玉洞"洞岩石室轩豁可栖。中擘一泉，飞流缥缈，望之玉色玲珑"；白云洞"洞内平坦，可容数十人"④。

从水体情况上看，西樵山独特的山体结构使其"易于吸水储水。水从岩

---

① ［清］阮元：《广东通志》，清同治三年重印本缩影印，民国二十三年版，1905页，北京，商务印书馆。
② ［清］屈大均：《广东新语》，97页，中华书局，1985。
③ ［清］阮元：《广东通志》，清同治三年重印本缩影印，民国二十三年版，1905页，北京，商务印书馆。
④ ［明］郭棐：《岭海名胜记》，出版者不详。

石深处蜿蜒起伏、分支衍派的裂隙流出,构成了西樵山条条溪涧、挂挂瀑布、漾漾湖荡、眼眼清泉的水景"①。据统计,西樵山现有主泉32眼、瀑布25条、大小泉眼200个、溪涧8条、湖泊9个、池潭9个、水井9口②,极具泉壑之胜。再加上岭南地区独特的亚热带季风气候,使得降雨量十分充沛,"4—9月,春雨多而持久,细雨濛濛,少见晴日,烟雨弥漫,湿度较大。夏秋大雨如注,乌云密布,雨随阵风或雷鸣而降,雨过天晴,浮云飘烟"③。密集的降雨以及较为湿润的气候,造成了西樵山水气氤氲的特点。

从植被情况上看,得益于温暖湿润的气候条件,林木品种多样,数量丰富,漫山郁郁葱葱。

对于这些客观的自然景色,明代诗人欧大任在《游西樵山》一诗中写道:

"弱龄诵图经,雅志爱丘壑。良朋订远游,名山赴幽约。杪秋天宇清,始至谐夙诺。心迈易跻攀,步健轻岑崿。晓行陟诸峰,周览凌峻削。晶晶游氛敛,霏霏寒气薄。霜木竿巚高,风泉沥空落。迹绝洞疑扃,云攒岫如幕。寒萝上松门,临圬出烟阁……"④

欧大任在诗中记录了自己与朋友游览西樵山的前后经过,也将西樵山山势峭拔、水汽弥漫、林木茂盛的特点反映在了诗中。

又有明代诗人张诩所写的《西樵山》:

"高哉西樵山,足以抗天柱。龙自曹幕来,虎距金瓯屿,蜿蜒百里余,登者尽伛偻。树作老龙吟,水溜灵禽语。怪石肖人形,壁立险绝所……奇峰削不成,见人欲飞去。岩岩古洞幽,上有红泉注。和风淡簪缨,步步觉容与。应接笑不暇,一顾一延伫。脱巾挂松梢,放足潺湲处。两袖摇天风,幽怀浩无阻……"⑤

这首长诗细腻地描述了张诩游览西樵山的所见所闻。将西樵山喻为"天柱",描写山势的高峻,又有怪石、绝壁、奇峰、幽洞、美泉。西樵山多样化的自然景观让诗人"一顾一延伫",目不暇接。他们登山累了,就将汗湿的巾子挂于树梢之上,让其风干;又把双足放在潺潺的小溪之中,让清凉的泉水舒缓疲劳。在这里,诗人与西樵山不再是"欣赏"与"被欣

---

① 关祥:《西樵山志》,18～19页,广州,广东人民出版社,1992。
② 程孔硕:《西樵名胜古迹考》,民国二十四年版,中英商务局。
③ 关祥:《西樵山志》,18页,广州,广东人民出版社,1992。
④ [清]温汝能《粤东诗海》,580页,广州,中山大学出版社,1999。
⑤ 陈永正:《全粤诗》,卷152,广州,岭南美术出版社,2009。

赏"之间的关系,而是相互交融,彼此亲近。

2. 人文景观与文学描写

西樵山宁静幽深的自然环境,也孕育了大量的人文景观。

随着道佛两教的南传,钟灵毓秀的西樵山被宗教方士所看中。唐代,木邓子曾"修炼于西樵山金钗峰下。现峰北丹井仍存,世称木邓井,其水甘洌"。紫姑曾"隐迹于山上双荔峰,现九龙洞上仍有丹井,名紫姑井"。南汉时期,乌利道人"游方到西樵山,爱喷玉岩幽胜,栖止其中,辟修炼,植茶成园。岩下有炼丹井,一赤一白"①。因为有了宗教方士的足迹,自后西樵山上寺庙纷立,仅明代就建有佛教建筑宝峰寺、宝莲寺、接承庵、云岩古寺、白云古寺、锦岩庵;以及道教建筑云泉仙馆。再加上《西樵山志》上所记录的各种民间传说,如"僧道守云门"、"诗僧",以及关于"仙足"、"试剑石"的遐想,使西樵山愈发蒙上了空灵、传奇而玄妙的宗教色彩。不仅如此,西樵山又是一座理学名山。明正德以后,山上先后创建了4间书院。其中,大科书院"在烟霞洞,为湛文简公为编修时谢病归讲学之所";石泉书院,"在石泉洞,洞中多丰石美泉,为方文襄公谢病归讲学之所";四峰书院,"在宝林洞。嘉靖初霍文敏公谢病归,始建精舍于此,读书其中,因舍外四峰环列,命名曰四峰书院";云谷书院"在大科峰之南,天峰之下,湛若水建"。② 这四大书院,吸引了四方学者云集讲学其中,同时也令西樵山成为了岭南文明的重要传播地。此外,山中还有一些具有书院性质的书院、书社,规模较大的有湛若水门人何宗远所建的龙泉精舍,以及邓顺之所建的铁泉精舍。

针对这两点,诗人们在诗中多有表现。对于宗教遗迹,诗人们一是将寻仙问道视为游览西樵山必不可缺少的内容,二是喜欢将带有宗教色彩的景观或语句写入诗中。

明代诗人黎民表游览西樵山时,作《寻乌利仙人旧迹》:

"梦想仙人海上游,欲寻踪迹莽林丘。霓裳碧落飞何处,玉趾青山此暂留。勾漏丹砂犹未就,蓬莱双乌浪相求,峰前明月参差夜,应载鸾笙过十洲。"③

又如张廷臣所写《西樵山》,不仅写出了西樵山幽深秀美的特点,更将仙道的因素融入诗中,形成了深邃、悠远的意境:

---

① 关祥:《西樵山志》,114 页,广州,广东人民出版社,1992。
② [明]郭棐:《岭海名胜记》,卷 6,出版者不详。
③ 陈永正:《全粤诗》,卷 266,广州,岭南美术出版社,2009。

"紫翠峙金天,扶舆擅神秀。百里望侵云,千峰陟如簇。峻极逼中霄,烟村环半岫。嘉卉通仙灵,文禽互飞鸲。喷玉落秋声,云谷函晴绣。迎旭接罗浮,嵌空怳灵鹫,仙踪未易逢,前修犹可观。豹雾隐严阿,鸿献揭宇宙……"①

又有如郭棐《游西樵山》:

"一望樵湖野水分,奇峰戳巢绝纤氛,岩光半落仙人石,日影全遮玉女云。四月余寒生几席,九天空翠散氤氲。乘风便欲凌飞翰,漫向青霄访道君。"②

而对于西樵山中的书院、精舍,有的诗人也会前去游览一番并作诗记录,或是怀人、赠诗、或是抒发自己的志向。如明代诗人伦以谅所作《铁泉精舍舍赠邓顺之》:

"我爱铁泉子,迂疏不作家。尊空方乞酒,鼎沸旋沽茶。囊贮春山药,楼深石径花。是携九筇杖,天外拄明霞。"③

又如湛若水所写《将访西樵寄怀邓子》:

"方子石泉卜,廿年吾意中。风尘坐迟暮,高锡未凌风。我卜异于是,烟霞与尔同。碧云与云端,一以寄幽踪。且不离烟火,兼可巢筠松。居邻有二仲,或得共游从。"④

在这两首诗中均不乏对邓顺之卜居生活的描述,而这种生活的核心便是亲近自然。对此,伦以谅表达的是对这种生活的向往之情,而湛若水的态度则是:虽然我们卜居山中的目的各不相同,却可以一同遍游西樵的好山好水。足见西樵山的自然环境对卜居、讲学者的影响。

二、西樵山地理环境对诗人创作的影响

客观的地理环境转化为主观的文学作品,这两者之间必然存在着相互联系的桥梁。对此,我国古代就已经有学者尝试对其进行阐释。如刘勰在《文心雕龙·物色》中云:"若乃山林皋壤,实为文思之奥府。略语则阙,详说则繁。然屈平所以能洞监《风》、《骚》之情者,亦江山之助乎!"⑤

---

① [清]温汝能:《粤东诗海》,568页,广州,中山大学出版社,1999。
② [清]温汝能:《粤东诗海》,566页,广州,中山大学出版社,1999。
③ 陈永正:《全粤诗》,235页,广州,岭南美术出版社,2009。
④ 陈永正:《全粤诗》,193页,广州,岭南美术出版社,2009。
⑤ 戚良德:《文心雕龙校注通译》,519页,上海古籍出版社,2008。

在"物色"这一章节中,刘勰最主要的成果在于"感物说",也就探究自然对于文学创作的感召作用,而其中有意无意地从自然万象中演绎出"江山"二字,则将山林皋壤一类的地理环境与文学创作联系在了一起,并用"助"字概括了其中的影响作用。然而,地理环境究竟会在哪些方面对文学创作产生帮助?结合与西樵山有关的诗作,大致可以看出三个层面:

1. 地理环境成为诗的主题或素材

西樵山无论是自然景观还是人文景观都非常丰富。由所附的表格可以看出,自然景观中的峰、岩、洞、泉,以及人文景观中的书社、精舍、寺庙等等都进入到了诗人的视野当中,成为了诗歌的主题或素材。尤其是像大科峰、白云洞一类较为著名的景观,更是得到了文人雅士的反复吟咏。"山林皋壤,实文思之奥府",若将"奥府"译为"宝库",则可理解为,地理环境是创作的宝库,为文人提供了源源不断的素材。这可以说是地理环境对于文学创作是最简单,也是最初步的影响。

值得注意的是,地理环境并非毫无缘由地就会转化为诗歌,创作者也就是诗人对于题材或素材的选择也是不容忽视的部分。"诗所特有的对象或题材不是自然风光或人的外表形状,而是精神方面的旨趣"[①],诗人们书写西樵,吟咏西樵,其出发点很多都是源自于对于西樵山山水形胜,人文底蕴深厚的热爱与赞美。如黄在裘评西樵"樵山迤逦宛飞龙,形胜曾夸七十峰"[②];欧大任写西樵山山势奇谲"何年开一窍,神斧凿玲珑"[③];方献夫写西樵山中的瀑布"独立品崖不厌观,飞淙千丈下云间。年来耳目无它用,尽放清虚一壑间"[④];庞嵩写九龙洞"浪从仙侣日跻攀,不尽奇观是此山。云影九龙疑出洞,涧沿双壁几成湾"[⑤]。在这些诗中,不仅仅包含着对地理环境的客观描绘,更在字里行间表露了诗人们对于西樵山的眷恋与赞美。

"地域文化的特性并不意味着某种绝无仅有的属性和特征,而是指某一区域的人们能够根据自身所处的自然社会环境,使文化生长的共性中那些具有活力或积极意义的要素得到最佳的组合、最充分的发挥。"[⑥] 毫无疑问,无论是西樵山钟毓灵秀的自然景观,还是与学问、宗教相关的人文景

---

① 王先霈:《文学理论导引》,65页,北京,高等教育出版社,2005。
② [清]温汝能:《粤东诗海》,541页,广州,中山大学出版社,1999。
③ 陈永正:《全粤诗》,卷279,广州,岭南美术出版社,2009。
④ 关祥:《西樵山志》,125页,广州,广东人民出版社,1992。
⑤ 关祥:《西樵山志》,128页,广州,广东人民出版社,1992。
⑥ 王有三:《吴文化史丛》,23页,南京,江苏人民出版社,1993。

观，都属于当地乃至岭南文化中"具有活力或积极意义的要素"。因此，西樵山的各个景物成为诗歌的主题或素材，不仅仅是一个被动的被纳入诗中的过程，也有可能是诗人们主动选择的结果。

2. 地理环境激发诗人创作的灵感

诗歌的主要特点在于抒情性，情感的抒发必然需要一个"触发点"，而地理环境则是其中必不可少的因素之一。所谓"登山则情满于山，观海则言溢于海"，山川大海、湖泉瀑布，这些自然地理环境在给人们最直接的审美体验之余，更触发了情感与言语的喷涌。而对于创作者而言，这就是地理景观对于创作灵感的激发。

钟嵘与刘勰都曾对这一创作机制有过相关的论述。钟嵘在《诗品序》中云："气之动物，物之感人，故摇荡性情，形诸舞咏"①。所谓"物之感人"、"摇荡性情"，讲的就是客观景物对情感的触发作用。又如刘勰在《文心雕龙·物色》中云："春秋代序，阴阳惨舒，物色之动，心亦摇焉……岁有其物，物有其容；情以物牵，辞以情发。"② 刘勰所要揭示的过程与钟嵘是一致的，只是更为细腻，从他的论述中可以归纳出这样一种关系：气候 $\xrightarrow{影响}$ 物色 $\xrightarrow{触发}$ 审美感知 $\xrightarrow{抒发形成}$ 文辞。

不仅古代的文学评论家有此一说，而且一些文学家和诗人也能从大量的创作经验中体悟其中的联系，如杨万里在《下横山滩头望金华山》中写道："山思江情不负伊，雨姿晴态总成奇。闭门觅句非诗法，只是征行自有诗。"在他看来，"闭门觅句"绝非创作诗歌的好办法，唯有走出去受到自然环境的感召，才能做出好诗。

回到西樵山本身，这一观点也同样可以得到印证。陈恭尹在《西樵泉石记》中有语云："北会翠岩之水，降于碧玉千尺，广三丈余。自下望之，沛乎若悬江，何动心骇目。"③ 陈恭尹亲近山水探访西樵的泉石，转眼间，就因山间丰沛充足宛若悬江的泉水而"动心骇目"，所谓"动"与"骇"，体现的就是物色对审美感知的触发。倘若西樵山地理环境寡淡无味，那么陈恭尹自然不会专门作文以记之。

明代诗人方献夫可以说与西樵山缘分匪浅，"明正德七年，他以病辞

---

① 曹旭：《诗品笺注》，2 页，南京，人民文学出版社，2009。
② 戚良德：《文心雕龙校注通译》，514 页，上海古籍出版社，2008。
③ ［清］阮元：《广东通志》，清同治三年重印本缩影印，民国 23 年版，1906 页，北京，商务印书馆。

归,在西樵山筑精舍,与湛若水、霍韬往还论学十年。嘉靖初还朝,后又辞归西樵设石泉书院讲学,历十年卒。"① 长期讲学西樵的经历,使他能遍游西樵美景,也留下了许多关于西樵的诗作。他所做的《西樵诸景闲咏》,将西樵诸多景观收入诗中,而在《登大科峰绝顶》一诗中,他写道:

"晚来偶发登临兴,策马高凌绝顶头。尽见百川归巨海,却疑诸岭在平丘。拂云天外观何极,倚石松根坐不休。一枕借眠谁可共,几回飞梦到罗浮。"②

暮色苍茫中,群峰拱拜,层峦叠翠,这些自然之景触发了诗人创作的兴致,也牵动着诗人的情思。退避官场上的攻讦不休、尔虞我诈,方献夫面对自然胜境中的气象万千有感而发,寥寥数语,却别有一种超凡脱俗的境界。

又有清代诗人黄培芳在《西樵白云洞观瀑》中云:

"阴崖幽秘虎豹蹲,谁劈鬼斧开一门。攀林陟磴始到此,跨流飞度穷云根。四周石壁倚天立,忽裂石骨倾灵源。仙人偶在山上过,天瓢误向云巅翻。百尺斜飞破空下,琼瑰倒泻骊龙奔。山灵一洗万古俗,振荡林木清心魂。昔我东樵展高步,水帘瀑布幽且繁。九百八十看未足,还来此地观潺湲。白云冥冥满岩谷,云容水色相吐吞。探奇得此复叹绝,七十二峰休更论。"③

西樵山鬼斧神工般的岩洞景观以及烟波浩渺的飞瀑、潺潺的溪流,震撼着诗人的心灵,也让诗人文思勃发,将西樵胜景行云流水般地泻诸于笔端。

3. 地理环境影响诗人创作的风格

除了成为诗歌的主题素材、激发诗人创作的灵感之外,地理环境也会对诗人创作的风格产生一定的影响。总体来看,这种影响可以分为两种,一种是直接且显著的,正如马克思主义哲学所说,客观存在决定主观意识。西樵山客观而多样化的地理环境决定了它无论经过诗人怎样的加工处理,都不可避免地带有自身的风格特征。第二种则是间接的,且并不显而易见。具体表现在地理环境会对诗人的文化心理结构(包括性格、气质、审美追求等)产生影响,进而影响创作风格。

对于第一层的影响,只要结合西樵山自身的地理环境就可以鲜明地看出。在描写西樵山的诗作中,诗的风格可以用以下几个词进行概括:清丽、奇峻、幽远、宁静。而这样的风格特征,无不可以从西樵山的地理环

---

① 关祥:《西樵山志》,116页,广州,广东人民出版社,1992。
② 陈永正:《全粤诗》,190页,广州,岭南美术出版社,2009。
③ 关祥:《西樵山志》,139页,广州,广东人民出版社,1992。

境中得到印证。从自然景观上看,西樵山可以说有着多面性,山中的峰峦、瀑泉、池湖,秀美瑰丽、充满灵性,峰峦林立高峻,岩洞景观独特怪异,又给人以极具冲击力的审美体验。从人文景观上看,由于宗教方士在山中修炼的遗迹以及佛寺、仙馆的建设,使得山中弥漫着空灵、幽深的传奇色彩。而数量颇多的书院以及各类讲学场所,则令西樵文化底蕴深厚,给人以宁静的心灵体验。西樵山丰富多样的地理环境给予了诗人不同的审美体验,也影响了诗人的创作风格。

如孙蕡所写的《西樵山》,既不乏雄阔的意境,又掺杂着柔美宁静的笔调:

"西樵山势捲飞龙,万里扶桑海色通。日丽锦岩开翠画,雨余银渚漾芙蓉。紫河车荫仙人掌,白鹤花明玉女峰。上相朝元鸣玉佩,三城佳气郁葱茏。"①

又如何维柏的《游西樵山》,秀美之余而又带有幽深空灵的色彩。

"採芳犹及暮春前,路入桃源洞里天。几片落花临钓石,数声鸣鸟破朝烟。回看世界真如幻,每到林泉似有缘。欲识舞雩童冠乐,且随花柳过前川。"②

此外,许多为登高而作的诗歌还会带有豪迈的格调:

"恍惚不知登绝顶,晓风乘我我乘风"③(汪后来《大科峰见日》)。

"振衣不见湿,去天尺五许。谁云此山小,一览隘寰宇"④(张诩《西樵山》)。

"置身千仞腋生风,天空海阔皆真趣"⑤(邓士宪《大科峰》)。

对于第二个层面,情况则较为复杂。法国著名文学批评家斯达尔夫人在《论文学》中讲到:"北方人喜爱的形象和南方人乐于追忆的形象之间存在着差别。气候当然是产生这些差别的主要原因之一。"⑥ "北方"、"南方"、"气候"这三个因素属于地理环境的范畴,而在作品中经常使用的形象,则应当属于创作风格的范畴,虽然斯达尔夫人没有对此问题进行深入论述,却将地理环境——文学家——创作风格联系到了一起。

又如,在《英国文学史·序言》中,丹纳明确提出影响文学生产和发

---

① 陈永正:《全粤诗》,卷62,广州,岭南美术出版社,2009。
② 陈永正:《全粤诗》,卷323,广州,岭南美术出版社,2009。
③ 关祥:《西樵山志》,135页,广州,广东人民出版社,1992。
④ 陈永正:《全粤诗》,卷152,广州,岭南美术出版社,2009。
⑤ 关祥:《西樵山志》,137页,广州,广东人民出版社,1992。
⑥ 斯达尔夫人:《论文学》,146~147页,北京,人民文学出版社,1986。

展的三个因素：种族、环境和时代，并认为人类的一切创造活动都应该从这些因素中去寻找最终的根源。比如他在分析自然环境对阿利安人的影响时说："虽然我们只能模糊地追溯，阿利安人如何从他们共同的故乡到达他们最终分别定居的地方，但是我们却能断言，以日耳曼民族为一方面和以希腊民族与拉丁民族为另一方面，二者之间所显出的深刻差异主要是由于他们所居住的国家之间的差异：有的住在寒冷潮湿的地带，深入崎岖卑湿的森林或濒临惊涛骇浪的海岸，为忧郁或过激的感觉所缠绕，倾向于狂醉和贪食，喜欢战斗流血的生活；其他的却住在可爱的风景区，站在光明愉快的海岸上，向往于航海或商业，并没有强大的胃欲，一开始就倾向于社会的事物，固定的国家组织，以及属于感情的气质方面的发展如雄辩术、鉴赏力、科学发明、文学、艺术等"①。也就是说，不同的地域风貌塑造了人类不同的情感气质，因而，反映在艺术创作方面也就有了不同的表现。

从与西樵山有关的诗作来看，虽然不能断言西樵山的地理环境塑造了诗人的气质，却也不能否认西樵山的山水、人文的确对诗人的性情、心理起到了一定的影响作用。如方献夫所作《石泉精舍漫兴》："心契平生石与泉，泉甘可饮石堪眠。镜湖数亩波千顷，土阁三间月一天。钓竹懒拈饶暇日，碁枰不对已多年。闲观消息盈虚里，时检床头说易篇。"② 方献夫一生之中有二十年在西樵山中度过，西樵山所给予他的不仅仅是宁静悠然的生活，更是超然淡泊性情。而在其影响下所作的诗歌，也就自然带有了宁静自然，不被外物所累的风格特征。又有张锦麟游白云洞，因忆及曾有人在洞内读书讲学而感慨："清寒难久居，动静如有会。愧彼洗心人，岩栖谢尘界。"③ 所谓"洗心"，即是抛开尘世的纷扰，让心性受到自然环境的洗涤与陶冶。子曰："知者乐水，仁者乐山；知者动，仁者静；知者乐，仁者静"（《论语·雍也篇》），在论述儒家的"比德"思想之余，实际也蕴含着山水与性格之间的联系，甚至可以引申为山水对性格的影响。反观西樵山，不仅有幽深瑰丽山色，还有丰沛灵动的美泉，再加上人文气息的熏陶与感染，西樵山带给文人雅士们的不仅仅是一种多元化的审美体验，也是一种独特的，荡涤心性的力量。在这些因素的综合作用下，不见江南诗歌中"水光潋滟晴方好，山色空蒙雨亦奇"式的纤秀绮丽，不见"会当临

---

① 伍蠡甫：《西方文论选》下卷，237～238页，上海译文出版社，1979。
② 陈永正：《全粤诗》，卷190，广州，岭南美术出版社，2009。
③ ［清］温汝能：《粤东诗海》，卷84，广州，中山大学出版社，1999。

绝顶，一览众山小"式的霸气，而是一派与西樵山山水人文相得益彰的清丽洒脱，悠远宁静。

反观中国的古典文论，众多的学者或是文学家都曾对"南北文风"有过相关的议论或总结，虽然论述的内容不尽相同，但最终的落脚点都离不开南北地理环境的差异。正所谓一方水土养一方人，人杰地灵，从最简单的俗语中也可抽象出其中的道理。

三、结 论

综上所述，从与西樵山有关的诗作出发可以看出，地理环境的确会对文学创作产生一定的影响，这种影响主要表现在：第一，地理环境成为诗的主题或素材；第二，地理环境激发诗人创作的灵感；第三，地理环境影响诗人创作的风格。不仅西樵山诗歌作品是这样，岭南乃至于更大区域的文学作品也是这样。就岭南诗歌而言，这三点也同样适用。陈永正先生在《全粤诗》前言中归纳道："描绘山川风物，表现对乡土的热爱之情"是"岭南诗歌在内容方面的特色之一"[①]；所言"内容"，即是诗的主题或素材，而这又源于岭南的"山川风物"，也就是地理环境。而后又在论及岭南地区"雄直"诗风时指出：地理环境塑造了粤人豪纵真率、独立自强、勇于进取、敢于抗争的性格特征，为"雄直"诗风奠定了精神基础。[②] 反映了地理环境影响诗人的精神风貌，进而影响诗歌创作的规律特征。

我们研究地理环境对文学创作的影响，不仅可以建构起地理与文学之间的联系，还能够加深对于文学作品的认识。但是，需要强调一点，地理环境并非是决定一切的主要因素，题材的选择、灵感的触发、风格的形成更会受到创作主体学识、秉性、人生经历等因素，以及社会环境的制约与影响。因此说，地理环境对于文学创作的影响是存在的，却并不是唯一的。本文只是一个初步的尝试，希望日后会有更多的人从事这一课题的研究，尤其是针对岭南诗歌或是岭南其他文学作品的研究。

（叶卉 广州大学人文学院2012级研究生 指导教师为刘庆华）

---

① 陈永正：《全粤诗·前言》，13～14页，广州，岭南美术出版社，2009。
② 陈永正：《全粤诗·前言》，30～32页，广州，岭南美术出版社，2009。

裴铏的《传奇》与广府文化

唐慧婧

摘要 裴铏与其撰写的《传奇》是文言小说中的经典，历来受到众多学者的重视。关于《传奇》的创作手法和人物塑造的研究有很多，但是涉及《传奇》与地域文化的研究却鲜见。本文就《传奇》中与广府文化相关的故事，并联系裴铏对广府文化的接受和欣赏态度，以及广府文化的独特价值，做一个浅显的研究。

关键词 裴铏 《传奇》 广府文化

裴铏与其撰写的《传奇》，在我国文言小说史上占有极其重要的地位。《传奇》中的作品，搜奇记逸，浪漫主义色彩比较浓厚，这对后世文学艺术的发展颇有影响，后世把唐代小说称为"传奇"的原因，即发端于裴铏的《传奇》。《传奇》中有六篇故事是在岭南这一地理环境中产生的，其中，《崔炜》和《张无颇》这两个故事多方面、多角度地体现了广府文化。

一、裴铏其人以及创作《传奇》故事之原因

裴铏是中唐时期的人，字、号、生卒时间均不详。现在可查的是，咸通元年（860年），裴铏为秦州刺史高骈"从事"。高骈因御羌有功，"徙屯秦州，即拜刺史"，裴铏恐于此时开始即为高骈幕僚。咸通七年十一月"置静海军于安南，以高骈为节度使。"咸通七年（866年），高骈曾整治安南至广州江道，沟通交广物资运输。裴铏跟随高骈来到岭南，并在此地生活了十余年之久。于是裴铏就地取材，将广府文化、广府的民间传说、民俗、典故融入到了各种"神仙恢谲之事"的传奇故事之中。

二、深受广府文化影响的《传奇》故事

在《传奇》的31篇作品当中，有两篇故事完全是取材于岭南的民风民俗，体现了我们广府文化的历史悠久和博大精深。这六篇故事中，运用

了很多广府民间传说、典故,蕴含了丰富的广府文化元素。以下着重分析这两篇故事:

(一)《崔炜》

故事讲述的是,主人公崔炜因搭救了一位偷食寺庙供果的老妪而获得了一些神奇的艾草。崔炜用艾草为任翁、蚺蛇治病,遇见了活人祭祀,后误入南越王墓,娶田夫人为妻,最后得道成仙。故事描述了崔炜的一系列神奇历程。

《崔炜》的人物、地点和环境皆取材于岭南古老的传说。如崔炜手中的"法宝"——艾草,即来源于岭南人用草药治病的传统:

广之属郡及乡里之间多蓄蛊,彼之人悉能验之。以草药活之,十得其七八。

岭南多瘴疠,水土湿热,因此岭南人喜喝凉茶,且有用草药治病的传统。如今,凉茶也成为了广府文化的元素之一,在街巷随处可见的凉茶铺,反映了广府人早已把用草药制成的凉茶祛除湿热变为自己生活的习惯,定期饮用凉茶是生活中不可或缺的一部分。

《崔炜》这则故事发生的主要地点在南越王的赵佗墓,实受岭南"赵佗古墓"传说之启发。因现在发现的越秀山下的南越王墓实为赵佗之孙赵眛之墓,现今仍未发现赵佗之墓,这无疑使得人们对赵佗墓产生了奇幻瑰丽的想象。晋代王范《交广二州记》云:

越王赵佗,生有奉制称藩之节,死有秘奥神密之墓。佗之葬也,因山为坟。其垅茔可谓奢大,葬积珍玩。吴时遣使发掘其墓,求索棺柩,凿山破石,费日损力,卒无所获。佗虽奢僭,慎终其身。乃令后人不知其处,有似松乔迁景,牧竖固无所残矣。①

南朝沈怀远《南越志》亦云:

越佗疑冢,孙权时,闻赵佗墓多异宝为殉,乃发卒数千人,寻掘其冢,役夫多死,竟不可得。次掘婴齐墓,得玉玺、金印、铜剑之属,而佗墓卒无知者。②

这两则传说说明赵佗墓神秘莫测,多奇珍异宝,令人向往,裴铏在此

---

① 骆廷,骆伟辑注:《岭南古代方志辑佚》,81 页,广州,广东人民出版社,2002。
② 骆廷,骆伟辑注:《岭南古代方志辑佚》,155 页,广州,广东人民出版社,2002。

基础上虚构了崔炜误入赵佗墓这一情节,并用浓彩重笔描写了赵佗墓的富丽堂皇:

> 但见一室空阔,可百余步。穴之四壁,皆镌为房室,当中有锦绣炜帐数间,垂金泥紫,更饰以珠翠,炫晃如明星之连缀,帐前有金炉,炉上有蛟龙、鸾凤、龟蛇、鸾雀,皆张口喷出香烟,芬芳蓊郁。旁有小池,砌以金壁,贮以水银,凫鹥之类,皆琢以琼瑶而泛之。四壁有床,咸饰以犀象,上有琴瑟、笙篁、鼗鼓、枳敔,不可胜记。炜细视,手泽尚新。炜乃恍然,莫测是何洞府也。①

通向赵佗墓的大枯井亦与古老传说有关:

> 及晓视之,乃一巨穴,深百余丈,无计可出。四旁嵌空宛转,可容千人。

此井实为越台井,即建在越王台下的井,相传为赵佗所凿,刘恂《岭表录异》云:

> 越台井,井在州北越王台下,深百尺余,砖甓完备,云南越赵佗所凿。②

此外,"越王台"、"罗浮山"等无不与古老的岭南传说有关:

> 罗浮山　蓬莱有三别岛,浮山其一也。太古时,浮山自东海浮来,与罗山合,崖岘皆为一。

> 越井岗(越王台)　岗头有古台基址……今在悟性寺后,郡人呼为越王台。相传尉佗曾张东于此。故老云,旧皆夹道载菊,黄花迤逦,为九日登高之所。

小说中的人物除崔炜是虚构的外,其他均为历史人物或传说中的人物。赵佗和任嚣是历史人物,但已被民间神秘化了。

赵佗,是汉初岭南霸主,曾奉秦始皇指令,作为任嚣的副手,领兵收复南越。《南越志》中却记载他获得了神人的帮助:

> 南越民,不耻寇盗,其时尉佗治番禺,乃兴兵攻之,有神人适下,辅佐之,冢为造弩一张,一放,杀越军万人,三放,三万人。③

在帮助秦始皇成功收复南越之后,赵佗成为了龙川令。最近在广东省河源市发现的长乐台遗址,便是赵佗建立的四所行宫之一。相传其还在任

---

① [唐]裴铏著,周楞伽辑注:《裴铏传奇》,15页,上海古籍出版社,1980。
② 《岭南古代方志辑佚》,194页,广州,广东人民出版社,2002。
③ 骆廷,骆伟辑注:《岭南古代方志辑佚》,155页,广州,广东人民出版社,2002。

嚣建立的"任将军城"的基础上，扩建为"赵城"。

任嚣，在秦始皇收复南越之后任南海尉，《南越志》亦将其神秘化：

> 尉任嚣疾笃，知己子不肖，不堪付以后事，遂召龙川令越佗，谓之曰：秦室丧乱，未有真主，吾观天文，五星聚于东井，知南越偏霸之象。故召佗授以权柄。①

羊城使者是岭南传说中的人物：

> 州厅事梁上画五羊像，又作五谷囊，随像悬之。云昔高固为楚相，五羊衔谷于楚庭，于是图其像。广州则楚分野，故因图像其瑞焉。②

《崔炜》中出现了众多与岭南有关的道教名人，其中之一是鲍靓：

> 鲍靓，为南海太守，尝夕飞往罗浮山，晓还。有小吏晨洒，忽见两鹊飞入，小齐吏帚掷之坠于地，视乃靓之履也。③

鲍靓的女婿——葛洪，曾来到罗浮山修行，并且在修行过程中著有《抱朴子》等书。

在故事的尾声，崔炜之妻田夫人告诉崔炜，他所救的老妪就是鲍靓之女——鲍姑。也许，正因为鲍姑曾在现今番禺一带治病救人，她的妙手仁心才被广府百姓所称道。现在，广州的三元宫当中，供奉的正是鲍姑。三元宫的香火非常旺，特别是农历新年之时，人们都来到三元宫上香，祈祷来年平安顺利。

此外，粤地风俗尚鬼，巫风甚炽。作者将时间安排在农历七月十四的鬼节"中元日"，"中元日"是道教对鬼节的称呼，佛教称鬼节为"盂兰盆会"，由此可见，道教对裴铏的影响非同一般。小说写道："时中元日，番禺人多陈设珍异于佛庙，集百戏于开元寺。"④这里可反映当时岭南的风俗：

> 越人俗鬼，而其祠皆见鬼，数有效……（汉武帝）乃令越巫立越祝祠，安台无坛，亦祠天神上帝百鬼。⑤

由上述材料，足见岭南（南越）当时的"鬼神崇拜"民俗以及祭祀活动多么的风行，连远在中原的汉武帝也不得不顺应岭南民俗，而"祠天神上帝百鬼"。任翁家所祭祀的"独脚鬼"，可以追溯到《庄子》等书中的

---

① 骆廷，骆伟辑注：《岭南古代方志辑佚》，155页，广州，广东人民出版社，2002。
② 骆廷，骆伟辑注：《岭南古代方志辑佚》，85页，广州，广东人民出版社，2002。
③ ［清］仇巨川纂：《羊城古钞》，456页，广州，广东人民出版社，2002。
④ ［唐］裴铏著，周楞伽辑注：《裴铏传奇》，14页，上海古籍出版社，1980。
⑤ 钟敬文主编：《中国民俗史·汉魏卷》，398页，北京，人民出版社，2008。

"夔",民间老百姓在供奉"独脚鬼"时,敬称其为"独脚山魈"或"独脚神"。《神仙传》中的"奕巴"就是独脚鬼的雏形。主人公崔炜正是受到了三年一度以活人祭祀"独脚鬼"所害,甚至差点殒命。不过,故事的转折点也在于此,主人公崔炜因祸得福,误入南越王墓,并且娶回了如花美眷,最后追随鲍姑得道成仙。①

(二)《张无颇》

此篇传奇亦取材于岭南民间传说,并且深受广府文化的影响。小说中"衣王者之衣,戴远游之冠,二紫衣侍女扶立而临砌"的广利王以岭南神话人物广利王为原型,广利王即南海海神祝融,唐玄宗天宝十年(751年)册封为广利王,祭祀甚盛。小说主要情节在广利王的宫殿展开,宫殿庄严壮丽,曲折幽深,中多奇珍异宝,"食顷,忽睹城宇极峻,守卫甚严。宦者引尢颇入十数重门,至殿庭,多列美女,服饰甚鲜,卓然侍立。"②"无颇又经数重户,至一小殿,廊宇皆缀明玑翠珰,楹楣焕耀,若布金钿,异香氲郁,满其庭户。"③此宫殿乃以广利王庙为原型,广利王庙,即南海神庙,建自隋开皇年间,宏伟壮丽,相传多有珍宝异物,元代吴莱《南海古迹记》云:

南海广利王庙在番禺。南庙有唐韩文公碑,庙有玉简、玉箫、玉砚、象鞭,精致。郑絪出镇时,林霭守高州,献铜鼓,面阔五尺,脐隐起,有海鱼虾蟆周匝,今藏庙中。宋真宗赐南海玉带,蕃国刻金书表,龙牙火浣布并存。④

南海神庙是我国古代海神庙中唯一遗存下来的最完整、规模最大的建筑群,是古代国家祭祀的重要组成部分,是我国古代"海上丝绸之路"的重要史迹,其丰富的祭祀文化在国家礼制以及中外交通史上都占有非常重要的地位。现在,广州一年一度热闹的南海神庙庙会在每年的农历二月十一至二月十三日举行,南海神庙的庙会就是著名的"波罗诞"。这是广州乃至珠江三角洲地区独具特色的民间传统节庆活动,也是珠三角最大的民间庙会之一,也是现今全国唯一仍对海神进行祭祀的活动。南海神庙及其

---

① [日]大塚秀高:《〈夷坚志〉中的独脚鬼》,载《社会科学辑刊》,1980(3)。
②③ 骆廷,骆伟辑注:《岭南古代方志辑佚》,58页,广州,广东人民出版社,2002。
④ 骆廷,骆伟辑注:《岭南古代方志辑佚》,530页,广州,广东人民出版社,2002。

庙会保存了相当多广府传统民俗和文化，不仅是岭南，也是我国一处珍贵的非物质文化遗产。

小说中还颇多岭南异产，"玉龙膏"具有神奇的功能，"以酒吞之"，病"立愈"，它极有可能是用蛇制作的药物，屈大均的《广东新语》载："凡有蛇之所即有蛇药……以酿酒，可治疮疥。"① 《太平广记》有"玉龙膏"一条，记载了玉龙膏的神奇。此外，广利王赠送张无颇的价值巨万的"骇鸡犀"即为"通天犀"，亦是岭南传说中的神奇之物。当时，岭南被誉为"天子南库"，众多的珍稀宝物皆出自于此：

> 岭表（五岭之南，也称岭外）所产犀牛，大的似牛而猪头，脚似象，蹄有三甲，首有二角：一在额上，为兕犀；一在鼻上，较小，为胡帽犀……即冶为盘碟器皿之类。又有骇鸡犀（有白缕如丝，以置米中，鸡辄骇也）、辟尘犀、辟水犀、光明犀，此数犀，但闻其说，不可得而见也。

故事中所记载的袁大娘是道家名家袁天纲之女。据《新唐书·方技》中记载，袁天纲初仕隋末，为盐官令，官政空暇，以相术为雅谈。后来袁天纲成为了唐代的大相士，曾为武则天看相。有一子，名客师。周楞伽先生在注释中写到："袁大娘和袁大娘的丈夫程先生未有史料记载……但裴铏必有根据。"②

"袁大娘"这一名字的由来，很可能与岭南当地的风俗习惯有关。岭南人家的女儿一般被唤作"大娘"，暂且不论历史上的袁天纲是否真有一女，但"袁大娘"这个形象却是袁天纲来到岭南，并且深受岭南风俗习惯影响的真实写照。袁大娘的丈夫程先生，有可能就是葛洪《抱朴子·程伟妻》中的程伟。《程伟妻》的主角是程伟的妻子，这位妻子是方士的女儿，这也印证了袁天纲是道士的史实。

三、从裴铏对岭南文化的态度看广府文化的独特价值

从裴铏创作的这两篇故事来看，广府文化有其自身独特的价值。文化的生成、存在和变化发展，是受一定的时间和空间制约的。评判文化也要相应有一个变化的、发展的观点。就空间而言，不同地域的存在，不同生成环境的存在，决定了文化的格局也不可能是纯粹的、齐一的，因此评判

---

① ［清］屈大均：《广东新语》，603页。
② ［唐］裴铏著，周楞伽辑注：《裴铏传奇》，61页，上海古籍出版社，1980。

文化还要相应有一个多元的、包容的观点。如果用一元的、静止的文化标准衡量包括岭南文化在内的地域文化，就难免出现脱节与错位；但如果改用多元的、发展的文化标准来审视，思路也许就会开阔得多。[①]对于广府文化，最初裴铏并不十分认同，因其受到中原文化的影响。但随着裴铏居住在岭南的时间增长，由于其创作的深入，裴铏慢慢接受、认同并且到最后变成了欣赏，甚至喜爱广府文化。被五岭所阻隔的岭南相对独立，形成了自己特有的"水文化"、"蓝色文明"等等，与中原的内陆文化、"黄色文明"完全不同。岭南最早接受外来文化影响，佛教、伊斯兰教、基督教都是从此地登陆的，上文所提到的"西来初地"指的是佛教登陆我国就是在广州。作为岭南文化中最有影响力的广府文化，其独特价值在于，广府文化是一种拥有极强包容性的"杂交"文化。大致说来，岭南文化的形成是一个"杂交"的过程，主要有三个源头：一是古代百越族，即当地土著居民创造的原生态文化，这个源头在今天还可以依稀见到。第二个源头就是中原文化的决定性影响，由历史上几次大规模移民所形成，这是我们今天所说岭南文化的根源和主体部分，岭南文化对于中国传统文化的贡献也主要体现在这里。第三个源头，就是来自西洋、南洋，甚至包括非洲、美洲等地的异域文化影响。广州一直是我国对外贸易的窗口，因此广府文化是一种兼容文化，不仅受到内部中原文化的影响，也受外来文化的影响。《传奇》中有一篇文章名为《昆仑奴》，讲的就是一位来自东南亚的奴仆为了主人的幸福，而勇敢与强权抗争的故事。广府文化由这三个源头"杂交"形成，是非常独特的，也为其他地域文化所少有的。

广府文化历史悠久，但现在真正了解广府文化的人并不多。裴铏的《传奇》是我国地域民俗文化的丰富宝库，从《崔炜》《张无颇》这两篇传奇故事中，我们看到了许许多多关于广府的史地民俗文化资料，这对于研究广府文化无疑是非常有帮助的。《传奇》还为我们开启了一扇窗户，透过这扇窗户，我们不仅了解了从秦朝至唐代以来广府文化的发展，而且能从中看出，广府文化独特的价值在哪里。若能深入挖掘和研究《传奇》故事中的广府文化元素，这对于我们广府文化的保护和宣传也是非常有意义的。

（唐慧婧　广州大学人文学院中国古典文献学2011级研究生　指导教师为徐奇堂）

---

① 刘斯奋，谭运长：《岭南文化的独特价值在哪里》，载《同舟共进》，2007（6）。

试论清代广州狱政

熊雪花

中国的监狱制度源远流长。中国监狱史,可以被看成历史学的一个分支,同时与监狱管理学、法学有着密切的联系,是一门新兴的学科。长期以来,无论是在历史学还是在法学领域,中国监狱史的研究都被严重忽视,专门对清代广州狱政研究的论著更是未见。本文拟对清代广州监狱的设置与布局、狱政特征及其成因作一考证,以就正于方家。

一、清代广州监狱的设置与布局

清代全国监狱种类繁多,有中央监狱、地方监狱、还有宗室贵族监狱、宫廷事务人员监狱、八旗军人监狱等,全国设狱不下两千多处。中央监狱是清廷及其主管部门管辖下的监狱,主要有刑部监、盛京刑部监、宗人府空房、慎刑司监和步军统领衙门监狱。此外,清朝在省、府(厅)、州、县各级衙门,也均设有监狱。同时还存在大量非法羁押囚犯的场所,最典型的是"班馆"。[①] 当时,广州城分属两县,西属南海县,东属番禺县。据外文报刊《中国丛报》第十二卷,十一期(1843 年 11 月)记载:"广州城共设有六所监狱,南海县设 2 所,番禺县设 2 所,设州监 1 所,设省监 1 所。前 5 所监狱占地面积约 5 亩之多,每一所可容纳罪犯 500 多人,后一所监狱占地 7 亩多,可容纳罪犯 1000 多人。"[②]

清代的监狱都设置在各级衙署正堂的西面。据《天文录》记载:"主狱事,典治囚徒也。""昴者,天子之耳也,主西方。"[③]而按古天文学,主管狱事的是昴星。所以得知清代地方监狱应该与历朝的传统一样,设置在各级衙署正堂的西面。此外,监狱内有独立的院墙和门户,里面建有狱神

---

① 郑秦:《清代法律制度研究》,161 页,北京,中国政法大学出版社,2000。
② "Notice of the Prisons in the City of Canton", The Chinese Repository, vol. 12, pp. 619~620。该报为英文版,中文为作者自译。
③ [宋]李昉:《太平御览》卷 7,《天部·星》引《天文录》。

庙和监房。狱神庙建在狱门内，狱门上画有"狴犴"图案，一说其"平生好讼，今狱门狮子头，是其遗像"；另一说其名"宪章"，"其形似兽，有威性，好囚，故立于狱门上"。① 广州监狱的建造也不例外，建有狱神庙，狱门上也画有"狴犴"图案。据外文报刊《中国丛报》在描述广州监狱时所述："狱门前有提供狱吏居住的地方，里面还有另外一扇门，门顶雕刻着老虎头像，直通'天井'，'天井'占整个监狱面积的四分之一，剩下的都是关押囚犯的地方，牢房像普通房子一样，房顶向两边下斜，房顶的木材排列得非常紧凑以防犯人越狱，天井里只有一个出口，一到晚上大门紧闭，这样囚犯只能限制在各自房间。"② 这里所指的"天井"应该就是狱神庙，老虎头像就是狱门上画的"狴犴"图案，所以可知广州监狱样貌大体上应该和其他地方监狱结构基本相似。

广州的这些监狱内除了建有狱神庙，也设有监房，并有其自身的构造特征。据《中国丛报》记载："天井以外这些关押囚犯的地方，被分为几十个小监房，每一个监房大概能容纳三排犯人躺下来休息。晚上，这些小监房都会用三到四英尺高的甲板隔开，给予每个犯人独立的休息空间，这样将他们某种程度上的隔开，目的是防止他们打架斗殴。监房里的地板高出地面约一英尺，用厚厚的木板铺成，监房里有个两尺高的木板，上面铺上石头，可以放置犯人用的餐具和洗漱器皿。"③ 可见当时广州监狱内的布局甚是严密。

据上可知，在沿袭传统的基础上，清代广州监狱的设置布局又有着自身的特色。但不管怎样，都是为了体现了监狱的威严性以及加强对犯人的严格监视。

二、清代狱制下的广州狱政

清朝是封建监狱法制的集大成者，制定了形形色色的法律和规则，建立了封建王朝中最为成熟、完备的监狱制度。但是，封建社会的人治性质，封建法制的虚伪、虚弱本质，封建监狱苦人、辱人的宗旨，都决定了清朝监狱法律及依法建立起来的一系列制度，往往成为一纸空文，致使立法与执法相互脱节、制度与现实严重背离，狱吏如狼似虎，监狱暗无天

---

① [明] 徐应秋：《玉芝堂谈荟》，卷33。
②③ "Notice of the Prisons in the City of Canton", The Chinese Repository, vol. 12, pp. 620。该报为英文版，中文为作者自译。

日。因此：在研究清朝广州狱政实施状况时，应当与清朝封建监狱法制相结合进行比较，挖掘其特征，进而揭示其本质。

1. 私禁泛滥、暗无天日

清代地方监房一般分重监和轻监两种，"狴犴门内分为四层。第一层，近狱神祠者，为软监，一切重案内从轻问拟者，应追赃未完及拟徒候遣者居之。第二层，稍进者，为外监，流罪及人命窝逃正犯、偷窃未结者居之。其两层专令狱卒掌管。第三层，又进者，为里监，所谓重监是也，人命重犯已结拟辟及强盗审明情可矜疑者居之。第四层，最深邃者，为暗监，所谓黑狱是也，强盗历年缓决及新盗拟辟者居之。其两层令本监狱罪囚轮流充五长管辖，而狱卒为之总理"。① 监房是"合法"羁押犯人的处所，州县羁押的处所除了监狱，还有不合法的班馆。班馆，又叫班房、卡房、自新所、候质所、知过亭、支搁亭、中公所等名称，各地叫法不同，实则相同，性质就是衙役私设的"看守所"。班馆原是三班衙役的值房，"衙役拘捕或传唤来人犯、干连证人等，恐其逃脱，迟误审判，又想乘机敲诈，于是就有了班房的出现。"② 广州羁押犯人的场所除了上面提到的六所合法监狱，也存在非法羁押场所且数量尤其多，可谓"私禁泛滥"，据《清宣宗实录》载：道光年间广东省南海县"私馆凡十余处"；香山县亦有"十余所"、顺德县的班馆公开标号有从"一羁"到"八羁"之多。③ 有的私禁场所竟成妓院，如嘉庆年间"那彦成、百龄参奏玩视刑狱，烂羁人犯，并听任蠹役官媒，私押男妇，致毙多命之县令，请旨革职一摺。粤东狱讼繁兴，省城首县，即因待质人犯较多，自应禀知该管上司，妥为办理，设法羁押。南海一县设有班馆 3 处，差役私馆 50 处，番禺县则有带候所 1 处，差役私馆 12 处，且听任蠹役于各馆安设木栅四维堵塞，将讹诈不遂之人闭锢其中，竟通黑狱，致令无辜拘系，瘐死多人；甚至将各案未结女犯，发交官媒收管，设立女馆名目，遇有年少妇女，官媒竟通令卖奸得赃，改令等置若罔闻，尤为可恨。"④ 可见广州一地非法羁押场所，可谓规模空前，竟有逼女犯卖淫之事，残酷的现实与《律例》的堂皇条文形成鲜明的对比。翻译《大清律令草案》的西方人斯丹东译过一封 1805 年广州巡抚致皇帝控告州县官之奏折："县官拖延审判，致使未定罪犯人益多，

---

① ［清］黄六鸿：《福惠全书》卷 13，《刑名部·监禁》。
② 郑秦：《清代法律制度研究》，161 页，北京，中国政法大学出版社，2000。
③ 《清宣宗实录》卷二百五十一，道光十四年四月辛酉。
④ 《清实录广东史料》卷三，318 页。

纵容衙役私设监押场所，在南海的小牢房，每一所牢房竟羁押犯人达一百多人，其中还包括有证人、原告、无论案件轻重，都长时间的任意监禁，除了监狱，南海还设有不少于十所的私禁场所，番禺有十二处，总共羁押犯人两百多人。这些犯人就像关在笼子里，任由那些狱吏压迫、敲诈，许多无辜者在惨无人道，邪恶的残酷现实下对洗雪冤屈已经麻木、绝望了，难以想象有多少冤魂毙死狱中。案件中如有未结案的女犯，交给官媒收管，年少的女犯，官媒竟强迫卖淫然后分赃。"① 译者"斯丹东虽然认为作为控告者为了彰显功绩可能夸大其词，但也承认了广州黑狱之现实。"② 从这份西方人翻译的奏折中也可以看出当时广州监狱私禁泛滥，关押无度，逼女囚为娼，拖毙致死的囚犯之多，让人难以想象。

上述非法系囚场所，广州的这些州县官吏对"衙役私设"的班馆是完全知情的，香山县、南海县的班馆甚至设在县衙和典史衙内。更多情况下，广州的州县官吏不但知情，而且支持这种非法羁押。除非法系囚场所之多外，广州监禁环境也十分恶劣，犯人长期带着手铐脚镣无法移动，监狱瘟疫流行。如《中国丛报》记载："在州监、县监的每个犯人都必须带有手铐脚镣，脖子上系枷，白天，为方便囚犯用餐，有一只手可以解铐。对省监的犯人更为严厉，脚镣更重。"③ 再加上羁押犯人之多，监狱多年未修复，广州监狱死亡率惊人。外文报刊《中国丛报》刊登了一封阮元关于在广州适当的地点另建监狱的奏折：1824年，阮元上奏朝廷："广州犯人数量庞大，各地的犯人像强盗、匪徒习惯性的都押往南海、番禺县，导致监狱拥挤混乱，许多犯人因为拥挤暴毙。在番禺县需要另建一所新的监狱，所需经费大概3500两。"④ "我们无法查到1805年至1824年花费在这些监狱上的经费有多少，出于皇帝的颜面，可能会拨一点。"⑤ 可见另建监狱可能并没有实施，监狱内依旧十分拥挤，环境恶劣，暗无天日，犯人进了监狱就意味着进了地狱。

---

① "Notice of Modern China", The Chinese Repository, vol. 4, pp. 352-353。该报为英文版，中文为作者自译。

② "Notice of Modern China", The Chinese Repository, vol. 4, pp. 353。该报为英文版，中文为作者自译。

③ "Notice of the Prisons in the City of Canton", The Chinese Repository, vol. 12, pp. 621。该报为英文版，中文为作者自译。

④⑤ "Notice of Modern China", The Chinese Repository, vol. 4, pp. 354。该报为英文版，中文为作者自译。

2. 酷官虐吏、徇私枉法

滥刑和私禁是相互关联的，在广州城凡被羁押的人在不同程度上都遭受到滥刑。根据清代监狱管理制度：掌管地方监狱的，在州是吏目，官九品；在县是典史，未入流。他们负责监狱的各种具体事务，但没有决定和处置监狱事务的权力，所有事务须向知州或知县请示，州、县官才是监狱的直接责任者和最高管理者。然而，在广州这些掌管监狱的人员不管是九品还是芝麻大的小官看来权力都挺大，他们滥用职权，私制刑具，滥用法外刑，徇私枉法。如乾隆二年广东海关监督郑伍赛密奏滥用笞杖的情况时道："下贱胥役止（只）知图财，罔顾天理更比比皆是，遂其欲，责宜重而返轻；拂其意，则宜轻而独重。诚所谓有钱者生，无钱者死，爱之欲生，恶之欲死，高下随便，操纵自如。弊难擢举，势难禁遏，往往见行杖之下，立毙人命。"① 形象地描述了广州各监狱对囚犯在审判中笞杖滥施的情形。清律对州县审判中的用刑已有严格的规定："自理案件不得擅用夹讯；"命、盗等重大案件的"正犯"及"干连有罪人犯"或是"证据已查明而拒不招供者和翻供者"，可以夹讯。② 但是在广州，这些官吏往往徇私枉法，"他们并不把严刑拷打作为一种惩罚手段，而视为犯人招供获得真相的一种方法。"③ 可见，无论对"合法的"刑讯怎样定制，都无法改变这些狱官残酷的手段。

还有，清廷实行"一口通商"后，来广州贸易的商人、传教士越来越多，涉外案件也频频发生。这样，他们就有机会目睹广州城的黑狱场面，像类似《中国丛报》的广州英文报刊都刊载了大量的文章，对犯人刑讯逼供等中国司法制度的黑暗面进行了大量的报道。《广州纪事报》第二号，发表有关专题文章，以众多实例说明，在残忍的监狱中"极为可怖的刑讯的精致性。"他还指出，即使在中国刑求证供为合法，"但是官员们往往超越规定，有时甚至使受刑者死亡。"④ 这些报纸还经常刊登斩首、凌迟等消息，如《中国丛报》刊登："1829 年，在广州的外国人有机会目睹了一场

---

① 《朱批奏折》，载《法律》卷号 45～52 页，红字 19。
② 《大清律例》卷三十六，《断狱·故禁故勘平人》条例。
③ "Notice of Modern China", The Chinese Repository, vol. 4, pp. 377。该报为英文版，中文为作者自译。
④ "Punishments", The Canton Register, November 15th, 1827。"惩罚"，载《广州纪事报》，1827-11-15。中文为作者自译。

公众斩决囚犯的场面"①，以证明中国对待犯人之野蛮。还有文章指责中方对涉及外国人的案件不公开进行审理，就将"交出去的人迅速处决"。② 致使有些外国人将"以命偿命"的判决方式归咎于广州地方政府。在西方人眼里，广州的监狱，对于只需要监禁的犯人，往往也会受到额外的虐待，如嘉庆年间"有一位意大利传教士企图进入陕西，由该省解回广州……""去年送回广州监禁的那位传教士，按照1806年3月31日收到的一份皇上敕令处理："他被判处在广州严加监禁三年，大家认为这位不幸的囚犯，受到这样长期和严酷的监禁，没有生还的可能。"③ 如果是单纯的监禁，三年不可能没有生还的可能，可想而知，这三年里这位意大利传教士还要遭受的是什么，酷刑和虐待是不可避免的。

此外，按照清代的会审制度，有九卿会审，秋、朝审，热审，逐级审转复核制。其中秋审是清代复审各省死刑案件的一种制度，是对最高刑的一种慎刑制度。按照清律规定："州县可以判笞、杖刑案件；督府有权批准徒刑案件。"④ 按照这些规定、州县官吏都无权批准死刑案件，但是在广州这些酷吏却经常知法犯法，随意处决死刑囚犯。如"1817年3月2日，在广州南门外，处决犯人24人；6日，又有8名囚犯被处决，在这个地方经常有囚犯被处决，很少会引起人们的注意，政府也不会向公众解释原由。"⑤ 又如"1827年广州一共处决犯人199人，其中就有135人未上报朝廷进行秋审直接斩首。"⑥ 而当时清朝"立决"和"秋审"的"罪犯"平常年份只有几百起，而广州未经"审判"就被斩决的数目就有如此多。

为防止狱囚受凌虐而加剧社会矛盾，清政府曾标榜仁政恤囚，并实施了悯囚制度，以保障狱囚基本生活，如清律规定："锁杻常须洗涤，席荐常须铺置。冬设暖床，夏备凉浆。凡在禁囚犯，日给仓米一升，冬给絮衣

---

① "Notice of Modern China", The Chinese Repository, vol. 4, pp. 371。该报为英文版，中文为作者自译。
② "British and Chinese Relations III", The Canton Press, February 3rd, 1838。"中英关系（三）"，广州周报，1838年2月3日。中文为作者自译。
③ 〔美〕马士：《东印度公司对华贸易编年史》第三卷，区宗华译本，第14、28页，广州，中山大学出版社，1991。
④ 《大清律例》卷三十七，《断狱·有司决囚等第》条例。
⑤ "Notice of Modern China", The Chinese Repository, vol. 4, pp. 398。该报为英文版，中文为作者自译。
⑥ "Notice of Modern China", The Chinese Repository, vol. 4, pp. 400。该报为英文版，中文为作者自译。

一件，夜给灯油，病给医药。"① 但是在广州监狱，这条法律显得十分虚伪。据《中国丛报》记载："1826年11月，广州当局宣称已派一位官员给犯人送去温暖的稠衣，但是笔者又写道：有不少于200名犯人已死于狱中，因为缺少急需用品。"② 可见那些狱官根本就不管囚犯的死活，清律这一制度等于一纸空文。

3. 狱霸横行、敲诈勒索

在广州各监狱，狱官狱吏、狱霸也经常对囚犯敲诈勒索，可谓官痞勾结，层层盘剥。无论原告还是被告都有可能招来倾家荡产之祸，贪官污吏、狱霸狱头极尽敲诈勒索之能事，对没有油水的极贫无依者，自然是恨之入骨，欲置之死地而后快。根据《中国丛报》："有钱的犯人在牢房的生活非常奢侈，有私人套房，提供纸牌，有仆人，不用系枷戴脚镣，可以减轻刑罚。而没钱的犯人，十分不幸，过着地狱般的生活。"③ 还有载道："广州各县牢房内每十到十五名犯人当中就可能有一个狱霸，其他犯人就是狱霸的走狗。这些狱霸要么是用钱买通了狱吏和其他有钱的犯人，要么是进监狱时间比较长的长辈。当一名新犯押入牢房，这些狱霸就命令手下开始对新犯残酷的折磨和勒索，要么以此来取乐，要么勒索钱财，没有钱的，就逼迫新犯写信给亲朋好友来探亲，想尽办法榨取钱物。对于顽固的新犯，就将其辫发系于秽桶，使秽气冲入口鼻，或置于木盆而系之梁上，另以绳索使俾簸，令其晕眩呕吐，或系两手大拇指于高处，令其两足离地。"④ 残忍至极，难以想象！

总之，清代广州狱政是十分黑暗的，监狱就好比地狱，这样险恶的监禁环境，关押在此的囚犯生不如死。

三、清代广州狱政黑暗的原因

1. 封建狱制虚伪、脆弱的本质

封建法制与封建狱制的本质都是人治，广州监狱的酷烈是清代封建狱制的产物，其根本原因在于封建地主阶级专政的国家和法律的阶级实质，它无

---

① 《大清律例》卷三十六《断狱·狱囚衣粮》。

②③ "Notice of Modern China", The Chinese Repository, vol. 4, pp. 354～355。该报为英文版，中文为作者自译。

④ "Notice of the Prisons in the City of Canton", The Chinese Repository, vol. 12, pp. 622。该报为英文版，中文为作者自译。

视与剥夺了人民立法、监督等一切权利，与人民为敌，给人民带来各种灾难。封建官僚政治制度下的这些广州官僚及其僚属的腐败也是一种原因，司法腐朽就是司法官吏的腐朽。在专制主义体制下，能否有较为清廉的法制，关键是取决于执法者如何执法，并且往往取决于担负主要职责官吏的出身阅历、学识才智、贪廉程度甚至喜怒爱好等属于个人品格方面的因素。但是在封建社会的现实下，"铁面无私"的"青天"极少出现，而贪官污吏却横行天下。如《中国丛报》记载："关于广州处决犯人事件在这几年（1829年和1830年）的这些丛报中频频报道，有时达几百人，甚至几千人，这些官吏甚至不提及这些囚犯的名字和数量，直接简单的宣告：'执行死刑完毕'。"① 可以看出，这些官员对待囚犯就像对待畜牲一样，想杀就杀。

2. 清代监狱制度的缺陷

清朝统治者虽然制定了超越历朝的监狱管理制度，但封建官制、狱制固有的一些缺陷仍然派生出不可克服的弊端。上面提到广州私禁泛滥，滥刑无度，清律一方面表示严禁滥刑和非法羁押，另一方面又公开支持这种做法。如《清会典》明确规定："其犯笞杖等轻罪，递回安插者，承审衙门于递解票内注明不应收监字样，前途接递州县，即差役押交坊店歇宿，仍取具收管，毋得滥行监禁"。② 这说明，对于不能收监的轻罪犯，在递解途中，可随处找旅馆之类临时羁押。此项规定的关键是：允许在非羁押场所羁押人犯。又比如清律规定："若因公事，干连人犯依法考讯，邂逅致死或受刑之后因他病而死者，均照邂逅致死律，勿论。"③ 所以，官吏、衙役、禁卒在把无辜的干连人犯凌虐、考讯致死后，都以"他病""邂逅"为理由。在朝廷纵容下，广州这些地方官便名正言顺、随心所欲地设置各种非法系囚场所，对犯人滥刑无度。又如清律内有"取保候审"的条例，但作为剥削阶级专政工具的清律是宁可失之枉而不可失之纵的，所以《律例》内有更多关于"暂行看押"、"散禁官房"、"交城看守"、"监候待质"的条例。④ 按其规定："拟军流者可监候十年，拟徒者可监候五年，拟杖者

---

① "Notice of Modern China", The Chinese Repository, vol. 4, pp. 400~401。该报为英文版，中文为作者自译。
② 《清会典事例》卷838，《刑律断狱·囚应禁而不禁》。
③ 《大清律例》卷三十六，《断狱·故禁故勘平人》。
④ 《大清律例》卷三十六，《断狱》之《检验尸伤不以实》、《囚应禁而不禁》等条。

可监候三年,未定罪之人也可以监候两年。"① 于是,像广州这样的州县官吏实际上可以随时将任何人以莫须有的罪名投入监狱或班馆而长羁不释。

清朝的审判制度,地方官对轻微犯罪才有判决权,对于重大案件他们只有审讯权而无判决权,通过"逐级审转复核制"而徒刑至督抚,流刑至刑部,死刑至三法司、九卿、皇帝。但是在判决之前,这些案件的当事人,均长期羁押在广州州县地方监狱,这无疑为那些狱官狱吏、狱霸狱头的敲诈勒索、贪赃枉法创造了极好的机会和条件。不问民事、刑事,不管当事人还是证人、关联之人而一律予以羁押的制度,更使敲诈勒索有了取之不尽、用之不竭的借口。且人犯从立案到结案,均在广州州县衙门掌握之中,其取得的供词,在案件整个过程中起决定性作用,这种制度,无形中赋予地方官"生杀之权",又成为地方官炫耀政绩、领功受赏升官的资本,无异于鼓励地方官极尽其能事而严讯逼供,对于滥用酷刑起到了推波助澜的作用,为狱政之暴虐开了方便之门。

据上可知,清代广州狱政的黑暗,有制度的原因,也有人为的因素,有时代的原因,也有地域的缘由,诸如广州距离天朝甚远,加大了清廷管理的难度等。总之,广州黑狱是多方面因素共同影响下的结果。

四、清代广州狱政的现代启示

综上所述,清代广州狱政是广州狱制史上乃至中国狱制史上最残忍、野蛮、黑暗的狱制之一。它助长了社会的不正之风,给很多无辜的群众带来痛苦。调查清代广州狱政,不要仅限于揭露封建监狱的罪恶本质,更在于启迪后世、警示后人:狱政要从残忍、野蛮、黑暗走上完善、清明、文明,就必须改造监狱,进行监狱立法,依法治狱,促进监狱制度的现代化和文明化。总之,清代广州监狱可以成为一面镜子,让我们"前事不忘,后事之鉴",不断完善现代监狱制度,保证狱政的严明和清明,建设文明监狱是国家法治的一项重要措施。

(熊雪花 广州大学中国史专业 2012 级研究生 指导老师为王丽英)

---

① 《大清律例》卷四,《名例·罪犯事发在逃》。